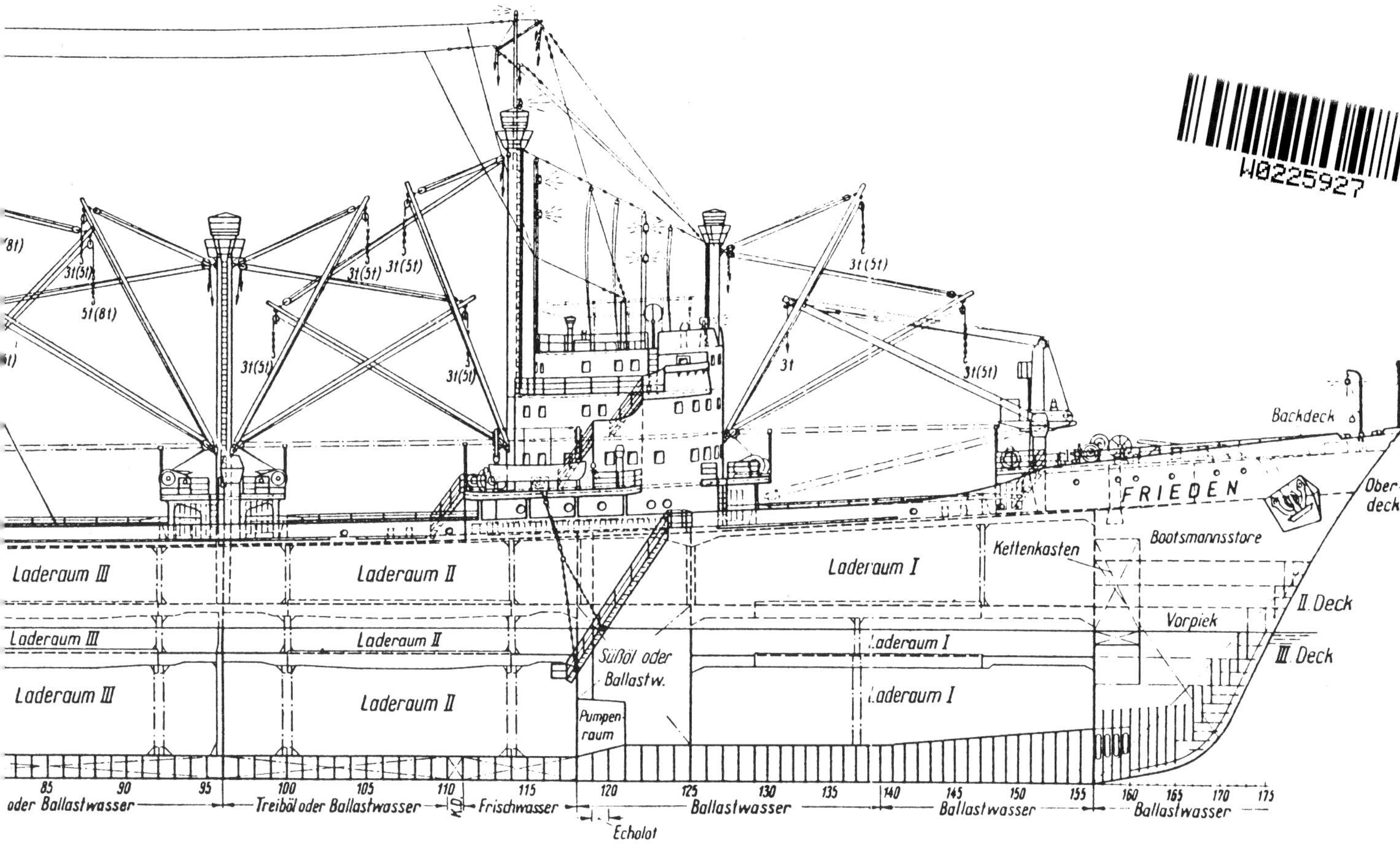

Kommandobrücke

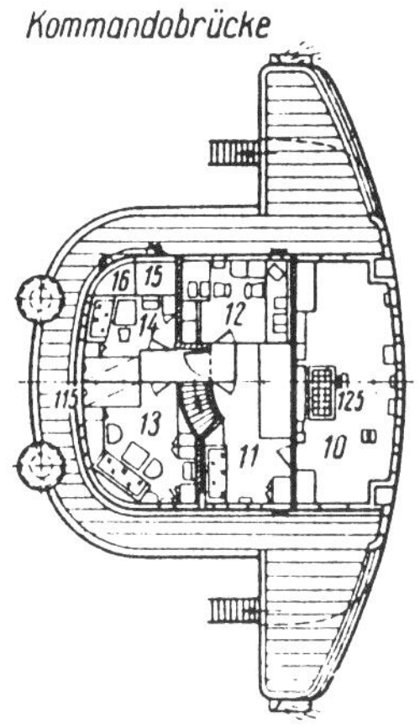

Oberes Brückendeck

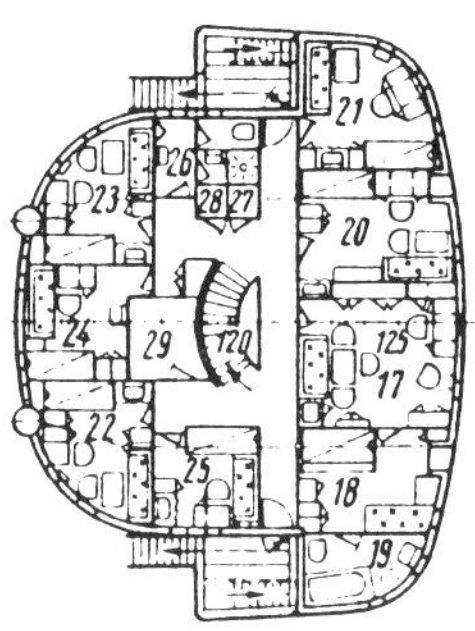

Unteres Brückendeck

Windenhausdecke

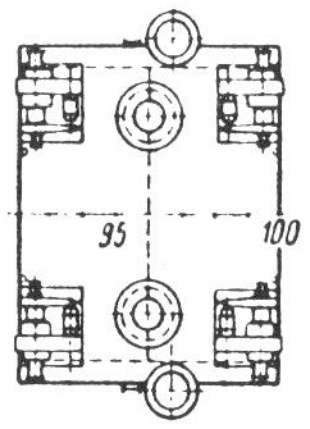

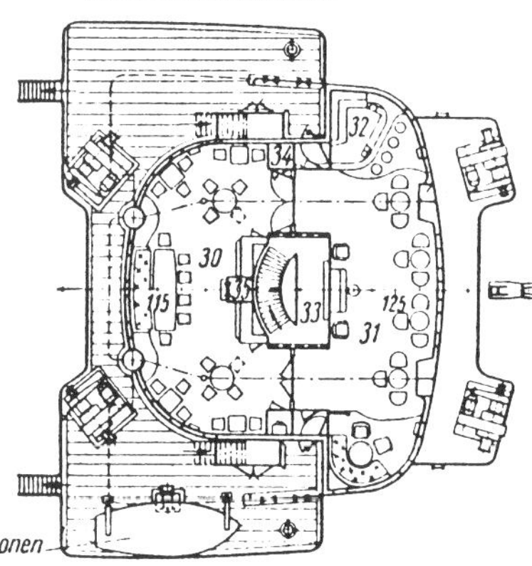

Backdeck

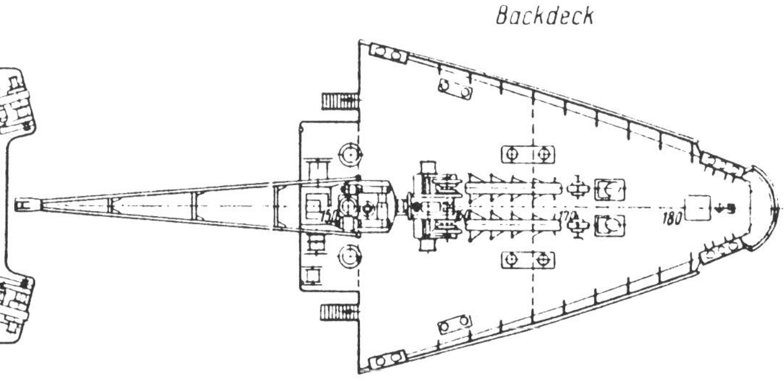

Gerd Peters

TYP IV

DIE LEGENDÄREN FRACHTER DER DSR

Koehlers Verlagsgesellschaft mbH · Hamburg

Bildnachweis:
Archiv der Geschichtskommission der DSR (5); Sammlung Jark (7); Archiv A. Behrend (10); Familie Laudahn (2); Lass (2); Werkfoto Warnowwerft (6); Familie Beykirch (2); Seidler (6); Kruse (5); Kaiser (4); Marnau (1); Wenzel (45); Helga Fünning (3); H. Schröder (6); Preußner (2); Thorndike privat (1); Familie Maul (5); Gluch (6); Familie Schickedanz (8); Familie Zieske (3); Hübscher (5); Wenzel, Harry (3); Birth (2); Berthold (3); Peters (2); Stock (5); Leistner (17); Fotozirkel MS BERLIN (6); Familie Eckholz (3); Preuß (1); Fa. Harms, Hamurg (6); Familie Frommherz (4); Neukirchen privat (3); VEB DSR Wirtschaftswerbung (3); Hamburger Hafen u. Lagerhausgesellschaft (2); Familie Porath (2); Familie Friedrich (3); Gernoth Müller (8); Vontra (3); Kupke (2); DARAG (1); Lachs, Typ-Iv-Verein (1); Fotozirkel MS GERA (5); Eggert privat (1); Archiv Lamprecht (5); Rusch (5); Archiv Traditionsschiff (6); Helga Brenner (1); Familie Witzke (2); Bergmann (1); Kasanowski (5).

Schutzumschlag:

Vorn: MS FREUNDSCHAFT vor Anker auf der Reede eines indischen Hafens.
Ölbild, gemalt von H. Skupin im Auftrage von Kapitän Reiner Gluch, als Geschenk für die Schiffercompagnie zu Stralsund.

Hinten: 1. Kontorflagge der Deutschen Seereederei Rostock, entworfen vom Rostocker Maler und Grafiker Karl-Heinz Kuhn 1955 in den Mecklenburger Wappenfarben Blau-Weiß-Rot.

2. Bugwimpel (Gösch), der schwarze Greif auf gelbem Grund wurde durch den Rostocker Rat 1803 als Seeflagge der Stadt eingeführt. Der Greif ist als Rostocker Wappentier seit 1307 nachweisbar. Als Gösch führten alle Schiffe der Deutschen Seereederei den Wimpel am Bug.

Vorsätze:

Vorn: Generalplan und Deckspläne eines Typ-IV-Schiffes.

Hinten: Auch die sachlichen Zeichnungen lassen die Eleganz des schlanken Schiffskörpers erkennen. Auffällig sind der damals übliche geringe Öffnungsgrad der Luken und die somit großen Decksflächen gegenüber allen späteren Frachtschiffsentwürfen.

Aus: Motorfrachtschiff FRIEDEN, Schiffbautechnik Nr. 7/57, Berlin.

Die Deutsche Bibliothek – CIP-Einheitsaufnahme

Peters, Gerd:
Typ IV: die legendären Frachter der DSR / Gerd Peters.–
Hamburg: Koehler, 1998

ISBN: 3-7822-0721-1

ISBN: 3 7822 0721 1; Warengruppe 41

Schutzumschlaggestaltung, Layout und Produktion:
Hans-Peter Herfs-George
Druck und Bindung: Hans Kock Buch- und Offsetdruck, Bielefeld
Printed in Germany

INHALT

Gewidmet denen, die diese Schiffe entwarfen und bauten,
wie auch jenen, die ihnen ihre Waren als Ladung anvertrauten,
und allen, die auf ihnen fuhren, sie pflegten,
warteten und unermüdlich instand hielten,
und denen es diese Schiffe mit sicherer Fahrt
auf allen Meeren der Welt dankten ...

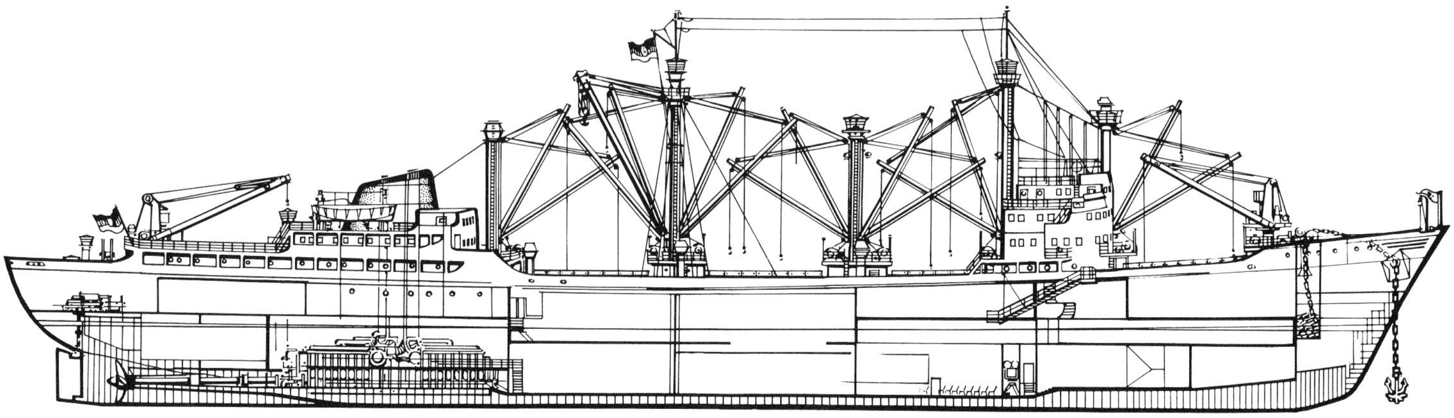

Seitenansicht des Traditionsschiffes Typ FRIEDEN in der Raumaufteilung als Museumsschiff.

Grafik: Jochen Berthold, Rostock

VORWORT

Die deutsche Geschichte und die deutsche Schiffahrtsgeschichte verlief in den beiden deutschen Staaten nach 1945 trotz gegensätzlicher gesellschaftlicher und politischer Positionen insofern grundsätzlich parallel, als es galt, aus den Trümmern des verlorenen Krieges heraus den Weg in den modernen Industriestaat zu beschreiten.

Dadurch ergab sich für die DDR die Notwendigkeit, bei Punkt Null beginnend, ab 1950 eine eigene Handelsschiffahrt zu schaffen. Mit den in diesem Buch behandelten Typ-IV-Schiffen begann die Deutsche Seereederei Rostock ab 1957 mit der Seefahrt auf allen Meeren der Welt.

Eines dieser Schiffe, MS DRESDEN, war zwölf Jahre und fünf Monate auf großer Fahrt und liegt seit 1970 als Traditionsschiff, schwimmendes Denkmal und Museum zugleich in Rostock-Schmarl vertäut.

Durch diesen glücklichen Umstand haben die Leser dieses Buches die Möglichkeit, sich nachträglich in die Wirklichkeit eines Typ-IV-Schiffes zurückzuversetzen, indem sie das Schiff besuchen.

Andererseits werden manche Besucher des Schiffes und des Museums den Wunsch haben, über diese Schiffe, ihre Besatzungen und die Zeit, in der sie zur See fuhren, mehr zu erfahren.

Das Schiffahrtsmuseum der Hansestadt Rostock hat die Arbeit des Autors auch deswegen gern unterstützt, weil wir wissen, daß noch unendlich viel zu tun bleibt, bis die Schiffahrtsgeschichte in beiden Teilen Deutschlands nach 1945 hinreichend erforscht ist.

Peter Danker-Carstensen
Leiter des Schiffahrtsmuseums
der Hansestadt Rostock

Comment is Free But Facts Are Sacred. (C. P. Scott)

Kurzbiographie

des Werftkapitäns: Kapitän Paul Lass

Paul Lass als Leutnant zur See und Kommandant eines Minenräumbootes

Geboren am 2.7.1914 in Warnemünde; Abschluß der 10. Klasse mit der mittleren Reife; anschließend Besuch der Seemannsschule Finkenwerder zur Vorbereitung auf die Segelschiffszeit; danach Schiffsjunge auf der Vier-Mast-Bark PADUA, anschließend weiter Fahrtzeit als Schiffsjunge auf den Motorschiffen STERN und KEHRWIEDER (Motorsegler unter 60 PS); 1933 Beförderung zum Leichtmatrosen, gemustert nacheinander auf den HAPAG-Schiffen MS ISERLOHN, MS HAVELLAND bis 1935, danach gemustert auf den MS HAMM und ARMASIS in der Fahrt zur südamerikanischen Westküste. 1937/38 Besuch der Seefahrtschule Wustrow, Abschluß Patent A 5, Schiffsoffizier auf großer Fahrt; nach Aushändigung des Patentes Einberufung zur Kriegsmarine, Ausbildung bei der 1. Minensuchflottille Pillau; bei Kriegsbeginn im Minengeleiteinsatz auf der Pommerbank für das Linienschiff SCHLESWIG-HOLSTEIN und vor Danzig, danach Ausbildung zum Reserveoffizier, Einsatz als Kommandant eines Minensuchbootes; bei Kriegsende Einsatz als ältester Kommandant einer Minenräumbootsflottille in Kirkenes bis Mai 1945. Letzter Dienstgrad: Oberleutnant zur See der Reserve. Nach Kriegsende weiterer Minenräumeinsatz im Rahmen der GMSA (German Mine Sweeping Administration) bis 5.10.1946, Basishafen: Kiel-Wiek. Wegen Beschaffung von zusätzlicher Verpflegung für die Besatzungen der Minenräumboote zeitweise in Haft bei den englischen Militärbehörden, anschließend militärgerichtliche Verurteilung zu eineinhalb Jahren Haft mit Bewährung und Entlassung aus der GMSA, Rückkehr nach Warnemünde im Winter 1946/47, größtenteils zu Fuß, Tagespensum zeitweise 50 Kilometer, gelegentliche illegale Mitfahrt in Eisenbahnwaggons bzw. im Tender einer Dampflok. Nach Ankunft in Warnemünde vorgeschriebene Rückmeldung beim sowjetischen Kommandanten, dessen Kommentar: „Mutiger Mann, erstes Offizier wo kommt nach Hause!“ Auflage: Täglich um 12.00 Uhr auf der Kommandantur melden. Zunächst Sorge um die alten Eltern, danach zurück nach Schleswig-Holstein, um Frau und Kinder nach Warnemünde zu holen, Dauer der Aktion: Vier Wochen, nach Rückkehr ordnet das Arbeitsamt Arbeitseinsatz als Holzhacker an, Arbeitslohn: 1 Reichsmark pro Kubikmeter und Holzdeputat, später erfolgte ein Angebot als Schiffsführer auf dem MS WARNOW, im Verkehr auf der Oberwarnow von Rostock nach Schwaan und zurück für Personenverkehr (Versorgungsfahrten der Bevölkerung), gemeinsamer Einsatz mit Kapitän Karl-Heinz Laudahn, Einsatz als Schlepperführer an Bord des Dampfschleppers ALEXANDER der Schiffsreparaturwerft Warnemünde, 1951 Besuch der Seefahrtschule Wustrow, Abschluß Patent A 6, Kapitän auf Großer Fahrt, Rückkehr zur Warnow-Werft, Einsatz als Gewerksleiter Transport, ab 1953 Einsatz als Werftkapitän, ab 1968 neue Tätigkeit als Kompensierer beim Amt für Material- und Warenprüfung, nach 6 Monaten Einsatz als Lotse im VEB Bagger-, Bugsier- und Bergungsreederei Rostock, gleichzeitig ehrenamtlicher Beisitzer an der Seekammer der DDR, im Ruhestand seit 1979, lebt in Warnemünde, wurde in den 70er und 80er Jahren als ständiger fachkundiger seemännischer Gesprächspartner in verschiedenen Sendereihen des Rundfunks und des DDR-Fernsehens eine populäre Persönlichkeit, insbesondere durch die Sendereihe „Musik & Snacks vorm Hafen“ als Gesprächspartner des Moderators Horst Köbbert.
Kriegsauszeichnungen: Kriegsabzeichen der Minensuch- und Sicherungsverbände, Eisernes Kreuz 2. Klasse, Eisernes Kreuz 1. Klasse.
DDR-Auszeichnungen: Goldene Ehrennadel der Stadt Rostock für das Nationale Aufbauwerk, Lebensrettungsmedaille der DDR 1960, Aktivist der sozialistischen Arbeit 1973, Verdienstmedaille der Seeverkehrswirtschaft in Bronze 1976.

DIE REPARATURWERFT

Als Paul Lass im Winter 1946/1947 aus englischer Gefangenschaft nach Warnemünde heimgekehrt war, sah die Lage trostlos aus. Die ehemalige Kröger-Werft und das Flugzeugwerk Arado waren bereits demontiert. Damit hatten die Russen noch 1945 angefangen. Als Vorwand diente ihnen die Tatsache, daß die 1928 gegründete Yacht- und Bootswerft der Gebrüder Kröger während des Zweiten Weltkrieges vor allem Flugsicherungsboote für die deutsche Luftwaffe gebaut hatte. Somit stuften sie die Werft als Rüstungsbetrieb ein und demontierten sie nahezu hundertprozentig. Überdies wurde die Werft am 15. Mai 1946 enteignet. Die restlichen Gebäude und Anlagen, soweit noch vorhanden, übernahm die Bootswerft Warnemünde. Das nebenan gelegene Arado-Flugzeugwerk wurde als Rüstungsbetrieb ebenfalls vollständig demontiert. Nach der Demontage erteilten die Russen am 30. April 1946 den nun äußerst schwer zu erfüllenden Auftrag zum Bau von 17-m-Fischkuttern. Am 16. August 1946 erfolgte die Eintragung als Bootswerft Warnemünde in das Handelsregister. Die Werft wurde am 1. September in einen sogenannten landeseigenen Betrieb umgewandelt. Der Reparationsauftrag besagte, daß zunächst 18 Fischkutter gebaut werden sollten, später würde ein weiterer Auftrag über den Bau von Rettungsbooten folgen. In jener Zeit betrieb Paul Lass gemeinsam mit Karl-Heinz Laudahn auf der Oberwarnow einen bescheidenen Passagierverkehr. Sie fuhren das kleine Motorschiff WARNOW im Verkehr zwischen der Mühlendammschleuse Rostock und der Landestelle bei Schwaan. Als Reisende waren nahezu ausschließlich Rostocker an Bord, die während der Liegezeit des Schiffes in Schwaan bei den dort ansässigen Bauern der Umgebung versuchten, einige Lebensmittel für ihre Familien aufzutreiben. Für die Stadtbevölkerung ging es um das nackte Überleben in jener Hungerzeit. Dafür opferten sie bei den Bauern nicht selten den wertvollsten Teil der über den Krieg geretteten letzten Habe. „Hamsterfahrten" nannte man das damals sinnigerweise, obgleich es wirklich nichts zu „hamstern" gab, denn Vorräte konnten so nicht angelegt werden. Die Menschen waren froh, in dieser Hungerzeit halbwegs bei Kräften zu bleiben. Wenn Paul Lass morgens am Bahnhof Warnemünde in den Rostocker Zug einstieg, dann konnte er beim Vorbeifahren am ehemaligen Krögerschen Werftgelände beobachten, wie einige der noch verbliebenen ehemaligen Werftangehörigen – später verstärkt durch Mitarbeiter aus der Flugzeugindustrie – sich bemühten, den ersten Fischkutter zusammenzuzimmern. Im Sommer 1947 wurde die Werft als Zweigwerk Warnemünde der inzwischen in Wismar gegründeten Schiffsreparaturwerft unterstellt. Nach und nach trafen auch die ersten Reparaturobjekte ein. Es waren gehobene oder beschädigte Schiffe, die der Sowjetunion zugesprochen worden waren. Die meisten waren gehobene oder auch durch Kriegseinwirkung erheblich beschädigte Wracks, die nun einer Generalüberholung unterzogen werden sollten. Da die in Rostock existierende Neptun-Werft und die Schiffsreparaturwerft in Wismar damit nicht allein fertig wurden, entschied die Sowjetische Militäradministration im Sommer 1947, daß auch am Standort Warnemünde Schiffsreparaturen erfolgen sollten. Eine russische Bauaufsicht traf ein. Von den ehemaligen Oderwerken aus Stettin wurden Fachkräfte nach Warnemünde überführt, aus den Reihen der Flüchtlinge und Umsiedler wurden Arbeitskräfte verpflichtet. Nach und nach wurden weitere Arbeitskräfte aus der gesamten sowjetischen Besatzungszone zur Arbeit auf der Werft verpflichtet. Innerhalb eines Jahres, von 1947 bis 1948, wurde die Zahl der Werftangehörigen von 378 auf 1107 gesteigert. 1949 waren bereits 3436 Werktätige auf der Warnow-Werft beschäftigt. Was das für die damalige Zeit bedeutete, unter diesen Bedingungen eine enorme Reparaturleistung zu erbringen, kann man sich heute kaum noch vorstellen. Gleichzeitig gingen die Arbeiten an den Neubauten weiter, und es gelang tatsächlich, am 29. Februar 1948 den ersten Fischkutter zu übergeben.

DIE WERFT WIRD EIN SELBSTÄNDIGER BETRIEB

Da sich die organisatorische Unterstellung der Werft unter die Reparaturwerft Wismar als ein Fehlschlag herausgestellt hatte, ordnete die Sowjetische Militäradministration in Deutschland mit dem Befehl Nr. 112 am 23. Juli 1948 an, der Werft in Warnemünde die Selbständigkeit zuzuerkennen, was am 1. August auch äußerlich durch einen eigenen Firmennamen, nunmehr VEB Warnowwerft Warnemünde, zum Ausdruck kam. Gleichzeitig wurde angewiesen, die Warnowwerft so auszubauen, daß ein Schiffsreparaturprogramm von 15 Millionen Mark auf der Basis der Preise des Jahres 1944 durchgeführt werden kann. Das Werftbecken sollte auf 7 m ausgebaggert werden, um zwei große Fahrgastschiffe aufzunehmen. Um diesen neuen Anforderungen zu entsprechen, wurde per 1. Januar 1949 der Bau von Fischkuttern eingestellt. Die damals auf der Warnowwerft Tätigen haben in den Folgejahren Ungeheures geleistet. Immerhin schafften sie es bis zum 31. Dezember 1953, Reparationsleistungen in einem Gesamtwert von damals 340 Millionen Mark zu erbringen. Auch nach der offiziellen Beendigung der Reparationsleistungen gingen die Reparaturen an den noch im Um- bzw. Ausbau befindlichen Schiffen bis 1960 weiter. Diese Leistungen wurden zwar als Reparaturleistungen nach den Außenhandelsgrundsätzen abgerechnet, da aber die viel zu niedrigen Preise die tatsächlichen Kosten der Werft und damit der DDR-Volkswirtschaft nicht deckten, wurde das Ganze zu einem gigantischen Verlustgeschäft für die DDR. Insgesamt umfaßte das Schiffsreparaturprogramm der Warnowwerft für die Reparationen 17 Schiffe mit insgesamt 118392 BRT. Darunter waren solche großen Frachter und Fahrgastschiffe wie die ehemalige ALBERT BALLIN mit 23000 BRT, die ehemalige HAMBURG mit 25377 BRT und die ehemalige BERLIN mit 17053 BRT. Die gesamte Problematik und die damit verbundenen riesigen Schwierigkeiten und Probleme der im Aufbau begriffenen Warnowwerft können in diesem Buch nicht näher geschildert werden. Dazu sei auf die ebenfalls bei Koehlers Verlagsgesellschaft erschienenen Spezialwerke verwiesen. Sie können aber auch nicht unberücksichtigt bleiben, denn der Übergang der Warnowwerft zum Neubau von Frachtschiffen mit der damit verbundenen Errichtung von Produktionsstätten, Hallen, Hellingen und Werkstätten verlief parallel zum ohnehin schon schwer zu bewältigenden Reparaturprogramm und stellte Werftleitung und Mitarbeiter täglich vor neue Probleme.

Auch für die Entwicklung der Industrie und der Wirtschaft in der DDR erfolgten die zentralen Festlegungen durch Parteitagsbeschlüsse. Der III. Parteitag der SED vom 20. bis 24. Juli 1950, insofern von besonderer Bedeutung, da er der erste Parteitag nach Gründung der DDR am 7. Oktober 1949 war, faßte unter anderem folgende Beschlüsse: „Die gegenwärtige Lage und die Aufgaben der SED; Fünfjahrplan der Volkswirtschaft der DDR 1951 bis 1955 mit Beschluß des Ausbaus der Warnowwerft in Warnemünde und der Werft in Wismar zu Neubauwerften ..." Am 17. August 1950 tagt der Ministerrat der DDR. In der Präambel des Ministerratsbeschlusses heißt es unter anderem: „Der zunehmende Außenhandel der DDR macht es erforderlich, daß der Transport der Außenhandelsgüter von eigenen Frachtschiffen der DDR ausgeführt wird. Da die bisher bestehenden Werften im Gebiet der DDR mit ihrer bisherigen Produktionseinrichtung nicht in der Lage sind, derartige Seefrachtschiffe zu bauen, ist es vordringlich notwendig, im Rahmen des Produktionsplanes der nächsten Jahre Werften zu bauen, um größere Seefrachtschiffe herzustellen."

Die deutsche Frage und die Möglichkeiten einer späteren Wiederherstellung der Einheit Deutschlands blieben zunächst noch offen, aber die in beiden deutschen Staaten betriebene Außen-, Innen- und Wirtschaftspolitik entsprach der Notwendigkeit, unter den Bedingungen des Kalten Krieges, der Forderungen der Besatzungsmächte und der eigenen sehr un-

terschiedlichen politischen Ziele eine weitere eigenständige Entwicklung der Volkswirtschaften zu betreiben. Für die Warnowwerft bedeutete das, die notwendigen Investitionen und Folgemaßnahmen zur Errichtung von Anlagen für den Neubau von Schiffen vorzunehmen.
Paul Lass war inzwischen umgestiegen. Als er erfuhr, daß die Warnowwerft einen Schlepperführer für ihren Bugsier-Schlepper ALEXANDER suchte, hatte er sich kurzerhand gemeldet und wurde sofort eingestellt. Während er nun die Reparaturschiffe bugsierte oder zu Probefahrten auf die Reede hinausschleppte, konnte er den Ausbau der Warnowwerft zum Neubaubetrieb verfolgen.

ALLES FÜR DEN NEUBAU

Auf dem Papier läßt sich der Ausbau einer Werft leicht planen. Aber dort, wo die vier Hellingen entstehen sollten, gab es außerordentlich ungünstige Bodenverhältnisse. Immerhin mußten 8000 Stahlbetonpfähle in den Boden gerammt werden, um darüber die Hellingen zu errichten. Die Schiffbauhalle sollte mit 20000 m^2 Grundfläche zur größten Europas werden. Ihr Bau erforderte das Rammen von 1652 Stahlbetonpfählen. Weitere acht Hallen mit 15000 m^2 Produktionsfläche mußten errichtet werden, und insgesamt 800 m lange Kaianlagen für vier Liegeplätze galt es zu schaffen und die dazu notwendigen Krananlagen zu errichten. Schließlich konnte die Warnemünder Bevölkerung beobachten, wie die neue Kabelkrananlage montiert wurde und von Tag zu Tag wuchs – 65 m hoch und 320 m lang überspannte sie die vier Hellingen und den Vormontageplatz. 24 Zehn-Tonnen-Laufkatzen sollten die auf dem Vormontageplatz zusammengeschweißten Schiffbauteile zur Endmontage bringen und dort absenken. Da man mit Montageteilen bis zu maximal 55 Tonnen rechnete, wurde die Kabelkrananlage so ausgeführt, daß je Helling sechs Haken der Zehn-Tonnen-Laufkatzen zusammengekoppelt werden konnten. Als die Kabelkrananlage Anfang 1955 fertig war, wurde sie sehr schnell ein weithin sichtbares Wahrzeichen und ein von See aus gut erkennbarer Ansteuerungspunkt. Daß auf dieser fertiggestellten Anlage auf den Kranbrücken in erster Linie Frauen als Kranführerinnen zum Einsatz kamen, war damals ein besonderes Mittel, um die Frauenförderung im DDR-Schiffbau zu dokumentieren.
Mit viel Propagandaaufwand war auch die Kiellegung für den Baubeginn des ersten Typ-IV-Schiffes am 1. April 1952 erfolgt. Paul Lass studierte inzwischen an der Seefahrtschule in Wustrow, um die Prüfung zum Patent A 6, Kapitän auf Großer Fahrt, abzulegen. Er las von dem Vorhaben in der Zeitung, aber wie viele seiner Kollegen und Mitarbeiter der Warnowwerft war er doch mehr als skeptisch. Nicht nur daß die Kabelkrananlage noch nicht fertig war, auch die Materialsituation bei der Lieferung von Schiffbaustahl aus der Sowjetunion war überaus problematisch, und die für den Neubau benötigten Fachkräfte, insbesondere Schweißer und andere Spezialisten, waren noch nicht vorhanden. Der Bau mußte zunächst wieder eingestellt werden. Übrigens wäre auch die Beschaffung der Schiffsmotoren ein Problem gewesen. Erst die 2. Parteikonferenz der SED beschloß am 12. Juli 1952 den Aufbau der Grundlagen des Sozialismus in der DDR. Bei der Gelegenheit stellte sie die Aufgabe, Großdieselmotoren bis zu einer Leistung von 10000 PS und mehr zu bauen und durch Eigenfertigung die Importe abzulösen.
Aus Gründen der historischen Wahrheit aber sei erwähnt, daß die Warnowwerft aller Schwierigkeiten zum Trotz bereits 1951 einen Neubau übergeben hatte. Am 2. August 1951 war die Indienststellung des Segelschulschiffes WILHELM PIECK erfolgt – im Frühjahr vom Stapel gelassen, noch auf der alten Slipanlage der Krögerschen Bootswerft. Der ursprünglich als Staatsyacht für den Präsidenten der Republik, damals Wilhelm Pieck, vorgesehene Segler war als Rahschoner gebaut und in Dienst gestellt worden. Nach kurzer Zeit wurde er als Schoner-Brigg umgetakelt. Die WILHELM PIECK war 41 m lang, ihre zwei Masten führten 500 m^2 Segelfläche. Eine Stammbesatzung von zwölf Mann konnte auf jedem Lehrgang 36 Kursanten ausbilden. Auftraggeber für den Bau war zunächst die Jugendorganisation der DDR, die FDJ (Freie Deutsche Jugend). Nach Gründung der Gesellschaft für Sport und Technik (GST) 1952 ging das Segelschulschiff in den Besitz der GST über. Bis zur Wende in der DDR diente es der Ausbildung von Nachwuchs für die Marine, die DDR-Handelsflotte und Hochseefischerei wie auch für den eigenen Nachwuchsbedarf der Gesellschaft für Sport und Technik. Der kleine Segler errang sehr schnell die Sympathie der DDR-Bevölkerung – besonders der Jugend – und war immer ein Anziehungspunkt für die zahlreichen Besucher, die sich am Kai einfanden, wenn das Segelschulschiff im Hafen lag. Nach der Wende wurde sie durch die Stadt Greifswald übernommen und segelt noch immer unter dem Namen GREIF besonders in der Ostsee, mit zahlenden Gästen an Bord, darunter vielen Jugendlichen. Inzwischen 46 Jahre in Fahrt, dürfte die kleine Schoner-Brigg von allen auf der Warnowwerft gebauten Schiffen das Schiff mit der längsten aktiven Dienstzeit sein. So mancher Kapitän und Schiffsoffizier der Handelsflotte erwarb an Bord dieses Segelschulschiffes die ersten seemännischen Grundkenntnisse.
Als Kapitän Paul Lass im Spätsommer 1951 mit dem Patent A 6 als Kapitän auf Großer Fahrt von der Seefahrtschule Wustrow zurückkam, waren die Aussichten auf eine Anstellung in der Schiffahrt für ihn nicht besser als zu Beginn des Studiums. Noch immer war der Dampfer VORWÄRTS das einzige Handelsschiff der DDR. So ging er denn zur Warnowwerft zurück und bekam eine Anstellung als Gewerksleiter Transport. In dieser Funktion war er für jeden innerbetrieblichen Transport auf der Warnowwerft verantwortlich. Das gesamte Gewerk umfaßte 600 Mann. Davon hatten die wenigsten jemals im Transport gearbeitet. Sie waren entweder ungelernte Kräfte oder kamen gerade aus der Kriegsgefangenschaft zurück. Andere hatte es als Flüchtlinge nach Rostock oder Warnemünde oder in die nähere Umgebung verschlagen. Sie hatten möglicherweise vorher in der Land-

Der erste Neubau der Warnowwerft, das Segelschulschiff WILHELM PIECK, läuft vom Stapel. Deutlich erkennt man, daß die Stöße der Außenhautplatten noch genietet sind.

wirtschaft gearbeitet oder kamen aus Berufen, die keinerlei Verbindung mit Schiffen oder Schiffbau hatten.

Dabei war die Arbeit sehr schwer. Es waren kaum Trecker oder andere Zugmaschinen vorhanden, um die schweren Bau- oder Montageteile aus den Hallen oder Werkstätten zu den Liegeplätzen der Reparaturschiffe und weiter an Bord zu transportieren. Das meiste geschah mit der Hand mit Hilfe von Hebevorrichtungen, Taljen oder einfachen Brechstangen. Für die beteiligten Arbeiter nicht nur eine ungewohnte, sondern auch sehr gefährliche Tätigkeit, verbunden mit großer Unfallgefahr. Der dafür gezahlte Lohn lag bei 80 Pfennig pro Stunde. Mit den allerprimitivsten Mitteln wurden Dieselmotoren, Kesselteile oder komplette Kessel, Anker und Ketten, Hilfsmotoren und Decksmaschinen, Reservepropeller und Wellenanlagen und viele andere Bau- und Montageteile auf dem Werftgelände bewegt. Im Jahre 1953 übernahm Paul Lass die Funktion des Werftkapitäns. Dabei fiel ihm auch die Aufgabe zu, ausländische Besatzungen zu betreuen, ihnen die erforderlichen Arbeitsbedingungen zu verschaffen, um sich mit den Reparaturschiffen vertraut zu machen. Die ersten großen Reparationsschiffe waren mittlerweile in einem Bauzustand, der so manche Verholungen innerhalb der Werft erforderlich machte, außerdem begann nun auch die Zeit der ersten größeren Probefahrten, die durch die Werftbesatzung und weitere Fachleute durchzuführen waren. Der Werftkapitän unterstand damals dem Technischen Direktor. An der Seite von Paul Lass war Kapitän Borgward tätig, später kam der Nautiker Stefan Peters hinzu sowie ein Mitarbeiter mit einem Seefunkzeugnis. Da eine Verholung von Großschiffen innerhalb der Warnowwerft als Nebeneffekt immer mit einer Fahrwassersperre verbunden war, mußte der Werftkapitän vor jeder Verholung den Signalturm der sowjetischen Marine in Warnemünde informieren, damit dieser den ein- und auslaufenden sowjetischen Kriegsschiffen entsprechende Sperrsignale zeigte. Anderenfalls wären Kollisionen unvermeidlich gewesen. Als sogenannter Verholgang, d. h. zur Durchführung von seemännischen Arbeiten wie das Ausbringen und Einnehmen der Festmacherleinen, der Besetzung von Ruder und Ausguck, des Seeklarmachens der Luken und anderer seemännischer Arbeiten, stand ggf. dem Werftkapitän die Brigade der Takler zur Verfügung. Die meisten von ihnen waren langjährig befahrene Seeleute, die so schnell nichts erschüttern konnte und auf deren Mitwirkung stets Verlaß war. In jenen Pionierjahren mußte auch der Werftkapitän Paul Lass, wie so mancher andere Verantwortungsträger, nicht nur im Schiffbau gelegentlich Aufgaben lösen, die in seinem Funktionsplan und in seinem Verantwortungsbereich normalerweise nicht vorgesehen waren. Paul Lass erinnert sich: *„Als sich der Reparationsauftrag zur Wiederherstellung, d.h. zur Generalüberholung des ehemaligen Fracht- und Passagierschiffes HANSA der ehemaligen Hamburg-Amerika-Linie Hamburg, nunmehr unter dem Namen SOWJETSKI SOJUS, seinem Ende näherte, bereitete ich die Probe- und Abnahmefahrten vor. Immerhin lag das Schiff seit 1949 in der Werft, inzwischen schrieb man das Jahr 1955. Der Ablauf dieser Rekonstruktionsmaßnahmen kann hier nicht näher beschrieben werden, obgleich es sich lohnen würde. Es genügt vielleicht die Feststellung, daß zeitweise 1000 Mann gleichzeitig an Bord des Schiffes tätig waren. Das Schiff sollte 1669 Passagiere an Bord nehmen können. Die Kosten für dieses Vorhaben beliefen sich auf rund 142 Millionen Mark. Die SOWJETSKI SOJUS ging bald nach ihrer Fertigstellung zu ihrem neuen Heimathafen Wladiwostok in See und wurde das Flaggschiff der fernöstlichen Reederei der Sowjetunion. Wegen der zu erwartenden Schwierigkeiten bei der Ausrüstung waren alle benötigten Materialien zwei Jahre vorher geplant und bestellt worden. Immerhin mußten für den Verlauf der Probefahrten 600 Menschen zusätzlich zur Besatzung an Bord für vier Wochen Quartier finden und verpflegt werden. Zum Ein- und Auslaufen in Warnemünde benötigte man Schlepper mit mindestens 4000 PS Maschinenleistung an Bord. Schlepper dieser Größenordnung gab es nur in Polen. Die DDR verfügte nicht über derartige Seeschlepper. Zum Betrieb der Maschinenanlage mußten 2000 Tonnen Masut, eine* *spezielle Ölsorte, gebunkert werden. Die notwendigen, in einem Plan zusammengefaßten Maßnahmen und die erforderlichen Material- und Treibstoffmengen waren dem Staatssekretariat für Schiffahrt rechtzeitig mitgeteilt worden. Als der Zeitpunkt der ersten Probefahrt allmählich näherrückte und aus Berlin noch kein Echo gekommen war, wurden wir in Rostock besorgt und telefonierten mit Berlin. Es zeigte sich, daß die zuständigen Sachbearbeiter von nichts wußten. Mein Chef, der damalige technische Direktor der Werft, Werner Franz, stellte mir sein Auto zur Verfügung und jagte mich nach Berlin, ausgerüstet mit entsprechender Vollmacht. Es gelang, im Haus der Ministerien bei verschiedenen Ministerialbüros die notwendigen Freigaben, Auftragsscheine, Liefervollmachten und sonstige notwendige Dokumente und Zettel samt Stempel und Unterschriften zu beschaffen und den entsprechenden Verwaltungsapparat in Gang zu bringen. Dort stellte man sonderbare Fragen, z. B. warum reichen die Schlepper in Warnemünde nicht aus und wieso müssen wir extra Masut aus der Sowjetunion kommen lassen, warum kann das Schiff nicht einfach Diesel bunkern. Manchmal war es nicht einfach, die Ruhe zu behalten und die notwendigen Erklärungen abzugeben, da die Zeit fürchterlich knapp wurde. Selbstverständlich konnte man sich in der Stille eines Berliner Bürozimmers nicht vorstellen, was es bedeutet, einen Passagierdampfer von 23000 BRT durch das verhältnismäßig enge Fahrwasser zwischen Warnowwerft und Mole in die offene See zu bugsieren, und man konnte auch kein Vorstellungsvermögen erwarten, wie beispielsweise ein kräftiger Seitenwind auf das hoch hinaus ragende Schiff wirkt, das mit den kleinen Hafenschleppern unweigerlich sofort gegen die Molen treiben bzw. auf Grund geraten würde. Das mußte man den Berlinern schon auseinandersetzen. Dann mußten Bestellungen ausgelöst werden, Charterverträge mit den polnischen Schlepperfirmen ausgehandelt werden, unzählige Vorgänge waren einzuleiten, für die in Berlin in jenen Jahren keine Erfahrungen vorlagen. Letzten Endes wurde es geschafft. Nachdem auch noch an verschiedenen Stellen das Fahrwasser ausgebaggert wurde, wo die Wassertiefe nicht ausgereicht hätte, konnte das Schiff zu seinen erfolgreich verlaufenden Probefahrten in See gehen und wurde am 19. November 1955 an die Sowjetunion ausgeliefert."*

VOR DEM ERSTEN STAPELLAUF

Für den Werftkapitän Paul Lass wurde es nun höchste Zeit, sich auf die nächste große Aufgabe vorzubereiten. Schon vor längerer Zeit, nämlich am 1. August 1954, hatte die Werft mit den vorbereitenden Arbeiten für die Bau-Nr. 301, dem ersten Typ-IV-Schiff, begonnen. Am 13. Oktober 1954 war die Kiellegung auf der Helling erfolgt. Nun galt es, für Mitte Januar 1956 den Stapellauf vorzubereiten. Dieser lag grundsätzlich in der Verantwortung des Werftkapitäns. Es sieht so leicht und einfach aus, wenn ein Schiff mit langsam zunehmender Geschwindigkeit sich auf der Helling achteraus bewegt, in sein Element eintaucht, schließlich aufschwimmt und von den Schleppern an seinen ersten Liegeplatz bugsiert wird. In der Realität ist der Stapellauf eines Schiffes ein sehr komplizierter und schwieriger Vorgang. Nicht in jedem Fall gelingt er, und dann ist häufig guter Rat teuer. Der Stapellauf gliedert sich in verschiedene Phasen: Erstens: Nach dem Lösen der Stopper muß der rund 5.000 Tonnen schwere Schiffskörper auf der schrägen Ebene, die eine Helling darstellt, langsam achteraus in Bewegung kommen und in seiner verlängerten Mittschiffsrichtung mit möglichst zunehmender Geschwindigkeit ins Wasser gleiten. Der Schiffskörper darf auf keinen Fall zum Stehen kommen oder seitwärts ausbrechen. Zweitens: Der Augenblick, an dem das Achterschiff im Wasser aufschwimmt, aber der Steven des Schiffes noch auf der Helling achteraus gleitet, ist eine schwere Belastung für die gesamte Konstruktion des Schiffes. Im Moment des Stapellaufs wirkt der Schiffskörper wie ein hohler Träger. Wenn das Achterschiff aufschwimmt, entstehen in der Längsrichtung des Schiffes enorme Biegungskräfte, die das Schiff aushalten muß und die unter Umständen größer sind, als sie jemals im Einsatz des Schiffes auf See einwirken. Drittens: Da ein Stapellauf auf der Warnowwerft durch die örtlichen Gegebenheiten immer dergestalt abläuft, daß nach dem Aufschwimmen des Schiffes der Rumpf quer zur Hauptfahrwasserrichtung im Wasser liegt und damit das Fahrwasser zeitweilig sperrt, sind ausreichende Sicherheitsmaßnahmen vorzusehen. Viertens: Wenn der große Rumpf mit Schwung ins Wasser gleitet, braucht er normalerweise eine längere Auslaufstrecke, bis er von allein zum Stehen kommt. Diese Strecke steht auf der Warnow vor der Helling der Warnowwerft jedoch nicht zur Verfügung. Es besteht die Gefahr, daß das Schiff mit seinem achteren Teil am gegenüberliegenden Ufer der Warnow auf Grund gerät und dann mühsam wieder freigeschleppt werden müßte, ganz abgesehen von der Möglichkeit der Beschädigung der Ruder- oder Propelleranlage. Daraus folgt, daß, sobald das Schiff im Wasser aufgeschwommen ist, geeignete Bremsmaßnahmen eingeleitet werden müssen, damit das Schiff nach möglichst kurzer Zeit zum Stehen kommt. Die bereitgestellten Bugsier-Schlepper machen dann ihre Schleppleine fest und bringen den Neubau an die Ausrüstungspier. Zur Gewährleistung eines einwandfreien Stapellaufs sind eine Vielzahl von organisatorischen und technischen Maßnahmen erforderlich, die der Werftkapitän zu planen, anzuordnen, durchzuführen bzw. zu kontrollieren hat. Während der Assistent des Werftdirektors sich um die Einladung der Gäste kümmert, um die Bereitstellung der Musikkapelle, um die Ausarbeitung der Stapellauf-Rede sowie um die Betreuung von Presse-, Rundfunk- und Fernsehleuten, wie überhaupt um die Wahrnehmung und Vorbereitung aller repräsentativen Maßnahmen, obliegt dem Werftkapitän die technisch-seemännische Vorbereitung. Zunächst mußte die Ablaufbahn auf der Helling mit einem speziellen Schmierfett versehen werden, welches damals durch die Rostocker Firma Scheel geliefert wurde. Dann mußten Festmacherleinen, Wurfleinen und die erforderlichen Bremsanker in Form von traditionellen Stockankern an Bord gebracht werden. Im Bereich der Warnowwerft besteht der Grund der Warnow aus sehr hartem Geschiebemergel. Das macht es den Flunken der Anker schwer, in diesem Grund Halt zu finden. Nicht selten rutschten die Anker lose über den Grund, fassen aber nicht, so daß keine Bremswirkung entsteht. Aus diesem Grunde hatte Paul Lass noch ältere, nicht benötigte Reservepropeller an Land bereitlegen lassen, damit diese eine ankerähnliche Wirkung erzeugen. Außerdem war eine käfigartige Balkenkonstruktion, bestehend aus dicken Holzbalken, an beiden Zementsockeln der Pfeiler der Kabelkrananlage angeordnet und mit dem Bug des Schiffes verbunden worden. Beim Vorbeigleiten des Stevens kam Zug auf diese Konstruktion, die mit einem kräftigen Ruck ins Wasser gerissen wurde und ebenfalls eine zusätzliche Bremswirkung verursachte. Um sicherzugehen, daß das Schiff kurz nach dem Aufschwimmen im Wasser so schnell wie möglich zum Stehen kommt, damit die Schlepper festmachen können, hatte Paul Lass sich noch einen zusätzlichen Trick einfallen lassen. Auf irgendeine Weise, über die er auch heute nach so vielen Jahren keine genaue Auskunft gibt, blieben von den beiden Ankerketten, die für die SOWJETSKI SOJUS vorgesehen waren, vier Kettenlängen à 25 m „übrig“. Also stand eine große und schwere Ankerkette von 100 m Länge als zusätzliche Bremse zur Verfügung. Paul Lass ließ die Kette durch Taucher quer zum Verlauf der Helling im flachen Wasser am Warnowufer auslegen, jedoch so weit im Wasser, daß die beiden Buganker des Schiffes nach dem Fallen der Anker sich mit Sicherheit in dieser quer ausliegenden großen Ankerkette verfangen würden. Damit würden sie die schwere Kette hinter dem Schiff hinterherschleifen und die Bremswirkung verstärken.

Nach dem Stapellauf würde man dann mit Hilfe eines Schwimmkrans die Ankerketten bergen können, damit sie für den nächsten Stapellauf rechtzeitig wieder ordentlich ausgelegt werden konnten. Da der Stapellauf des ersten Typ-IV-Schiffes nicht nur von großer Bedeutung für die Warnowwerft war, sondern auch von großer Wichtigkeit für die weitere Entwicklung der Seewirtschaft der DDR sein würde, mußte dieser Stapellauf ganz einfach klappen. Außerdem waren hohe Gäste aus Berlin zu erwarten sowie eine riesige Anteilnahme der Öffentlichkeit und der Werktätigen auf der Werft und der angrenzenden Bereiche. Denn sobald das Kommando „Stopper los!“ gegeben war, ging die Verantwortung für den Stapellauf und alle weiteren Aktivitäten auf den Werftkapitän über. Auf den Schultern von Paul Lass lag am 14. Januar 1956 eine große Verantwortung, und das wußte er. Was er damals nicht kannte, war „das Gesetz von Murphy“. Bekanntlich besagt dieses Gesetz: „Alles, was schiefgehen kann, geht auch schief!“ Wie gesagt, das Gesetz kannte er nicht, es wurde auch erst Jahre später und dann sehr weit weg im Westen entdeckt.

Das erste Schiff der Serie vom Typ IV, MS FRIEDEN, läuft vom Stapel.

Aber Paul Lass kannte seine Werft. Um nichts den Unwägbarkeiten des Zufalls zu überlassen, hatte er zur Vorbereitung des Stapellaufs des ersten Typ-IV-Schiffes einen Maßnahmeplan ausgearbeitet, der in seiner stabsmäßigen Klarheit und Eindeutigkeit kaum übertroffen werden kann, gleichzeitig aber alles Notwendige beinhaltete und die entsprechenden Verantwortlichkeiten festlegte.
Dieser Maßnahmeplan bewährte sich so, daß er viele Jahre lang gültig blieb und sich noch heute in der privaten Dokumentensammlung von Paul Lass wiederfindet. Dieses einzigartige Dokument wird nachfolgend abschriftlich wiedergegeben:

MITTEILUNG

Von TAN	Verteiler
Betr.: Stapellauf Typ IV 1.301	
I. Vorbereitung:	Erlediger
1.) Es sind insgesamt 3 Vorrichtungen zum Abstoppen des Schiffes anzubringen.	
a) Am Vorschiff ist an jeder Seite ein Anker an der Klüse hinter der Back aufzuhängen. Die Aufhängung hat durch einen Taustropp zu erfolgen, der über einen Holzblock läuft. Die Ankertrosse wird durch die Klüse auf dem Poller oben auf der Back geführt und auf ungefähr 50 m Länge festgemacht. Am Ankertau ist eine Boje mit 8 m Bojenlänge zu befestigen. 2 Beile sind bereitzuhalten.	FAS TA
b) Achterkante Brückenaufbauten sind die Kettenstopper zu befestigen. Die Ketten werden hinter dem 2. Stopperpaar zur Wasserseite hin gelagert. Die Schleppleine für die Ketten wird an der Bordwand entlang bis zu dem Poller Achterkante Brücke geführt und durch die vordere Klüse genommen.	FAS TA
Die Schleppleine ist in Abständen von je 10 m in Manillatauwerk aufzufangen.	
c) Floßstopper	
Die Floßstopper werden im Wasser vor dem mittleren Stützpfeiler der Kabelkrananlage und auf der anderen Seite vor den im Wasser lagernden Sektionen abgestellt. Von dort wird die Schleppleine zum Heck des Schiffes und an der Bordwand entlang bis Vorkante achtere Aufbauten geführt und durch Tauwerk abgefangen. Die Leine läuft dann durch die Klüse zum Poller.	FAS TA
d) Auf der Back und am Heck sind je 4 Festmacher bereitzulegen.	FAS/TA
e) 2 Signalbälle sind an Bord zu bringen.	FL
2.) Versorgung mit Aggregaten	
a) 2 Lenzpumpen Typ TS 8 sind für evtl. Fälle auf dem Schiff bereitzustellen, desgleichen die nötige Bedienungsmannschaft.	LW
Feuerwehr: 1 Pumpe ist zwischen Back und Brücke aufzustellen, die andere Vorkante achtere Aufbauten beim Hauptmaschinenraum.	VPK Abt.
b) 1 Notstromaggregat ist an Bord aufzustellen.	TAE
c) Von der Brücke zum Verholdeck achtern ist 1 OB-Apparat zu verlegen.	TAE
3.) Ausschmückung	
a) Das Schiff ist über die Toppen zu flaggen.	FAS/FL
b) Um den Bug und um das Heck herum ist das Schiff mit Girlanden zu versehen.	FAS
c) Auf der Back ist an der Spitze ein Flaggenstock zu errichten, an dem die Reedereiflagge gefahren wird.	FAS/FL
d) Am Heck ist ein Flaggenstock zu errichten, an dem die Nationalflagge gefahren wird.	FAS/FL
e) Der Name ist durch Tuch abzudecken, das während des Taufaktes ruckartig entfernt werden kann.	FAS
f) Am Bug ist die Sektflasche so zu befestigen, daß sie einwandfrei zum Zerschellen kommt.	FAS
4.) Für alle an Bord befindlichen Kollegen ist eine Liste zu erstellen.	T
5.) Die Untersuchung des Schiffes auf Fremdkörper ist durchzuführen.	VPK
6.) Der Taucher hat die im Wasser liegende Ablaufbahn einer Schlußkontrolle zu unterziehen und das Ergebnis schriftlich an T zu geben.	TA
7.) 2 Tage vorher ist der Stapellauf beim Seefahrtsamt anzumelden.	T
8.) Am Tage vor dem Stapellauf ist der Liegeplatz 1 von Schiffen frei zu machen und für die Aufnahme des Typ IV vorzubereiten. Landgang und Abweiser sind ebenfalls bereitzuhalten, damit die Arbeiten am Schiff unverzüglich weitergehen können.	T TA/FAH
9.) Am Tage vorher sind Wetter- und Wasserstandsvorhersage einzuholen und mit dem Koll. Seeberger die Durchführung des Stapellaufes abzustimmen.	T FS
II. Nachdem das Schiff aufgestoppt worden ist, werden	
1. die Floßstopper und Kettenstopper losgeworfen. Zu diesem Zweck ist im Tonnenhof der 20-t-Schwimmkran der Werft bereitzuhalten, damit die Stopper sofort entfernt werden können, um das Fahrwasser wieder frei zu machen.	TA
2. 4 Schlepper à 500 PS vom Typ „Aktivist" und „Warnow" sind in Bereitschaft zu halten, damit das Schiff auf den Liegeplatz verholt werden kann.	T TA
3. Das Fahrwasser ist durch die KPP und Strompolizei vor und hinter der Hellingtrompete abzusperren, damit im Gebiet des Stapellaufes keine unbefugten Fahrzeuge vorhanden sind.	T
4. Schlepper „Saturn" und „Alexander" haben sich im Tonnenhof zum Abschleppen von evtl. aufschwimmenden Schlittenteilen bereitzuhalten, damit die Manövrierfähigkeit der großen Schlepper nicht beeinträchtigt wird.	TA
5. Auf dem Liegeplatz 1 ist ein Leinenkommando in Stärke von 6 Mann bereitzustellen, die das Schiff befestigen.	TA
6. Der Gerüstbau muß 6 Kollegen bereithalten, die die Landverbindung mit dem Schiff herstellen und die Abweiser anbringen.	FAH
7. Der Schlitten ist zu entfernen.	FAH
8. Das Fahrwasser ist wieder frei zu machen.	T
9. L ist zu melden, daß das Schiff sicher auf seinem Liegeplatz vertäut ist.	T

Warnemünde, den 6. 1. 1956 T La/Su. gez. Unterschrift (L a s s)

Verteiler: L, T, FA, TA, LW, VPK, TV

DER STAPELLAUF VERZÖGERT SICH

Paul Lass und seine Männer waren jedenfalls auf den Stapellauf gehörig vorbereitet. Dieser war für den 13. Oktober vorgesehen. Aber offensichtlich waren einige Verantwortliche auf der Werft wieder einmal zu voreilig gewesen.

Anders ist es nicht zu erklären, daß die Betriebszeitung „Werftstimme" in ihrer Nummer 42 vom 29. Oktober 1955 einen mit der Unterschrift „Werftleitung" gezeichneten Artikel veröffentlichte mit der Überschrift: „Warum konnte der erste Typ IV am 13. Oktober nicht vom Stapel laufen?" In diesem Beitrag heißt es unter anderem:

„10 000-Tonnen-Schiffe sind Projekte, die erstmalig in der Deutschen Demokratischen Republik gebaut werden. Damit ist wohl klar, daß der Bau der Typ-IV-Schiffe insbesondere an unsere Schiffbauer große Anforderungen stellt. Die Schiffbauer der Warnowwerft haben die Wichtigkeit des ihnen übertragenen Auftrages erkannt und hatten die Verpflichtung übernommen, daß der erste Typ IV am Ehrentage unserer Aktivisten vom Stapel laufen sollte. Diese Verpflichtung galt als Richtschnur für den Arbeitsablauf beim Bau des Schiffes.

Da das Schiff am 13. Oktober nicht vom Stapel gelaufen ist, so muß allen Kollegen, die die Zusammenhänge der Verzögerung nicht kennen, folgendes zur Aufklärung gesagt werden:

Durch vielerlei Zusammenhänge mußten die ausgeführten Schweißarbeiten zum Teil beanstandet werden, da die Röntgenaufnahmen keine einwandfreien Schweißnähte ergaben. Die damit verbundenen Nacharbeiten brachten selbstverständlich für den Schiffbau – insgesamt gesehen – erhebliche Schwierigkeiten mit sich, was wiederholte Umdisponierungen der Arbeitskräfte notwendig machte.

Die DSRK (Deutsche Schiffsrevision und Klassifikation) forderte ihrerseits das Autogen-Entspannen aller Sektionsstöße auf halber Länge mittschiffs ab Hauptspant gerechnet, um nach dem heutigen Stand der Technik die Sicherheit der Schweißung nach bestem Wissen und Gewissen garantieren zu können. Für das Autogen-Entspannen liegen jedoch in der Deutschen Demokratischen Republik keine Erfahrungen vor, so daß umfangreiche Versuche für das eigentliche Entspannungsverfahren am Schiff unternommen werden müssen. Erst die Versuche werden zeigen, welche Ergebnisse durch das Entspannen der Schweißnähte erzielt werden können. Damit der Maschinenbau mit dem Ausbohren der Stevenrohre beginnen kann, muß zumindest der Schiffsbereich des Achterschiffes bis Schott 54 in den betreffenden Sektionssteven autogen entspannt sein, da niemand im voraus sagen kann, ob beim autogenen Entspannen der Schweißnähte ein Verzug des Schiffskörpers eintritt, der sich dann auf die Wellenlinie auswirken könnte.

Abgesehen von diesen Dingen stehen uns heute noch nicht die Schwanzwellen, Propeller und Ruderschäfte zur Verfügung. Die erste Schwanzwelle mit Propeller soll nach Zusagen des Lieferbetriebes „Schwermaschinenbau Heinrich Rau", Wildau, am 20. Oktober ab Werk zur Auslieferung gelangen. Die zweite Welle mit Propeller wird bis 30. Oktober fertiggestellt. Die Ruderschäfte des ersten und zweiten Schiffes zeigen im Schmiedeteil materielle Fehler, so daß zur Zeit noch Untersuchungen durch unser Konstruktionsbüro und Verhandlungen mit der DSRK sowie der Seereederei geführt werden, ob sie eingesetzt werden können.

Ein weiterer offener Punkt ist der Einbau des Hauptdeck-Stringerwinkels, bei dem die DSRK die Forderung stellt, daß Längen von 12 bis 14 m eingebaut werden sollen. Da hierüber in den Vorschriften keine genauen Forderungen in Bezug auf Festlegung der Stöße getroffen sind, hat der Schiffbau nach den gegebenen Produktionsmöglichkeiten die Stöße gewählt. Hierüber werden noch Verhandlungen geführt.

Aus dem bisher Gesagten ist ersichtlich, daß der genaue Stapellauftermin des Schiffes noch nicht genannt werden kann.

Die Arbeiter der Warnowwerft können aber mit Stolz auf die bisher beim Bau des Typ IV gezeigten Leistungen blicken, so daß der nicht vollzogene Stapellauf keineswegs ein Grund dafür ist, das Schiff zum Vertragstermin dem Auftraggeber nicht zur Verfügung zu stellen.

Kämpfen wir weiter darum, daß unsere Werft die Plantermin einhalten und den Plan erfüllen kann!"

„STOPPER LOS" FÜR DIE FRIEDEN

Am 14. Januar 1956 war es dann endlich soweit. Im Beisein zahlreicher Ehrengäste, unter ihnen der Minister für Schwermaschinenbau, Erich Apel, der die Taufrede hielt, und unter starker Teilnahme der Belegschaft der Werft und der Bevölkerung taufte der Schiffbauobermeister, Kurt Dann, den ersten in der DDR gebauten 10 000-Tonnen-Schiffskörper auf den Namen FRIEDEN.

Danach glitt das Schiff unter den Klängen der Nationalhymne in sein neues Element. Noch im Alter von 84 Jahren erinnert sich der damalige Objektkonstrukteur Kurt Heinrich an diesen Tag, als er sagte: *„Es war ein Erlebnis, das man nie vergißt; wie ein Symbol für einen guten Start in den 2. Fünfjahrplan und Lohn für unsere ehrgeizigen Ziele, für dieses Schiff nur DDR-Erzeugnisse zu verwenden."*

Zur nicht geringen Erleichterung des Werftkapitäns Paul Lass war der Stapellauf erfolgreich verlaufen. Nicht zuletzt auch deswegen, weil der Werkschutz und andere Sicherheitsleute rechtzeitig dafür gesorgt hatten, daß auf der Helling die große Schar der Besucher und der Neugierigen aus der Nähe des Achterschiffes und des letzten Teiles der Helling entfernt gehalten werden konnte, um mögliche Gefahren zu vermeiden.

Alles klappte vorzüglich. Das Schiff glitt zu Wasser, die Anker fielen, die Schlepper traten in Aktion und brachten das Schiff an den Liegeplatz 1 am Ausrüstungskai – genau wie im Maßnahmeplan von Paul Lass vorgesehen. Indessen begaben sich die Werkleitung, die offiziellen Ehrengäste und die maßgeblich am Bau des Schiffes Beteiligten ins Kulturhaus zur Stapellauffeier. Das Verholen des Schiffskörpers dauerte natürlich seine Zeit. Auch das Auffischen der aufgeschwommenen Holzteile, Balken, Keile und Schlittenteile nahm viel Zeit in Anspruch. Auch das Anlegen am Kai ging nicht so schnell. Immerhin mußten erst die Wurfleinen an Land gegeben werden und schließlich noch die schweren Drähte ausge-

Nach erfolgreich verlaufendem Stapellauf liegt die FRIEDEN sicher festgemacht am Ausrüstungskai. Der Steuerbordanker ist immer noch „klar zum Fallen". Wegen des ruhigen Wetters wurde er wohl zum Aufstoppen des Schiffes nicht benötigt.

bracht werden, die das Schiff am Kai festhalten sollten.

Da natürlich keine elektrischen Winden an Bord montiert waren, mußte alles nach alter Seemannsweise von Hand geschehen. Mit extra geschorenen Taljen wurden die Drähte dicht geholt, um schließlich von Hand belegt zu werden. Als alles vorbei war, ging Paul Lass in Erfüllung des letzten Punktes seines Maßnahmeplanes zur Stapellauffeier, um dem Werftdirektor die ordentliche Beendigung des Stapellaufs und das sichere Vertäuen des Schiffes am Ausrüstungskai zu melden. Als er das Kulturhaus erreichte, war die Stapellauffeier so gut wie beendet, erinnert er sich. Es reichte gerade noch zu einem Schnaps. Paul Lass: „Alles Weitere habe ich dann bei der Indienststellungsfeier nachgeholt."

KONSTRUKTION UND TECHNISCHE DATEN DER TYP-IV-SCHIFFE

Der Auftrag zum Bau einer Serie von Typ-IV-Schiffen stellte die Warnowwerft Warnemünde vor neue Probleme. Noch immer standen nicht genügend ausgebildete und erfahrene Schiff-

bauingenieure zur Verfügung. Noch über Jahre hinaus deckten die Absolventenzahlen der Hochschulen nicht den Bedarf. Praktisch konnten sich die jungen Schiffbauingenieure nach Abschluß ihres Studiums die Werft aussuchen, auf der sie gerne arbeiten wollten. Da aber Rostock und Warnemünde vor 1945 Standort der Heinkel- und Arado-Flugzeugwerke waren, standen immerhin eine Reihe von erfahrenen Ingenieuren aus der Luftfahrtindustrie zur Verfügung, die bei den Werften Anstellung fanden und im Schiffbau zunehmend erfolgreich arbeiteten.
Auch der Facharbeitermangel war keineswegs beseitigt. Es fehlten immer noch Schweißer, Schiffbauer, Schiffselektriker, Schiffszimmerleute, Rohrleger und Motorenfachleute.
Hinsichtlich der Konstruktion mußte man nicht bei Null anfangen. Den Fachleuten standen entsprechende Veröffentlichungen in der Schiffbaufachliteratur der DDR und der Bundesrepublik zur Verfügung. Damit ließ sich eine Menge anfangen. Beispielsweise veröffentlichte die renommierte Fachzeitschrift „Hansa“ bereits 1951 die Seitenrisse, d. h. Generalpläne wie auch Deckspläne und andere Detailzeichnungen von Frachtern jener Zeit. Darunter Zeichnungen des Frachtmotorschiffes BRANDENBURG der Hamburg-Amerika-Linie, Länge 101 m, Tragfähigkeit 4825 tdw, wie auch der HENRIETTE SCHULTE der Reederei Schulte und Bruhns, ein Frachtmotorschiff von 134 m Länge und 9600 tdw. Auch die entsprechenden Angaben über die SANTA HELENA der Hamburg-Südamerikanischen Dampfschiffsgesellschaft, ein Frachtmotorschiff mit 24 Fahrgästen an Bord und einer Länge von 134,5 m und 9760 tdw wurde in der „Hansa“ veröffentlicht. Interessant für die Schiffbaufachleute jener Tage waren sicherlich auch die Veröffentlichungen über das Frachtmotorschiff KIELDRECHT; eines holländischen Frachters von 135,73 m Länge und 10620 tdw sowie der Angaben über das Frachtmotorschiff ADOLF LEONHARDT der Reederei Leonhardt & Blumberg, ein Frachter von 144,78 m Länge und 13150 tdw. In der DDR-Fachliteratur jener Tage finden sich auch Veröffentlichungen und Zeichnungen des Frachtmotorschiffes BÄRENFELS mit 10870 tdw bei einer Länge von 146 m, entworfen für die „Hansa“-Linie Bremen. Sicherlich war hierbei für die DDR-Fachleute besonders interessant, daß auch für dieses Schiff eine Antriebsanlage konzipiert worden war, die aus zwei Hauptmotoren bestand, deren Kraftübertragung durch ein Getriebe auf einen Propeller erfolgen sollte, ein Verfahren, welches in modifizierter Form auch bei den Typ-IV-Schiffen zur Anwendung kam. Interessant auch die Aufteilung der Aufbauten dieses Schiffes. Unter der Luke 2 waren die vorderen Aufbauten angeordnet, die unter der Kommandobrücke die Wohnräume des Kapitäns und der nautischen Offiziere sowie des Funkoffiziers, zweier Lotsen und des Zahlmeisters enthielten. Der Rest der Besatzung – einschließlich der Ingenieure – war in den anderen achteren Aufbauten untergebracht. Dieses Schiff besaß zehn Masten und einen Schwergutbaum mit Tragkraft bis zu 150 Tonnen. Theoretische Informationen, wissenschaftliche Erkenntnisse und praktische, insbesondere bei der Reparatur von großen Schiffen gesammelte Erfahrungen standen zur Verfügung. Weit schwieriger war es zur damaligen Zeit, die benötigten Ausrüstungsteile für die Schiffe zu beschaffen. Importe verboten sich von vornherein aus Devisengründen und wegen der in den NATO-Staaten geltenden Embargo-Vorschriften. Vieles durfte damals in die DDR nicht geliefert werden.
Es kam für den DDR-Schiffbau darauf an, nicht nur die Rümpfe und Maschinen zu bauen, sondern auch alle Industriezweige als Zulieferbetriebe heranzuziehen. Dabei sollte natürlich möglichst schnell das internationale Niveau erreicht werden, damals mit dem häufig genannten Schlagwort „Weltniveau“ oft zitiert. Viele Zulieferer mußten in mühsamer Kleinarbeit an die Qualitätsforderungen des Schiffbaus gewöhnt werden. Für die an enge Planvorgaben gebundenen Betriebe warf das neue Probleme auf. Mancher Betrieb reagierte unter dem Druck der Ereignisse unwillig und hielt die Forderungen des Schiffbaus für übertrieben. Dann mußten in mühseligen bürokratischen Verfahren übergeordnete Entscheidungen herbeigeführt werden.
Für die Typ-IV-Schiffe gab es Vorarbeiten, da von 1951 bis 1955 bereits vier Frachtschiffstypen entworfen wurden. Es waren dies der Typ I mit 1000 Tonnen Tragfähigkeit – für die Küstenfahrt gedacht. Der Antrieb sollte durch einen 1000-PS-Dieselmotor erfolgen. Von diesem Typ wurde nur ein einziges Schiff gebaut, das MS STRALSUND. Der Typ II war mit einer Tragfähigkeit von 2000 Tonnen ausgelegt und sollte in der großen Küstenfahrt zum Einsatz kommen, als Antrieb war ein 2000-PS-Dieselmotor auf einer Propellerwelle vorgesehen. Der Typ III mit 4000 tdw war für die Mittelmeerfahrt gedacht. Als Antriebsanlage waren 4000-PS-Dieselmotoren vorgesehen. Vom Typ II und III wurde kein Schiff gebaut. Als Typ IV war ein 9550-tdw-Frachter für die Ostasienfahrt konzipiert. Er sollte 142 m lang und 20 m breit sein, 7650 Tonnen Ladung an Bord nehmen können. Als Antriebsanlage waren acht Dieselmotoren zu je 1000 PS vorgesehen, von denen je vier über ein Getriebe auf einer Welle arbeiten sollten. Die Grundidee für diese Entwürfe war, daß die Maschinenanlagen nach dem Baukastenprinzip entworfen waren, da nur 1000-PS-Motoren zur Verfügung standen. Auf diesem Konzept des Typ-IV-Entwurfes beruhten die Konstruktionspläne des endgültigen Schiffes durch die Warnowwerft Warnemünde.
Die entsprechenden Schleppversuche an Modellen und die Produktionsuntersuchungen hatte man an die Schleppversuchsanstalt Wageningen in Holland vergeben müssen, denn eine eigene Anlage stand damals der DDR noch nicht zur Verfügung. Die erste Ausbaustufe der Schiffbauversuchsanstalt in Potsdam Marquardt wurde erst am 22. Dezember 1954 eingeweiht. Später, als die ersten Schiffe vom Typ IV bereits in Bau waren, standen dem DDR-Schiffbau leistungsstärkere Motoren mit 1800 bzw. 2400 PS zur Verfügung. Dennoch wurde der Entwurf als Doppelschraubenschiff nicht verändert, um Zeitverluste zu vermeiden und auch um Kosten zu sparen. Der Übergang zum Einschraubenschiff hätte ein völlig neues Projekt und damit wiederum neue hydrodynamische Versuche erforderlich gemacht.
Die endgültigen Bauunterlagen wurden als Pro-

jekt-Nr. 1112 im Februar 1954 vom damaligen VEB Schiffbau, Projekt- und Konstruktionsbüro Berlin, Zweigstelle Warnemünde, an die Warnowwerft übergeben. Dieses Projekt basierte in bezug auf die Hauptantriebsanlage nur noch auf vier Motoren vom Typ 8 SV 66 AU des EKM Halberstadt, später VEB Maschinenbau Halberstadt. Es waren mittelschnell laufende Motoren, die bei 275 Umdrehungen pro Minute 2400 PS leisteten. Sie wurden paarweise über Kupplungen und Sammelgetriebe auf die zwei Propellerwellen zusammengeschaltet. Diese Antriebsanlage ist gegenüber einem langsam laufenden, direkt umsteuerbaren Dieselmotor mit Nachteilen behaftet: Ein Doppelschraubenantrieb setzt kleinere Propeller voraus als ein Einschraubenschiff. Kleinere Propeller haben einen geringeren Wirkungsgrad, der durch höhere Motorenleistung ausgeglichen werden muß. Dadurch entsteht ein höherer Kraftstoffverbrauch. Allerdings hat diese Maschinenanordnung auch Vorteile: In niedrigen Fahrtstufen fällt der Teillastbetrieb weg, da man entsprechende Motoren „herausnehmen" kann. Auch bei Ausfall eines oder mehrerer Motoren kann der Schiffsbetrieb aufrechterhalten werden, eine Tatsache, die für die Typ-IV-Schiffe sehr wesentlich wurde. Bei Manöverfahrten, d. h. beim Anlegen und Ablegen am Kai, beim Ein- und Auslaufen aus Schleusen und beim Passieren von engen Gewässern wie überhaupt auf der sogenannten „Revierfahrt", konnten zur Erhöhung der Manövriersicherheit an Backbord und Steuerbord je eine Maschine auf Voraus bzw. auf Zurück ständig gefahren werden. Während die Hauptmotoren ihre Drehrichtung behielten, konnte die Drehrichtung des Propellers über die Getriebe jeweils wahlweise durch die Wachingenieure am Fahrstand geschaltet werden. Für den Seebetrieb der Halberstädter Motoren und ihrer elektromagnetischen Kupplungen lagen noch keine praktischen Erfahrungen vor. Im November 1955 hatte die Matthias-Thesen-Werft für den damaligen VEB Schiffsbergung und Taucherei Stralsund den Bergungsschlepper EISVOGEL vom Stapel gelassen. Der Schlepper erhielt einen Motor von Typ 8 SV66AU. Dieser leistete bei 200 Umdrehungen pro Minute 1100 PS. Allerdings erfolgte die Übergabe des Schiffes erst am 25. April 1957. Ehe das Maschinenpersonal des Schleppers selbst in ausreichendem Maße Betriebserfahrungen gesammelt hatte, waren bereits einige Typ-IV-Schiffe an die DSR übergeben worden, deren Maschinenpersonal inzwischen eigene Betriebserfahrungen, und dies in reichem Maße, sammelte.

Am 1. August 1954 wurde mit dem Bau des ersten Typ-IV-Schiffes begonnen, und die eigentliche Kiellegung erfolgte am 13. Oktober 1954. Da die Schiffe voll geschweißt gebaut werden sollten, mußten sich die Ingenieure und die Schiffbauer zunächst mit dieser Technologie vertraut machen. Seit dem Bau der Panzerschiffe der DEUTSCHLAND-Klasse für die Reichsmarine hatte sich die Schweißtechnik im Kriegsschiffbau bereits seit den 30er Jahren zunehmend durchgesetzt. Auch wäre der von Jahr zu Jahr während des Zweiten Weltkrieges wachsende Bau von U-Booten in großen Serien und Stückzahlen ohne Anwendung der Schweißtechnik nicht möglich gewesen. Aber im zivilen Schiffbau mußte sich das Schweißen erst noch bewähren. Da es sich um einen Serienbau von zunächst 15 Schiffen handelte – weitere Großserien befanden sich im Stadium der Konzeption –, wirkte das begünstigend auf neue technologische Veränderungen. Die Herausforderung wurde auf der Warnowwerft als Chance begriffen und bereits von Beginn der Typ-IV-Produktion an durchgehend verwirklicht. Die Schiffskörper wurden vollständig geschweißt. Lediglich im Bereich des Scheergangs und des Kimmganges wurde noch genietet. Pro Schiff wurden 92 km Kehlnähte mit 366 m^2 Schweißfläche sowie 17 Kilometer Stumpfnähte mit 220 m^2 Schweißfläche, davon über 50 Prozent automatisch oder halbautomatisch im Unterpulver-Schweißverfahren (UP-Verfahren), geschweißt. Das waren damals auch international stark beachtete Werte. Angeleitet durch das Zentrale Institut für Schweißtechnik in Halle, wurde bereits 1951 von den Schweißtechnikern der Warnowwerft das sogenannte UP-Schweißverfahren angewandt. Es gelang ihnen, beim Typ IV den Anteil des automatischen Schweißens von zunächst 18 Prozent im Jahre 1956 bei der Bau-Nr. 304 auf 59 Prozent im Jahre 1959 bei der Bau-Nr. 311 zu steigern. Notwendig war, daß die Technologien hierfür die Voraussetzungen schufen, indem sie für den Schiffbau geeignete industrielle Fertigungsmethoden entwickelten. Dabei kam es darauf an, auch die unterschiedlichsten Arbeitsvorgänge so aufeinander abzustimmen, daß sie nach einem genauen zeitlichen und technischen Ablaufplan folgerichtig „zusammenfließen", damit ein ständiger gleichmäßiger Produktionsausstoß in festgelegten Zeitabständen möglich wurde. Dabei wurde der Bau des Schiffskörpers in verschiedene Fertigungsstufen untergliedert. Dies waren Einzelteilfertigung, Gruppenbau, Sektionsbau und schließlich die Hellingmontage. Die Kabelkrananlage gestattete eine Sektionsaufteilung bis maximal 50 Tonnen Eigengewicht, wobei ein großer Teil der Sektionen in der damals größten beheizten Schiffbauhalle Europas mit ihrer Grundfläche von 20000 m^2 gefertigt werden konnten. Mit zunehmender Erfahrung des Werftpersonals gelang es schließlich, die Stundenentwicklung für den Schiffskörperbau der Typ-IV-Schiffe um die Hälfte und die Liegezeit auf der Helling auf ein Drittel bei den Folgeschiffen gegenüber dem ersten Schiff zu senken. Das war ein gravierender Unterschied, lag doch das erste Schiff, die FRIEDEN, 15 Monate auf der Helling, wobei für den Schiffskörper insgesamt 517000 Arbeitsstunden benötigt wurden; Der Bau des gesamten Schiffes erforderte 1592269 Arbeitsstunden. Beim 15. Schiff der Serie, der SIERRA MAESTRA, betrug die Hellingzeit nur noch fünfeinhalb Monate, der Stundenaufwand für den Schiffskörper war auf 281000 Stunden gesunken, und für das gesamte Schiff waren lediglich noch 627384 Arbeitsstunden erforderlich. Für jedes Schiff waren folgende Materialmengen erforderlich:

Stahlblech	3500 t
Feinblech	80,4 t
Holz	680 m^3
Rohrleitungen	25700 m
Kabel	45000 m
Lacke und Farben	2500 kg
Schweißelektroden	75 t

Für den Objektkonstrukteur der Typ-IV-Schiffe, dem aus dem Flugzeugbau zur Warnowwerft gekommenen Kurt Heinrich, war es zweifellos eine schwierige Aufgabe, den Entwicklungsstand der Warnowwerft und die vorgesehenen technologischen Neuheiten zu berücksichtigen und den Vorgaben des Auftraggebers, der Deutschen Seereederei, zu entsprechen. Gleichzeitig kam es für ihn darauf an, bei seiner Konstruktion die Leistungsfähigkeit der Zulieferindustrie entsprechend zu berücksichtigen. Auch das war nicht einfach. Er und seine Mitarbeiter erfüllten ihre Aufgaben jedoch mit Leidenschaft und Hingabe. Es gelang ihnen, Entwürfe vorzulegen, die den Auftraggeber zufriedenstellten und international starke Beachtung fanden. Auch dem damaligen technischen Direktor der Warnowwerft, Oberingenieur Werner Franz, gebührt ein großes Verdienst, denn auch er war maßgeblich an der Typ-IV-Entwicklung und am Bau der Schiffe beteiligt.

TECHNISCHE DATEN

	Schutzdecker	Volldecker
Länge ü. a.	157,60 m	157,60 m
Länge zw. d. L.	142,00 m	142,00 m
größte Breite	20,00 m	20,00 m
Tiefgang, voll beladen	27′6′′8,44 m	31′7′′9,67 m
Tiefgang in Ballast	19′8′′6,00 m	19′8′′6,00 m
Tiefgang bis Hauptdeck	12,80 m	12,80 m
Dienstgeschwindigkeit	15,0 kn	14,5 kn
Höchstgeschwindigkeit	16,5 kn	16,5 kn
Reichweite	25 800 sm	25 000 sm
Verdrängung	15 820 t	18 750 t
Blockkoeffizient	–	d = 0,66
Gewicht leeres Schiff	5 700 t	5 700 t
Tragfähigkeit	10 070 t	13 000 t
Ladefähigkeit	7 940 t	10 870 t

Ausrüstung und Vorräte

Dieselöl	1823 m³	1595,6 t
Motorenöl (+ old oil, tank 13 + 14)	95,5 m³	77.3 t
Altöl	29,0 m³	26,1 t
Trinkwasser	363,0 m³	362,0 t
Kesselwasser	34,0 m³	34,0 t
Ballastwasser	795,2 m³	34,0 t
Wechseltanks	2 360,0 m³	2 420,0 t
Proviant	–	15,0 t
Vorräte	–	8,0 t
Besatzung und Gepäck	–	12,0 t

Dipl.-Ing. Kurt Heinrich, der Objektkonstrukteur der Typ-IV-Schiffe, an seinem Schreibtisch in der Warnowwerft Warnemünde.

Treibstoffverbrauch

Seetag	22,00 t
Hafentag	1,15 t

Registertonnage

Schiff		Schutzdecker	Volldecker
FRIEDEN	brutto	6 708,65	9 645,89
	netto	3 858,66	5 763,45
FREUND-SCHAFT	brutto	6 709,56	9 647,17
	netto	3 856,28	5 761,32
DRESDEN	brutto	6 629,34	9 655,78
	netto	3 813,11	5 777,75
BERLIN	brutto	6 705,27	9 642,30
	netto	3 863,98	5 768,58
MAGDE-BURG	brutto	6 629,34	9 655,78
	netto	3 802,53	5 767,17
ERFURT	brutto	6 637,73	9 659,39
	netto	3 826,98	5 788,72
LEIPZIG	brutto	6 637,73	9 659,39
	netto	3 826,98	5 788,72
HALLE	brutto	6 722,70	9 631,87
	netto	3 882,96	5 769,07
SCHWERIN	brutto	6 722,70	9 631,74
	netto	3 874,45	5 760,26
KARL-MARX-STADT	brutto	6 722,71	9 631,87
	netto	3 872,04	5 758,14
GERA	brutto	6 758,53	9 632,17
	netto	3 906,97	5 769,28
HALBER-STADT	brutto	6 758,53	9 632,17
	netto	3 895,56	5 757,87

Klasse:
Die Schiffe wurden nach den Vorschriften der DSRK für große Fahrt mit normaler Eisstärke gebaut und erhielten die Klasse:

❅ A I (Ice)

Die Schiffe sind bestimmt für den Transport von Schüttgut aller Art und Stückgut. In Übereinstimmung der Klasse kann Erz transportiert werden (6500 t).
Die ersten sechs Schiffe erhielten Getreideschotten.

Konstruktion der Luken:

Hauptdeck	Luke I, II, III, IV McGregor Lukenabdeckung
Luke V	Scherstöcke mit Holzlukendeckeln
Zwischendecks	Scherstöcke mit Holzlukendeckeln

Luken:

Anzahl der Luken:	5
Anzahl der Laderäume:	5

Rauminhalt der Laderäume insgesamt:

a) Getreide:	18464 m³	652500 cbf
b) Ballen:	16670 m³	589000 cbf

Holzladefähigkeit:

a) in den Luken	7410 t
b) an Deck	800 t
total:	8210 t

Laderaumlüftung:
Natürliche und mechanische Lüftung mit 25fachem Luftwechsel stündlich

Lukenabmessungen:

Luke I	Hauptdeck	12,6 x 6,6 m
	Zwischendeck	12,6 x 6,6 m
	Unterraum	5,5 x 6,6 m
	Süßöltank	2 x 4,0 x 2,5 m
Luke II	Hauptdeck	10,8 x 6,6 m
	Zwischendeck	12,6 x 6,6 m
	Unterraum	12,6 x 6,6 m
Luke III	Hauptdeck	12,6 x 6,6 m
	Zwischendeck	12,6 x 6,6 m
	Unterraum	12,6 x 6,6 m
Luke IV	Hauptdeck	12,6 x 6,6 m
	Kühlluke	2 x 3,0 x 2,0 m
	Zwischendeck	12,6 x 6,6 m
	Kühlluke	2 x 3,0 x 2,0 m
	Unterraum	12,6 x 6,6 m
	Hauptdeck	9,6 x 6,6 m

Höhe zwischen den Decks:

Lichte Stauhöhe im Unterraum:	4,5 m
Lichte Stauhöhe im Zwischendeck:	1,8 m
Lichte Stauhöhe im Hauptdeck:	2,8 m
Lichte Stauhöhe in Luke V:	3,6 m

Decksbelastung:

Unterraum:	5,60 t/m^2
Zwischendeck:	1,98 t/m^2
Hauptdeck:	2,38 t/m^2
Lukenbelastung bei Erzladung:	1,0 t/m^2

Kräne und Winden:

2 Elektrokräne zu je	3 t
Ladebäume	10 x 3,5 t
	4 x 5/8 t
Schwergutbaum	1 x 50 t
Winden:	10 x 3 t
	2 x 3/5 t
	2 x 3/8 t

Schiffstyp und Konstruktion:

Das Doppelschraubenmotorschiff kann wechselweise als Schutzdecker oder Volldecker fahren. Es besitzt 2 Zwischendecks, 5 Luken, Back, Kommandobrücke hinter Luke I angeordnet und achtere Aufbauten einschließlich Maschinenraum hinter Luke IV.

Das Schiff ist in folgende wasserdichte Abteilungen unterteilt, getrennt durch 7 wasserdichte Schotten: Vorpiek, Laderaum I, II, III, IV Maschinenraum und Achterpiek.

Luke V ist über dem Maschinenraum und der Achterpiek zwischen Spant 12 bis 30 angeordnet.

Der stählerne Rumpf ist auf Querspanten gebaut und voll geschweißt.

Die Montage erfolgt in Sektionsbauweise.

Unterbringung Offiziere und Besatzung:

23 Ein-Mann-Kammern	= 23 Plätze
15 Zwei-Mann-Kammern	= 30 Plätze
1 Vier-Mann-Kammer	= 4 Plätze
	= 57 Plätze

Passagierräume:

4 Einzelkabinen	= 4 Plätze
4 Doppelkabinen	= 8 Plätze
	= 12 Plätze

Außerdem sind vorhanden:

Mannschaftsmesse:	36 Plätze
Speiseraum für Offiziere und Passagiere:	27 Plätze
Veranda:	22 Plätze

Schwimmbecken montierfähig auf Luke V
Kinoanlage in der Mannschaftsmesse

Schiffsführungsanlagen:

Ruderlagenanzeiger
Propellerdrehzahlanzeiger
Maschinentelegraf
Telefonanlage
Kommandosprechanlage
Elektrisches Kabinenrufsystem
Alarmanlage

Funkanlagen

Im Funkraum sind folgende Geräte aufgestellt:
1 Mittelwellensender 800 W
1 Kurzwellensender 800 W
1 Havariesender 25 W, Mittelwelle
2 Allwellenempfänger, Wellenbereich 10–2500 m
1 Havarieempfänger
1 automatischer Alarmempfänger
1 automatischer Geber für Seenotzeichen
1 Magnetofon zur Registrierung von Funkzeichen
1 Rundfunkanlage
1 Goniometerpeilanlage
1 UKW-Sprechfunkanlage

Navigationsanlagen

1 Kreiselkompaßanlage mit Steuerkompaß auf Säule im Steuerhaus und fünf Tochteranlagen
1 Echolotanlage mit Anzeige im Kartenraum
1 Elektrolog-Anlage zur Bestimmung der Schiffgeschwindigkeit
1 Fahrtmeßanlage (Stevenlog)
1 akustisches Signalmittel und die Signaleinrichtung (Laternen)
1 Radaranlage war vorgesehen, aber zunächst nicht lieferbar

Hauptantriebsanlage

Hauptmotoren

Der Antrieb des Schiffes erfolgt durch vier kompressorlose, direkt umsteuerbare, einfach wirkende Viertakt-Dieselmotoren mit Turboaufladung Typ 8SV 66 AU. Motorenlieferant ist die Firma EKM Halberstadt.

Die Motoren wurden zunächst noch nicht mit voller Leistung ausgefahren. Die Anfangsleistung ist im folgenden angegeben, die später im Fahrbetrieb zu erreichende Leistung und die Daten sind als Klammerwerte angegeben.

In dem Schiff sind folgende Motoren eingebaut:
2 Stück Rechtsausführung, linksdrehend
2 Stück Linksausführung, rechtsdrehend
Die Motoren besitzen Schmierölförder- und Umlaufpumpen mit Umlaufregulierung, angebautem Ölkühler sowie Treib- und Schmieröldoppelfilter.

Je zwei Motoren arbeiten auf ein Getriebe. Die Verbindung zwischen Motor und Getriebe erfolgt durch eine elektromagnetische Schlußkupplung, deren induzierter Kupplungsteil mit dem Motor verbunden wurde. Dieser Teil ist zugleich Schwungrad. Das Kurbelwellenpaßlager ist entsprechend dem Gewicht des reduzierten Kupplungsteiles ausgeführt.

Technische Daten der Motoren

Leistung: 1800 PS (2400 PS)
Drehzahl max.: 248 U/min (275 U/min)
Drehzahl min.: 95 U/min
Gewicht der Motoren: ohne Schwungrad etwa 64 Tonnen
Zylinderbohrung D 470 mm

Kolbenhub H 660 mm
Zylinderzahl 8
Hubvolumen insgesamt 916 Liter
Hubvolumen je Zylinder 114,5 Liter
Mitteldruck Pe 8,55 kg pro cm^2
Verdichtungsverhältnis 13:1
Verdichtungsenddruck 45 kg pro cm^2
Zünddruck 80 kg pro cm^2
Überlastbarkeit 10%
Anlaßdruck (Luft) 12 atü
Abblasedruck der Luftflaschen 30 atü
Ansaugvolumen des Turboladers 280 m^3 pro Minute
Aufladedruck 1,6 ATA
Temperatur der Abgase vor Turbine max. 600° C
Höchstdrehzahl der Turbine 10350 U/min
Fördermenge der Schmierölpumpe 24 m^3 /Std.
maximale Ansaughöhe 5 m
Öldruck vor dem Filter 35 atü
Öldruck vor Eintritt in die Maschine 2,5 atü
Öldruck beim Manometer am 1. Zylinder 1,5 atü
Öltemperatur 50° C
Kühlwasseraustrittstemperatur max. 55° C
Kühlwasserdruck 2,5 atü

Getriebe

Die Hauptmotoren arbeiten mit einer Drehzahl von 248 min^{-1}, die Propeller arbeiten mit einer vorgesehenen Drehzahl von 105 min^{-1}. Zur Herabsetzung der Motorendrehzahlen auf die Propellerwellendrehzahl und damit zur Leistungsübertragung der Hauptmotoren ist für jede Welle ein einstufiges Zahnradgetriebe vorgesehen.

Elektromagnetische Schlupfkupplung

Die Verbindung zwischen den Motoren und dem Getriebe erfolgt durch vier elektromagnetische Schlupfkupplungen. Wegen der äußerst schnellen Ein- und Ausschaltung der Kupplungen kann die Schraubendrehrichtung mittels der Kupplungen umgesteuert werden. Es laufen z. B. beide vorderen Dieselmotoren auf Vorausfahrt und die beiden hinteren auf Rückwärtsfahrt. Die Schrauben werden dadurch umgesteuert, daß jeweils die Dieselmotoren mit der gewünschten Drehrichtung mittels der Kupplungen eingeschaltet werden. Zu der elektrischen Schlupfkupplung gehört gleichfalls eine zentrale Steuerung am Schaltpult. Um ein irrtümliches Aufschalten der Kupplungen mit gegenläufiger Drehrichtung zu verhindern, ist eine entsprechende Verriegelung eingebaut. Die Bedienung der Kupplung erfolgt am zentralen Bedienstand.

Wellenleitung

Das Schiff erhält zwei Satz Wellenleitungen, die mit einer Neigung von 1°30' eingebaut sind. Die Schraubenwelle hat eine Ölschmierung.

Zentralbedienstand (an Bord „Fahrstand" genannt)

Der Zentralbedienstand überwacht die gesamte Dieselanlage einschließlich Kupplung und Getriebe. Die erforderlichen Signaleinrichtungen und Armaturen sind hier übersichtlich angeordnet. Alle vier Dieselmotoren haben für die Umsteuerung, die Drehzahlverstellung und für die Steuerung der E-Kupplung ihre eigenen Bedienungselemente.

Abgaskessel

Dampfleistung	2 t/Std.
Genehmigungsdruck	16 kg/cm^2
Betriebsdruck	14,5 kg/cm^2
Heißdampftemperatur	210° C

Hilfskessel

Dampfleistung	2 t/Std.
Genehmigungsdruck	16 kg/cm^2
Betriebsdruck	14,5 kg/cm^2

Elektrischer Teil

Die gesamte E-Anlage entspricht der Vorschrift „Elektrische Anlagen auf Seeschiffen", DIN 89001 für eine Raumtemperatur von 45° C.
3 Dieselmotoren, Typ 6 DV 136, je 300 PS bei 400 U/min
1 Turboaggregat mit einer Generatorleistung von 400 kW
1 Notstrom-Dieselgenerator 25 PS / 12 kW,
2 Hk 65 Gleichstrom 200 V
Vorhanden sind:

Normalbeleuchtung	220 V
Notbeleuchtung	220 V
Notbeleuchtung	24 V

Reparaturbeleuchtung
Signallaternenbeleuchtung
Scheinwerferanlage einschließlich Suezkanal-Scheinwerfer

Propeller

2 Vierflügelpropeller D = 4500 mm
P = 5332 mm
Hersteller: Eisengießerei Torgelow

Kurzbiographie:

Kapitän Willy Beykirch

Willi Beykirch als Korvettenkapitän der Reserve und Chef einer Transportflottille der Kriegsmarine. Die Aufnahme entstand am 12. 1. 1944 in Amsterdam.

Geboren am 1. 12. 1891 in Berlin. Nach acht Klassen Volksschulbesuch von 1906 bis 1912 Schiffsjunge an Bord des D. CHRISTIANA, anschließend 5-Mast-Bark POTOSI, danach englisches Vollschiff ARCHIBALD RUSSEL und Matrose an Bord des Hamburger Segelschiffes MARGARETE, in Australien „achteraus gesegelt", monatelang durch das Land getrampt.
1912 bis 1913 Besuch der Großherzoglich-Mecklenburgischen Navigationsschule zu Wustrow, Abschluß: Steuermann auf Großer Fahrt A 5, danach Einberufung zur Ableistung der Dienstpflicht bei der Kaiserlichen Marine, 1914 bis 1918 Einsatz an Bord von Unterseebooten als Obersteuermann, nach Kriegsende Entlassung aus der Kaiserlichen Marine und von 1918 bis 1919 Studium in der Navigationsschule Wustrow (Mecklenburg), Abschluß: Patent A 6: Kapitän auf Großer Fahrt, anschließend Einsatz als Schiffsoffizier an Bord von Schiffen der Reederei F. W. Fischer, Rostock, von 1919 bis 1923 Tätigkeit als I. Offizier und Kapitän an Bord von Frachtern der Reedereien Fischer und Lassen, Rostock, 1930 bis 1933 arbeitslos, von 1933 bis 1936 I. Offizier und Kapitän an Bord von Frachtern der Reederei Orion Schiffahrtsgesellschaft Rostock, 1936 bis 1939 Arbeit als Gruppenleiter in der Reichsstelle für Garten- und Weinbauerzeugnisse, Berlin, 24. 8. 1939: Einberufung zur Kriegsmarine, 1. Dienstgrad: Leutnant z.S.d.R., im Verlaufe des Krieges verschiedene Tätigkeiten und Dienstposten, darunter Chef einer Transportflottille, Einsatz an Bord verschiedener Schiffe, zuletzt kommandiert zur Vorbereitung eines ehemaligen holländischen Kreuzfahrtschiffes für den Einsatz als Sperrbrecher, kam wegen des Kriegsendes nicht mehr zur Ausführung; letzter Dienstgrad: Korvettenkapitän d.R., Entlassung aus der Kriegsmarine am 14. November 1945, vom 11. Dezember 1945 bis 14. November 1945 Tätigkeit als Bauarbeiter bei der Firma SIEMER & MÜLLER in Bremen, anschließend längere Krankheit, danach Übersiedlung nach Berlin, von 1946 bis 1947 Aufräumungsarbeiten als Arbeiter auf Trümmerplätzen in Berlin, von 1947 bis 1949 aus gesundheitlichen Gründen arbeitsunfähig, ab 17. Januar 1950 tätig als Revisor bei DEUTSCHER SCHIFFAHRTS- UND UMSCHLAGSBETRIEB BERLIN (Verwaltung der Binnenschiffahrt der DDR), anschließend Leiter der Heimatstelle Berlin, des Maschinentechnischen Dienstes, und als Kapitän des D. VORWÄRTS, solange dieser von der DSU bereedert wurde. 1. 7. 1952: mit Übernahme der VORWÄRTS in den VEB DEUTSCHE SEEREEDEREI ROSTOCK wird Kapitän Willy Beykirch gleichfalls übernommen, stellt als Kapitän den D. ROSTOCK in Dienst, fährt danach die Küstenmotorschiffe TIMMENDORF und ZINGST anschließend Baubelehrung und Indienststellung des MS FRIEDEN am 19. 6. 1957, führt die FRIEDEN bis 20. 8. 1958, danach an Bord der MS KAP ARKONA, STUBBENKAMMER, HEINRICH HEINE, LEIPZIG, SCHWERIN und MS USEDOM, letzeres vom 24. 6. 62 bis 24. 7. 1962, demgemäß aktive Fahrtzeit als Kapitän bis zum 71. Lebensjahr, dann Ruhestand, verstorben in Rostock am 23. 8. 1969.

Kriegsauszeichnungen:
U-Bootskriegsabzeichen des Ersten Weltkrieges, 1914–1918
Eisernes Kreuz II. Klasse des Ersten Weltkrieges, 1914–1918
Eisernes Kreuz I. Klasse des Ersten Weltkrieges, 1914–1918
„Eiserner Halbmond", türkische Auszeichnung, verliehen an Angehörige des Deutschen Heeres und der Kaiserlichen Marine, die während des Ersten Weltkrieges in enger Zusammenarbeit mit den türkischen Streitkräften wirkten.
Ehrenkreuz für Kriegsteilnehmer des Ersten Weltkrieges
Kriegsabzeichen der Minensuch- und Sicherungsverbände, Zweiter Weltkrieg
Kriegsverdienstkreuz II. Klasse, Zweiter Weltkrieg
Spange zum Eisernen Kreuz II. Klasse, Zweiter Weltkrieg
Spange zum Eisernen Kreuz I. Klasse, Zweiter Weltkrieg

DDR-Auszeichnungen:
Verdienstmedaille der Seeverkehrswirtschaft in Gold 1965

DAS ERSTE SCHIFF DER SERIE

Am 1. August 1954 begannen die Vorbereitungsarbeiten für den Baubeginn des ersten 10 000-Tonners mit der Bau-Nr. 301. Am 13. Oktober 1954 erfolgte offiziell die Kiellegung dieses neuen Schiffstyps.
Einige der Schwierigkeiten beim Bau dieses ersten Schiffes wurden bereits geschildert. Aber es gab natürlich noch weitere. Am Anfang gab es Probleme mit der Schweißtechnik. Das war nicht verwunderlich, denn automatische Schweißvorrichtungen waren nicht vorhanden. Sie mußten von der Warnowwerft selbst entwickelt werden. Es gelang der Werft jedoch erst 1958, selbst einen UP-Kehlnahttraktor zu entwickeln, von dem noch 18 Stück gebaut wurden. So war es noch ein weiter Weg bis zur „fließenden Fertigung". Es ergaben sich beim Schiffskörperbau mancherlei Beanstandungen der Schweißarbeiten, die durch Röntgenaufnahmen entdeckt wurden. Die damit verbundenen Nacharbeiten brachten erhebliche Schwierigkeiten mit sich, was wiederholte Umdisponierungen – nicht nur der Arbeitskräfte – notwendig machte. Die DSRK forderte ihrerseits das Autogen-Entspannen aller Sektionsstöße auf halber Länge mittschiffs gerechnet ab Hauptspant, um nach dem damaligen Stand der Technik die Sicherheit in bezug auf Schweißung garantieren zu können. Dafür gab es aber damals in der DDR noch keine Erfahrungen, so daß umfangreiche Versuche für das eigentliche Entspannungsverfahren am Schiff unternommen werden mußten. Erst nach verschiedenen Tests zeigte sich, welche Ergebnisse durch das Entspannen der Schweißnähte erzielt wurden. Bei einer geplanten Fließfertigung zieht natürlich eine Verzögerung andere nach sich. Damit der Maschinenbau der Werft mit dem Ausbohren der Stevenrohre beginnen konnte, mußte zumindestens der Schiffsbereich des Achterschiffes bis Schott 54 in den betreffenden Sektionsstößen autogen entspannt sein. Niemand konnte im voraus sagen, ob

beim autogenen Entspannen der Schweißnähte ein Verziehen des Schiffskörpers eintreten würde. Dieser würde sich auf den Einbau der Schwanzwelle auswirken. An die Probleme der damaligen Zeit denkt heute noch manches Mal der spätere Flottenbereichsdirektor Spezialschiffahrt zurück, der damals beim Bau der ersten beiden Typ-IV-Schiffe als junger Betriebsingenieur mitwirkte, Lothar Preußner, Jahrgang 1926. Sein beruflicher Werdegang ist typisch für die damalige Zeit. Besuch der Volksschule, acht Klassen, dann von 1941 bis 1942 Motorenschlosserlehre bei den Junkers-Werken in Dessau, 1943 Ausbildung zum technischen Zeichner bei den Heinkel-Werken in Rostock; mit der Verlegung der Produktion 1943 geht er bis 1944 mit dem Werk nach Wien. 1944 zum Arbeitsdienst eingezogen, anschließend zur Wehrmacht wird er zum Gebirgsjäger ausgebildet, gerät 1945 unverletzt in amerikanische Gefangenschaft. Von 1945 bis 1948 wird er umgeschult zum Lokomotivschlosser und erwirbt die mittlere Reife. So delegiert man ihn zu einem dreijährigen Ingenieurstudium nach Chemnitz, das er als Ingenieur für Verbrennungskraftmaschinen abschließt. Zurückgekehrt nach Rostock nimmt ihn die Warnowwerft 1951 mit offenen Armen auf, er wird als Betriebsingenieur sofort eingestellt. Sehr bald ist er Mitglied des Erprobungskommandos, dabei lernt er die Maschinenanlagen der großen Reparaturschiffe RUS und SOVJETSKI SOJUS kennen und im praktischen Maschinenbetrieb fahren. Auf einem Sonderlehrgang an der Schiffsingenieurschule Warnemünde qualifiziert er sich 1957 zum Schiffsingenieur und erwirbt das Patent C 6. *„Beim Bau der Typ-IV-Schiffe“*, so erinnert er sich, *„war es eine meiner ersten Aufgaben, den Einbau der Ruderanlagen verantwortlich zu leiten. Das sagt sich heute leicht, aber damals wußte niemand so ganz genau, wie man die senkrechten Bohrungen passend hinkriegt, wie eine neue Rudermaschine montiert und erprobt wird. Tausend Einzelerfahrungen und manchen kleinen Trick mußte man sich nach und nach aneignen.“* Aus heutiger Sicht betrachtet, sieht Lothar Preußner die Probleme der Werft auch darin, daß in der Anfangszeit des Baus der Typ-IV-Schiffe die Kabelkrananlage noch nicht fertig war. Das zwang zunächst dazu, nur kleine Sektionen zu montieren. Technologisch sei der Bau kein Problem gewesen, meint Lothar Preußner. Der Mangel an ausgebildeten Schiffbauern wurde schrittweise überwunden, indem umgesiedelte Fachkräfte aus den Werften von Stettin und Danzig auf der Warnowwerft Beschäftigung fanden.

DIE SCHWIERIGKEITEN REISSEN NICHT AB

Größere Probleme machte zu Anfang der Parallellauf der Dieselmotoren. Insbesondere hätten Kolben- und Laufbuchsen nicht die erforderlichen Leistungen gebracht. Auch mit dem Schmieröl hatte man in der Anfangszeit aus Qualitätsgründen und mangelnder Erfahrungen eine Reihe von Schwierigkeiten. Die Hauptmotoren des ersten Schiffes mußten lange auf dem Prüfstand laufen, so daß sie nicht rechtzeitig zur Verfügung standen. Außerdem rissen Lagerstühle und machten laufende Reparaturen erforderlich.

Mit der Übergabe des ersten Schiffes an die Reederei, so Lothar Preußner, war der zentrale Fahrstand für den Betrieb und die Überwachung der vier Hauptmotoren noch nicht fertig. Daher sei es erforderlich gewesen, daß die Hauptmotoren der FRIEDEN einzeln bedient werden mußten, was bei dem Lärm im Maschinenraum Kommandos durch Zeichenangabe von oben erforderlich machte.

Immer dann, wenn der Werft die entsprechenden Einbauteile zur Verfügung standen, wurden sie nachgerüstet. Beim zweiten Schiff der Serie, dem MS FREUNDSCHAFT, wurde der zentrale Fahrstand von Anfang an ordnungsgemäß mit eingebaut. Das alles hinderte den jungen Schiffsingenieur nicht daran, sich frühzeitig bei der DSR zu bewerben und nach kurzer Fahrzeit als Heizer und Motorenassistent im Januar 1957 bereits als IV. Ingenieur an Bord der FREUNDSCHAFT anzumustern, auf der er es bis zum II. Ingenieur brachte.

Viele Jahre später, am 25. Juli 1984, erscheint in den „Norddeutschen Neuesten Nachrichten“, der Tageszeitung der National Demokratischen Partei der DDR, ein Artikel „in Vorbereitung“ des 35. Jahrestages der DDR. Darin heißt es: *„Beim Stapellauf der FRIEDEN hatten die Werftarbeiter an die Zulieferindustrie appelliert, sie mit aller Kraft bei der Ausrüstung ihrer Schiffe zu unterstützen.“* Was war z. B. ein Schiffskörper schließlich ohne Antriebsanlagen. Zwei Motoren auf einer Welle mit je 2500 PS hatten die Konstrukteure der Werft für ihr Schiff vorgesehen. Die Motorenbauer aus Halberstadt waren bemüht, diese Leistungsparameter zu erreichen. Die Meldungen, die aber vom anderen Tor zum Harz zu uns an Bord kamen, klangen wenig verheißungsvoll, erinnert sich Kurt Heinrich (der Chefkonstrukteur des Schiffes) und erzählt uns, wie es weiterging: *„Da fast immer nur von Mißerfolgen – sei es von Kolben- oder Pleuelbrüchen – die Rede war, fuhren wir damals nach Halberstadt, um uns an Ort und Stelle vom Stand der Dinge zu überzeugen. Wir sahen uns die Kurven der Tests und die Berechnungen im Konstruktionsbüro an. Tatsache war: die Motorenbauer wie die gesamte Zulieferindustrie – erst am Anfang ihrer Entwicklung – erreichten zu jener Zeit noch nicht die Parameter, die unser Motor brauchte, damit die Schiffe eine Geschwindigkeit von 16,5 Knoten entwickeln konnten. Aber stärkere Antriebsanlagen standen uns nicht zur Verfügung, und ihr Import würde wertvolle Devisen kosten. Das kam nicht in Frage. Wir mußten uns schon selber helfen und entschieden uns, die FRIEDEN mit zwei Motoren von je 1800 PS auf einer Welle auszurüsten. Das war schließlich das Ergebnis der Halberstädter Bemühungen. Sicher keine Ideallösung, aber für die Motorenbauer real, und sie half uns weiter. Im Laufe der Serie wuchs mit der Leistungskraft des Motorenbaus dann auch die Leistungsstärke unserer Antriebsanlagen ...“*

Der Konstrukteur erinnert sich weiter: *„Das Schwierige bei der Konstruktion war, daß entgegen den üblichen Gepflogenheiten zur gleichen Zeit mit der Konstruktion auch der Bau des Schiffes sowie die Entwicklung der Hauptantriebsanlage begonnen* *worden war und die Zulieferindustrie die erforderlichen Aggregate wie Pumpen, Ankerspille, Krane usw. parallel dazu entwickeln mußte.“*

Mit Feuereifer waren die Konstrukteure, Technologen und Schiffbauer an die Realisierung der großen Aufgabe gegangen. Anfang März 1954 hatte man mit der Konstruktion begonnen, bereits acht Wochen später wurden die ersten Konstruktionszeichnungen für die Produktion des Schiffskörpers herausgegeben. Es folgten Spanten, Schotten, Steven, Hauptdeck ... Da der Typ IV vollgeschweißt entstehen sollte, standen auch hier die Konstrukteure und Schiffbauer um Oberingenieur Franz vor „Neuland“. Da waren sowohl die Klassifikations- und die Sicherheitsvorschriften für die Schiffahrt als auch die Londoner Konvention zu beachten, die in der Projektierungsphase noch nicht im einzelnen bekannt gewesen waren. Notwendige Änderungen an bereits eingebauten Teilen, wie bei der Ankerwinde und dem Ladegeschirr, störten den zügigen Produktionsablauf ... *„Oftmals mußten wir mit den Kooperationsbetrieben einen 'harten Strauß' um unser gemeinsames Ziel ausfechten: ein leistungsfähiges Schiff zu bauen“*, erinnert sich der Objektkonstrukteur und konstatiert nicht ohne Genugtuung: *„Wir waren ehrgeizig und wollten für unser Schiff nur DDR-Erzeugnisse verwenden. Mit Ausnahme des Typhons (Suezkanal-Vorschriften waren zu befolgen) und des Reflektionskompasses war uns dies auch gelungen ...“*

DIE PROBEFAHRT

Schließlich war es dann soweit, erstmals die Leinen der FRIEDEN zu einer Probefahrt loszuwerfen. Ab 1. Mai erfolgte auf der Reede vor Warnemünde der Probelauf der Maschinen und vieler anderer technischer Aggregate, Instrumente, Anlagen und Geräte. Dabei stand das Schiff noch unter dem Kommando des Werftkapitäns Paul Lass. Nach Rückkehr an den Ausrüstungskai der Werft ging man sofort daran, die festgestellten Mängel und Unzulänglichkeiten zu beseitigen. Das nahm noch mal einige Wochen in Anspruch.

In den Unterlagen von Kapitän Paul Lass ist ein Prüfbericht über eine am 31. Mai 1957 in Warnemünde erfolgte Besichtigung des MS FRIEDEN erhalten geblieben, in dem es heißt: *„Das Schiff wurde heute überprüft und wird für die Probefahrt in der mittleren und nördlichen Ostsee freigegeben. Auf Grund der vorhandenen Rettungsmittel und sanitären Räume sowie der Unterkünfte werden 160 Personen für die Probefahrt zugelassen. Die Grundsätze der Bestimmungen für Probefahrten sind einzuhalten. Gleichzeitig wird für die Probefahrt ein vorläufiger Fahrterlaubnisschein beantragt mit der Gültigkeit bis 15. Juli 1957.“*

Die Genehmigung wurde vom Seefahrtsamt am gleichen Tage erteilt. Die Organisation einer solchen großen Abnahmefahrt war für die Werftbesatzung alles andere als einfach. Schließlich mußten 160 Leute nicht nur für einige Tage untergebracht und verpflegt werden, was schon schwierig genug war; sie mußten auch die entsprechende Arbeitsmöglichkeit haben. Außerdem sollte bei der Gelegenheit in der Tromper Wiek auch gleich das „Meilenlaufen“ stattfinden, die Messung der endgültig erreichten Geschwindigkeit des Schiffes.

Paul Lass hatte mit seinen Männern schon die entsprechenden Erfahrungen gesammelt, während sie die Probefahrten für die großen sowjetischen Reparaturschiffe vorbereiteten und durchführten. Damals kamen noch die Schwierigkeiten mit der russischen Sprache hinzu. Das fiel diesmal weg. Dennoch: es wurde in Schichten geschlafen, es wurde in Schichten gegessen, ein reichhaltiges Arbeits- und Erprobungsprogramm mußte umgesetzt werden: Erprobung der Haupt- und Hilfsmaschinen, der gesamten E-Anlage und der Kühlanlage, ankern in tiefem Wasser und Erprobung der gesamten Ankereinrichtung, der Rettungsboote und Davits, des Ladegeschirrs und der Winden, Erprobung der Navigationseinrichtung. Eine Funktionsprobe der Kombüse konnte entfallen, da sich deren Leistungsfähigkeit bei so viel Zusatzpersonal an Bord von selbst ergab. Die Funkanlage wurde ausprobiert – auch gleichsam nebenbei – denn viele der an Bord mitfahrenden Fachleute wünschten, noch Gespräche mit ihren Firmen oder Behörden zu führen oder gaben noch dienstliche Telegramme oder Anfragen in Auftrag. Zusätzlich zum Werftpersonal waren Vertreter der Zulieferindustrie – nicht nur der Halberstädter Motorenwerke –, sondern auch der anderen Zulieferfirmen, wie beispielsweise die Werke der Radio- und Fernmeldetechnik, der Kühlanlagenindustrie sowie Fachleute der Klassifikationsgesellschaft DSRK, des Seefahrtsamtes, des Medizinischen Dienstes der DDR, der Deutschen Post und die entsprechenden Fachleute aus der Neubauabteilung der Deutschen Seereederei, eingestiegen. Der größte Teil der künftigen Besatzung war inzwischen ebenfalls an Bord. Kapitän Willy Beykirch und der I. Ingenieur Karl Hamann, der II. Ingenieur Ernst Galatzki und der I. Nautische Offizier Horst Pahl waren schon seit einigen Wochen an Bord, um während der Baubelehrung ihr Schiff gründlich kennenzulernen, die Funktionsweise aller technischen Einrichtungen überprüfen zu können und sich mit dem Schiff vertraut zu machen. Als Verwalter war Hans Müller an Bord. Ferner gab es einen Chefsteward, einen Obersteward, einen II. Steward sowie einen Messesteward und drei Köche. Der Proviant wurde wegen der nun benötigten größeren Menge von der Deutschen Handelszentrale Lebensmittel (DHZ) in Rostock und Wismar geliefert. Bei aller Euphorie über die bevorstehende Fertigstellung dieses neuen großen Schiffes ihrer Reederei entging den Verantwortlichen der Besatzung nicht die noch vorhandenen technischen Probleme und der Stand der Zulieferung. Sie wußten natürlich, die Werft hatte getan, was sie konnte. Und das Bemühen aller Mitarbeiter der Werft, bis zum Tag der Übergabe zu tun was möglich war, um ein ordentliches Schiff auszuliefern, konnten sie an Bord täglich verfolgen. Sie wußten aber auch, daß sie später auf See auf sich allein gestellt sein würden und die dann noch vorhandenen Mängel und Schwächen durch eigene Arbeitsleistungen, mancherlei Improvisationen und unter Inkaufnahme von Erschwernissen selbst in Ordnung bringen müßten. Deswegen verfolgten sie den Ablauf der Probefahrt

und die entsprechenden technischen Vorführungen mit wachsamen Blicken. Insbesondere galt dies für diejenigen Offiziere und Mannschaftsmitglieder der FRIEDEN, die bereits bei der Indienststellung anderer Schiffe der Reederei, beispielsweise der D. ROSTOCK und WISMAR sowie der STRALSUND, auf den Werften entsprechende Erfahrungen gesammelt hatten. Schließlich gingen die Arbeiten an Bord ihrem endgültigen Ende entgegen. Noch immer kamen neue Besatzungsmitglieder an Bord.
Am 15. Mai 1957 wurde der Maschinenassistent Eberhard Trott bei der DSR eingestellt, erhielt am nächsten Tag sein Seefahrtsbuch und war nachmittags bereits an Bord des Schiffes tätig. Als er das erste Mal einen Maschinenraum ohne Flurplatten und mit dem Rohrleitungsgewirr sah, wäre er gern wieder umgekehrt. Aber schließlich siegte doch der Ehrgeiz: Bis zum 22. September 1958 blieb er an Bord.

Werftdirektor Zimmermann verliest das Übergabeprotokoll; rechts von ihm, mit dem Rücken zum Fenster, Reedereidirektor Wilhelm Knapp. Im Vordergrund in Uniform Kapitän Willi Beykirch. Die ernsten Mienen der Anwesenden widerspiegeln die der Übergabe vorausgegangene heftige Diskussion. Man beachte die Wandlampen. Sie wurden auf den Typ-IV-Schiffen eingebaut, da die Werft davon noch einen großen Bestand übrig hatte. Für die Ausrüstung der Reparationsschiffe hatte man zu viele eingekauft. Die Besatzungen der Typ-IV-Schiffe nannten sie spöttisch „Krematoriumsleuchten".

DIE ÜBERNAHME

Am Sonntag, dem 23. Juni, unterzeichneten die Direktoren der Warnowwerft Warnemünde und der Deutschen Seereederei Rostock das Übergabeprotokoll für das MS FRIEDEN an die DSR. Beide Direktoren würdigten in ihren Ansprachen die hervorragenden Leistungen der Wissenschaftler, Konstrukteure, Arbeiter und Ingenieure beim Bau dieses Großschiffes. Bereits die Kontroll- und Probefahrten der FRIEDEN haben den Schiffs- und Maschinenbauern von Warnemünde und Halberstadt ein glänzendes Zeugnis ausgestellt. Mit der Übergabe des Schiffes an die Besatzung versprach Kapitän Beykirch im Namen der Besatzung, das Schiff jederzeit so zu pflegen, wie es die Leistung der Schiffbauer verdiene.
Die Übergabe hatte auf See stattgefunden, und ein Schlepper hatte die Gäste der Übergabefahrt auf die Warnemünder Reede gebracht.
Was allerdings an diesem Tage nicht in den Zeitungen veröffentlicht wurde, war eine bezeichnende Begebenheit, über die Kapitän Lass berichtet:
„Als sich die Verantwortlichen der Werft unter Leitung des Werftdirektors Zimmermann mit den für die Abnahme verantwortlichen Mitarbeitern der Deutschen Seereederei unter Leitung des Direktors Wilhelm Knapp zusammensetzten, um die Übergabeverhandlungen zu führen, kam es sehr schnell zu einer lebhaften Diskussion. Die Fachleute der Reederei und der DSRK wollten das Schiff nicht abnehmen. Nicht nur, daß der Übergabetermin einen Monat überzogen worden war, sie hatten auch erhebliche Bedenken wegen des Zustandes verschiedener technischer Einrichtungen, insbesondere der Hauptmaschinen. Es kam zu einer Diskussion, ob die Hauptmaschinen für den wechselnden Schiffsbetrieb überhaupt geeignet sind. Angeblich seien sie als stationäre Anlagen für Kraftwerke entwickelt worden, also für einen ständig gleichmäßigen Betrieb, und demzufolge nicht gut geeignet für das stufenweise Fahren unter Bordbedingungen. Da die Hauptmotoren, wie auf der Probefahrt festgestellt, ihre kritische Drehzahl im Arbeitsbereich erreichten, waren wegen der Resonanzerscheinungen später sowohl Risse in den Kurbelwellen als auch in den Motorenfundamenten zu befürchten. Auch sei – wie bereits geschildert – der zentrale Fahrstand noch nicht fertig. Dies alles machten sie geltend und stellten entsprechende Forderungen auf Nachbesserung. Werftdirektor Zimmermann, erst seit vier Wochen im Amt – vorher tätig als Abteilungsleiter für Wirtschaftspolitik der SED Bezirksleitung Rostock – beharrte auf der sofort zu erfolgenden Übergabe des Schiffes an die Reederei. Betriebsdirektor Wilhelm Knapp der Deutschen Seereederei Rostock lehnte die Übernahme ab. Wilhelm Knapp handelte gewiß nicht leichtfertig, auch er hatte sein Verantwortungsbewußtsein. Außerdem war er natürlich Mitglied derselben Partei, der SED. Und nicht nur das. Als alter Kommunist – schon seit den zwanziger Jahren – saß er zwischen 1933 und 1945 als Mitglied der KPD im Zuchthaus Brandenburg in unmittelbarer Nähe des Zellentraktes von Erich Honecker. Nach der Befreiung 1945 war er fast von der ersten Stunde an in verschiedenen wichtigen Funktionen tätig gewesen. Bevor er die Leitung der Reederei übernahm, hatte er als Personalchef der BERLINER VERKEHRSBETRIEBE wesentlichen Anteil am Aufbau von U-Bahn-, Straßenbahn- und Buslinien in Groß-Berlin. Der Eklat war da. Die objektiven Widersprüche zwischen den Interessen

der Werft und den Interessen der Reederei waren offenkundig zutage getreten. Die Verhandlungen kamen zum Stillstand. Was nicht laut gesagt wurde, waren natürlich im Hintergrund stehende handfeste finanzielle und damit auch politische Interessengegensätze zwischen Schiffbau und Reederei. Würde sich nämlich die Abnahme der FRIEDEN deutlich verzögern, so müßte die Werftleitung offiziell nach Berlin berichten, daß sie nicht in der Lage sei, den Halbjahresplan zu erfüllen. Das hätte nicht nur einen erheblichen Gesichtsverlust für die Leitung der Werft zur Folge, sondern auch Schwierigkeiten mit der Bank. Außerdem würden die Werftarbeiter ihre sauer erarbeitete Halbjahresprämie für die Planerfüllung nicht bekommen. Vor den daraus zu erwartenden Folgen schreckte wiederum die SED-Bezirksleitung und natürlich das Zentralkomitee der Partei zurück. Seit dem 17. Juni 1953 hatte man vor Unmutsäußerungen der Arbeiter einen heillosen Respekt. Für die Reederei standen gleichfalls finanzielle Interessen auf dem Spiel. Würde sie die Abnahme-Urkunden heute unterschreiben, dann müßte sie nicht nur das Schiff bezahlen, sondern auch für die Liegezeit der Nachbesserungen und alle daraus entstehenden Konsequenzen die entsprechenden Kosten tragen. Durch Einnahmeverluste würden weitere zusätzliche finanzielle Auswirkungen entstehen. Durch die bereits zu diesem Zeitpunkt entstandenen Verzögerungen beim Bau der FRIEDEN stand die Planerfüllung der DSR ebenfalls auf äußerst wackeligen Füßen. Direktor Wilhelm Knapp wußte jedenfalls, daß er gegenüber dem Staatssekretär Salomon für alle negativen Folgen Rechenschaft würde abgeben müssen."

Zum feierlichen Flaggenwechsel ist die Besatzung an Deck angetreten. In der ersten Reihe von links: I. Offizier Horst Pahl, I. Ingenieur Karl Hamann, II. Ingenieur Ernst Galatzky, Politoffizier Otto Ücker, II. Offizier Willi Stock, II. Offizier Karl-Heinz Seidler, Funkoffizier Peter Volck.

DAS ULTIMATUM

In dieser Situation beantragte Werftdirektor Zimmermann eine Verhandlungspause und forderte den Werftkapitän Paul Lass auf, ihn nach draußen auf das freie Deck zu begleiten. Dort stellte er ihm folgende Frage: „Kapitän Lass, ist das Schiff seetüchtig und in Ordnung oder nicht?" Paul Lass antwortete: „Die aufgeführten Mängel sind vorhanden, aber das Schiff kann zur See fahren." Der Werftdirektor stellte die zweite Frage: „Kapitän Lass, würden Sie sich zutrauen, mit diesem Schiff und unserer Werftbesatzung die vorgesehene Ladungsreise anzutreten?" „Ja", sagte Paul Lass, „das würde ich." „Das wollte ich nur wissen", sagte der Werftdirektor, und die beiden begaben sich wieder in den Verhandlungsraum. Der Werftdirektor eröffnete erneut die Verhandlungen. „Also", erklärte er „entweder die Reederei übernimmt das Schiff am heutigen Tage, wobei die Werft sich verpflichtet, die festgestellten Mängel im Verlaufe der Garantiezeit ordnungsgemäß zu beseitigen. Oder, wenn die Reederei sich weigert, das Schiff zu übernehmen, wird das Schiff an die Reederei nicht ausgeliefert, sondern bleibt in eigener Regie der Werft und wird die erste Ladungsreise mit der Werftbesatzung unter Kommando des Werftkapitäns selbst antreten."

Auf diese Wendung der Dinge waren Wilhelm Knapp und seine Delegation nicht vorbereitet. Sie sahen sich in eine moralische Zwangslage gebracht. Wenn diese Reise gut verlaufen würde, wären sie in einer unmöglichen Situation, ganz abgesehen von den Folgen für die weitere Aufbauarbeit der Reederei.

So entschloß sich Wilhelm Knapp zur Unterschrift. Um das Gesicht zu wahren, verlangte die Reederei, daß der Werftkapitän auf der ersten Reise mitfahren sollte. Weitere Konsequenzen wurden in Anlagen zum Übergabeprotokoll festgehalten. Werftdirektor Gerhard Zimmermann stimmte zu. So kam es, daß Paul Lass die erste Reise der FRIEDEN als eine Art „Garantiekapitän" – wie er es selbst nannte – mitfuhr. Diese Übernahmeverhandlung ist nicht nur typisch für das weitere Verhältnis zwischen DDR-Schiffbau und Handelsflotte, sondern kennzeichnet generell die Situation zwischen Zulieferer beziehungsweise Lieferanten oder Hersteller und dem jeweiligen Nutzer, Verbraucher oder Kunden. Der Hersteller oder Lieferant saß immer am längeren Hebelarm, der Verbraucher, Nutzer oder Kunde mußte letzten Endes nachgeben. Daran änderten weder Vertragsgerichte noch Wirtschaftsverträge etwas, auch schöne Reden auf Parteitagen und Selbstverpflichtungen ganzer Betriebsbelegschaften blieben unwirksam.

Am 1. August 1957 wurde Wilhelm Knapp als Betriebsleiter der DSR abberufen und durch den bisherigen Leiter des Seefahrtsamtes, Heinz Schreiber, ersetzt. Werftdirektor Gerhard Zimmermann wurde später Minister für Schwermaschinenbau. Neuer Leiter des Seefahrtamts wurde Kapitän Karl-Heinz Laudahn.

Kurzbiographie:

Kapitän Karl-Heinz Laudahn

Geboren am 5. 9. 1915 in Melpt/Pommern, Besuch des Gymnasiums bis zur mittleren Reife. Seit 1932 ist die Familie in Rostock wohnhaft. Ab 1. 4. 1933 ist L. Schiffsjunge an der Deutschen Seemannsschule Finkenwerder. Ab 25. 9. 1933 zur Ausbildung an Bord des Drei-Mast-Vollschiffes SCHULSCHIFF DEUTSCHLAND unter Führung von Kapitän von Zatorski. Anmusterung bei der Hamburg-Amerika-Linie am 13. 4. 1935 als Leichtmatrose und Offiziersanwärter auf den Motorschiffen BURGENLAND und OLDENBURG, vom 12. 8. 1937 bis 15. 11. 1937 Matrose und Offiziersanwärter an Bord des HAL-Motorschiffes Duisburg. Anschließend Besuch der Seefahrtschule Wustrow von November 1937 bis Mai 1939. Abschluß: Kapitän auf kleiner Fahrt A 4 und Steuermann auf großer Fahrt A5. Oktober 1939 zur Kriegsmarine einberufen, Steuermann d. R. und Kommandant in der 11. Hafenschutz-Flottille April–Juli 1940, U-Boot-Ausbildung bei der U.A.A. Plön, von Juli 1940 bis September 1940, Steuermann auf U 138 von September 1940 bis März 1941, Baubelehrung ab März 1941 bis April 1941, anschließend Einsatz als II. Wachoffizier und Leutnant z. S. d. R. an Bord von U 652 bis November 1941, von Dezember 1941 bis November 1942 kommandiert zu verschiedenen Lehrgängen, danach Kommandantenlehrgang bei der 24. U-Flottille von November 1942 bis Dezember 1942, ab 25. 12. 1942 Kommandant von U 142 bis 4. 3. 1944, kommandiert zur Verfügung 22. U-Flottille von April 1944 bis Oktober 1944, Kommandant i. V. an Bord U 1194 vom 12. 10. 1944 bis 19. 11. 1944, Beförderung zum Kapitänleutnant d. R. am 1. 12. 1944, Einsatz als Kommandant von U 262 am 25. 11. 1944 bis zur Außerdienststellung des Bootes am 2. 4. 1945 in Kiel, erforderlich geworden infolge schwerer Beschädigung des Bootes durch Fliegerbomben im Dezember 1944 in Gotenhafen.

Kriegsauszeichnungen:

U-Boot-Kriegsabzeichen, Eisernes Kreuz II. Klasse, Eisernes Kreuz I. Klasse.

Nach Entlassung aus englischer Kriegsgefangenschaft bis 1946 wohnhaft mit Familie in Flensburg, Tätigkeit als Versicherungsvertreter. 1946 Rückkehr nach Rostock. Ab 15. 12. 1947 Leiter der Nebenstelle Warnemünde in der Hafengemeinschaft Rostock bis 24. 11. 1949. Vom 01. 07. 1950 bis 31. 12. 1950 Hafenmeister in Warnemünde. Lotse vom 01. 01. 1951 bis 31. 05. 1955. Seit dem 7. 6. 1951 im Besitz des Patentes A6, Kapitän auf Großer Fahrt, ausgestellt in Rostock. Vom 1. 6. 1955 Kapitän bei der Deutschen Seereederei Rostock bis 30. 3. 1957. Ab 1. 4. 1957 Abteilungsleiter im Seefahrtsamt der DDR, Rostock, ab 1. 7. 1957 Leiter des Seefahrtsamtes der DDR. Zwischenzeitlich als Leiter des Seefahrtsamtes postgraduales Studium auf dem Gebiet des Seerechts an der Universität Rostock in Form eines Fernstudiums vom 1. 1. 1965 bis 31. 10. 1966. Beendigung der Tätigkeit als Leiter des Seefahrtsamtes der DDR auf eigenen Wunsch am 1. 10. 1968 und Rückkehr in die Deutsche Seereederei Rostock. Einsatz als Kapitän an Bord der MS NEUHAUSEN, INSELSBERG, LAUSITZ, DARSS einschließlich eines Einsatzes als Supercargo an Bord des MS BLANKENBURG bis 17. 10. 1979.

DDR-Auszeichnungen:

Aktivist 1954, Medaille für ausgezeichnete Leistungen 1958 und 1960, Verdienter Aktivist 1963, Medaille für ausgezeichnete Leistungen 1961 und 1962, Medaille für treue Dienste der Seeverkehrswirtschaft der DDR in Gold 1973, Verdienstmedaille der Seeverkehrswirtschaft der DDR in Gold 1974, Verdienter Seemann 1978.

Heckansicht der FRIEDEN im Dock von Gdynia. Da das Heck achtern aus dem Dock herausragte, ließ sich die Dockbrücke nicht völlig schließen. Bei Tageslicht wurde sie dennoch benutzt ...

DIE ERSTE REISE DER FRIEDEN

Wenige Tage nach der Indienststellung machte die FRIEDEN seeklar und lief zu ihrer ersten Reise in die Ostsee aus via Hafen Gdynia. Eigentlich sollte die FRIEDEN zur Jungfernfahrt mit einer Musikkapelle verabschiedet werden. Da aber Nebel herrschte, mußte der musikalische Abschied „wegen Nebel abgeblasen werden".

Da die DDR damals noch kein Dock zur Aufnahme von Schiffen dieser Größe besaß, mußten für Unterwasserarbeiten noch einige Jahre die Docks polnischer Häfen in Anspruch genommen werden. In Gdynia ging die FRIEDEN in ein Schwimmdock, damit der Schiffsboden noch einmal gereinigt, konserviert und mit einem neuen Anstrich versehen werden konnte. Die Überführungsfahrt und der Hafenaufenthalt in Gdynia waren für die Besat-

9. 7. 1957 vormittags: Von ihrer ersten Ostseereise, die gleichzeitig als See-Erprobung diente, kehrt die FRIEDEN voll abgeladen mit Getreide zurück. Auf der Reede von Warnemünde werden die Motoren kurz gestoppt, um Werftkapitän Paul Lass Gelegenheit zum Übersteigen auf den Werftschlepper zu geben. Das Bild entstand im Augenblick des Abdrehens des Schleppers auf Einlaufkurs, kurz bevor die FRIEDEN wieder Fahrt aufnahm.

zung letzte Gelegenheit, sich in Ruhe mit den technischen Einrichtungen des Schiffes vertraut zu machen und sich auf die kommenden großen Reisen vorzubereiten.

Von Gdynia aus ging die FRIEDEN nach Leningrad in See, um dort eine Teilladung Weizen für die DDR zu laden. Für die Besatzung bedeutete das, wie Eberhard Trott sich erinnert, *„das Setzen der Getreideschotten. Das war für alle Freiwächter Pflicht und erfolgte als ‚Ehrensache' ohne Bezahlung der Überstunden. Bei 400,00 M brutto für den Masch.-Assi. Und 380,00 brutto für den Matrosen waren wir zum Teil anderer Ansicht, aber wir haben es überlebt!"* Diese Ladung wurde anschließend in Riga komplettiert.

Zur Besatzung der FRIEDEN gehörte auch der Matrose Heinz Kruse. Er war seit dem 19. Juni 1957 an Bord und wird auf der FRIEDEN 13 Monate und vier Tage bleiben, um nach seinem Absteigen im Juli 1958 die Seefahrtschule zum Erwerb des Patentes A 3 besuchen. Er ist ein guter Amateurfotograf und hat während seiner Reisen an Bord der FRIEDEN fleißig Fotos gemacht. Darüber hinaus hat er auch zur Feder gegriffen, und in der Ausgabe Nr. 19, November 1957, der Betriebszeitung DE STÜERMAN veröffentlicht er über diese Reise einen Beitrag unter der Überschrift „Eindrücke des Matrosen H. Kruse vom Motorschiff FRIEDEN von einer Reise in die Sowjetunion": *„... für die gesamte Besatzung unseres MS FRIEDEN, des ersten 10 000-Tonnen-Frachters unserer DDR, war es daher ein Erlebnis, an historischen Stätten der Oktoberrevolution weilen zu können. Wir fuhren nach Leningrad, um eine Ladung Weizen für unsere Republik zu übernehmen. Auf der Fahrt dorthin wurde uns die Stärke der sowjetischen Seestreitkräfte durch das Begegnen mit zahlreichen leichten und schweren Einheiten besonders bewußt. Der Empfang in Leningrad durch Vertreter des Interklubs war überaus herzlich. ... Wir erinnern uns des ersten Abends im Hause des Interklubs in Leningrad. Unsere freundliche Dolmetscherin und Begleiterin hatte ein Treffen mit Sowjetbürgerinnen arrangiert. Dort wurden Gesellschaftsspiele veranstaltet. Es wurde getanzt, gesungen und viel gelacht – wie in einer großen Familie ... Nach Dienstschluß standen uns Autobusse zur Verfügung, die uns zu den Sehenswürdigkeiten der Stadt beförderten. Wir besichtigten den Kreuzer AURORA, wir sahen das Panzerauto, von dem aus Lenin die Revolution ausrief ... Wir gingen über den Palastplatz mit dem Winterpalais und dem Generalstabsgebäude und standen an der Newa, blickten auf die andere Uferseite mit ihren vielen Palästen ... Wir durcheilten die Eremitage, eine der größten Kunstsammlungen der Welt ... Bewundert haben wir auch die neue Metro, deren einzelne Stationen mit einer Pracht ausgestattet sind, daß Worte zu arm sind, sie zu beschreiben ... usf."*

Die Feststellungen des Matrosen Kruse waren durchaus richtig. Bis zum Ende der UdSSR waren die Mitarbeiterinnen und Mitarbeiter des Leningrader Interklubs um ihre internationalen Gäste – besonders auch um die Seeleute aus der DDR – geradezu rührend besorgt. Stets standen Busse für Rundfahrten zur Verfügung, wurden Besichtigungen und Kulturveranstaltungen organisiert. Die Besatzungen von Schiffen, die häufig in Leningrad waren, kannten die Dolmetscherinnen bald mit dem Vornamen,

Der polnische Seemannsklub in Gdynia hat die Besatzung der FRIEDEN zu einer Stadtrundfahrt eingeladen. Vor der Abfahrt ein Gruppenfoto im Schwimmdock. Bildmitte: ein Mitarbeiter des Seemannsklubs, links von ihm Politoffizier Otto Uecker, erste Reihe (zweiter von rechts) Heinz Kruse, hintere Reihe (fünfter von rechts) II. Offizier Willi Stock.

und die Mitarbeiterinnen des Interklubs kannten auch sehr gut die Wünsche der DSR-Seeleute, auch wenn sie hier und da einmal ein bißchen ausgefallen waren. Allerdings hatte diese vorzügliche Betreuung der Schiffsbesatzungen auch eine Kehrseite. Es verblieb den Seeleuten kaum Zeit, auf eigene Faust auf Entdeckungstouren zu gehen. Ganz abgesehen von der Sprachbarriere – denn wer verstand schon soviel Russisch, um sich mit den Einwohnern der Stadt verständigen zu können. Außerhalb organisierter Begegnungen kam es nicht zu näheren Kontakten mit der Bevölkerung. Und in die zahlreichen Leningrader Werke oder die großen Werften, die für die DDR-Seeleute zweifellos interessant gewesen wären, kam man als Ausländer – auch als Freund aus der DDR – nicht hinein. Die Besatzung der FRIEDEN hatte allerdings keine Zeit, sich darüber Gedanken zu machen. Die FRIEDEN setzt die Reise fort und läuft nach Riga weiter, dort wurde die Weizenladung komplettiert. Über die Hafenzeit in Riga schreibt der Bootsmann Rudolf Viol in der Novemberausgabe von DE STÜERMANN: „... *In Riga waren es Studentinnen und Dozenten der Hochschule für Geschichte, die es sich trotz der Semesterferien nicht nehmen ließen, einem Teil unserer Besatzung die Sehenswürdigkeiten Rigas zu zeigen.*“ Er fährt in seinem Reisebericht mit folgenden Passagen fort: „... *der vom Matrosen Kruse geleitete Zirkel ‚Junge Fotografen‘ kann bereits mit manchem interessanten Schnappschuß aufwarten, da eine komplette Dunkelkammereinrichtung zur Verfügung steht. Die reichhaltigen, der Besatzung an Bord zur Verfügung stehenden Musikinstrumente haben bereits zur Bildung einer Bordkapelle geführt, die unter der Leitung des III. Ingenieurs Engler, der Seele der Kapelle, mit seinem virtuos beherrschten Schlagzeug steht. Auch der kulturellen Arbeit wird großes Augenmerk gewidmet. Eine Bordbibliothek mit 250 Bänden, die noch erweitert werden wird, steht der Mannschaft zur Verfügung und wird stark beansprucht ...*“

Kapitän Karl-Heinz Laudahn, inzwischen Leiter des Seefahrtsamtes der DDR, händigt einem jungen Absolventen der Seefahrtsschule Wustrow das neu erworbene Steuermannspatent aus, im Hintergrund (rechts in Uniform) Kapitän Mund. Als zuständiger Leiter der Abteilung Schiffsbesetzung hatte er jahrzehntelang die Ausstellung der Patente zu verantworten.

Besondere Vorkommnisse negativer Art treten auf dieser Reise nicht auf, und da das Schiff die Getreideladung nur in Wismar löschen kann – für Rostock ist der Tiefgang zu groß – läßt sich auf der Warnemünder Reede Werftkapitän Paul Lass von einem Lotsenboot abholen. Die FRIEDEN läuft weiter nach Wismar, trifft auf der Reede am 9. Juli ein und macht am 10. Juli morgens um 5.00 Uhr am Ölhafen fest. Am 11. Juli verholt sie in den Freihafen, um die 7150 t Weizen zu löschen. Die Durchschnittsgeschwindigkeit betrug rund 16 Knoten. Nach dem Anlegemanöver am 10. Juli 1957 kam der Wismarer Oberbürgermeister Fiegert in Begleitung weiterer Persönlichkeiten – unter ihnen die Vorsitzende des Kreisfriedensrates, Frau Spielmann – an Bord, um Kapitän, Offiziere und Besatzung herzlich willkommen zu heißen. Kapitän Beykirch empfing die Gäste, gab einen Reisebericht und lobte die Arbeit der Ingenieure und Werftarbeiter der Warnowwerft. Die erste Reise der FRIEDEN ist beendet.

DIE NÄCHSTE REISE DER FRIEDEN

Die Ostseereisen der FRIEDEN waren erfolgreich verlaufen. Auch die Maschinenanlage des Schiffes hat – trotz bekannter Mängel – prinzipiell zufriedenstellend gearbeitet und das Schiff sicher nach Hause gebracht. Aber noch immer wollte die Reederei das Risiko nicht eingehen, das Schiff in den Fernen Osten zu schicken. Deswegen sollte die nächste Reise der FRIEDEN ins Mittelmeer führen. Nach dem Löschen der Ladung in Wismar und dem Reinigen der Laderäume verholte das Schiff an die Kalikippanlage und nahm eine volle Ladung Ammonsulfat an Bord. Kapitän Beykirch und sein I. Offizier Horst Pahl waren über diese Ladung keineswegs glücklich. Kali ist sehr aggressiv, greift die Farbe an und in Verbindung mit unvermeidbarem Schwitzwasser bildet sich in den Laderäumen sehr schnell Rost. Im allgemeinen vermeidet man es, ein funkelnagelneues Stückgutschiff mit einer geschütteten Ladung Kali zu befrachten, aber den Verkehrskaufleuten der DSR blieb keine andere Wahl.

Auch auf dieser Reise befanden sich – wie auf der Jungfernfahrt – zwei II. Offiziere an Bord. Willi Stock kümmerte sich als II. Offizier und Ladungsoffizier um den normalen Ladungsdienst, also die Überwachung des Ladens und Löschens der Ladung, des ordnungsgemäßen Stauens und um die Lüftung für die Ladung. Karl-Heinz Seidler, ebenfalls als II. Offizier wieder angemustert, fuhr als sogenannter „Supercargo“ mit, jedenfalls stand es so in der Besatzungsliste. Aber seine Hauptsorge galt neben dem Wachdienst der Ausarbeitung der notwendigen Ladungsdokumentation und der reedereiseitigen Ladungspapiere für Großschiffe. Auch auf diesem Gebiet besaß man keine Erfahrungen, und es war nötig, nunmehr für die Typ-IV-Schiffe Staupläne, Ladungstagebücher, Befrachtungsunterlagen, Tally-Bücher und andere Unterlagen und Formulare zu entwerfen. Außerdem galt es, die Erfahrungen schnell in vorläufige Dienstvorschriften einzuarbeiten. Karl-Heinz Seidler erinnert sich heute, daß damals tatsächlich zwei Ladungsoffiziere nicht zu viel an Bord waren. Neben der Kaliladung wurde auch viel Stückgut geladen. Zahlreiche Kisten und Kasten kamen mit Bestimmungshafen Alexandria an Bord, denn die FRIEDEN übernahm sämtliche Messegüter für den DDR-Ausstellungsteil einer großen internationalen

Messe in Kairo. Messegüter verlangen eine sorgfältige Behandlung als Schiffsladung, insbesondere in jenen Jahren, als man auch im Binnenland so gut wie keine Erfahrung in der Verpackung von Seegütern hatte. An Deck und im oberen Zwischendeck standen LKWs, insgesamt 40 Stück waren an Bord. Über die Reise nach Alexandria liegen nur wenig Informationen vor. Da die Schiffstagebücher der FRIEDEN bis auf eine Ausnahme nicht erhalten sind, läßt sich der Reiseverlauf nur sehr schwer rekonstruieren.

Ausreisend läuft die FRIEDEN als erstes Typ-IV-Schiff und damit als erstes größeres Schiff der DDR-Handelsflotte durch den Nord-Ostsee-Kanal.

Ohne nennenswerte Ereignisse kommt die FRIEDEN bis ins Mittelmeer. *„Plötzlich“*, so erinnert sich Eberhard Trott, *„zwei Tage vor Alexandria, ist um 13.00 Uhr eine Durchsage über die Kommandoanlage zu hören. In einer halben Stunde tritt die gesamte wachfreie Besatzung an Deck auf Luke II an. Anzug: Uniform. Da wir beim Materialverwalter der DSR Erichson damals nur eine blaue Uniform empfangen hatten, warfen wir uns kopfschüttelnd in die blaue Montur und traten schwitzend an. Auf dem Verandadeck standen Kapitän Beykirch, I. Offizier Horst Pahl, Politoffizier Otto Ücker, Chief Karl Hamann, der Doktor sowie der Funkoffizier Steincke.*

Väterchen Beykirch sprach zu uns:

‚Ich habe sie hier antreten lassen, um Ihnen mitzuteilen, daß unser Schiff 17,8 Knoten über Grund macht. Ich bin sehr zufrieden mit diesem Schiff!‘ Schweratmend ließ er uns wegtreten!“

Diese Freude, die der Besatzung nicht so ganz einleuchtete, zeigt, wie sehr die technischen Probleme und Unsicherheiten der Übergabe noch nachwirkten und Kapitän Beykirch belastet hatten. Erst jetzt hatte er offensichtlich Vertrauen zu seinem Schiff. Ein großer Druck war von ihm gewichen.

Die FRIEDEN war so schnell, weil die Hauptmaschinen Ladeluftkühlung hatten, spätere Typ-IV-Schiffe waren nicht mehr so ausgerüstet. Die Abgase der Motoren trieben Turbolader an, d. h. die Motoren waren aufgeladen. Das erspart dem Motor die Arbeit des Ansaugens der Verbrennungsluft, was sich leistungssteigernd auswirkt.

Die FRIEDEN im Zielhafen der Mittelmeerreise: Alexandria. Kapitän Beykirch und sein I. Offizier Pahl begleiten den Leiter der DDR-Handelsvertretung in Kairo, Herrn Müller, ägyptische Regierungsvertreter und Kaufleute auf einem Besichtigungsrundgang. Die Aufnahme entstand im September 1957. Noch immer führen die Schiffe der DSR die einheitliche deutsche Flagge.

Die Ladeluft wird also verdichtet dem Motor zugeführt. Bei der Verdichtungsarbeit entsteht Wärme, die bei Ladeluftkühlung dem Medium Luft wieder entzogen wird. In kühlerer Luft ist mehr Sauerstoff als in wärmerer. Und mehr Sauerstoff in der Verbrennungsluft heißt, man kann mehr Brennstoff im Einspritzvorgang zuführen, was den Motor natürlich leistungsstärker macht.

So hatte man auf der FRIEDEN 250 min^{-1} am Motor und 118/119 min^{-1} auf den Wellen, falls die Turbolader funktionierten ...

Die Ladeluftkühlung wurde dann nicht mehr weitergebaut, da zum damaligen Zeitpunkt nicht die richtigen Kühler zur Verfügung standen, d. h. sie waren zu störanfällig.

Nach dem Löschen der Ladung in Alexandria versegelt die FRIEDEN in das Schwarze Meer und läuft in den sowjetischen Schwarzmeerhafen Noworossisk ein. Damit ist die FRIEDEN das erste Schiff der DDR, das durch den Bosporus fährt. In Noworossisk ist die Hafenliegezeit kurz. Eine moderne Umschlagsanlage ermöglicht die Übernahme einer vollen Ladung Getreide in 36 Stunden. Die Heimreise verläuft ohne nennenswerte Probleme. Am 1. Oktober 1957 passiert die FRIEDEN aus Noworossisk kommend den Nord-Ostsee-Kanal und läuft um 4.00 Uhr morgens in die Schleuse Brunsbüttel ein. Am 2. Oktober – sehr früh am Morgen – macht die FRIEDEN in Wismar fest. Nach dem Löschen der Getreideladung geht die FRIEDEN nach Warnemünde in die Warnowwerft zur Erledigung der restlichen Werftarbeiten, insbesondere zum Einbau der fehlenden Anlagen in der Maschine.

Die Probe- und Kontrollfahrten der FRIEDEN, ihre ersten Reisen nach polnischen und sowjetischen Ostseehäfen und die erste Reise in das Mittelmeer und das Schwarze Meer stellen den Schiffs- und Motorenbauern jedenfalls ein zufriedenstellendes Zeugnis aus. Die neu entwickelten Motoren der Hauptmaschinenanlage gaben dem Schiff eine durchschnittliche Reisegeschwindigkeit von 14,6 Knoten. Die schiffbaulichen Einrichtungen haben ordnungsgemäß gearbeitet. Die 50köpfige Besatzung ist gesund heimgekehrt und äußert sich stolz über ihr neues Schiff.

Die einzige Niederlage, die die Besatzung auf der letzten Reise einstecken mußte, geschah in Alexandria. Bei tropischer Hitze unterlag die Bordelf der FRIEDEN bei einem Fußballspiel gegen die Stadtvertretung von Alexandria. Allerdings gingen die Jungs der FRIEDEN nicht ohne einen Ehrentreffer vom Platz.

WISMAR REICHT NICHT MEHR AUS

Angesichts der weiteren Ausbaupläne der Reederei, insbesondere der zu erwartenden Indienststellungen weiterer großer Schiffe, zeigt sich sehr bald, daß der Seehafen Wismar für die zukünftigen Anforderungen nicht mehr ausreicht. Schon am 17. Juli 1957 hatte die 8. Tagung der Bezirksleitung Rostock der SED beschlossen, sofort mit der Projektierung einer neuen Hafeneinfahrt in Rostock-Warnemünde zu beginnen. Am 29. August 1957 wurde in Rostock unter Vorsitz von Karl Mewis eine Wirtschaftskommission gebildet, der unter anderem Harry Tisch, Hans Warnke und Karl Deuscher angehörten. Diese Kommission koordinierte vor allem Probleme, die den Bau des Überseehafens betrafen. Sie bereitete die entsprechenden Unterlagen zur Beschlußfassung in Berlin vor.

Während die Besatzung der FRIEDEN wohlverdiente Urlaubstage zu Hause genießt, kann sie in der Zeitung lesen, daß die 33. Tagung des ZK der SED vom 16. Oktober 1957 bis 19. Oktober 1957 den Beschluß faßte, den Rostocker Hafen zum größten Umschlagplatz der DDR auszubauen. Offensichtlich soll keine Zeit verloren werden. Schon am 26. Oktober 1957 wird auf einer Kundgebung in Rostock-Petersdorf durch den Rostocker Oberbürgermeister Willi Solisch der erste Spatenstich zum Bau des Überseehafens vollzogen. Die Rostocker Kreisorganisation der Freien Deutschen Jugend übergibt einen gesammelten Betrag von 21000 Mark und der Gewerkschaftsvorsitzende der Neptun-Werft Rostock übergibt einen Sammelbetrag von 8000 Mark. Alle Kundgebungsteilnehmer leisten eine Aufbauschicht. Am Tag des ersten Spatenstichs lagen von 28000 Rostocker Bürgern Verpflichtungen zur Ableistung von Aufbaustunden vor. Der weitere Bau des Überseehafens in Rostock kann im Rahmen dieses Buches nicht geschildert werden. Jedenfalls wurde er schneller fertiggestellt, als ursprünglich geplant war.

Da sich die Reparatur der FRIEDEN noch einige Monate hinziehen wird und die Indienststellung des zweiten Schiffes, des MS FREUNDSCHAFT, erst für Dezember vorgesehen ist, haben die Verkehrskaufleute der DSR – soweit es die Typ-IV-Schiffe betrifft – nun etwas Zeit, um Grundsatzüberlegungen für die Befrachtung der Schiffe anzustellen. Es geht um die verkehrsökonomische Vorbereitung des Einsatzes dieser Schiffe nach Ostasien.

LADUNG FÜR OSTASIEN

Als die Generaldirektion Schiffahrt am 29. Februar 1952 der Warnowwerft den Auftrag zum Bau der ersten Typ-IV-Schiffe erteilte, galten noch die damaligen Entwurfsvorstellungen. Das damalige Typ-IV-Schiff sollte etwa 8000 Tonnen Ladung an Bord nehmen können. Die seinerzeit kalkulierten Baukosten sollten pro Schiff 9619 Millionen Mark betragen.

Im Verlaufe der weiteren Diskussion wurden die Entwürfe mehrmals überarbeitet und modifiziert. Das in Fahrt gebrachte erste Typ-IV-Schiff kostete nach einer Untersuchung der Reederei aus dem Jahre 1961 27398 Millionen Mark. Durch die Fortschritte bei der Serienproduktion sanken naturgemäß die Baukosten von Schiff zu Schiff, so daß den Angaben von Dr. Arthur Maul in seiner Dissertationsschrift aus dem Jahre 1989 gefolgt werden kann, wenn er den Durchschnittspreis der Typ-IV-Schiffe mit 26 Millionen Mark bei seinen Überlegungen zugrunde legte. Demnach hatten die ersten beiden Typ-IV-Schiffe zusammen über 53 Millionen Mark gekostet. Das Geld kam selbstverständlich aus dem Staatshaushalt, denn die überaus bescheidenen Plangewinne jener Jahre (für 1959 wird als Betriebsergebnis für die DSR ein Gewinn von 3,3 Millionen Mark ausgewiesen) hätten bei weitem nicht ausgereicht, um derartige Investitionen zu tätigen. Dabei ist zu berücksichtigen, daß im gleichen Geschäftsjahr insgesamt Kosten in Höhe von 78,820 Millionen Mark bei der DSR angefallen waren.

Vom Einsatz der Typ-IV-Schiffe wurden schnell hohe Einnahmen erwartet. Das war allerdings nicht so einfach. Eine verkehrsökonomische Untersuchung jener Zeit ergab folgendes Ergebnis: Die See-Entfernung zwischen Wismar und dem chinesischen Hafen Tientsin beträgt 11522 Seemeilen = 21350 km. Ein Schiff benötigt für diese Strecke rund 40 Tage. Die Eisenbahnentfernung zwischen der DDR und Tientsin beträgt 9617 km, die Reisedauer für einen Waggon lag damals zwischen 45 und 50 Tagen. Für den Transport von 1000 Tonnen Ladungsgütern berechnete die Eisenbahn damals gemäß gültigem Tarif eine Bahnfracht von 248186 Mark. Davon erhielt die Sowjetische Staatsbahn einen Betrag von 51388 Rubel. Der Tarif galt für alle Warenarten. Anders stellt sich das beim Seetransport dar. Der Transport von 1000 Tonnen Schiffsladung von Wismar nach Tientsin kostete bei Erz pro 1000 Tonnen 67750 Mark, bei Düngemitteln 88120 Mark, bei Baumwolle 113440 Mark und bei Maschinen (Stückgut) 109320 Mark. Natürlich fallen beim Seetransport für das Schiff auch Valutakosten in fremder Währung an. Für die angenommene Strecke ergeben sich pro 1000 Tonnen transportierter Ladung folgende Valutakosten: Gebühr für den Nord-Ostsee-Kanal 400 DM, Gebühr für den Suezkanal 952,40 US-Dollar, Hafenkosten 147,40 Rubel, Umschlagskosten 214 Rubel. Zum damaligen Umrechnungskurs, in Mark der Notenbank der DDR umbewertet, ergeben sich beim Seetransport Valutakosten in Höhe von 6275 Mark.

Entsprechende Berechnungen gab es auch für den Mittelmeerverkehr und für den Einsatz von Küstenschiffen nach Westeuropa. Ein Vergleich der Rechnungen ergab, daß die Kosten im gleichen Verhältnis sinken wie die Schiffsgröße und die Reiseentfernung zunehmen.

Hinzu kamen noch weitere Überlegungen. Verkehrsökonomische Informationen jener Tage ergaben, daß die Häfen Indiens stark überfüllt waren. In Bombay müßten fünf bis sieben Tage Reedeliegezeit in Kauf genommen werden, bevor das Schiff zur Bearbeitung in den Hafen verholen würde. In Kalkutta betrugen die Liegezeiten 15 bis 16 Tage. Außerdem standen gerade die indischen Dockarbeiter- und Schauerleute für nicht absehbare Zeit in einem Arbeite- langsam-Streik. Im ceylonesischen Hafen Colombo kam zu den hafenüblichen Reedeliegezeiten noch hinzu, daß die verschiedenen religiösen Gruppen innerhalb der Hafenarbeiter und Angestellten jährlich insgesamt 130 Feiertage haben, was die Abfertigung der Schiffe natürlich stark beeinträchtigte.

Im Hafen von Haiphong gab es zwar eine Wassertiefe von 8,80 m, jedoch nur bei Hochwasser. Also waren auch hier Reedeliegezeiten einzukalkulieren. Im burmesischen Hafen Rangoon reichte die Wassertiefe aus, günstige Lade-

1. 4. 1958, 7.45 Uhr. Rund 80 Seemeilen westlich von Gibraltar kommt der FRIEDEN die aus Fernost heimkehrende FREUNDSCHAFT, mit Kapitän Adolf Zinn, entgegen. Auf der Brückennock, dem Peildeck und den achteren Aufbauten erkennt man winkende Besatzungsmitglieder der FREUNDSCHAFT, die sich über die erste Begegnung des Schwesterschiffes auf See freuen.

und Löschmöglichkeiten gab es ebenfalls, aber die Hafengebühren waren horrend. Für ein Typ-IV-Schiff betrugen sie nicht weniger als 6000 Mark, demgegenüber sollte es in Port Sudan nur 600 Mark kosten, außerdem wäre noch eine sogenannte Gewinnsteuer zu zahlen. In der Praxis würde das bedeuten: Wenn die FRIEDEN in Rangoon 5000 Tonnen Reis laden würde, entsprächen diese einem Gewinn von 60000 Mark, folglich müßten 5000 Mark davon abgeführt werden, selbstverständlich in Devisen. Beim Anfall von gut bezahlter Ladung für den einen oder anderen dieser Häfen hätte man beim Einsatz der FRIEDEN und der FREUNDSCHAFT diese Nachteile in Kauf nehmen können. Das war aber nicht der Fall. Also hatte sich das Kontor für Seefrachten in Berlin mit den chinesischen Handelspartnern darauf geeinigt, die Schiffe mit einer vollen Ladung Düngemittel nach Whampoa zu schicken. Solche Ladung ist natürlich keine gute Lösung, genauso wie Whampoa als Lösch- oder Ladehafen auch nicht günstig war. Für ein Stückgutschiff ist eine volle Schüttgutladung auch nicht das Ideale; ganz abgesehen davon, daß eine Kaliladung (Ammonsulfat) für ein noch nach neuem Lackanstrich riechendem Neubaufrachter ohnehin zu strapazierend ist. Den Besatzungen blutete förmlich das Herz, als sie erfuhren, daß die schönen neuen Schiffe in ihre sauberen Laderäume einige tausend Tonnen Kali an Bord nehmen müssen.

Im Seeverkehr nach China gab es aber damals noch ein anderes wesentlich schwerwiegenderes Problem. Das war die Insel Taiwan. Das Tschiang-Kai-schek-Regime verhielt sich seinerzeit außerordentlich rabiat gegenüber der internationalen Schiffahrt. Englische Schiffe und Frachter der Bundesrepublik wurden unter Beschuß genommen, sowjetische und polnische Schiffe waren gekapert worden, mußten Häfen auf Taiwan anlaufen. Die Besatzungen wurden eingesperrt und teilweise grob mißhandelt. Das hing mit dem Konflikt Taiwans und der chinesischen Regierung unter Mao Tsetung zusammen. Bekanntlich erhob die chinesische Regierung damals schon den Anspruch auf die Vereinnahmung Taiwans. Die genannten Vorfälle veranlaßte viele seefahrende Nationen, die Gewässer um Taiwan zu meiden. Selbst britische Schiffe passierten die Straße von Taiwan nur im Geleit von Kriegsschiffen der Royal Navy. Schiffe unter anderen Flaggen fuhren je nach Lage mit einem sicheren Abstand östlich an Taiwan vorbei, um Zwischenfälle jeglicher Art zu vermeiden. Auch die Frachter der DSR würden einen großen Bogen um Taiwan machen müssen, was die Reisedauer natürlich verlängert. Trotz aller Risiken konnte und wollte die DSR auf den lukrativen Chinaverkehr nicht verzichten, ganz abgesehen von den politischen Folgen. Außerdem importierte die DDR damals 350000 Tonnen jährlich aus China. Es war klar, daß es in den Folgejahren Steigerungen geben würde. Also entschloß man sich zum Einsatz der Typ-IV-Schiffe in den Chinadienst. In den Anfangsjahren, als nur wenige Großschiffe zur Verfügung standen, konnte natürlich kein planmäßiger Liniendienst aufgenommen werden. Die Schiffe fuhren mehr sporadisch. So konnte es nicht ausbleiben, daß noch im Jahre 1960 40 Prozent der DDR-Exporte nach China mit der Eisenbahn befördert werden mußten, was vom Standpunkt der Rentabilität gesehen nachteilig war, ganz abgesehen von der relativen Unzuverlässigkeit der Eisenbahnverbindung durch Witterungseinflüsse, Organisationsmängel, technische Probleme und Beraubungsgefahr. Dies alles fällt beim Seetransport weg. Außerdem bestand bei dem langen Seeweg zwischen Wismar und China noch die Möglichkeit, zusätzliche Ladungsanteile für dritte Partner zu transportieren, also den sogenannten Cross Trade zu betreiben. Das würde die Einnahme zusätzlicher, möglichst frei konvertierbarer Devisen bedeuten. Die Entscheidung, die ersten Typ-IV-Schiffe in der Chinafahrt einzusetzen, war damals volkswirtschaftlich und verkehrsökonomisch durchdacht und erwies sich als richtig.

AUF GROSSER FAHRT

Die erste Chinareise der FRIEDEN läßt sich gut rekonstruieren, da das Schiffstagebuch Nr. 3 als einziges von allen Tagebüchern der FRIEDEN erhalten blieb. Die DSR übergab es dem Schiffahrtsmuseum Rostock zur Eröffnung des Ausstellungsteiles DDR-Handelsflotte 1974 als Exponat. So entging es der planmäßigen Vernichtung nach Ablauf der gesetzlichen Aufbewahrungsfrist.

Nach Beendigung der Werftliegezeiten in Warnemünde war das Schiff nach Wismar versegelt und hatte an der Kaliverladeanlage insgesamt 7500 Tonnen geladen. Bei Reiseantritt war das Schiff wie folgt belastet:

Treiböl	1389 t
Ballast	206 t
Ladung	7500 t
Trinkwasser	230 t
Ausrüstung	200 t
Gesamt	**9525 t**

Am 25. März 1958 hatte die FRIEDEN Wismar verlassen und war noch einmal auf die Reede von Warnemünde zurückgelaufen, um den I. Offizier Karl-Heinz Seidler an Bord zu neh-

Der Meeresgott „Neptun" kommt zur Äquatortaufe an Bord. Kapitän Beykirch begrüßt ihn an Deck und bittet um die Passiergenehmigung.

men, der aus irgendeinem Grunde erst im letzten Augenblick zur Verfügung stand. Bis zu seiner Ankunft waren insgesamt 62 Besatzungsmitglieder an Bord gemustert.
Folgende nautische Patentträger waren an Bord:

1. Kapitän Willy Beykirch, Patent A 6
2. I. Offizier Karl-Heinz Seidler, Patent A 6
3. II. Offizier Siegfried Schmidt, Patent A 5
4. III. Offizier Kurt Sturm, Patent A 5

Am 26. März 1958 hatte die FRIEDEN um 7.58 Uhr die Schleuse Brunsbüttel verlassen und steuerte nach Lotsenanweisung elbeabwärts. Um 10.00 Uhr passierte man das Feuerschiff Elbe I, und es begann die Seereise. Um 21.00 Uhr findet sich der Vermerk „Nebelfahrt, geben Nebelsignale , haben mäßige Fahrt". Erst um 2.58 Uhr ist die Nebelfahrt beendet, und nach Passieren von Dover um 10.07 Uhr wird die Radaranlage abgestellt. Aus den Mittagseintragungen des I. Offiziers am 27. März läßt sich folgendes entnehmen:

Trinkwasserverbrauch	10 t
Treibstoffverbrauch	22,5 t

durchschnittliche Reisegeschwindigkeit 14 kn Inzwischen sind 550 Tonnen Ballastwasser an Bord genommen worden, die sich auf den Süßöltank und die Achterpiek verteilen. Am 28. März 1958 ist um 3.00 Uhr der Westausgang des Englischen Kanals erreicht. Die FRIEDEN wird vom Atlantik unfreundlich empfangen. Sie läuft in starkem Seegang, beide Maschinen gehen halbe Fahrt voraus. Das Schiff stampft in starker See und umlaufender Dünung, Wasser kommt über Deck und Luken. Um 6.16 Uhr hat man die französische Insel Quessant an Backbord. Ab 17.00 Uhr rollt das Schiff in grober See, der Wind kommt mit Stärke 8 aus Südwest, es herrscht Seegang Stärke 6. Diese Beanspruchung wirkt sich negativ auf die Kreiselkompaßanlage des Schiffes aus. Sie ist am 30. März 1958 als gestört notiert, das Schiff steuert nach Magnetkompaß. Für die Schiffsführung ist die Wetterlage offensichtlich eine Erinnerung daran, daß man Rettungsboote kontrollieren muß. Am 31. März 1958 findet sich im Tagebuch die Notiz: beide Rettungsboote überprüft und Seenotproviant i.O. Um 3.00 Uhr des 1. April ist die Südspitze von Gibraltar, Europa Point backbord quer. Die FRIEDEN läuft in das Mittelmeer ein. Gegen 7.45 Uhr begegnet die FRIEDEN der aus Fernost heimkehrenden FREUNDSCHAFT, geführt von Kapitän Adolf Zinn. Beide Schiffe passieren sich in dichtem Abstand, man winkt sich zu, und die an Bord befindlichen Fotoapparate sind an Deck in lebhafter Tätigkeit. Die Begegnung erfolgt auf einer Position, die rund 80 sm östlich von Gibraltar liegt. Am nächsten Tag, dem 2. April 1958, ist die Kreiselanlage wieder mal für 30 Minuten unklar, aber dem Elektroingenieur gelingt es, sie wieder in Betrieb zu nehmen. Zum ersten Mal auf dieser Reise muß am 3. April um 8.00 Uhr die Hauptmaschine Steuerbord I herausgenommen werden. Bereits nach 45 Minuten ist die Maschine wieder einsatzbereit. Am 5. April um 8.10 Uhr ist „Ende der Seereise", man erreicht die Reede von Port Said, und der Backbordanker geht mit drei Längen zu Wasser. Mittags kommt der Lotse an Bord, es geht ankerauf, und das Schiff ist um 14.30 Uhr im Hafen von Port Said fest. Das

Das „Seezeremoniell" Äquatortaufe läuft als Inszenierung ab – wie auf den alten Segelschiffen. An der Spitze des Umzuges an Deck marschiert die Bordkapelle. Anzug: Tropenhelm. Dahinter folgen „Neptun" nebst Gemahlin, geleitet von Kapitän Beykirch. Dahinter das Gefolge, Häscher und Trabanten, sie führen die ersten Täuflinge mit sich. Deren Anzug: Badehose.

Festmachen erfolgt mit Hilfe eines Achterschleppers, vorn liegt das Schiff vor beiden Ankern, achtern werden vier Leinen an Land gegeben. Wegen einer Blinddarmentzündung, die der Schiffsarzt diagnostiziert, wird der Matrose Ebert noch am Einlauftag ins Hospital gebracht. Das Maschinenpersonal nutzt die Liegezeit zu einer kurzen Durchsicht und eiligen Reparaturarbeiten. Aus einem Wasserboot werden 367 Tonnen Trinkwasser übernommen. Am nächsten Tag, dem Ostersonntag, erscheint um 14.05 Uhr der Lotse, man wirft alle Leinen los, geht ankerauf zur Fahrt durch den Suezkanal. Für eine knappe Stunde wird noch vorn ein Schlepper festgemacht, aber es ist nicht ersichtlich, aus welchem Grunde. Wie am Suezkanal üblich, werden zwei Boote von Land an

Bord genommen sowie sechs Festmacher und zwei Mann zur Bedienung der Suezkanal-Scheinwerfer während der Nachtfahrt. Für die Ägypter ist das eigentlich ein ziemlich bequemer Job, denn sie brauchen nur wenig in Tätigkeit zu treten. Manches Besatzungsmitglied hat sich schon gefragt, ob die Anbordnahme dieser Leute überhaupt nötig ist. Aber bereits um Mitternacht ist es erforderlich, bei Kanalkilometer 61 mit Hilfe dieser Festmacherboote und ihrer Besatzung am Kanalufer festzumachen und zwei Leinen vorn und achtern an Land zu geben. Es wird Leinenwache gegangen. 5.20 Uhr wird die Reise fortgesetzt, um 7.10 Uhr ist Lotsenwechsel bei Ismailia. 12.35 Uhr gehen der Lotse und die Hilfsmannschaften in Suez von Bord. Das Schiff verläßt die Reede von Suez und läuft in das Rote Meer ein. 16.05 Uhr wird die 4. Hauptmaschine zugeschaltet, nach vier Stunden sind 63 sm zurückgelegt, was einer Durchschnittsgeschwindigkeit von 15,75 kn entspricht. In den nächsten Tagen läßt der I. Offizier Karl-Heinz Seidler das Ladegeschirr überprüfen und kann den ordnungsgemäßen Zustand am 11. April in das Tagebuch eintragen. Am 12. April ist um 9.30 Uhr Kap Guardafui an Steuerbord quer in einer Entfernung von 11,5 sm. Wie die Tagebucheintragungen zeigen, hört die terrestrische Navigation auf, das Schiff befindet sich im Indischen Ozean, und nun tritt die astronomische Navigation in ihre Rechte. Das Schiff kann bei gutem Wetter seine Reise schnell fortsetzen. Am 16. April ist Minikoi, die kleine Insel, ein wichtiger Ansteuerungspunkt der Handelsschiffahrt im Indischen Ozean querab.

VORSICHT IST DIE MUTTER DER PORZELLANKISTE

Am 22. April steuert die FRIEDEN durch die Sundastraße. Inzwischen ist man im Pazifik, und das Schiff läuft in einem sehr großen Bogen östlich an Taiwan vorbei, um jeder Begegnung mit Schiffen oder Flugzeugen aus Taiwan im Hinblick auf die bekanntgewordenen Zwischenfälle auszuweichen. Kapitän Beykirch hat seine Erfahrungen als Offizier der Kriegsmarine und Geleitzugführer reaktiviert. Seit dem Erreichen des Indischen Ozeans gibt das Schiff keine Schiffsposition mehr ab, hat überhaupt den Funkverkehr sendeseitig eingestellt, der Funkoffizier arbeitet nur noch auf Empfang. Ab Eintreffen im Pazifik werden nachts keine Positionslaternen eingeschaltet, Wachoffiziere und Matrosen auf der Kommandobrücke halten scharfen Ausguck. Beim Insichtkommen von anderen Fahrzeugen – sei es nachts oder am Tage – läßt Kapitän Beykirch die FRIEDEN in einem großen Bogen ausweichen, so daß Annäherungen an fremde Schiffe absolut vermieden werden. Der Politoffizier Otto Uecker bemüht sich, die Besatzung über die Notwendigkeit dieser Maßnahmen aufzuklären, aber die meisten kennen die Gründe aus Rundfunk und Presse, und so gibt es über die Richtigkeit der Weisung des Kapitäns keine nennenswerten Diskussionen. Praktisch verhält sich die FRIEDEN wie ein Blockadebrecher oder Hilfskreuzer im Zweiten Weltkrieg. Scharfer Ausguck, sehen, aber nicht gesehen werden, nach diesem Grundsatz führt Kapitän Beykirch sein Schiff. Am 28. April muß die FRIEDEN für eine Weile auf Gegenkurs gehen, da laut Tagebuch „alle Anzeichen dafür sprechen, daß ein Taifun mit dem Zentrum Steuerbord querab steht. Wir gehen auf Gegenkurs, um frei vom Zentrum zu kommen.“ Um 14.52 Uhr wird die Geschwindigkeit auf halbe Fahrt verringert, das Schiff rollt bis zu 45° nach beiden Seiten. In den nächsten Stunden steigt das Barometer langsam. Ab 18.00 Uhr kann wieder mit voller Kraft gefahren werden. Am 30. April mittags erreicht das Schiff die am weitesten östlich gelegene Mittagsposition im Pazifik mit 20° 25,5' nördlicher Breite und 129° 53' östlicher Länge. Am 2. Mai ist um 22.40 Uhr Ende der Seereise. Um 0.25 Uhr am nächsten Tag erscheinen der Lotse und ein Sicherheitsoffizier an Bord. Gegen 7.40 Uhr – nach einer kurzen Ankerliegezeit – steuert das Schiff nach Lotsenweisung flußaufwärts nach Shanghai. Um 10.30 Uhr fällt der Anker vor der Quarantänestation Wusung. Ab 13.37 Uhr geht man ankerauf und läuft nach Shanghai ein. Als der Lotse von Bord geht, liegt das Schiff mit sieben Vorleinen und fünf Achterleinen zwischen den Bojen 64 und 65 festgemacht auf dem Fluß. Die erste große Reise der FRIEDEN ist beendet.

Belastungszustand am Ende der Reise:

Treiböl	515 t
Ballast	170 t
Ladung	7500 t
Trinkwasser	174 t
Ausrüstung	200 t
Gesamt	**8559 t**

Die im Schiffstagebuch vermerkte Gesamtabrechnung der Reise ergibt folgende Werte:

zurückgelegte Distanz Wismar–Shanghai	12081 sm
plus	365 sm Revierfahrt
Insgesamt zurückgelegt	**12446 sm**

Einzelangaben:

Gesamtdampfzeit auf See:	34 Tage, 20 Stunden, 51 Minuten
Dampfzeit Revier:	4 Tage, 22 Stunden, 9 Minuten
Gesamtdampfzeit:	39 Tage, 19 Stunden, 00 Minuten
Durchschnittsfahrt:	14,5 sm/Stunde
Zeitdifferenz:	7 Stunden zu Wismar
Tiefgang bei Ankunft:	V = 26' 05", A = 26' 07"

Somit lag die FRIEDEN beim Einlaufen in Shanghai achtern 2 Zoll (rund 6 cm) tiefer im Wasser als vorn, praktisch so gut wie auf ebenem Kiel. Dies ist wichtig beim Einlaufen in einen Fluß, um den Tiefgang so gering wie möglich zu halten. Daß dies so präzise nach einer Reise von über 13 000 sm durch entsprechende Berechnungen möglich war, stellt nicht nur den seemännischen Fähigkeiten des I. Offiziers ein gutes Zeugnis aus. Es ist auch gleichzeitig ein Beweis dafür, daß die dem Schiff an Bord mitgegebenen und in der Werft berechneten Kapitänsinformationen, Ladungs-, Tiefgangs- und Trimmtabellen und alle anderen Berechnungsgrundlagen genau und sorgfältig im Konstruktionsbüro der Werft ermittelt wurden.

KEIN LANGER AUFENTHALT IN CHINA

Der erste Abend in Shanghai war durch offizielle Besuche an Bord gekennzeichnet, aber zunächst muß das Schiff einklariert werden, und die chinesischen Behörden sind in dieser Frage freundlich, sachlich, aber sehr bestimmt und haben da sehr präzise Vorschriften. Anschließend gibt es für die Besatzung Landgang, die Schiffsführung muß sich jedoch um die dienstlichen Besucher kümmern, unter den ersten sind natürlich Vertreter der DDR-Botschaft in Peking. Am nächsten Morgen früh um 6.30 Uhr ist Löschbeginn. Zahllose chinesische Hafenarbeiter strömen an Bord, verteilen sich auf die Luken II, III und IV und beginnen mit dem Entladen des Schiffes. In den nächsten Tagen ist im Tagebuch des öfteren Löschunterbrechung durch Regenschauer verzeichnet. Aber dann unterbrechen die Hafenarbeiter nicht etwa die Arbeit. Wenn die Lukendeckel wegen des Regens geschlossen werden müssen, bleiben die Hafenarbeiter dennoch unten in den Luken und nutzen die Zeit, um das Ammonsulphat in Säcke abzufüllen.

Als der Kapitän einer Einladung der chinesischen Gastgeber zu einem Stadtbesuch von Shanghai folgt, entschließt sich der I. Offizier K.-H. Seidler zu einem ungewöhnlichen Vorhaben: In wenigen Stunden läßt er die schwarze Außenhaut mit hellgrauer Farbe übermalen. Den erforderlichen Vorrat hatte er in Wismar bereits an Bord nehmen lassen. Als Kapitän Beykirch an Bord kommt, malt der Matrose Prepens gerade für die schwarzen Namensbuchstaben goldene Schatten. Der Kapitän ist zunächst sehr erstaunt, akzeptiert dann den neuen Anstrich aus praktischen Gründen. Aber den goldenen Schatten am Namen FRIEDEN läßt er wieder entfernen. Was zuviel ist, ist zuviel.

Nachdem das Schiff bis zu einem gewissen Grade erleichtert worden ist und nicht mehr so tief im Wasser liegt, verholt es am mit Lotsenhilfe und einem Schlepper an die Pier. Dann gehen die Löscharbeiten weiter und sind am 13. Mai beendet. Die Decksbesatzung reinigt die Luken, die sehr sauber sein müssen, denn für die Heimreise ist eine Ladung von Sojabohnen gebucht. Also werden in den großen Luken II und III Längsschotten durch die Decksgang unter Aufsicht des Bootsmannes aufgestellt, damit die Ladung nicht verrutschen kann.

Am 14. Mai erscheint der Lotse. Wiederum ist Verholen angesagt. Ein Schlepper assistiert, und die FRIEDEN macht auf dem Fluß zwischen den Bojen 43 und 44 mit jeweils fünf Vor- und fünf Achterleinen fest. Am nächsten Tag ist früh um 3.00 Uhr Ladebeginn mit je einem Gang an der Luke II und III, es wird durchgehend bis 24.00 Uhr gearbeitet. Dann verholt sich das Schiff wieder an die Pier und beginnt am 18. Mai mit dem Laden von Stückgut in allen Luken. Am 20. Mai ist um 4.40 Uhr Ladeende. Am 20. Mai 1958 verläßt die FRIEDEN den Hafen von Shanghai und versegelt nach Hsingkang. Im Schiffstagebuch hat der I. Offizier die grundsätzlichen zusammenfassenden Eintragungen vorgenommen, wie sie beim Antritt einer Reise üblich und seerechtlich vorgeschrieben sind, das sogenannte „Gebet der Jungfrau". Da der Text für jedes Frachtschiff und auf jeder Reise sinngemäß der gleiche ist, wird er hier einmal im vollen Wortlaut wiedergegeben:

In der Zeit vom 15. Mai bis 20. Mai 1958 wurde in Shanghai bei ruhigem, aber zeitweise regnerischem Wetter eine Ladung Sojabohnen (Bulk), Süßöl- und Stückgut übernommen. In den Unterräumen Luke I und II wurden für die zu übernehmende Ladung Sojabohnen Längsschotten entsprechend ASB und den Bestimmungen des SSV gestellt und mit Sackladung abgedeckt. Die Süßöltanks wurden entrostet, gründlich gereinigt und befinden sich in einem einwandfreien Zustand. Die Ladung wurde unter Aufsicht des Kapitäns und der Schiffsoffiziere von berufsmäßigen Stauern nach Seemannsbrauch gestaut und getrimmt. Im Schutzdeck wurden die Luken mit zwei Persenningen abgedeckt. Vor der Beladung wurden die Bilgen gereinigt und gut abgedichtet. Für die bevorstehende Reise befindet sich Trinkwasser, das in Shanghai übernommen wurde, und Proviant in ausreichender Menge an Bord. Das Schiff befindet sich in einem see- und reisetüchtigen Zustand. Rettungsmittel und Sicherheitseinrichtungen wurden überprüft und in Ordnung befunden. Die Mannschaft ist gesund und befindet sich vollzählig an Bord. Das Schiff fährt zur Vervollständigung der Ladung nach Hsingkang.

Belastungszustand:

Ladung	6479 t
Treiböl	496 t
Ballast/Trinkwasser	150 t
Ausrüstung	200 t
Gesamt	7325 t

Tiefgang vorn 23' 09", Tiefgang achtern 24'01"

Weiterhin sind im Schiffstagebuch eingetragen: 12.00 Uhr Kommandoelemente überprüft, 12.30 Uhr Klarmeldung Maschine und Funkraum, 12.40 Uhr alle Leinen los zur Revierfahrt, steuern auf Shanghai-Revier, 14.35 Uhr Wusung-Barre passiert, 16.10 Uhr fallen Anker, warten auf Hochwasser, 20.40 Uhr Anker auf, 22.40 Uhr Lotse von Bord, Beginn der Seereise. Zwei Tage später auf See hat das Schiff von 10.25 bis 17.25 Uhr einen Ruderschaden, der behoben werden kann, aber doch um 11.40 Uhr das Abstellen der Maschinen erforderlich machte, so daß das Schiff zeitweise trieb. Um 17.10 Uhr wird eine Funkpeilung von Port Arthur versucht, aber eine genaue Position scheint nicht dabei herausgekommen zu sein. Dennoch erreicht die FRIEDEN am 23. Mai morgens um 5.10 Uhr Hsingkang-Reede, der Anker fällt, und wieder ist eine Seereise beendet. Eine halbe Stunde später kommen der Zoll, der Lotse und der unvermeidliche Sicherheitsoffizier an Bord, um das Schiff bis auf die Reede von Taku zu bringen. Durch die Geschichte mit dem Ruderschaden sinkt für die Überfahrt nach Hsingkang die Durchschnittsgeschwindigkeit auf 10,2 kn.

Während der Liegezeit auf Reede ist am nächsten Tag eine gute Gelegenheit, Bootsmanöver durchzuführen. Das geschieht ausgiebig zum Training der Besatzung. Gleichzeitig werden die Rettungsbootssender kontrolliert und vom

Funkoffizier in Ordnung befunden. Am nächsten Tag geht das Schiff an die Pier. Um 9.00 Uhr werden 340 t Trinkwasser aus einer Leitung am Kai übernommen. Um 10.30 Uhr ist Ladebeginn an den Luken I, II, III und IV. Stückgut wird aus Leichtern übernommen. Am 28. Mai wird das Schiff mit Lotsenhilfe zur Reede von Taku verholt, ab 14.00 Uhr gehen dort die Ladearbeiten aus Leichtern in Luken I, II und III weiter. Um 18.30 Uhr Ladeende.

Tiefgang vorn: 25', Tiefgang achtern: 25' 10"

Belastungszustand zu Beginn der Heimreise:

Ladung	7418 t
Treiböl	434 t
Ballast/Trinkwasser	415 t
Ausrüstung	200 t
Gesamt	**8467 t**

DIE HEIMREISE

In der nächsten Nacht wird das Schiff ausklariert, morgens um 4.15 Uhr wird der Anker gehievt, und 4.25 Uhr legt Kapitän Beykirch die Maschinentelegrafenhebel auf „Voll voraus", es beginnt die Heimreise. Aber zunächst muß noch Treibstoff gebunkert werden. So läuft das Schiff am 6. Juni 1958 die kleine Reede von Miri auf Borneo an, dort wird geankert, und es werden 650 t Treibstoff gebunkert. Nach fünf Stunden wird die Heimreise fortgesetzt. Am nächsten Tag wird abends um 19.20 Uhr der ruhige Seebetrieb durch ein weniger schönes Ereignis unterbrochen: die gesamte Elektroanlage des Schiffes fällt aus. Die Maschinen stoppen. Die Elektriker prüfen ihre Anlage, der Fehler wird gefunden, behoben, und nach zehn Minuten ist die Maschinenanlage wieder klar. Auch auf der Heimreise geht es wieder in einem großen Bogen um Taiwan herum. Aber offensichtlich hat man jetzt nicht mehr ganz so viel Respekt vor der unberechenbaren Insel, denn der am weitesten gelegene östliche Punkt liegt diesmal nur bei einer Länge von 102° 31' Ost. Dann steuert das Schiff bereits wieder auf einer sanften Kurve weiter nach Südwesten. Am 16. Juni arbeitet das Schiff schwer in südwestlicher See und Dünung, und zwischen 8.00 und 11.00 Uhr müssen wegen äußerst heftiger Stampfbewegungen beide Schrauben auf 60 min^{-1} runtergefahren werden. Es herrscht Westsüdwestwind in Stärke 8, Seegang in Stärke 7. Im Tagebuch ist notiert: „sehr grobe See". Alle diese Ereignisse drücken natürlich auf die Durchschnittsreisegeschwindigkeit, die am 19. Juni mit 14,7 Kn im Tagebuch eingetragen ist. Am 23. Juni ist der Indische Ozean und das Rote Meer durchfahren, man erreicht die Reede von Suez. Das Schiff geht vor Anker und wartet auf den nordgehenden Konvoi. 24 Stunden später beginnt die Kanalfahrt. Um 14.15 Uhr wird im Großen Bittersee geankert. Der südgehende Konvoi passiert die Ankerlieger, der nordgehende Konvoi kann um 15.20 Uhr ankerauf gehen und seine Fahrt fortsetzen. 22.15 Uhr geht in Port Said der Lotse von Bord, die Kanalfahrt ist beendet. Eine seltsame Tagebucheintragung findet sich am 25. Juni 1958. Da steht nämlich: „Für Affen und Vögel werden neue Käfige gebaut!" In China waren auch Tiere an Bord genommen worden. Darunter Riesenschlangen, Kraniche und Kaninchen als Schlangenfutter. Der II. Koch betreute die Tiere. Die Affen waren für den Rostocker Zoo bestimmt.

Das Schiff rennt jetzt förmlich auf der Heimreise. Am 27. Juni wird Malta passiert, und am 28. Juni ist Bizerte quer, am 30. Juni um 14.00 Uhr ist Gibraltar an Steuerbord querab. Am 3. Juli hat man die Biskaya durchfahren, am nächsten Tag morgens um 3.00 Uhr Dover passiert, in der Nordsee ist die beinahe übliche Nebelfahrt angesagt. Fast der ganze 4. Juli 1958 ist ein unsichtiger Tag, ausdrücklich ist vermerkt: „Bei Borkum dichter Nebel." Am nächsten Tag ist immer noch dichter Nebel. Man versucht, mit Hilfe von Funkpeilung das Feuerschiff Elbe 1 anzusteuern, was auch gelingt. Um 1.20 Uhr geht die FRIEDEN vor Anker und gibt Nebelsignale. 10.20 Uhr lichtet sich der Nebel, man kann den Anker hieven, was seine Zeit in Anspruch nimmt. Denn immerhin ging man mit sechs Schäkeln zu Wasser, das bedeutet, Kapitän Beykirch ließ wegen der Wassertiefe 150 m Kette ausstecken. 10.50 Uhr wird dann das Feuerschiff passiert, um 11.25 Uhr kommt der Lotse an Bord, und um 18.00 Uhr ist die FRIEDEN in der Schleuse von Brunsbüttelkoog fest. Letzte Eintragung des Tagebuches auf Seite 92 vermerkt: 23.15 Uhr Lotsenwechsel im Nord-Ostsee-Kanal. Die vom Schiff zurückgelegten Gesamtdistanzen sind im Tagebuch wie folgt eingetragen:

Hinreise: Distanz Wismar–Shanghai:
insgesamt 12446 sm
Rückreise:
Distanz Shanghai–Hsingkang–Brunsbüttel
= 12402 sm
Insgesamt: 24848 sm

Das ist für die erste große Reise des Schiffes eine sehr gute Leistung, besonders für die doch mit Skepsis betrachtete Maschinenanlage. Die durchschnittliche Geschwindigkeit auf der Heimreise ist mit 14,5 sm/h eingetragen. Das hängt aber, wie schon erwähnt, mit den entsprechenden Ausfallzeiten durch Nebelfahrt, schlechtem Wetter und anderen Ursachen zusammen. Im Tagebuch stehen innerhalb von 24 Stunden durchgehaltene Geschwindigkeiten, die doch sehr beachtlich sind. So für den 5. Juni 15,8 kn, 4. Juni 15,7 kn, 3. Juni 15,0 kn, 2. Juni 15,6 kn, 1. Juni 16,0 kn, erreicht bei Nordostwind in Stärke 2, Seegang 1, und am 30. Mai 15,9 kn. Das sind unter Berücksichtigung der an Bord befindlichen Ladung und Ausrüstung gute Werte. Die Maschinenausfälle hielten sich in bemerkenswert engen Grenzen, wahrscheinlich ist jedoch, daß das Maschinenpersonal mit allerhand technischen und sonstigen Schwierigkeiten zu kämpfen hatte. Jedenfalls ließen sich die Probleme im eigenen Bereich regeln und führten nicht zu Ausfallerscheinungen, die der Kommandobrücke gemeldet werden mußten. So konnten sie auch im Schiffstagebuch keinen Niederschlag finden. Nach einer erfolgreichen Reise lief die FRIEDEN am 6. Juli 1958 wieder in Wismar ein. Mit drei Monaten und zwölf Tagen war es unter Berücksichtigung des Reiseweges eine recht kurze Reise geworden. Das hing natürlich damit zusammen, daß nur ein Löschhafen und ein Ladehafen angelaufen wurde.

Später sollten die Reisen, besonders nach China und Korea, aber auch nach Indien und Südostasien, bis zu fünf Monate und länger dauern. Nach dem Einlaufen in Wismar gab es an Bord die üblichen dienstlichen Besuche durch leitende Mitarbeiter der DSR. Keiner von ihnen machte viel Aufhebens darum, daß die FRIEDEN Wismar mit einem schwarzen Anstrich verlassen hatte und mit einem hellgrauen Anstrich wieder zurückkam. Man akzeptierte die Begründung von Kapitän Beykirch, daß ein hell angestrichener Schiffsrumpf das Sonnenlicht besser reflektiert als ein dunkler, was sich hemmend auf das Ansteigen der Temperaturen in den Laderäumen auswirkt. Bekanntlich sind auch aus diesem Grunde Kühlschiffe stets mit einem weißen Anstrich versehen. Seitdem war das „aus strategischen Gründen dunkel gehaltene Marineweiß", wie ein alter Schnack den grauen Farbton nannte, offiziell anerkannt und begann, sich in der DSR durchzusetzen. Die nächsten Typ-IV-Schiffe wurden von der Werft gleich mit grauem Außenhautanstrich ausgeliefert.

An Bord gab es natürlich eine Reihe von Veränderungen. Die Besatzung drängte darauf, möglichst schnell in Urlaub zu können. Matrose Heinz Kruse machte noch bis zum 23. Juli Wachdienst an Bord, dann musterte er ab, um nach einem nicht allzu langen Urlaub sein Studium für das Patent A 3 an der Seefahrtschule Wustrow aufzunehmen.

KOMMANDOWECHSEL

Für Kapitän Beykirch war ein neuer Einsatz vorgesehen. Nach angemessener Urlaubszeit musterte er am 25. Oktober 1958 als Supercargo auf der KAP ARKONA an, um den Ankauf des Schiffes für die DSR mit vorzubereiten. Auch in Vorbereitung der Übernahme der STUBBENKAMMER für die DSR war Willy Beykirch anschließend tätig.

Im Sommer 1961 ist er dann wieder Kapitän eines Typ-IV-Schiffes an Bord der LEIPZIG.

Zu seiner Ablösung auf der FRIEDEN erscheint am 13. August 1958 Kapitän Willi Stock, um seine erste Reise als Kapitän eines großen Schiffes zu machen. Seit seiner Abmusterung vor rund sieben Monaten, damals noch als II. Offizier der FRIEDEN, hatte er zwei Monate als I. Offizier des D. ROSTOCK bei Kapitän Just Dienst getan, war anschließend einen Monat und zehn Tage als I. Offizier auf der THOMAS MÜNTZER bei Kapitän Levermann gefahren, woran sich noch ein Einsatz von 14 Tagen als Kapitän auf dem Küstenmotorschiff WARNEMÜNDE anschloß. Nun übernahm er das Kommando auf der FRIEDEN. Nach gründlicher Übergabe des Schiffes musterte Kapitän Beykirch am 20. August ab und begab sich in seinen wohlverdienten Urlaub. Kapitän Stock blieb für die damalige Zeit außerordentlich lange, nämlich 23 Monate und sechs Tage im Kommando der FRIEDEN, die er bis zum 5. Januar 1961 führte. Der Besatzung der FRIEDEN, insbesondere den Offizieren, wird die Umgewöhnung an die Persönlichkeit von Kapitän Willi Stock auf der nächsten Reise nicht leichtgefallen sein. Kapitän Beykirch hatten sie als einen „Seemann und Kapitän alter Schule" im besten Sinne des Wortes kennengelernt. Er hatte eine lebenslange Seefahrtszeit hinter sich, besaß große Erfahrungen, kannte die Seefahrt in Krieg und Frieden und besaß soviel natürliche und in langen Dienstjahren gewachsene Autorität, die ihm an Bord die unbedingte Achtung aller Besatzungsmitglieder sicherte. Es ist sicher kein Zufall oder Dankbarkeit für freundliche Behandlung eines „Badegastes" an Bord, wenn der Schriftsteller Walther Pollatscheck Kapitän Beykirch in seinem Buch „Über vier Meere", in welchem er die erste Reise des D. ROSTOCK ins Mittelmeer beschreibt, wie folgt charakterisiert: *„Ich habe manche Stunde neben ihm auf der Brücke gestanden (ehrlicher Bewunderung voll, wie er es aushielt, an kritischen Stellen der Seefahrt zehn, zwölf und mehr Stunden dort zu stehen, zu wachen, zu ordnen), ich belauschte und beobachtete ihn, was er verzeihen möge, wir sprachen über die Seefahrt, über Länder und Sprachen und Menschen und Ereignisse der Gegenwart und der Vergangenheit, ich durfte in Gruppen- und Einzelgesprächen an seinen Überlegungen, Sorgen und Wünschen teilnehmen, dienstlichen und privaten, in Diskussionen hörte ich ihn und saß nach getaner Arbeit im Hafen in fröhlicher Runde mit ihm am Tisch. Ich glaube, ich weiß manches von ihm.*

Der erste Eindruck: er ist ein Gentleman. Verzeih, daß ich es so sage; es gibt eigentlich kein richtiges deutsches Wort dafür. Ein Gentleman also: peinlich gepflegt, höflich, auf gute Umgangsformen bedacht, vom Gespräch mit „Vorgesetzten", Gleichgestellten und „Untergebenen" bis zum Benehmen bei Tisch. Alte bürgerliche Schule ist das – und gute Schule ... Natürlich ist das Alte für ihn nicht tot, zuweilen schwärmt er von diesem und jenem aus der Vergangenheit (zugleich die Ausbeutung von damals verdammend), preist auch wohl in Momenten des dienstlichen Ärgers Arbeitsgeist und Disziplin von ehedem, die, so meint er, in der Gegenwart fehlten ... Er ist froh und dankbar und stolz, daß ihm das erste neue volkseigene Schiff anvertraut wurde, und er umsorgt es, wie man ein Kind umsorgt."

Demgegenüber ist Willi Stock, der neue Schiffsführer der FRIEDEN, eine gänzlich anders geartete Persönlichkeit. Nicht so sehr ein Mann der alten Schule, mehr der neuen Zeit verpflichtet, nicht so sehr Gentleman, mehr ein robuster Seemann, auch durch und durch Praktiker, nicht ohne einen Schuß Abenteuerlust. 23 Monate und vier Tage bleibt Kapitän Willi Stock im Kommando der FRIEDEN. Das ist sehr lange für die damalige Zeit. Herausragende Leistungen oder besondere Höhepunkte im Einsatz des Schiffes sind aus dieser Zeit nicht notiert. Offenbar machte die FRIEDEN gleichmäßige Reisen nach dem Fernen Osten bzw. in der Relation Vietnam. Es scheint aber, als hätte Kapitän Stock im Laufe der Zeit an Bord der FRIEDEN einen etwas eigenwilligen Führungsstil entwickelt. Das konnte in der damals noch kleinen DSR nicht lange verborgen bleiben. Als die FRIEDEN am 1. Juli 1960 wieder mal von einer Reise kommt, ist für Kapitän Stock sofort nach dem Einlaufen eine Hafenablösung bereit: Kapitän Rudolf Porath kommt an Bord, um ihn für die nächsten Wochen abzulösen. Das war damals ein zwar immer gewünschter, aber nur selten möglicher Vorgang, denn Patentträger waren sehr rar, noch dazu, wenn es sich um befahrene Kapitäne handelt. Jedenfalls ist Kapitän Stock noch bis zum 18. Juli 1960 auf der FRIEDEN als Kapitän gemustert, aber es müssen doch offenbar während dieser Hafenliegezeit einige inhaltsschwere Gespräche und Aussprachen mit ihm durch die Reederei geführt worden sein. Denn als er nach dem Urlaub und einer Reihe von freien Tagen am 16. Dezember 1960 an Bord seines nächsten Schiffes geht, ist es das Schwesterschiff MS ERFURT, und er fährt wieder als I. Offizier. Bei dem damaligen Mangel an Patentträgern war das eine ganz ungewöhnliche Verfahrensweise. Die Zurückstufung eines Kapitäns zum I. Offizier war personalpolitisch in der DSR nie ein leicht und einfach einzuleitender Vorgang. Dafür mußten stets ernsthafte Gründe vorliegen und ein ordnungsgemäß durchgeführtes Disziplinarverfahren. Uwe Stock, der Sohn des Kapitäns, glaubt, sich erinnern zu können, daß sein Vater in einem chinesischen Hafen liegend von der Schiffahrtsagentur um eine Hilfeleistung gebeten wurde. Die chinesische Industrie brauchte, so erinnert sich Uwe Stock, damals ganz dringend ein bestimmtes Erz. Dieses Erz wurde auf einer Insel gefördert, die etwa eine Wochenreise vom chinesischen Festland entfernt lag. Man habe sich nun von chinesischer Seite mit dem Vorschlag an Kapitän Stock gewandt, während einer kleinen Zwischenreise von dieser Insel 10000 t Erz heranzuschaffen, um dann für die Heimreise nach Europa beladen zu werden und gegenüber der Reederei noch eine zusätzliche Einnahme abrechnen zu können. Für eine schnelle Beladung des Schiffes für die Heimreise wolle man dann sorgen. Kapitän Stock habe das Angebot angenommen und auch diese Zwischenreise ordnungsgemäß durchgeführt. Allerdings hat er es auch aus Gründen der schwierigen Nachrichtenübermittlung unterlassen, sich vorher von der Befrachtung der DSR die Zustimmung einzuholen. In Rostock hätte man die zusätzliche Deviseneinnahme zwar durchaus geschätzt, da aber der ganze heimreisende Fahrplan des Schiffes und damit eine Reihe weiterer Termine wie die Hafenliegezeit in Rostock und verschiedene Folgemaßnahmen sich ebenfalls verschoben haben, hätte die Reederei sich veranlaßt gesehen, gegen Kapitän Stock ein entsprechendes Verfahren einzuleiten. Wegen der langen inzwischen verstrichenen Zeit kann sich Uwe Stock leider an keine näheren Einzelheiten erinnern. Schriftliche Unterlagen gibt es darüber nicht mehr.

Kapitän Porath übergab am 28. Juli 1960 das Kommando für die nächste Reise an Kapitän Propp. Im Zusammenhang mit den Typ-IV-Schiffen wird der berufliche Lebensweg von Kapitän Porath an geeigneter Stelle noch näher geschildert.

In den Annalen der DSR erscheint die FRIEDEN mit einem Brief vom Direktor des Tierparks Berlin-Friedrichsfelde gerichtet an Herrn Kapitän Propp, MS FRIEDEN, Deutsche Seereederei Rostock. Darin heißt es mit Datum vom 2. Dezember 1960:

„Sehr geehrter Herr Kapitän! Wir möchten uns recht herzlich bei Ihnen für den Tiertransport bedanken, den Sie von Vietnam nach Rostock für uns ausgeführt haben. Aber auch den Besatzungsangehörigen, die sich um die Versorgung der Tiere bemühten, möchten wir unseren ausdrücklichen Dank aussprechen.

Mit freundlichen Grüßen,

gez. Professor Dr. Dathe."

Die damalige Reisezeit nach Vietnam und in den Fernen Osten erlaubt die Schlußfolgerung, daß die Leitung der DSR nach der Ablösung von Kapitän Stock ganz bewußt Kapitän Heinz Propp für die anschließende Reise auf der FRIEDEN einsetzte. Heinz Propp war ein erfahrener Kapitän, ebenfalls ein Mann der alten Schule, hatte schon vor dem Krieg als Schiffsoffizier bei der Hamburger Reederei DEUTSCHE AFRIKA LINIE gefahren und war, als die WATUSSI den Versuch unternahm, 1939 nach Deutschland durchzubrechen, in englische Zivilgefangenschaft geraten. Als Mitarbeiter im Staatssekretariat für Schiffahrt war er seit 1951 am Wiederaufbau der Seeschiffahrt beteiligt. Seine besondere Neigung galt der Afrikafahrt; seinen langjährigen Erfahrungen ist der schnelle Aufbau einer Flotte von Kühlschiffen durch die DSR zu verdanken. Nicht ohne Humor, strahlte er die selbstverständliche Autorität des erfahrenen Kapitäns aus, dem die Besatzung voller Vertrauen folgte. Über den erwähnten Tiertransport ist Näheres nicht bekannt, aber das Dankschreiben ist zweifellos sehr begründet gewesen. Die Seeleute der DSR waren immer außerordentlich tierlieb und haben sich bei Tiertransporten aller Art, von denen noch die Rede sein wird, stets rührend um ihre Schützlinge gekümmert.

Am 19. März 1963 liegt die FRIEDEN in Rostock. Abends kommt es im Bereich der vorderen Aufbauten zu einem Brand im Passagierbereich, der sich schnell ausbreitet und über das Treppenhaus weitere Kammern in Mitleidenschaft geraten läßt. Ehe das Feuer schließlich erfolgreich bekämpft werden kann, hat es erhebliche Schäden angerichtet. Menschen kamen nicht zu schaden, aber das Schiff mußte eine längere Zeit zur Reparatur in die Werft.

DIE LÄNGSTE REISE DER FRIEDEN

Von 1959 bis 1971 waren die Schiffe der DSR, unter ihnen vor allem die Typ-IV-Schiffe, nach Südostasien gefahren und hatten dabei mehr oder weniger unregelmäßig auch vietnamesische Häfen angelaufen. Anfang 1972 hielten die Verkehrskaufleute der DSR den Zeitpunkt für gekommen, den Vietnam-Dienst in eine regelrechte Schiffahrtslinie umzuwandeln. Für die erste Abfahrt im Januar 1972 wurde die FRIEDEN vorgesehen. Das Schiff hatte 6500 t Stückgut geladen, darunter 99 LKWs, einen Fernsehübertragungswagen, medizinisch-technische Geräte und Montageteile für eine komplette Brücke. Als das Schiff im April auf der Außenreede von Haiphong vor Anker geht, ist der Vietnamkrieg wieder mal auf einem Höhepunkt. Zusammen mit sowjetischen Frachtern auf der Reede liegend ist die Besatzung der FRIEDEN täglich Zeuge, wie amerikanische Bomber, aus dem Golf von Tonking kommend, die Küstengewässer überfliegen, sie hören den Donner der Bombardierungen im Hafen von

Haiphong und sehen nachts den Feuerschein der Brände. Die Seeleute der FRIEDEN verfolgen das Geschehen mit Sorge und Nachdenklichkeit. Besorgt sind sie deswegen, weil man bei kriegerischen Verwicklungen nie weiß, ob das eigene Schiff auch einen Treffer abbekommt. Nachdenklich sind sie deswegen, weil sie plötzlich ganz dicht an den kriegerischen Ereignissen feststellen müssen, daß die Dinge an Ort und Stelle hier in Vietnam genau dem entsprechen, was sie zu Hause in der Parteipresse lasen, im Rundfunk der DDR hörten und im DDR-Fernsehen verfolgen konnten. Ähnliche Erfahrungen haben sie schon in Kuba, in Südamerika und im Mittelmeergebiet bei verschiedenen kriegerischen und revolutionären Auseinandersetzungen machen müssen. Außerdem ist es ein Unterschied, ob man daheim – friedlich im Sessel sitzend – polemische Betrachtungen über den Kalten Krieg liest oder ob man sich an Bord eines Schiffes dem Feuer eines heißen Krieges in unmittelbarer Nähe ausgesetzt fühlt ... Nachdenklich und gleichzeitig voller dunkler Ahnungen wächst an Bord bei der Crew von Tag zu Tag die Vermutung, daß sich die Hafenliegezeit in Haiphong – bekannt für lange Abfertigungszeiten – diesmal mehr als sonst in die Länge ziehen könnte. Bombardierungen tragen in einem Hafen schließlich nicht zur Beschleunigung der Umschlagstätigkeit bei.

Auszug aus dem Schiffstagebuch des MS FRIEDEN

13. April 1972
1. Fliegeralarm in Haiphong von 3.15 bis 3.47 Uhr. Maßnahmeplan zum Schutz der Besatzung, Verhalten, Verdunkelung des Schiffes, Rettungseinrichtungen und Brandbekämpfungsanlagen überprüft und Besatzung eingeteilt usw.

16. April 1972
2. Fliegeralarm in Haiphong von 2.15 bis 5.30 Uhr. Industrieanlagen bombardiert, Tanklager in NW stand in Flammen. Das Schiff wird mehrmals von Druckwellen erschüttert.
3. Fliegeralarm von 9.00 bis 11.00 Uhr. Direkter Angriff auf den Hafen. Neben MS HALBERSTADT liegt ein vietnamesischer Schwimmkran und vier weitere vietnamesische Schiffe. Bomben schlagen im Abstand von 30 bis 100 m neben uns ein. Das Schiff wird stark erschüttert, Splitter, Steine und Teile der zerstörten Hafenanlage gingen auf MS HALBERSTADT nieder und verursachten Schäden.
4. Fliegeralarm ab 14.15 bis gegen 16.00 Uhr, wiederum mit direktem Angriff auf den Hafen. Durch Druckwellen der nahen Bombeneinschläge wird das MS HALBERSTADT laufend erschüttert. Um 15.15 Uhr erfaßte ein so starker Stoß das Schiff, daß es nach Bb. krängte.

Eine Flugzeugrakete hatte MS HALBERSTADT an Bb. zwischen Spt. 63 und 64 getroffen.

Die Rakete durchschlug unter einem Winkel von 80° von Steuerbord kommend den Bb.-Schergang, trat wieder aus und explodierte unmittelbar neben der Bb.-Außenhaut. Die Detonation riß ein Leck von ca. 2 m Höhe und 10 m Breite. Die im Leckbereich installierten Treiböl-, Luft-, Kühlwasser- und Oberlaufleitungen wurden zerstört. Ein ca. 1 m^2 großer Teil der Außenhaut wurde nach Stb. geschleudert und zerschlug dort Brennstoffleitungen. Andere zerfetzte Außenhautteile durchschlugen Lukendeckel und beschädigten Zwischendecks. Die Außenhaut wurde an ca. zehn Stellen durchlöchert und an diversen weiteren Stellen verbeult. Auf dem gesamten Schiff wurden ca. 100 Splitterdurchschläge und Einschüsse von Bordwaffen gezählt, die u. a. Masten, Bäume, Rettungsboote, Einrichtungen der Kammern in den Aufbauten und weitere Schiffsausrüstungen und Anlagen beschädigten.

Am 9. Mai 1972 hält US-Präsident Nixon eine ungewöhnlich kurz gehaltene Drohrede, in der er verkündet, daß zur gleichen Stunde die Häfen Vietnams vermint werden. Wenig später kann die Besatzung vom Deck ihres Schiffes aus verfolgen, wie die amerikanischen Flugzeuge Minen zwischen die auf Reede vor Anker liegenden Schiffe werfen. Sie wissen aus Nixons Rede, daß die Minen zwei Tage später automatisch scharf werden. Die eine oder andere detoniert übrigens schon wesentlich vorher, nicht allzuweit von den vor Anker liegenden Schiffen entfernt. Offensichtlich sollen die ausländischen Frachter auf erpresserische Weise veranlaßt werden, die vietnamesischen Gewässer zu verlassen. An Bord müssen nun Entscheidungen getroffen werden. Immerhin hat die FRIEDEN noch eine volle Ladung wertvollsten Stückgutes für Haiphong an Bord. Die könnte man vielleicht in einem chinesischen Ausweichhafen an Land geben, aber wann würde sie dann in Vietnam sein und in welchem Zustand? Ungeachtet eines gewissen Risikos läuft Kapitän Helmut Kolleß mit dem Schiff in den Hafen von Haiphong ein und macht am Kai fest. Alle Liegeplätze sind mit Frachtern der Sowjetunion, Polens und anderer Schiffahrtsländer belegt. Die Besatzung machte sich Sorgen. Die Bombenangriffe auf Stadt und Hafen Haiphong gingen weiter. Es war nur eine Frage der Zeit, wann es sie mal erwischen würde. Sie wußten, daß ihr Schwesterschiff, die HALBERSTADT, am 16. April 1972 im Hafen durch einen Raketentreffer beschädigt, kurz vor der Verminung der Häfen Haiphong verlassen konnte, um zunächst Reparaturarbeiten in Singapur durchführen zu lassen. Später erfuhren sie, daß die HALBERSTADT am 3. August 1972 wieder in Rostock eingelaufen war.

Die Liegezeit der FRIEDEN zieht sich unterdessen hin. Die Löscharbeiten gehen nur sehr langsam vonstatten. Mit sowjetischen Schiffen werden Lebensmittel und Ersatzteile ausgetauscht, gelegentlich kann mal ein Sportwettkampf mit der Besatzung eines anderen Schiffes erfolgen. Der Schiffsarzt Dr. Hartmut Tilgener versorgt erkrankte Besatzungsmitglieder verschiedener im Hafen liegender Schiffe, in dringenden Fällen führt er auch Zahnbehandlungen durch.

Der leitende technische Offizier Gerhard Marx hat mehr Zeit und Gelegenheit, in seinem Reich Überholungs- und Wartungsarbeiten durchführen zu lassen als ihm lieb ist. Die Decksbesatzung kümmert sich um die seemännischen Arbeiten, die an Bord eines großen Frachters nie abreißen: Durchsicht des Ladegeschirrs, Entrostungs-, Konservierungs- und An-

stricharbeiten. Für das Wirtschaftspersonal geht die Arbeit sowieso gleichmäßig weiter. Sie wissen, „Essen und Trinken hält Leib und Seele zusammen" und machen ihren Dienst wie immer.
Zur Besatzung gehören auch drei Stewardessen, auch sie schluckten tapfer ihre Angst herunter, werfen nur von Zeit zu Zeit einen vorsichtigen Blick aus dem Bulleye, wenn das Heulen amerikanischer Jagdbomber zu hören ist. So vergeht Woche um Woche ...
Inzwischen weiß die Besatzung, daß sie in absehbarer Zeit den Hafen nicht verlassen kann. Nicht nur die Minensperre bildet ein Hindernis. Die dichtgedrängte Reihe der am Hafenkai liegenden ausländischen Schiffe verhindert, daß die Amerikaner die Kaianlagen bombardieren können. Damit wird die völlige Zerstörung des Hafens unmöglich. Sie müssen also bleiben – und sie wissen es.
Bei einem Angriff fallen Bomben nicht weit entfernt von der FRIEDEN. Das Rettungsboot wird beschädigt, mehr geschieht nicht. An Bord erfährt man, daß im fernen Paris Friedensgespräche zwischen Amerika und Vietnam in Gang gekommen sind, aber sie verlaufen zähflüssig, und von einer Einigung ist man noch weit entfernt. Unterdessen gehen die Bombardierungen weiter.
Am 3. Juli 1972 erhält die Besatzung der FRIEDEN als Kollektivauszeichnung den Orden Banner der Arbeit für – wie es in der Verleihungsurkunde heißt – „kämpferischen Einsatz und aktive Solidarität".
Im Oktober, das Schiff liegt immer noch im Hafen von Haiphong, wird die Besatzung abgelöst. Kapitän Dieter Kaufmann wird mit einer Vertretungsbesatzung von 28 Seeleuten nach Vietnam eingeflogen. Die Stammbesatzung kann in den sehnlichst erwarteten Urlaub nach Hause fliegen. Im Januar 1973 kehren sie vollzählig nach Haiphong auf ihr Schiff zurück.
Die Ablösegruppe fliegt wieder nach Hause. Am 5. Februar 1973 werden sie auf einer Festveranstaltung durch den Präsidenten der Direktion Seeverkehr- und Hafenwirtschaft, Vizeadmiral a. D. Heinz Neukirchen, für ihren freiwilligen und solidarischen Einsatz mit der Verdienstmedaille der Seeverkehrswirtschaft in Silber ausgezeichnet.
Unterdessen wurde am 27. Januar 1973 in Paris das Abkommen über die Beendigung des Vietnamkrieges zwischen den USA und der DRV unterschrieben. Noch immer müssen die Schiffe liegenbleiben, denn so schnell werden die Minen nicht geräumt. Immerhin haben die Bombenangriffe ein Ende. Seit dem 16. Januar 1973 kann die Crew der FRIEDEN wenigstens wieder an Land gehen. Bis dahin durften sie den unmittelbaren Hafenbereich nicht verlassen.
Am 1. März 1973 wird eine Abordnung von Offizieren und Mannschaftsmitgliedern des Schiffes unter Führung von Kapitän Helmut Kolleß zu einem Festakt nach Hanoi eingeladen. Der vietnamesische Ministerpräsident, Pham Van Dong, zeichnet alle Besatzungsmitglieder mit der Freundschaftsmedaille der DRV aus.
Am 1. Februar 1973 erfährt die Besatzung den Beschluß des Friedensrates der DDR: „Die Besatzung der FRIEDEN wird gemeinsam als Kollektivmitglied in den Friedensrat aufgenommen. Gez. Werner Rümpel, Generalsekretär des Friedensrates der DDR."
Die Frauentagsfeier an Bord der FRIEDEN am 8. März soll die letzte offizielle Veranstaltung der Besatzung in Haiphong sein. Vorn in der Bar lädt Kapitän Kolleß aus diesem Anlaß zusammen mit dem Zahlmeister R. Franke die Stewardessen I. Roßio, Ingrid Graichen und Christina Schnitzlein zu einem gemütlichen Kaffeenachmittag ein.

ENDLICH WIEDER NACH HAUSE

Einige Tage später kann die FRIEDEN die Leinen loswerfen und die Heimreise antreten. Am 17. Mai 1973, nach einer Abwesenheit von 466 Tagen, läuft das Schiff wieder in seinen Heimathafen ein. Nach dem Festmachen wird die an Deck angetretene Besatzung durch den stellvertretenden Minister für Verkehrswesen, Horst Schlimper, herzlich begrüßt. Am Nachmittag sind die Besatzungsmitglieder und ihre Familienangehörigen Gast eines Empfanges, den der damalige 1. Sekretär der SED-Bezirksleitung Rostock und Kandidat des Politbüros, Harry Tisch, im reedereieigenen Seemannshotel „Haus Sonne" gibt. Unter anderem sagte er, „dies ist ein Moment des Glücks und des Stolzes".
Man spricht der Besatzung, aber auch den Familienangehörigen Dank und hohe Anerkennung aus.

In Anerkennung und Würdigung des außergewöhnlichen Einsatzes der Besatzung werden verliehen:
- an Kapitän Helmut Kolleß der „Vaterländische Verdienstorden in Bronze",
- an den I. Technischen Offizier Wolfgang Manthei, an den Bootsmann Bernd Richter und den Maschinenassistenten Ulrich Runst die Medaille „Verdienter Seemann",
- 40 weitere Besatzungsangehörige der FRIEDEN erhalten die Verdienstmedaille der Seeverkehrswirtschaft in Silber.

Im Verlaufe der Veranstaltung nach seinen Eindrücken befragt, antwortet der II. Offizier Walter Müller: *„Die Vietnamesen sind zu bewundern. Kaum war das letzte Flugzeug verschwunden, begannen sie mit der Beseitigung der Schäden. Beispielsweise wurde die Zementfabrik in Hanoi laufend bombardiert. Aber 14 Tage nach dem Friedensvertrag rauchte schon wieder der erste Schornstein, und die große Eisenbahnbrücke war nach drei Wochen Reparaturarbeit wieder befahrbar."*

Monate später, die FRIEDEN ist längst wieder auf See und mit ihr ihre Stammbesatzung, überreicht der vietnamesische Botschafter in der DDR, Nguyen Song Tung, einer Abordnung des Schiffes den „Orden des Widerstandskampfes II. Klasse". Der I. Offizier Gerald Wittmann, Oberzahlmeister Ralf Franke und I. Technische Offizier Wolfgang Manthei nehmen die Auszeichnung stellvertretend für die Besatzung der FRIEDEN entgegen.

DURCH DEN PANAMA-KANAL ... (REISE 2/74)

Nach einer überdurchschnittlich langen Werftliegezeit in Warnemünde absolvierte das Schiff die Werftprobefahrt am 20. und 21. Februar 1974 in Form einer Kurzreise nach Klaipeda. Dort wurde Eisen für Rostock geladen. Am 10. März 1974 wurden 43 Männer und sieben Frauen der Besatzung gegen Cholera geimpft, und am 15. März lief die FRIEDEN aus. Nach dem Nord-Ostsee-Kanal und der Hafenfolge Hamburg und Rotterdam ging es am 29. März 1974 in See mit dem Ziel Nordkorea. Die Laderäume waren voll, und auch Decksladung war an Bord. Vor der Crew stand eine Reise von 14400 sm. Nach einem Frühlingssturm in der Biskaya kam das Schiff in wärmere Gefilde. Sieben Tage nach dem Passieren der Azoren sah man die Küste von San Juan auf Puerto Rico. Durch die Mona-Passage ging es in die Karibik. In Christobal ging das Schiff zur Trinkwasserübernahme an die Pier. Es gab Landgang. Doch bald waren die ersten Landgänger wieder an Bord. Sie wurden am hellen Tage in der Stadt überfallen und beraubt – noch mehrfach wurden Seeleute der FRIEDEN um Papiere und Geld erleichtert.

Am Morgen des 16. April kam der Kanallotse an Bord und die FRIEDEN lief erstmals in den Panamakanal. Die Crew freute sich, den größten Teil der Kanalfahrt bei Tageslicht erleben zu können. Die Besatzung erfuhr, daß die bisher höchste Kanalgebühr das Containerschiff HAMBURG EXPRESS mit 40936 US $ bezahlt hatte. Die geringste Gebühr bezahlte der Abenteurer Richard Halliburton für das Durchschwimmen: 36 Cents. Einige Tage später sah die Besatzung von weitem Hawaii, vorher erlebte man den Taifun „Carla". Der 1. Mai wurde an Bord wie immer als Feiertag begangen: mit Feierstunde, Sportfest und Barabend. Der 2. Mai fiel wegen Übersegelung der Datumsgrenze am 180. Längengrad aus. So folgte auf den 1. Mai sogleich der 3. Mai 1974. Schließlich ist der Löschhafen Nampho am 12. Mai erreicht. Dann geht es weiter, um in Chungjin Ladung für die DDR an Bord zu nehmen. Im Juli 1974 war das Schiff wieder in Rostock.

Kurzbiographie:

Kapitän Alfred Kaiser

Der letzte Kapitän der FRIEDEN: Alfred Kaiser

Geboren am 5. Oktober 1939 in Waldhütten/Ostpreußen, acht Klassen Grundschulbesuch, anschließend von 1953 bis 1956 Lehrzeit als Bergmann in Zwickau, von 1956 bis 1960 freiwillige Dienstzeit in den DDR-Seestreitkräften, Funklaufbahn, letzter Dienstgrad Stabsmatrose, Dienst als Funker auf verschiedenen Räumbooten der IV. Flottille Warnemünde, Teilnahme am Minenräumdienst im Seegebiet Warnemünde-Kühlungsborn, seit 1961 bei der DSR, zunächst Decksmann auf den MS PUTBUS und MS ALBATROS, anschließend Matrose an Bord MS RÜGEN, MT MERSEBURG und MS THEODOR KÖRNER sowie eine Praktikumsreise als Offiziersanwärter an Bord des Fracht- und Lehrschiffes JOHANN G. FICHTE, Delegierung zur Seefahrtschule Wustrow 1964, Abschluß 1966 mit dem Patent A 5, ausgestellt am 15. 8. 1966, am gleichen Tage Anmusterung als IV. Offizier an Bord MS FREUNDSCHAFT, Dienst bis 31. 12. 1966, weiterhin an Bord der FREUNDSCHAFT ab 1. 1. 1967 als III. Offizier, gemustert bis 2. Oktober 1967, Beförderung zum II. Offizier ab 3. Oktober 1967, weiterhin Dienst an Bord MS FREUNDSCHAFT bis 31. 3. 1968, anschließend II. Offizier an Bord MS JOHN SCHEHR, Beförderung zum I. Offizier des MS QUEDLINBURG am 16. 8. 1971, Aushändigung des Patentes A 6 am 23. 8. 1971, Dienst an Bord MS QUEDLINBURG bis 3. 4. 1974 als I. Offizier, anschließend Einsatz als Politoffizier an Bord MS QUEDLINBURG vom 9. 5. 1974 bis 6. 5. 1976, Berufung zum Kapitän und Einsatz an Bord MS FRIEDEN ab 25. 6. 1976 bis zur Außerdienststellung am 9. 8. 1978, anschließend Kapitän MS KARL-MARX-STADT vom 12. 7. 1979 bis 16. 1. 1980.

DDR-Auszeichnungen:

Aktivist 1971, 1974, 1978, 1982, 1984, Medaille für treue Dienste der Seeverkehrswirtschaft: Bronze 1973, Silber 1979, Gold 1988, Verdienstmedaille der Seeverkehrswirtschaft in Bronze 1980 und in Silber 1985.

DEM ENDE ENTGEGEN

Als Kapitän Alfred Kaiser am 25. Juni 1976 das Kommando über die FRIEDEN übernimmt, weiß er, daß die Tage seines Schiffes gezählt sind. Schon lange werden in der DSR die Außerdienststellungspläne für die Typ-IV-Schiffe diskutiert. Die geplante Nutzungsdauer der Schiffe liegt bei rund 20 Jahren. Fast auf den Tag genau ist die FRIEDEN jetzt 19 Jahre im Dienst. Alfred Kaiser hat es „gemerkt". Noch immer gilt in der DSR die oft angewandte, aber nie ausgesprochene Regel: Der jüngste Kapitän kriegt das älteste Schiff. Aber es stört ihn nicht. Er freut sich, sein berufliches Lebensziel erreicht zu haben. Er ist stolz auf sein Schiff und nimmt sich vor, das Beste aus diesem Kommando zu machen. Typ-IV-Schiffe sind ihm vertraut. In verschiedenen Dienststellungen vom IV. bis zum II. Offizier fuhr er auf dem Schwesterschiff FREUNDSCHAFT unter erfahrenen und wohlwollenden Kapitänen, er hat gelernt, was es zu lernen gab und ging in seinem Beruf auf. Nun ist Alfred Kaiser Kapitän. An Bord letzte Instanz in allen Entscheidungen, ausgestattet mit vielen Befugnissen und großer Verantwortung. Auf der ersten Reise im

Kommando gilt es nun, den richtigen Führungsstil zu entwickeln.

Zur Reise 1/77 verläßt die FRIEDEN Warnemünde Reede am 6. Februar 1977 um 1.00 Uhr. Geht um 9.00 Uhr bei Kiel-Holtenau in die Schleuse, verläßt den Nord-Ostsee-Kanal in Brunsbüttel um 17.40 Uhr und passiert um 21.00 Uhr Elbe 1. Kapitän Kaiser ist ein gewissenhafter Navigator. Auf der Grundlage der Vorgaben im Reiseauftrag erarbeitet er sich für das Schiff – von Hafen zu Hafen gerechnet jeweils – einen genauen Fahrplan für die Überfahrt mit vorausberechneten Passierzeiten von markanten Punkten. Für diese Reise hat Kapitän Kaiser den persönlichen Fahrplan für eine Durchschnittsgeschwindigkeit von 15 Knoten aufgestellt. Das ist – nun nach vielen Dienstjahren und mit einer abgefahrenen Maschinenanlage, die unzählige Male repariert wurde – viel für ein Schiff, das in besten Zeiten 16,5 Knoten lief. Und tatsächlich: bis Dover hat das Schiff schon zwei Stunden Rückstand zum eigenen Fahrplan, bis Quessant ist der Rückstand auf eine Stunde zurückgegangen, offenbar hat die Gezeitenströmung im Kanal mitgeschoben, Finisterre wird mit 5,3 Stunden Rückstand passiert, und vor Gibraltar liegt das Schiff gegenüber dem eigenen Fahrplan schon um sieben Stunden zurück. Offensichtlich geben die alten Maschinen auf dieser Reise ihr Bestes, denn beim Passieren von Malta beträgt der Rückstand nur noch 1,5 Stunden, und Port Said wird mit einer halben Stunde herausgefahrenem Vorsprung am 16. Februar 1977 erreicht. Am 17. Februar um 17.00 Uhr ist die FRIEDEN durch den Suezkanal. Beim Passieren von Perim notiert der Kapitän in seinem Fahrplan mit sichtlicher Zufriedenheit und großen Buchstaben, PLUS/MINUS NULL STUNDEN, bei der Insel Minikoi hat das Schiff einen Vorsprung von 45 Minuten herausgefahren.

Aber als am 3. März um 16.00 Uhr auf der Reede von Singapur der Anker aus der Klüse donnert, hat die FRIEDEN schon wieder einen Rückstand von drei Stunden. Dennoch stellen die erreichten Geschwindigkeitswerte der alten Maschinenanlage und der Tätigkeit des technischen Personals ein vorzügliches Zeugnis aus.

In Singapur wird ein Teil der Ladung gelöscht, der nächste Löschhafen ist Vinh ab 20. März 1977, und am 21. März erreicht das Schiff Haiphong, muß aber bis zum 24. März auf der Außenreede vor Anker gehen. Dann kann es zur Innenreede verholen und hat dort eine Liegezeit bis zum 9. April 1977.

Die Hafenliegezeit in Haiphong dauert schließlich bis zum 7. Mai 1977: vier Wochen feuchtwarme Hitze, Langeweile für die Besatzung. Wie immer wird in Haiphong eine ganze Menge gelöscht und nur sehr wenig geladen. So mancher Seemann kommt ins Grübeln. Allein der Aufenthalt in Haiphong hat unter Einschluß der Reedeliegezeit sechs Wochen gedauert. Gewiß, sagt sich die Besatzung, der fürchterliche Krieg ist erst vier Jahre vorbei, und es kann noch nicht so reibungslos funktionieren. Das ist auch die ständige Antwort der vietnamesischen Offiziellen auf alle vorsichtigen Anfragen. Aber die Besatzungsmitglieder der FRIEDEN, gewöhnt, zu Hause ständig mit der Losung „Spare mit dem Gramm, dem Pfennig und der Minute!“ konfrontiert zu werden, stellen natürlich die Frage, was denn das Sparen mit der Minute für einen Sinn haben soll, wenn ihr Schiff in diesem Hafen so lange herumliegen soll bei einem Tageskostensatz von rund 20 000 Mark – vom Frachtausfall gar nicht zu reden, der durch die Liegezeit entsteht.

Die Langeweile der Hafenliegezeit bringt die Besatzung auf kritische Fragen, und das nicht nur bei Gesprächen unter sich. Auf mancher Versammlung werden die Fragen laut gestellt, und auch in Offiziers- und Unteroffiziersschulungen muß der Kapitän dazu Stellung nehmen. Das fällt ihm manchmal schwer. Obwohl er nach außen hin Haltung bewahrt, ärgert er sich innerlich genauso wie seine Besatzung über die ökonomischen Verluste, die der Reederei entstehen. Gegenüber den Vietnamesen hat er auch keine Argumente. Er kann nicht einmal Überliegegeld verlangen, denn er weiß, die Abfertigung geschieht nach Liner Terms, also zu Linienbedingungen. Das bedeutet für den Hafen: So schnell wie möglich. Schneller geht es eben nicht ...

Endlich ist auch das überstanden. Am 26. Mai macht sie in Penang fest, und am 30. Mai 1977 werden die Leinen in Belawan an Land gegeben. Überall wurde zugeladen, die genaue Menge ist nicht festgehalten. Aber der von Kapitän Kaiser aufgestellte eigene Fahrplan trägt für die Heimreise den Vermerk: „Mit drei Maschinen Durchschnittsgeschwindigkeit gleich 12,5 Knoten.“ Offensichtlich ist das Schiff stark beladen oder eine Maschine zeitweise unklar.

Am 7. Juni 1977 wird in Belawan die Heimreise angetreten (Reise 2/77). Beim Passieren von Dondra Head nach 891 Seemeilen liegt die FRIEDEN schon wieder 2,5 Stunden im Rückstand. Bei Kap Guardafui sind es nach 1686 Seemeilen schon acht Stunden Rückstand, aber als Perim am 20. Juni passiert wird, liegt man wieder mit plus/minus Null Stunden genau im Fahrplan. Am 25. Juni geht die FRIEDEN durch den Suez-Kanal, und dann muß wohl ein geheimnisvoller „Heimreise-Effekt“ wirken. Beim Passieren von Malta hat das Schiff fünf Stunden Vorsprung, bei Gibraltar sind es schon 8,5 Stunden, bei Finisterre sind es noch 6,3 Stunden, Dover wird mit 10 Stunden Vorsprung passiert, und er kann sogar bis zur Lotsenstation im Westgatt, wo der Lotse für Antwerpen am 7. Juli 1977 an Bord kommt, gehalten werden. Der weitere Heimreiseverlauf ist nicht notiert, offenbar war das Schiff Mitte Juli in Rostock. Dann hat Kapitän Kaiser noch einige Tage das Löschen der Ladung überwacht, sicherlich nicht ohne die in Rostock üblichen Verholungen, und am 5. August 1977 abgemustert, um in Urlaub zu gehen. Das konnte er guten Gewissens, denn es war eine längere Hafenliegezeit in Rostock zu erwarten. Nicht nur im Maschinenraum ist allerhand instand zu setzen, sondern an Deck sind zum Beispiel die Winden fünf, sieben und neun reparaturbedürftig. Für Kapitän Kaiser steht fest, Reparaturen und Ladearbeiten gleichzeitig, das wird nicht möglich sein. Mit seiner Voraussage liegt er richtig, und als er am 7. September 1977 aus dem Urlaub zurückkommt und wieder anmustert, ist das Schiff soweit seeklar, um eine kurze Versegelung nach Malmö vorzunehmen. Dort wird schon für die nächste Reise angeladen. Auf der Überfahrt macht man sich an Bord Gedanken, ob die zu erwartenden Container unter Deck oder an Deck gestaut werden sollen. Am 8. September liegt die FRIEDEN einige Stunden in Malmö und läuft dann wieder nach Rostock zurück. Dort wird weitergeladen, die Hafenliegezeit zieht sich in die Länge.

Im Verlaufe der Hafenzeit gab es neben der Beladung des Schiffes die üblichen sonstigen Aktivitäten, letzte Reparaturen, Besprechungen – eben der übliche Routinebetrieb. Am 15. September 1977 wird die Schiffsführung, also Kapitän, Leitender Ingenieur, I. Offizier, I. Ingenieur und der E-Ingenieur, erstmals offiziell darüber informiert, daß die bevorstehende Reise die letzte der FRIEDEN sein würde und das Schiff nach dem Löschen der Ladung in Fernost an den neuen Käufer übergeben werden würde. Herr Quitschau, Ingenieur und Mitarbeiter der technischen Direktion, der mit der Abwicklung der Außerdienststellungen und Verkäufe beauftragt ist, machte die Verantwortlichen des Schiffes mit den notwendigen Verfahrensfragen bekannt. Beispielsweise müssen sämtliche Schiffspapiere in einwandfreiem Zustand sein. Alle Bereichsleiter müßten die Vollzähligkeit der Inventarunterlagen und Bestände prüfen lassen, der Arbeitsplan der Besatzung für die nächste Reise müßte die geplante Außerdienststellung berücksichtigen, auch sei die Besatzungsstärke in bisheriger Höhe nicht mehr erforderlich und könne auf 45 Personen reduziert werden. Die nächste Besprechung gab es schon am 16. September 1977. Von der Technischen Direktion der DSR kamen die Herren Jakowski und Quitschau an Bord, dazu vom Flottenbereich die technischen Inspektoren Schleusener und Goldberg, um mit dem Leitenden Ingenieur, dem I. Ingenieur, dem E-Ingenieur und Kapitän die Außerdienststellungs- und Verkaufsmaßnahmen zu erörtern. Offensichtlich wußte man zu diesem Zeitpunkt noch nicht, wer der Käufer sein würde, denn das Bordkommando erhielt den ausdrücklichen Hinweis, falls Besichtiger das Schiff besuchen wollen, müßten sie durch ein Telegramm der DSR angekündigt sein. Verkaufsbesichtigungen würden nur zulässig sein, wenn sie ohne zusätzliche Kosten für das Schiff ermöglicht werden können, d.h. ohne jegliche Verzögerungen des Hafendurchlaufs. Ein Verkauf würde nur mit ordnungsgemäßen und gültigen Schiffsklasse-Attesten erfolgen. Das Bordinventar sei zu überprüfen, Inventarlisten müßten in sechsfacher Ausfertigung durch die Besatzung angefertigt werden. Kulturgegenstände, soweit sie nicht für die Reise gebraucht werden, sind schon in dieser Hafenliegezeit von Bord zu geben. Das bedeutete umfangreiche Kontrollarbeiten und Überprüfungen für den nautischen Bereich, für das Wirtschaftspersonal, Maschinenanlage – auch der Decksbereich blieb davon nicht verschont. Eine Inventur der Farbenvorräte in den Lasten und eine Überprüfung des vorhandenen Reservetauwerks, der Reservewerkzeuge, Blöcke und Schäkel ergaben überraschende Mengen an Bord. Der Bootsmann war selbst erstaunt, daß 3500 kg graue Farbe mehr an Bord vorhanden waren als er selbst wußte. Offensichtlich wurde in der Vergangenheit eine großzügige Vorratswirtschaft betrieben. Auch nicht mehr notwendige Dokumente und Papiere mußten archiviert werden. Nicht mehr benötigte Fachliteratur konnte an Land gegeben werden. Vordrucke, die bisherigen Schiffstagebücher, Maschinentagebücher – soweit sie an Bord noch vorhanden waren – seien in das Archiv der DSR abzugeben. Die jeweils letzten Tagebücher seien an den neuen Eigner zu übergeben, ebenso die Seekarten der letzten Reise. Auf die Besatzung kam jedenfalls ein Berg Arbeit zu, die auf der Ausreise bewältigt werden mußte. Dabei waren das Tätigkeiten, die der Seemann nicht sehr schätzt: Prüfungen, Kontrollen, Listen, Papierkram ..., und so manches Besatzungsmitglied mag wohl an das alte Sprichwort gedacht haben, das da lautet: ‚Behüt' uns Gott vor Sturm und Wind und Fässern, die voll Tinte sind." Bei den Kontrollen im Heimathafen zeigte sich, daß außerordentlich viele Reserveteile und Ersatzteile im Maschinenbereich vorhanden waren. Alles Überflüssige sollte abgegeben werden. Das machte große Schwierigkeiten, da so schnell kein Abnehmer gefunden werden konnte. Die Lagerkapazität der DSR war stark beansprucht, manche Dinge mußten einfach auf die Pier gestellt werden. Andere Schiffe oder andere Bereiche hätten ganz gern verschiedene Ausrüstungsteile übernommen, konnten aber auch so schnell kein Fahrzeug auftreiben. Auch die reedereieigenen Lagermöglichkeiten und Transportkapazitäten kamen hier an den Rand ihrer Möglichkeiten. Manches, was ein anderes Schiff noch hätte gut gebrauchen können, blieb an Bord und würde dem neuen Eigner zugute kommen. Die Verpflegungsplanung für die Reise mußte berücksichtigen, daß die Besatzung nach dem Verkauf des Schiffes aussteigen würde, um mit dem Flugzeug heimzukehren, also brauchten entsprechend weniger Vorräte eingelagert zu werden. Am 19. September 1977 kam der Einsatzleiter des Flottenbereiches Asien-Amerika, Alfred Strauch, zu einer letzten Besprechung der bevorstehenden Aufgaben während der Reise an Bord. Er versicherte der Schiffsführung, daß der Flottenbereich sich bemühen wird, nach dem Verkauf des Schiffes die Besatzung möglichst in ihrer Zusammensetzung zu belassen und sie gemeinsam an Bord eines Neubauschiffes einzusetzen. Die letzte Besprechung der verantwortlichen Offiziere mit dem Kapitän erfolgte am 22. September 1977. Die Besatzung war schon vollzählig an Bord. Der Proviant würde bis April nächsten Jahres reichen – jedenfalls außer Kartoffeln, Obst und Gemüse. Für die noch benötigte britische Seekarte 264 sei eine Einkaufgenehmigung für das Ausland erteilt worden, meldete der III. Offizier, der Funker hatte keine Probleme, und der Leitende Ingenieur konnte seine Maschinenanlage reiseklar melden. Als letzter Offizieller kam am 21. September der nautische Inspektor W. Thiele an Bord und übergab Kapitän Kaiser den Reiseauftrag. Am 21. September 1977 war es dann soweit: 18.00 Uhr Durchsage „Besucher von Bord", 22.00 Uhr Ausklarierung, 23.30 Uhr Seeklarmeldung, 24.00 Uhr Lotse an Bord und Ablegen des Schiffes im Überseehafen Rostock. Tiefgang vorn 30' 08", Tiefgang achtern 31' 6". Daraus ergab sich eine Gesamtbelastung von 12600 Tonnen einschließlich Ladung, Brennstoff, Ausrüstung,

Besatzung, Vorräte usw. Somit war die FRIEDEN fast bis zu ihrer zulässigen Lademarke als Volldecker abgeladen. Bis Skagen wurden die üblichen verstärkten Wachen gegangen, Sicherheitsmanöver hatten stattgefunden, und die vorgeschriebenen Belehrungen der Besatzung und die Einweisung in die Aufgaben für die Gruppenreise war erfolgt.

DIE LETZTE REISE

Erst am 23. September kann die FRIEDEN abends um 22.00 Uhr den Überseehafen zur Reise 3/77 nach Haiphong verlassen. Ein westeuropäischer Ladehafen ist nicht vorgesehen, deswegen läuft die FRIEDEN nicht durch den Nord-Ostsee-Kanal, sondern geht „oben herum", also an Skagen vorbei. Die Maschinenreparaturen in der letzten Hafenliegezeit scheinen einigermaßen erfolgreich gewesen zu sein, denn Kapitän Kaiser kann seinen persönlichen Fahrplan mit einer angenommenen Durchschnittsgeschwindigkeit von 14 Knoten aufstellen. Aber schon bevor das Schiff Skagen erreicht, wird die Durchschnittsgeschwindigkeit mit 12,6 Knoten notiert, zusammen mit dem Vermerk „Maschinenreparaturen!". Bei Dover hat die FRIEDEN schlechtes Wetter, dann bis Quessant den Strom entgegen, aber immerhin nur zehn Minuten Rückstand. Bei Gibraltar beträgt der Rückstand 30 Minuten, aber beim Passieren von Malta hat das Schiff schon wieder einen Fahrplanvorsprung von 1,5 Stunden, der bis Port Said auf 1,2 Stunden zurückgeht. Am 7. Oktober 1977 wird der Suezkanal passiert. Im Roten Meer bei der Fahrt durch den Indischen Ozean geht der Kampf um die Einhaltung des Fahrplanes unermüdlich weiter. Beim Passieren von Dondra Head hat die FRIEDEN einen Vorsprung von fünf Minuten und einen Reiseschnitt von 14,3 Knoten herausgefahren.

Um das richtig bewerten zu können, muß man wissen, daß die Tabellenentfernung von Minikoi bis Dondra Head 482 Seemeilen beträgt. Faktisch hat das Schiff aber nur 479 Seemeilen zurückgelegt. Das bedeutet eine ungeheuer genaue astronomische Navigation. Jeder nautische Praktiker weiß, daß bei der Morgenbeobachtung aus fünf Höhen oder beim abendlichen Sterneschießen eine Abweichung von plus/minus zwei Seemeilen als ein hervorragend genaues Ergebnis gilt. Daraus läßt sich in etwa ermessen, mit wieviel Mühe ein Fünf-Minuten-Vorsprung überhaupt errechnet werden kann. Außerdem rechnete man damals noch an Bord der DSR-Schiffe astronomische Beobachtungen nach der Semiversus-Formel aus. Das war ein ziemlich langwieriges Verfahren unter Verwendung des nautischen Jahrbuches und eines speziellen Tabellenbuches, das unter dem Begriff „Rose-Tafeln" allen Nautikern bekannt ist. Kapitän Gerhard Rose, damals Lehrer an der Seefahrtschule Wustrow, hatte diese Tabellen selbst berechnet. Sie ersetzten die früher in der Deutschen Handelsschiffahrt üblichen Fulst-Tafeln. Übrigens erfreuten sich die Rose-Tafeln einer zunehmenden Beliebtheit und einem steigenden Bekanntheitsgrad auch an Bord bundesdeutscher Handelsschiffe und wurden zu einem beliebten Tauschobjekt bei der Begegnung von Schiffsoffizieren beider Staaten. Einige Jahre später wurde auch in der DSR die sogenannten „Amerikanischen Höhentafel H.O. 214" bekannt, herausgegeben von Hydrographic Office der amerikanischen Marine, die das Umrechnen der Gestirnsbeobachtung auf eine sehr verkürzte Weise mit dennoch ausreichender Genauigkeit ermöglichten und viel einfacher zu handhaben waren. Nach und nach fand diese Tafel auch auf den Schiffen der DSR Verwendung. An Satellitennavigation, wie sie heute selbstverständlich ist und auch in den 80er Jahren schon zunehmend in der DSR eingeführt wurde, war in den Anfangsjahren noch nicht zu denken. Damals waren diese Anlagen noch streng geheim und nur den Kriegsflotten vorbehalten.

Wenn ein verhältnismäßig klarer Himmel astronomische Beobachtungen zuließ, hatte ein Frachter dreimal täglich einen relativ genauen Schiffsort. Den ersten wahren Ort errechnete gewöhnlich der I. Offizier auf der Morgenwache zwischen 4.00 Uhr und 8.00 Uhr kurz vor Sonnenaufgang, wenn die Gestirne noch und der Horizont schon gut zu erkennen waren. Wenngleich es auch die letzte Reise der FRIEDEN sein sollte, so ging dennoch das Bordleben wie gewohnt weiter.

Den Staatsfeiertag der DDR am 7. Oktober 1977 beging die Besatzung gänzlich unpathetisch in Form eines Grillabends; der Kapitän bewilligte zur Feier des Tages pro Besatzungsmitglied zwei Flaschen Bier. Am 4. Oktober 1977 fand eine Bordversammlung statt. Vor der in der Mannschaftsmesse versammelten Besatzung – an der gewöhnlich alle teilnahmen, mit Ausnahme der Wachen – bestritt wie immer der Kapitän den Hauptteil des Programms. Kapitän Kaiser erläuterte der Besatzung den Reiseauftrag und damit den voraussichtlichen Ablauf der Reise, äußerte sich zum allgemeinen Bordleben dahingehend, daß auch auf der letzten Reise Ordnung und Disziplin aufrechterhalten werden müssen und gab der Besatzung genaue Informationen über die geplante Außerdienststellung, insbesondere über die noch bis dahin zu leistenden Arbeiten in den Bereichen Deck, Maschine und Wirtschaft. Die Maßnahmen zum Tag der Republik am 7. Oktober und zum Tag der Seeverkehrswirtschaft am 13. Oktober – soweit sie die Besatzung betrafen – wurden durchgesprochen. Schließlich erfolgte noch eine Belehrung über das Verhalten im Suezkanal zur Gewährleistung einer sicheren Durchfahrt, die Information über die Postabgabemöglichkeiten bis zum Einlaufen in Port Said und noch ein Kommentar zur Führung der Strichlisten in Hinblick auf die Vermeidung von Irrtümern bei der Berechnung von Heuer und Zuschlägen. Schließlich kritisierte der Kapitän den etwas zu hohen Wasserverbrauch der Besatzung. Sodann nahm der II. Nautische Offizier in seiner Eigenschaft als Verantwortlicher für die medizinische Betreuung der Besatzung die übliche Belehrung über das Verhalten in den Tropen vor.

Am 23. Oktober 1977 erreichte das Schiff Singapur. Das Schiff übernahm 500 Tonnen Trinkwasser, kaufte den nötigen Frischproviant ein und forderte einen Servicemann zur Reparatur des UKW-Gerätes an. Nach Löschende wurde

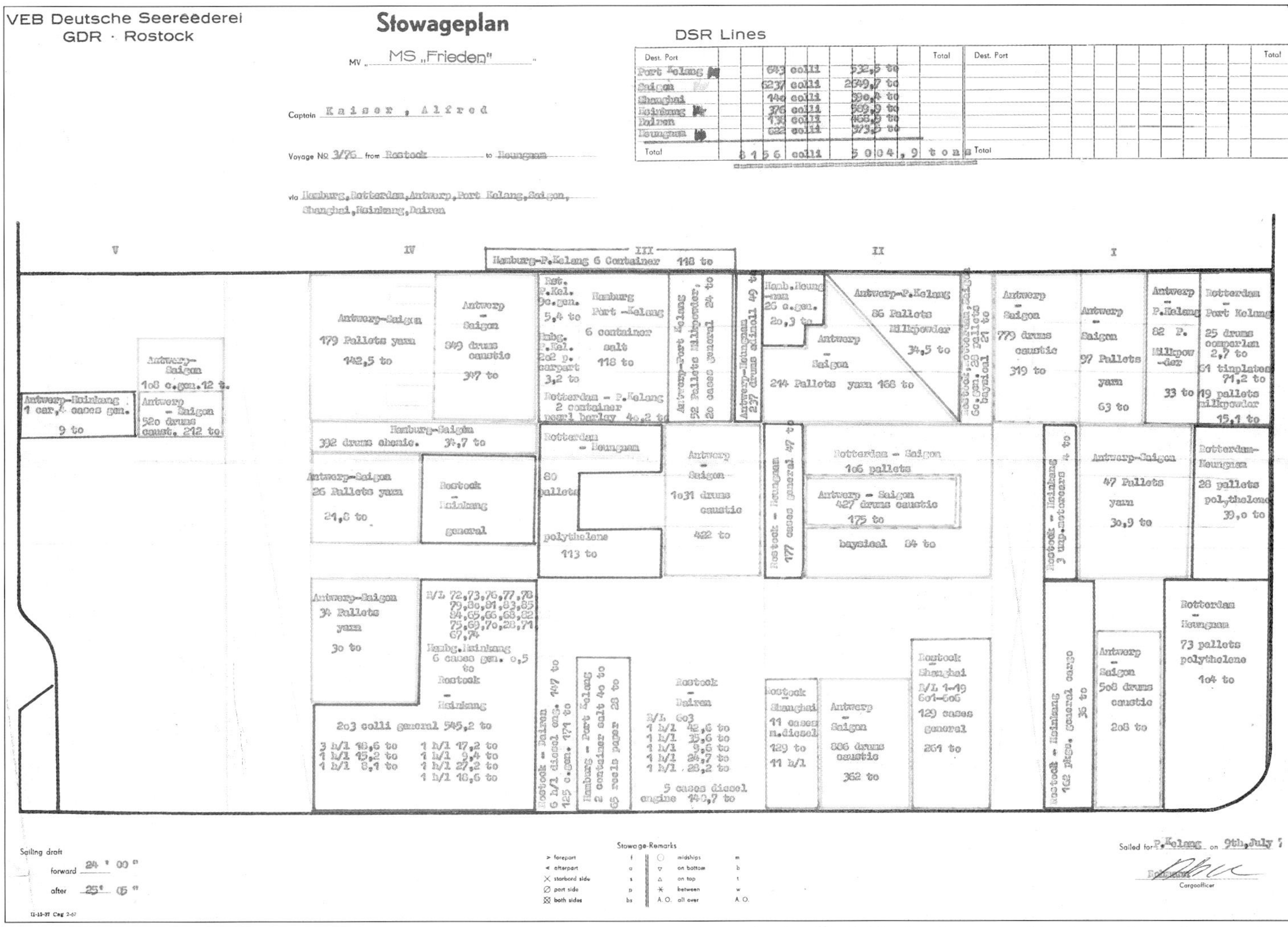

Der Stauplan ist an Bord eines Frachters eines der wichtigsten Dokumente. Er gestattet einen schnellen Überblick über die gesamte Verteilung aller Ladungspartien in den verschiedenen Decks der Laderäume. Die Bestimmungshäfen sind farbig gekennzeichnet. Der Stauplan wird vom Ladungsoffizier nach dem Auslaufen aus dem letzten Ladehafen gezeichnet und muß im ersten Löschhafen dem Oberstauer zur Verfügung stehen. Die Ladungsverteilung der beiden oberen Decks ist jeweils als Draufsicht gezeichnet. Die Verteilung im Unterraum ist gewöhnlich eine Seitenansicht. Dieses Prinzip ist wichtig für die Beurteilung der Ladungszugänglichkeit durch den Lukenschacht. Ausnahme: Luke V.

die Reise fortgesetzt, am 2. November fiel der Anker auf der Außenreede von Saigon, mehr tat sich zunächst nicht. Am nächsten Tag kamen die Behörden zur Einklarierung, am 4. November konnte das Schiff in den Hafen einlaufen und am 5. November mittags war dann schließlich Löschbeginn.

Am 18. November kann die FRIEDEN Saigon zur Weiterreise verlassen. An diesem Tag geschieht neben den vielen routinemäßigen Vorgängen einmal etwas, was eigentlich nicht passieren soll: Ein Bordelektriker verbrennt sich die rechte Hand, ausgerechnet beim Arbeiten unter Strom. Ursache: Ein banaler Verstoß gegen Arbeitsschutzbestimmungen. Kapitän Kaiser ist darüber sehr verärgert und zieht die Erteilung eines Verweises in Erwägung. Einmal in Fahrt, kriegt auch der Ausbildungsoffizier gleich einige unfreundliche Bemerkungen zu hören, weil der Kapitän leichtsinniges Arbeiten der Lehrlinge beobachtet hat. Er sah, wie einige ohne den vorgeschriebenen Sicherheitsgurt absturzgefährdete Arbeiten durchführen. Um dem Unmut des Kapitäns noch die Krone aufzusetzen, folgt wenige Stunden später noch ein Zwischenfall. In der Nähe von Ving Tau, offenbar noch in Sicht der Küste, kommt von Backbordseite das Motorschiff POLINA OSIPENKO auf Kollisionskurs herangefahren und will die FRIEDEN zum Ausweichen zwingen, indem sie fünf kurze Töne mit dem Typhon abgibt. Kapitän Kaiser hält das für eine bodenlose Frechheit, da nach allen internationalen Ausweichregeln das von Backbordseite kommende Schiff ausweichpflichtig ist. Er greift also zum UKW-Gerät und macht mit äußerst energischen Worten dem Wachoffizier der POLINA OSIPENKO klar, daß seine seemännischen Kenntnisse sehr zu wünschen übriglassen.

Allerdings ist es zweifelhaft, ob er verstanden worden ist. Mit den englischen Sprachkenntnissen ist es auf den Schiffen mancher Handelsflotten nicht so gut bestellt ...

Am 9. Dezember 1977, während das Schiff seine Reise fortsetzt, hatte der Kapitän wieder mal eine Schiffsratsitzung angesetzt. Tagesordnung:

1. Terminabstimmungen der verschiedenen gesellschaftlichen Organisationen
2. Veranstaltungsplan für Dezember einschließlich Dezemberfeier; gleichzeitig werden die Termine für die Kinoabende, Barabende und dienstlichen Maßnahmen festgelegt
3. weiterer Einsatz der Besatzungsangehörigen
4. Vorbereitung der Weihnachtsfeiertage an Bord
5. Inventurfragen

Einleitend gab der Kapitän eine Information über die Situation in vietnamesischen Häfen und informierte über den Stand der Erfüllung des Reisearbeitsplanes und des Reiseauftrages.

Am 10. Dezember 1977 wird Haiphong erreicht und auf der Innenreede geankert. Nach der Einklarierung kommt eine Motorbarkasse des Schwesterschiffes GERA längsseits. Kapitän Hartwig Hosang von der GERA und der Schiffsarzt kommen zu Besuch, wobei der Doktor gerufen worden ist, um zwei Besatzungsangehörige der FRIEDEN zu behandeln. Am 12. Dezember liegt die FRIEDEN noch immer vor Anker. Gegen 16.00 Uhr stellt der Wachoffizier fest, daß alle anderen Schiffe beim Kentern des Stromes mitschwojen, aber der vor der FRIEDEN liegende sowjetische D. LAWINSK und das eigene Schiff schwojen nicht mit, sondern bleiben still liegen. Es besteht der Verdacht, daß man im Schlamm festgekommen sein könnte. Kapitän Kaiser ordnet zunächst an, die Entwicklung weiter zu beobachten, da erst um 18.00 Uhr Stillwasser ist und dann gründlich gelotet werden kann, was auch erfolgt. Man stellt fest, das Schiff liegt auf Grund, der hier aus weichem Schlamm besteht. Um 18.45 Uhr findet eine kurze Besprechung mit allen nautischen Offizieren auf der Kommandobrücke statt. Der I. Offizier lotet noch einmal rund um das Schiff und erzielt dasselbe Resultat. Also wird ein Telegramm an den Hafenkapitän Haiphong gerichtet und ein Lotse zur Ansteuerung eines neuen Ankerplatzes angefordert. Gegen 20.15 Uhr schwimmt das Schiff wieder auf und beginnt zu schwojen. Es wird festgestellt, daß an Bord des sowjetischen Schiffes ebenfalls gelotet wurde, und man kam dort zum gleichen Resultat. Bei sieben Meter Wassertiefe und einem Tiefgang von 7,40 m steckte das Schiff also 40 cm im Modder. Am 13. Dezember findet in der Offiziersmesse unter Leitung des Kapitäns eine Versammlung mit allen Offizieren und Unteroffizieren statt. Thema ist die Außerdienststellung des Schiffes und die damit verbundenen Maßnahmen sowie Stand der Inventarüberprüfung. Kapitän Kaiser läßt über die Erfüllung der Aufgaben berichten, die er bereits in Rostock erteilt hatte. Die nächste Schiffsratsitzung am 20. Dezember befaßt sich mit der Gestaltung der Arbeitszeit am 24. Dezember, also am Heiligen Abend sowie am Silvestertag. Weiterhin trifft der Kapitän Festlegungen für den Wachdienst am 1. und 2. Weihnachtsfeiertag.

Für die kommenden Festtage zu Weihnachten und zum Jahreswechsel besteht folgendes Programm:

23. Dezember: Kinoabend.

24. Dezember: 19.30 Uhr Feierstunde der Besatzung, Ansprache des Kapitäns. Die seit Rostock in der Gemüsekühllast eingelagerten Tannenbäume für die Offiziersmesse und die Mannschaftsmesse sind rechtzeitig weihnachtlich zu schmücken.

1. Weihnachtsfeiertag am 25. Dezember: vormittags Frühschoppen, anschließend festliches Mittagessen, 19.30 Klubabend in der Veranda.

2. Weihnachtsfeiertag am 26. 12.: 12.30 Uhr Preisskat, 15.00 Uhr Kaffeetafel danach bis zum Abendessen an Deck Kleinkaliberschießturnier, 19.00 Uhr Kinoveranstaltung.

Silvester am 31. 12: 20.00 Uhr Silvesterparty mit Einlagen an Deck bei Luke V.

Neujahrstag: Sonntagsdienst, abends Kino.

Am 6. Januar 1978 hatte Kapitän Kaiser auf der FRIEDEN eine Versammlung einberufen, um mit der Besatzung den weiteren Einsatz an Bord eines neuen Schiffes zu besprechen. Von den an Bord befindlichen 46 Seeleuten waren auf der Stelle 23 bedingungslos bereit, ihm auf ein neues Schiff zu folgen. Neun weitere Seeleute würden gern wieder mit ihrem Kapitän auf einem neuen Schiff zusammen fahren, legten aber zunächst einmal viel Wert darauf, einen ausgiebigen Urlaub zu machen. Drei andere wollten auf einem anderen Schiff des Flottenbereiches erst mal eine Zwischenreise machen. Ein Besatzungsmitglied hatte vor, generell den Dienst bei der Reederei aufzukündigen, ein weiterer sah sich nicht in der Lage, eine definitive Entscheidung zu treffen. Alles in allem war das kein schlechtes Ergebnis für eine Besatzung an Bord eines alten Schiffes auf einer Außerdienststellungsreise, die ihren Kapitän inzwischen gründlich kennengelernt hatte. Daß einige ohne Rücksicht auf ihren weiteren Einsatz auf alle Fälle zunächst einen längeren Urlaub antreten wollten, kann man niemanden übelnehmen. Oft genug hatten gerade die Typ-IV-Fahrer nach langen Reisen auf einen ausgiebigen Urlaub verzichten müssen, wurden vorzeitig zurückgerufen, um Personalausfälle zu ersetzen oder mußten nach dem Ladeende mit dem eigenen Schiff wieder losfahren.

Wenige Stunden nach Beendigung dieser Versammlung erhält Kapitän Kaiser ein Seefunktelegramm der Reederei mit der Mitteilung, daß die Verkaufsverhandlungen noch keinen Erfolg hatten und er sich darauf einrichten muß, mit Schiff und Besatzung wieder die Heimreise anzutreten. Voraussichtlich würde erst die nächste Reise die endgültige Außerdienststellungsreise sein.

Das war natürlich eine völlig neue Situation. Als der Kapitän der Besatzung den neuesten Stand der Dinge mitgeteilt hatte, waren die Reaktionen unterschiedlich. Einige bedauerten, nicht nach Hause fliegen zu können, sondern statt dessen eine lange Heimreise vor sich zu haben, andere waren insgeheim froh, sich von ihrem vertrauten Schiff noch nicht trennen zu müssen.

Andere wiederum, die ihre Skepsis schon mehrfach zum Ausdruck gebracht hatten, sahen sich bestätigt. Und wieder andere sagten: Na gut, das kommt nun auch schon nicht mehr darauf an. Nun sind wir hier so lange an Bord gefahren, dann machen wir die nächste Reise auch noch mit, wir wollen an Bord bleiben, bis die FRIEDEN endgültig die Flagge wechselt.

DAS SCHIFF BLEIBT IM DIENST

Am 28. Januar 1978 läuft das Schiff in Whampoa ein. Neben der Beladung für die Heimreise werden 150 t Frischwasser gebunkert, und wieder muß der Service an Bord kommen, um das UKW-Gerät zu reparieren. Kapitän und Besatzung wünschen sich eine schnelle Abfertigung des Schiffes, denn sie wissen, zwischen dem 7. Februar und 10. Februar wird das chinesische Neujahrsfest gefeiert. Wenn das Schiff bis dahin nicht aus dem Hafen ausgelaufen ist, würde sich die Hafenliegezeit um drei Tage verlängern. Um die Besatzung auf andere Gedanken zu bringen und die Stimmung an Bord ein bißchen zu bessern, organisiert der Kapitän einen Busausflug nach Kanton. Einen Teil der Kosten trägt die Besatzung selbst, aber den größten Teil der Kosten trägt die Reederei, die jeder Besatzung für kulturelle Zwecke einen gewissen Betrag zur Verfügung stellt. Um 9.00 Uhr morgens geht man von Bord: zunächst eine Besichtigung der Altstadt, dann besucht man eine Porzellanfabrik und anschließend eine Seidenweberei. Stadtpark und der Zoologische Garten werden ebenfalls in Augenschein genommen. Ein chinesisches Essen nach allen Regeln der Kunst mit Reisschale, scharfen Soßen, unbekanntem Gemüse – und das ganze mit Stäbchen zu essen – ist ein nettes Erlebnis, über das nach der Rückkehr an Bord noch lange gesprochen wird.

Mit der Abfertigung hat es in Whampoa geklappt, das Schiff kam noch rechtzeitig nach Singapur, aber auch dort ist am 7. und 8. Februar Feiertag.

Nachdem das Schiff die Heimreise angetreten hatte, berief der Kapitän am 25. Februar 1978 eine Schiffsratsitzung ein. Er hielt es für notwendig, angesichts der neuen Situation eine Reihe von Punkten zu behandeln, um erstens deutlich zu machen, daß trotz der Reiseverlängerung keinerlei Änderungen in der Bordroutine zugelassen werden können, und um die Besatzung auf die nun neu zu planenden Aufgaben vorzubereiten. Im einzelnen ging es um die Verteilung der inzwischen an Bord gekommenen dienstlichen Post, um die Regelung der Überstundenarbeit für die an Bord befindlichen Lehrlinge, über die Modalitäten der Auszahlung von Verpflegungsgeld in der kommenden Hafenliegezeit in Rostock, eine Information über Fragen der Ölverschmutzung, Anforderungen im Wirtschaftsbereich, speziell an die Verbesserung der Lebensmittelhygiene, und um den Beitritt zur freiwilligen Zusatzrentenversicherung. Ferner informierte der Kapitän über das Ferienplatzangebot der Reederei für die Flotte und stimmte dem Antrag eines Besatzungsmitgliedes zu, auf der nächsten Reise seine Ehefrau mitnehmen zu dürfen. Letzte Festlegung: Abgabe der Dienstpost für Rostock bis zum 2. März 1978, dem vorgesehenen Einlaufdatum von Suez.

Seit dem Auslaufen von Rostock hatte Kapitän Kaiser insgesamt fünf Schiffsratssitzungen und mehrere Bordversammlungen durchgeführt. Es ist leicht erklärlich, daß über den Charakter der Bordversammlungen keine näheren Ausführungen erforderlich sind. Es waren Vollversammlungen der gesamten Besatzung, die gewöhnlich in der Mannschaftsmesse stattfanden. Kapitän oder Bereichsleiter informierten hier die Besatzung über grundsätzliche Fragen des Reiseverlaufes und über zu erwartende Probleme und Schwierigkeiten in den Anlaufhäfen der Reise; gewöhnlich schlossen sich noch einige dienstlich vorgeschriebene Belehrungen an. Die Bordversammlungen wurden terminlich gern auf einen Donnerstagnachmittag gelegt, weil dann der geringste Arbeitszeitausfall entstand. Gemäß alter Tradition war donnerstags an Bord Seemannssonntag. Das bedeutete, kurz vor 15.00 Uhr machte sich die wachfreie Besatzung frisch, duschte, zog sauberes Zeug an und begab sich in die Messe zum Kaffeetrinken. Zum Kaffee wurde je nach Seegebiet oder Saison das entsprechende Gebäck gereicht. Das war gleichzeitig für den an Bord befindlichen Bäcker eine Gelegenheit zu zeigen, daß er nicht nur Brot und Brötchen zu backen imstande war, sondern auch über die Fähigkeiten eines Konditors verfügte. Nach Ablauf der ausgiebigen Kaffeepause hätte es sich natürlich nicht mehr gelohnt, wieder Arbeitszeug anzuziehen und bis 17.00 Uhr an Deck oder im Maschinenraum zuzutörnen. Also wurde die zur Verfügung stehende Zeit ab 15.30 Uhr bis 17.00 Uhr gern für die Durchführung von Versammlungen, Sitzungen, Besprechungen, Belehrungen oder auch Schulungsmaßnahmen genutzt.

DER SCHIFFSRAT

Der Begriff „Schiffsrat" bedarf einer näheren Erläuterung. Mit dem Entstehen einer eigenen Handelsflotte nach Gründung der DDR machte es sich erforderlich, die teilweise noch aus dem Kaiserreich stammenden gesetzlichen Regelungen über die Seeschiffahrt zu überarbeiten und dem neuesten Stand anzupassen. So erließ die Regierung der DDR mit der Unterschrift des Ministerpräsidenten Otto Grotewohl am 16. April 1953 die „Verordnung über die Arbeit und das Verhalten an Bord von Seeschiffen (Seemannsordnung)". Mit dieser neuen Verordnung wurde die alte deutsche Seemannsordnung vom 2. Juli 1902 einschließlich ihrer Abänderungen und die Verordnung aus dem Jahr 1941 über die Einführung einer Disziplinargerichtsbarkeit für Kapitäne und Offiziere der Handelsmarine außer Kraft gesetzt. Die Verordnung war auf den letzten Seiten jedes Seefahrtbuches vollständig abgedruckt, so daß jeder Seemann den Text zur Hand hatte. In der Präambel heißt es: Die Seeschiffahrt der Deutschen Demokratischen Republik hat bei der Entwicklung der Friedenswirtschaft und der Erfüllung der Wirtschaftspläne wichtige Aufgaben ...

§ 2 Abs. 1 legt fest: Die Schiffsbesatzung wird von dem Kapitän, von den Schiffsoffizieren und den Schiffsleuten gebildet. Lotsen gehören nicht zur Schiffsbesatzung.

Abs. 2: Kapitän ist der jeweilige Schiffsführer. Falls er sich nicht an Bord befindet oder sonst an der Ausübung seines Dienstes verhindert ist, gehen seine Befugnisse und Pflichten auf seinen Stellvertreter über.

Abs. 3: Schiffsoffiziere sind diejenigen Mitglieder der Schiffsbesatzung, die befähigt und bestimmt sind, den Kapitän in der Führung des Schiffes und der Leitung der technischen Einrichtungen zu unterstützen. Sie müssen im Besitz eines entsprechenden Befähigungszeugnisses sein. Zu den Schiffsoffizieren gehören insbesondere Seesteuerleute, Seemaschinisten, Ärzte und Funker.

Später kamen in der DSR noch die Verwaltungsoffiziere (Zahlmeister) hinzu. Die Aufgaben des Politoffiziers werden noch an anderer Stelle dargelegt.

§ 4 Abs. 1 legt fest: Jedes Mitglied der Schiffsbesatzung hat sich während der Arbeit und seiner Freizeit, namentlich im Auslande, so zu verhalten und darauf zu achten, daß das Ansehen der Deutschen Demokratischen Republik in jeder Beziehung gewahrt wird.

Abs. 2: Die gewissenhafte Mitarbeit jedes Besatzungsmitgliedes an der Pflege und Erhaltung von Schiff und Ladung ist unerläßlich. Jedes Mitglied der Besatzung ist verpflichtet, durch seine Arbeit in der Seeschiffahrt zur Erfüllung der Wirtschaftspläne beizutragen.

§ 5 Abs. 1: Der Kapitän hat die Verantwortung für Besatzung, Schiff und Ladung und die alleinige Entscheidungsbefugnis in der seemännischen Führung des Schiffes. Er hat insoweit das Recht, allen Besatzungsmitgliedern Weisungen zu erteilen.

Abs. 2: Bei allen anderen Fragen wirkt die gewerkschaftliche Vertretung der Schiffsbesatzung gemäß den Bestimmungen des Gesetzes der Arbeit vom 19. April 1950 mit. Die Verantwortung und Entscheidung liegt jedoch beim Kapitän.

Abs. 3: Alle Veranstaltungen an Bord des Schiffes bedürfen der Zustimmung des Kapitäns.

Abs. 4: Die Schiffsoffiziere können Weisungen nur im Rahmen ihres Arbeitsbereiches erteilen. Der wachhabende Offizier ist Vertreter des Kapitäns, bis dieser erklärt, daß er die seemännische Führung des Schiffes übernimmt.

Und so weiter.

Aus dieser Seemannsordnung folgt, daß auch in der DDR-Seeschiffahrt der Kapitän als Einzelleiter die alleinige Entscheidungsbefugnis in der Führung des Schiffes besaß.

Die damals gültige Besatzungsstruktur gliederte die Besatzung in drei Bereiche:

1. Bereich Deck wurde geleitet vom I. Offizier
2. Bereich Maschine wurde geleitet vom I. Ingenieur. Die Dienstbezeichnung „Leitender Ingenieur" wurde erst am 1. Oktober 1959 im Zusammenhang mit einer neuen Heuerregelung in der DSR eingeführt. Später führte er die Dienstbezeichnung „Leitender Technischer Offizier" (LTO).
3. Der Wirtschaftsbereich wurde geleitet vom Verwaltungsoffizier (Purser bzw. Zahlmeister). Fuhr auf dem Schiff kein Verwaltungsoffizier, so wurde die Dienstaufsicht durch den I. Offizier wahrgenommen.

Der Funkoffizier und – falls an Bord vorhanden – der Schiffsarzt (letzterer bekleidete stets den Rang eines I. Offiziers) unterstanden direkt dem Kapitän. Aus dieser Besatzungsstruktur ergibt sich, daß der Kapitän aus Gründen der Zweckmäßigkeit von Zeit zu Zeit seine ihm nachgeordneten Offiziere zu einer Bereichsleiterbesprechung zusammenruft, um zu wichtigen Fragen ihre Auffassungen zu hören, Vorschläge entgegenzunehmen und die für den Schiffsbetrieb notwendigen Weisungen zu erteilen. Täte er das nicht, so käme er in die Lage, jedem Bereichsleiter einzeln die entsprechenden Weisungen erteilen zu müssen. Dies verbot sich von selbst. Nun sah der § 5 Abs. 2 der Seemannsordnung seit 1953 – wie schon gesagt – die umfassende Wirkung der Gewerkschaft in Vertretung der Besatzung bei der Regelung der Fragen vor, die nicht die seemännische Führung des Schiffes betrifft. Das spielte in den Anfangsjahren der Reederei keine nennenswerte Rolle, da die Bewältigung der operativen Tagesaufgaben sowohl an Land als auch auf den Schiffen im Vordergrund stand. Je mehr sich allerdings auch in den Landbereichen die Leitungsformen und Methoden verbesserten, ein moderner Führungsstil unter den Bedingungen des gewachsenen Unternehmens praktiziert wurde, wirkten sich diese Dinge auch auf die Besatzungen der Schiffe aus. Im Zusammenhang mit der Diskussion zur Überarbeitung der Seemannsordnung und zur Schaffung einer Dienstordnung der DSR kam es zur Herausbildung eines neuen Gremiums an Bord, das die Bezeichnung „Schiffsrat" erhielt. Die Bezeichnung wurde aus Gründen der Tradition gewählt, darf aber nicht etwa mit dem Begriff des Schiffsrates entsprechend der Regelungen des Preußischen Allgemeinen Landrechts verwechselt werden, auch nicht mit dem § 518 des Handelsgesetzbuches. (Letzteres wurde in der DDR offiziell nie abgeschafft.) In den genannten gesetzlichen Bestimmungen wurde dem Kapitän bei einer drohenden Gefahr an Bord anheim gestellt, aus den Schiffsoffizieren einen Schiffsrat zusammenzurufen, „... wenn in Fällen der Gefahr er es für angemessen findet". Der Kapitän wurde durch diese Bestimmung im Falle einer drohenden Seenot gleichsam gezwungen, vor der Entscheidung, das Schiff zu verlassen, die Meinungen seiner Offiziere einzuholen. Er war an diese Meinungen nicht gebunden und traf seine Entscheidung in eigener Verantwortung, hatte aber die Auffassung der Offiziere einzuholen. Diese Art der Mitwirkung eines Schiffsrates an der Entscheidung des Kapitäns hatte in der DSR keine Rolle mehr gespielt. Die neue Arbeitsweise des Schiffsrates, die in der DSR zunehmend praktiziert wurde, sah vor, nicht nur die Bereichsleiter als Berater des Kapitäns zusammenzurufen, sondern auch die an Bord gewählten Vorsitzenden der gesellschaftlichen Organisationen im Sinne der Vertretung der Besatzung mit hinzuzuziehen. Dadurch sollte aber nicht etwa eine „Schiffsleitung" oder ein Beschlußorgan entstehen. Die Einführung einer kollektiven Leitung an Bord von Schiffen der Handelsflotte und der Fischereiflotte war zu keiner Zeit gefordert. Es ging lediglich darum, in der nunmehrigen Form des Schiffsrates dem Kapitän die Möglichkeit zu geben, sich des Rates eines größeren Personenkreises von Verantwortungsträgern bedienen zu können. In einer Orientierung aus dem Jahre 1962 zur Arbeit des Schiffsrates heißt es: Die Verantwortlichkeit für die Tätigkeit des Schiffsrates trägt in erster Linie der Kapitän. Er sollte den Schiffsrat regelmäßig einberufen, etwa monatlich. Besonders wichtig für den Erfolg der Tätigkeit des Schiffsrates ist die gründliche Vorbereitung einer Sitzung. Dazu gehört vor allem das Festlegen der Tagesordnung und ihre rechtzeitige Bekanntgabe, so daß sich die Schiffsratsmitglieder auf die zu erörternden Fragen entsprechend einstellen können. Der Kapitän kann einzelne Mitglieder des Schiffsrates in Vorbereitung der Sitzungen mit der Durchführung bestimmter Aufgaben beauftragen, z. B. der Untersuchung der Ursachen für aufgetretene technische Mängel und die Ausarbeitung von Vorschlägen zur Verbesserung der Arbeit an Bord. Wenn man aus heutiger Sicht den Führungsstil von Kapitän Alfred Kaiser betrachtet, wird deutlich, daß die Anfang der sechziger Jahre ursprünglich bei Einführung des Schiffsrates noch aufgetretenen Probleme, Unklarheiten und Schwierigkeiten im Laufe der Zeit überwunden wurden, in der zweiten Hälfte der siebziger Jahre beherrschten die Kapitäne das ihnen zur Verfügung stehende Leitungsinstrumentarium in jeder Hinsicht.

Sie besaßen auch gegenüber der Besatzung die notwendige Autorität und zeigten sich den Anforderungen der inneren Führung ihrer Besatzungen jederzeit gewachsen. So war es ihnen möglich, einerseits die Rechte der Besatzungen zu beachten und zu wahren, andererseits aber auch Energie und Einfallsreichtum der Besatzungsmitglieder zur Lösung der vielen komplizierten Aufgaben zusammenzufassen, vor denen sich die Seeleute an Bord von Typ-IV-Schiffen in weltweiter Fahrt damals häufig gestellt sahen.

Die große Politik des Kalten Krieges wurde in den Hauptstädten gemacht. Die Auswirkungen bekamen die Seeleute häufig als erste und am deutlichsten zu spüren.

WIEDER AUF HEIMREISE

Auch für die Heimreise hatte Kapitän Kaiser sich in gewohnter Weise seinen speziellen Fahrplan erarbeitet. Vorsichtshalber hatte er nur eine Durchschnittsreisegeschwindigkeit von 12,5 sm/h zugrunde gelegt. Das kam auch ungefähr hin. Bis Minikoi betrug der Reiseschnitt 12,02 kn und eine Viertel Stunde Verzögerung zum Fahrplan. Als man Suez am 3. März 1978 um 7.00 Uhr morgens erreichte, betrug der Reiseschnitt 12,89 kn und der Vorsprung drei Stunden. Die Suezkanal-Passage am nächsten Tag verlief ebenfalls zügig, nach dem Auslaufen aus Port Said machte sich im Mittelmeer die übliche „Heimreisebeschleunigung" bemerkbar, das Schiff lief zunächst 12,91 kn und noch bei Gibraltar konnte der Kapitän zwei Stunden Vorsprung zu seinem Fahrplan registrieren. Aber beim Passieren von Skagen hatte man schon einen Rückstand von sieben Stunden und 15 Minuten. Bis zum Erreichen der Reede Warnemünde am 18. März wurde zwar wieder eine Stunde aufgeholt, aber es blieb bei einem Gesamtreiseschnitt für die Heimreise von 12,17 kn. Laut Entfernungstabelle hatte das Schiff auf der Heimreise eine Gesamtdistanz von rund 8.500 Seemeilen zurückgelegt, aber die wirklich versegelten Distanzen lagen doch um einen beachtlichen Wert darunter, abermals ein Zeichen genauester Navigation, besonders im Indischen Ozean und im Mittelmeer.

DIE ALLERLETZTE REISE

In Rostock angekommen, ging es nun für die Besatzung um die Vorbereitung der nächsten, nunmehr endgültig letzten Reise des Schiffes. Bis Vietnam würde man Ladung zu transportieren haben, anschließend wäre ohne Ladung in einen chinesischen Hafen zu versegeln. Wieder jagte eine Besprechung, eine Absprache, eine Sitzung die andere. Für die Hafenliegezeit galt es, komplizierte Urlaubspläne aufzustellen, um einerseits die Aufgaben im Hafen zu bewältigen, andererseits der Besatzung nach einer so langen Reise eine entsprechende Heimfahrt zu ermöglichen. Es gab zwar einige Springer und Urlaubsvertreter, aber bei weitem nicht so viele, wie durch das Bordkommando angefordert worden waren. Abermals bemühte man sich darum, überflüssige Ausrüstungs- und Inventarteile an Land zu geben, was nicht immer gelang. Mehrfach wurde der Besatzung in wichtigen Besprechungen versichert, dies sei nun wirklich die letzte Reise, und es wurde die Zusage gegeben, vier Wochen nach Löschende könnte die Besatzung das Schiff an den neuen Eigner übergeben und von Bord gehen. Auslauftermin war der 15. April., als weitere Häfen waren vorgesehen Antwerpen 23. April, Saigon 28. Mai, Haiphong 10. Juni, Flaggenwechsel 10. August 1978. Bis zur letzten Minute vor dem Auslaufen häuften sich an Bord noch Besprechungen, und gut gemeinte Hinweise der Mitarbeiter des Flottenbereiches wurden an die einzelnen Verantwortlichen gegeben. Unzählige Einzelheiten mußten im letzten Augenblick noch geregelt werden. Einige neue Besatzungsmitglieder waren an Bord gekommen. Es galt nun, diese voll in die Mannschaft zu integrieren – auch unter den Bedingungen der letzten Reise. Am 19. April war das Schiff in Antwerpen. Bis 25. April waren dort noch einige Reparaturen durchzuführen, dann wurde Ladung an Bord genommen, und am 28. April lief das Schiff aus. In Antwerpen war noch Gelegenheit, am 24. eine Busfahrt nach Brüssel und zum Schlachtfeld von Waterloo zu machen, an der 17 Seeleute teilnahmen. Am 22. April 1978 hatten 23 andere Besatzungsmitglieder eine Busfahrt in die Ardennen unternommen. Zu beiden Ausflügen hatte die Reederei – wie gewohnt – einen kräftigen Zuschuß gegeben. Am 26. Mai 1978 führt der Kapitän wieder die übliche Schiffsratssitzung durch. Der Leitende Technische Offizier beklagt sich, daß die vorzubereitende Außerdienststellung für ihn eine so starke Belastung darstellt, daß er eigentlich eine Schreibkraft bräuchte. Am 28. April wird Quessant passiert. Die nächste Schiffsratsitzung findet am 26. Mai statt. Der Kapitän informiert, daß am 28. Mai Singapur erreicht wird, am 31. Mai ist das Einlaufen in Saigon vorgesehen. Noch sind reichlich Aufgaben zur Vorbereitung der Außerdienststellung zu lösen. Der Leitende Technische Offizier beklagt sich abermals über den ständig ansteigenden Aufwand an Papierkram. In Singapur angekommen, wird ein Teil der Ladung gelöscht, 350 t Wasser an Bord genommen und Verpflegung eingekauft, insbesondere Milch, Gemüse und Obst. Am 1. Juni ist die FRIEDEN in Saigon. Sie löscht einen Teil der Ladung und setzt die Reise fort. Am 13. Juni fällt der Anker auf der

Als die FRIEDEN auf der Reede des chinesischen Übergabehafens vor Anker lag, rief Kapitän Alfred Kaiser (Bildmitte in weißem Dress) seine Crew zu einem letzten Gruppenfoto an Deck zusammen. Neben dem Kapitän im bemalten T-Shirt I. Offizier Siegfried Rohmann.

Außenreede von Haiphong. Dort liegt auch die LEIPZIG vor Anker, und beide Schiffe nehmen Verbindung miteinander auf. Am 15. Juni ist die FRIEDEN im Hafen. Das Zubringerküstenmotorschiff MS POEL unter Führung von Kapitän Frase, macht längsseits der FRIEDEN fest. Beide Kapitäne machen einen Plausch und tauschen ihre Erfahrungen über das Fahrtgebiet aus. Aus Rostock ist Frau Serrin, Mitarbeiterin des Flottenbereiches Asien-Amerika, eingeflogen, um an Bord letzte Absprachen im Hinblick auf den Verkauf des Schiffes zu tätigen. Es geht um Verpflegung, Getränkevorräte, Bestand der Wäschelasten, Handelsware und Transitvorräte, Bestand der Kommissionsware und Übergabe von nicht mehr benötigtem Treibstoff an die LEIPZIG, Auszahlung von

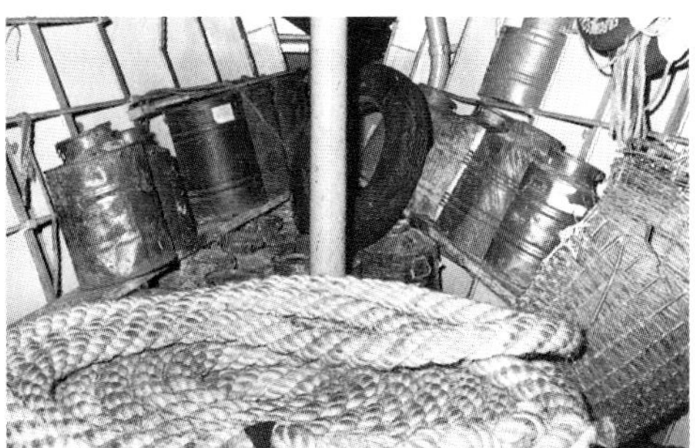

Die Farbenlast in der Vorpiek. Hier vorne, wohlverstaut unter Reservefestmachern, Autoreifen und anderen Materialien, hütete so mancher Bootsmann seine geheimen Farbenreserven.

Devisen an die Besatzung, Vorbereitung des Bedarfs an Reisegeld für die Heimreise, Organisation der Übergabefeierlichkeit, Abgabe von fünf Containern an die LEIPZIG und die Vorbereitung der Endabrechnung des Schiffes. Darüber hinaus sind noch unzählige andere Details zu klären, deren Schilderung zu weit führen würde. Am 21. Juni 1978 muß um 16.00 Uhr beim Kapitän eine Sonderaussprache mit dem Leitenden Technischen Offizier und dem Bootsmann geführt werden. Der Chief ist verstimmt, weil er glaubt, ein Nachlassen der Arbeitswilligkeit der Besatzung konstatieren zu müssen, außerdem ist er erbost, weil der Bootsmann immer noch 350 Kilo zuviel Farbe hortet – und das schon seit Februar 1977. Der Bootsmann verteidigt sich: In der Vergangenheit war es gut, immer einen gewissen Vorrat an Bord zu haben. Der Kapitän entscheidet salomonisch, er wird auf der LEIPZIG anfragen, ob man dort die Farbe haben möchte, dann wird sie entsprechend übergeben. Am 8. Juli ist ein letzter Barabend geplant. Der Kapitän kontrolliert den Getränkebestand und entscheidet dann, daß acht Flaschen Wodka, fünf Flaschen Weinbrand der Sorte „Weinblattsiegel“ und drei Flaschen der Marke „Deutscher Weinbrand“ für die Besatzung freigegeben werden können. Am 25. Juli, wenige Tage vor der Außerdienststellung, kommt es noch zu einem Unfall an der Hauptschalttafel. Der Chief untersucht die Ursachen und stellt fest, daß ein Elektriker – wie nicht anders zu erwarten – aus Leichtsinn gegen geltende Arbeitsschutzbestimmungen verstoßen hat. Er erlitt eine leichte Verletzung, glücklicherweise ohne weitere Folgen. Diesmal sieht es nicht so aus, als könnte der Verkauf des Schiffes noch im letzten Augenblick scheitern. Es werden konkrete Festlegungen über die Heimfahrt der Besatzung in zwei verschiedenen Gruppen getroffen, Flugtickets werden bestellt, Hotelzimmer gebucht. Frau Serrin hatte dem Kapitän noch den diskreten Hinweis gegeben, beizeiten zu veranlassen, daß weder in den Diensträumen des Schiffes noch in den Kammern der Besatzung irgendwelche DDR-Druckerzeugnisse – Bücher oder Zeitschriften – liegenbleiben sollen. Schließlich sei bekannt, daß in vielen politischen Fragen die chinesischen Freunde völlig andere Auffassungen vertreten, als sie in der DDR üblich sind. Die DSR möchte in keiner Weise noch im letzten Augenblick irgendeinen Anstoß erregen. Die Besatzung erhält für die Heimreise ihr Reisegeld in Devisen ausgezahlt und wird über das Verhalten in der chinesischen Öffentlichkeit und während des Heimfluges belehrt.

Inzwischen schreibt man an Bord den 7. August 1978, die FRIEDEN liegt in Shanghai. Aus Rostock sind Herr Quitschau und einige weitere Herren der technischen Direktion der DSR zur Übergabe des Schiffes eingetroffen und melden sich an Bord. Die Übergabe des Schiffes, also der Flaggenwechsel, erfolgt am 8. August 78, 8.45 Uhr. Der Heimflug der Besatzung erfolgt in zwei Gruppen. Die erste Gruppe steht unter Leitung des I. Offiziers Siegfried Rohmann. Sie verläßt Shanghai mit dem Flugzeug am 10. August 1978. Es sind zwölf Personen. Die zweite Gruppe, unter Leitung des Kapitäns besteht aus 27 Besatzungsmitgliedern, fliegt am 13. August 1978 von Shanghai über Peking, Moskau nach Berlin-Schönefeld. Das klappt auch ohne weitere Schwierigkeiten. Am 21. August 1978 meldet sich Kapitän Alfred Kaiser bei der Nautischen Inspektion des Flottenbereiches Asien-Amerika im Überseehafen Rostock zurück und berichtet über den Verlauf der letzten Reise der FRIEDEN. Einige seiner Leute wurden dringend an Bord anderer Schiffe gebraucht, aber prinzipiell hält der Flottenbereich die schon vor einiger Zeit gegebene Zusage, die Besatzung möglichst geschlossen auf einen Neubau zu geben. Der größte Teil der letzten Besatzung des MS FRIEDEN gehört zur Indienststellungsbesatzung des neuen MS POTSDAM.

Kurzbiographie:

Kapitän Adolf Zinn

Kapitän Adolf Zinn freut sich über sein neues Schiff.

Geburtsjahr 1911, Schulbildung mittlere Reife, geht 1926 als Schiffsjunge zur See, ab 1927 Fahrzeit an Bord von Segelschiffen, danach Matrose auf verschiedenen Dampfern, ab 1932 Besuch der Seefahrtschule Altona, Abschluß: Patent A 5 und Funkpatent II. Klasse, weiter Dienstzeit als Nautischer Offizier an Bord von Schiffen des Norddeutschen Lloyd, Bremen, ab 1937 Studium an der Seefahrtschule Hamburg-Altona, Abschluß: Patent A 6, bei Kriegsausbruch am 1. 9. 1939 Dienst als II. Offizier an Bord des NDL-Dampfers ERLANGEN, 6101 BRT, geführt von Kapitän Grahms, das Schiff verläßt sofort den Hafen Dunedin, Neuseeland, kämpft sich durch einen Orkan nach Auckland, geht in geschützter Bucht vor Anker, die Besatzung, Deutsche und Chinesen, schlägt an Land Holz und transportiert es mit vier Rettungsbooten an Bord. Auslaufen am 6. 10. 39 mit Kurs Chile, nach 30 Tagen treten Mangelerkrankungen auf, ein Toter, Verheizung aller Holzeinbauten, am 12. 11. wird der chilenische Hafen Puerto Monti erreicht. 1941 Befehl der Seekriegsleitung: Durchbruchsversuch nach Deutschland über Argentinien. 25. 7. 1941: Südöstlich der La-Plata-Mündung wird die ERLANGEN durch den englischen leichten Kreuzer NEWCASTLE entdeckt. Die „Erlangen-Besatzung" versenkt ihr Schiff und wird von der NEWCASTLE übernommen. Zivilgefangenschaft in Irland, Schottland und Kanada. Adolf Zinn arbeitet als Holzfäller an der Hudson-Bay, später Einsatz als Landarbeiter am Oberen See. 1947 Rückkehr nach Deutschland, Entlassung in Munsterlager, Heimkehr zur Familie nach Weimar, sein jüngstes Kind war neun Jahre alt, als er es erstmals sah (!). Arbeitet zunächst als Gartenarbeiter und Kohlenarbeiter in Thüringen, erfährt 1950 von der Vorbereitung des D. VORWÄRTS auf die Indienststellung, Adolf Zinn schreibt einen Brief an das ZK der SED und bittet um Rückkehrmöglichkeit in die Schifffahrt, daraufhin ab 1950 Einsatz als Lehrer an der SEEFAHRTSCHULE WUSTROW, ab 1. 8. 1953 eingestellt bei der DSR, wird er ab 08.09. 1953 Kapitän an Bord D. VORWÄRTS bis zur Außerdienststellung im April 1954, ab 1. 9. 1954 Baubelehrung auf der NEPTUN-WERFT ROSTOCK zur Vorbereitung der Indienststellung des D. WISMAR, die er am 16. 11. 54 vornimmt. Zusammen mit Kapitän Beykirch Ausarbeitung der ersten Dienstvorschriften und Heuertabellen für die Schiffsbesatzungen der DSR. Er behält das Kommando bis Februar 1957, danach Baubelehrung und am 15. 3. Indienststellung des D. THÄLMANN-PIONIER, ab September 1957 Baubelehrung zur Vorbereitung der Indienststellung MS FREUNDSCHAFT am 10. 12. 57. Ab 1959 Mitreise an Bord des schwedischen Fracht- und Passagierschiffes STOCKHOLM zur Vorbereitung des Ankaufes der STOCKHOLM für die DSR, nach erfolgtem Ankauf des Schiffes Übernahme des Kommandos an Bord und Vorbereitung der Indienststellung unter dem neuem Schiffsnamen VÖLKERFREUNDSCHAFT, im Kommando des Schiffes bis 1961, anschließend Berufung zum Leiter der Inspektion der Deutschen Seereederei, 1964 auf eigenen Wunsch Rückkehr in den aktiven Flottendienst, Kapitän des MS ERNST SCHNELLER, ab August 1967 Kapitän MS ESPENHAIN. An Bord dieses Schiffes läßt er sich vom Leitenden Technischen Offizier Heinz-Jürgen Marnau anregen, eine sogenannte „Komplexbrigade" zu bilden und erstmals in der Praxis zu erproben. Später im Kommando des MS THALE , 28. 12. 1972 übernimmt Kapitän Zinn in Leningrad das neugebaute Massengutschiff MS GRÖDITZ für den VEB DEUTFRACHT, ab Januar 1973 erste Reise nach Halifax, Kanada. Ruhestand ab 1979.

DDR-Auszeichnungen: Vaterländischer Verdienstorden in Bronze, 1959
Medaille für selbstlosen Einsatz bei der Bekämpfung von Katastrophen 1963
Verdienstmedaille der Seeverkehrswirtschaft in Silber 1969
Ehrenspange für 40jährige treue Dienste in der Seeverkehrswirtschaft 1968
Verdienter Seemann 1975

Gestorben am 26. 3. 1981, wirkte bis kurz vor seinem Tode in der Beratergruppe zur Vorbereitung des ersten Buches über die Geschichte der DSR mit, erschienen 1982 unter dem Titel „Über die Meere, durch die Jahre".

ENDLICH NACH FERNOST

Das nächste Typ-IV-Schiff, das auf der Warnowwerft entstand, erhielt die Bau-Nr. 302, Baubeginn war der 1. Januar 1955, und die Kiellegung erfolgte am 30. April 1955. Es lief am 27. März 1956 vom Stapel, nachdem der Brigadier Herbert Fettgenheuer das Schiff auf den Namen FREUNDSCHAFT getauft hatte. Auf der Grundlage von Regierungsverhandlungen verließ das Schiff nach Fertigstellung die Warnowwerft mit dem Namen ZEROMSKI unter polnischer Flagge mit der Schornsteinmarke der Polish Ocean Lines. Als Heimathafen stand Gdynia am Heck. Die Indienststellung erfolgte im Auftrage der chinesisch-polnischen Schiffsmaklerei CHIPOLBROK. Ab Juni 1950 wurde das Schiff unter dem Namen ORAVA mit dem Heimathafen Praha (Prag) von der CSSR-Staatsreederei übernommen, die das Schiff 1965 unter dem Namen LAN ZHOU an die Handelsflotte Volkschinas übergab. Schließlich wurde das Schiff im Jahre 1976 für die Guanzhou Salvage Company, einem chinesischen Bergungsunternehmen, zum Bergungsschiff umgebaut und trug nun den Namen SUI JIU LAO 6. Das weitere Schicksal dieses Schiffes kann im Rahmen dieses Buches nicht geschildert werden.

Am 1. September 1955 war der Baubeginn für das dritte Typ-IV-Schiff der Warnowwerft. Am 7. November 1955 war die Kiellegung, und am 1. August 1956 erfolgte der Stapellauf. Horst Mann, Konstrukteur in der Warnowwerft, taufte den Neubau auf den Namen FREUNDSCHAFT. Irgendwelche Besonderheiten werden von dieser Übergabe nicht berichtet. Es macht sich bemerkbar, daß die Werft nun schon Erfahrungen beim Neubau von großen Schiffen gesammelt hat. Sicherlich gibt es Restpunkte, vermutlich waren Beanstandungen zu notieren, aber die Aufgeregtheiten, die noch die Übergabe der FRIEDEN belastet hatten, entfielen diesmal. Das Kommando über die FREUNDSCHAFT übernahm Kapitän Adolf

Zinn. Als I. Offizier war ursprünglich Willi Leidig vorgesehen, er wurde jedoch bereits während der Baubelehrung abgerufen und an Bord eines anderen Schiffes eingesetzt. Herbert Jark, ursprünglich vorgesehen als II. Offizier, rückte auf und wurde als I. Offizier eingesetzt. Vorsorglich erkundigte er sich bei Klaus Heiden, der unter dem Kommando von Kapitän Zinn schon gefahren war, wie dieser mit Adolf Zinn zurechtgekommen sei. Er bekam den guten Rat: „Mach deine Arbeit so gut du kannst, dann hast du mit Adolf Zinn keine Probleme." Als II. Nautische Offiziere waren Rudolf Volkmer und Friedrich Witzke angemustert. Dadurch, daß zwei II. Offiziere an Bord waren, blieb Herbert Jark als I. Offizier wachfrei. Rudolf Volkmer hatte neben seiner Wache den Auftrag, sich auf die Aufgaben eines I. Offiziers vorzubereiten, und Friedrich Witzke übernahm die Tätigkeit des Ladungsoffiziers. III. Nautischer Offizier war Hans-Jürgen Fünning. Der Maschinenbereich wurde vom I. Ingenieur Hans Schulz geleitet, als II. Ingenieur war Kurt Habersack an Bord. Seine erste Reise als IV. Ingenieur macht Lothar Preussner. Die Ressortverteilung der Ingenieure war wie folgt geregelt:

I. Ingenieur:	Gesamtleitung Maschinenbereich
II. Ingenieur:	Verantwortlicher für die Hauptmotoren
III. Ingenieur:	Verantwortlicher für die Hilfsdiesel

Als Verwaltungsoffizier fährt Helmut Heuer. Jahre später wird er als Oberzahlmeister die Wirtschaftsbereiche auf den Passagierschiffen FRITZ HECKERT und VÖLKERFREUNDSCHAFT leiten, um anschließend als Relationsleiter Chef der Fahrgastschiffahrt der DSR zu werden. Seine erste große Reise in einer verantwortlichen Funktion macht er an Bord des MS FREUNDSCHAFT. Die FREUNDSCHAFT hatte zwei Bootsleute an Bord. I. Bootsmann war auf dieser Reise Walter Stark. Als II. Bootsmann war der immerhin schon 72 Jahre alte Carl (Charly) Wolters an Bord, zu dieser Zeit schon eine legendäre Gestalt in der Reederei. Auch der Maschinist für Kühlanlagen und Decksmaschinen, Emil Bartelt, war langbefahrener älterer Seemann. Waren die leitenden Männer an Bord der FREUNDSCHAFT für die damalige Zeit gut ausgebildete und erfahrene Seeleute, so trifft das nicht minder für die Matrosen zu. Allein vier Mann aus der Decksgang hatten eine Ausbildung auf dem Segelschulschiff WILHELM PIECK hinter sich. Dazu gehörte Dieter Schönfelder, ein vorbildlicher Seemann, ferner der Matrose Peter Weinhold, der an Bord der Schonerbrigg die 99-Tage-Reise zum Mittelmeer und in das Schwarze Meer mitgemacht hatte und erst vor wenigen Wochen von der WILHELM PIECK abgestiegen war. Ferner war Georg Müller dabei, von seinem Freunden Jonny gerufen, ein Spitzname, der ihm bis in die heutige Zeit geblieben ist. Nach der Reise erhielt er sein Patent als Kapitän (II) auf kleiner Fahrt ausgehändigt, da er erst dann die vorgeschriebene Fahrtzeit hinter sich hatte. Auch der Matrose Werner Pflug fuhr auf der WILHELM PIECK. Ferner waren die Matrosen Gierke, Rathge, Schwuchow und Rolf Permien an Bord. Sie alle wurden später Kapitäne bzw. nautische Inspektoren. Der Maschinenassistent Dräger sammelte seine ersten seemännischen Erfahrungen an Bord einer Hochsee-Yacht der Gesellschaft für Sport und Technik, und der Vollständigkeit halber sei erwähnt, daß der I. Offizier Herbert Jark 1951 zur Indienststellungsbesatzung des Segelschulschiffes WILHELM PIECK gehörte. Auch der Politoffizier Heinz Born, auf der FREUNDSCHAFT führt er noch die Dienstbezeichnung GdK (Gehilfe des Kapitäns), war bereits in gleicher Funktion auf der WILHELM PIECK tätig. Er war überhaupt ein sehr befahrener Seemann. Bereits in der Vorkriegszeit fuhr er als junger Matrose auf großen Passagierschiffen und Frachtern der Hapag im Liniendienst zur Westküste Nordamerikas, bis er 1939 zur Kriegsmarine eingezogen wurde, wo er schließlich als Obersignalmaat an Bord des Schlachtschiffes GNEISENAU und auf Minenräumbooten in der östlichen Ostsee Dienst tat.

Ein Schiffsarzt ist ebenfalls an Bord. Und so kann Kapitän Adolf Zinn mit dieser Besatzung zufrieden sein. Dazu hat er auch einen persönlichen Grund, denn der Steward Hans-Joachim Schott, von der ganzen Besatzung nur „Mecki" genannt, der schon mit Adolf Zinn auf anderen Schiffen zusammen fuhr, hat ebenfalls wieder auf der FREUNDSCHAFT angemustert. Gleichzeitig betätigt er sich als Volkskorrespondent und schreibt über diese Reise Artikel, die von verschiedenen Zeitungen und Zeitschriften gedruckt werden. Die sorgfältige Zusammenstellung dieser Besatzung kommt nicht von ungefähr. Sie muß sehr langfristig vorbereitet worden sein, denn Herbert Jark berichtet, daß mit ihm bereits im Jahre 1956 Mitarbeiter der Personalabteilung der Reederei an Bord des D. ROSTOCK ein Gespräch geführt hatten, um ihn für einen Einsatz an Bord eines Typ-IV-Schiffes nach Ostasien zu gewinnen. Dazu sagt er selbst:

„Es war nicht schwer, mich und andere Kader für diese Fahrt zu gewinnen, waren wir doch alle sehr stolz auf die Erfolge in der Entwicklung der Schiffahrt und warteten schon sehnsüchtig auf einen Fernost-Renner. Heimkehrend von einer Schwarzmeer-Reise mit dem THÄLMANN-PIONIER wurden wir nach dem Einlaufen über den Stand der Indienststellung der Großschiffe unterrichtet. Ich erhielt die Weisung, abzumustern und mich bei der Bauaufsicht der DSR in der Warnowwerft zu melden. Nach der Anmeldung bei meinem zukünftigen Kapitän Adolf Zinn schrumpfte mein Urlaub und der Anspruch auf freie Tage auf eine kurze Erholungszeit zusammen. Die Ausrüstung des Schiffes durch die Werft war so weit fortgeschritten, daß die Anwesenheit der wichtigsten Kader für den Bordbetrieb erforderlich war. Vor allem mußte dem Umstand Rechnung getragen werden, daß dieses die erste große Reise eines Schiffes der DSR werden sollte und wir keine Erfahrung in der Ausrüstung eines Schiffes für ein halbes Jahr in dieser Relation hatten."

Dadurch, daß die FRIEDEN, obwohl wesentlich früher fertiggestellt, die ersten Reisen in der Ostsee und bis zum Schwarzen Meer absolvierte, um anschließend ergänzende Einbauten in der Werft vornehmen zu lassen, ist die FREUNDSCHAFT, die gleich auf große Fahrt geschickt werden kann, tatsächlich das erste Schiff der DSR, das nach China laufen wird. Herbert Jark berichtet weiter:

„Ich kann mich noch daran erinnern, daß wir die Mehlbestellung ausrechneten, nachdem wir uns vom Bäcker die Menge für ein Brot und ein Brötchen geben ließen. Alles andere war dann das Ergebnis einer Rechenoperation mit dem Rechenschieber. Lustig fanden wir damals auch die Berechnung der Menge an Toilettenpapier. Nach welcher Formel die Menge berechnet wurde, kann ich heute leider nicht mehr sagen. Aber ich kann mich noch daran erinnern, daß diese Menge auch noch für die folgende Reise ausreichte.

Langsam wurde Planstelle für Planstelle der Besatzungsliste besetzt. Der I. Ingenieur Schulz hatte mit seinen Ingenieuren alle Hände voll zu tun, um in einem Gewirr von Kabeln und Maschinenteilen die Übersicht zu behalten.

Mir war es als I. Offizier vorbehalten, mit den an Bord gekommenen Nautikern die gesamte Ausrüstung für den nautischen und seemännischen Sektor zu übernehmen. Eine große Verantwortung für die lückenlose Ausrüstung des Schiffes hatte der Verwaltungsoffizier Helmut Heuer übernommen. Er war manchmal der Verzweiflung sehr nah, wenn jeder von ihm aus dem Stegreif wissen wollte, ob diese oder jene Sache bestellt oder schon an Bord sei.

Das Schiff wurde von Tag zu Tag einem Seeschiff ähnlicher, da der Kammerausbau sowie der Ausbau der Kommandobrücke und weiterer Räumlichkeiten sehr gut vorangeschritten war. So konnten wir im November 1957 schon unsere Arbeitsplätze an Bord einnehmen. Mit uns war auch der Winter mit Frost und Kälte an Bord eingezogen. Die Bordheizung war noch nicht in Betrieb. Deswegen kaufte der Verwalter als Tischlampen Rotlicht-Leuchten ein, und mit angewärmten Fingern konnte man dann die schriftlichen Arbeiten erledigen. Allerdings waren wir abends immer sehr froh, wenn wir im Seemannsheim endlich einen heißen Grog bekamen und dann in ein warmes Bett kriechen konnten. Ende November war das Schiff so weit fertiggestellt, daß die Probefahrt durchgeführt werden konnte. Da auch sehr viele Kollegen der Warnowwerft benötigt wurden, fand eine Abstimmung zwischen der Bauleitung und dem Bordkommando statt. Wir waren daran interessiert, möglichst viele Mitarbeiter und Besatzungsangehörige mit der Technik dieses neuen Schiffes vertraut zu machen, mußten aber auch noch für viele Werftkollegen Platz schaffen. So war denn jede Koje und jedes Sofa belegt. In der letzten Luke befanden sich Wohnkabinen der Werft, die mit einem Kran an Bord gesetzt wurden. Wir machten in der Ostsee unsere Probefahrten, durchliefen die Meßmeile, um die Fahrt des Schiffes genau für alle Fahrtstufen festzustellen. Nach weiteren Tests wie Ankermanöver, Bootsmanöver und Drehkreisfahren liefen wir nach dem polnischen Hafen Gdynia, um dort zu docken. Wir lagen an einer Außenpier und bei einem aufkommenden Sturm sehr ungünstig. Die Erstausrüstung an starken Manilaleinen ging verloren und mußte von der Werft neu beschafft werden.

Nach der Probefahrt wurden die Restpunkte durch die Werft erledigt. Restpunkte sind die Beanstandungen des Bordkommandos gegenüber der Werft. Jeder Ingenieur und Offizier hatte in seinem Arbeitsbuch die Mängel – soweit sie seinen Bereich betrafen – notiert, die in einer zusammengefaßten Aufstellung an die Werft übergeben wurde. Es kann hier noch gesagt werden, daß sich die Kollegen der Werft sehr große Mühe gaben, alle Fehler und Mängel zu beseitigen, um uns ein einwandfreies Schiff zu übergeben.

Zur Übernahme des Schiffes durch die Deutsche Seereederei wurde die Besatzung aufgefüllt, um das Schiff jetzt mit eigenem Personal zu besetzen. Dann war es endlich soweit, und die Übergabe des Schiffes durch die Warnowwerft konnte erfolgen.“

Heute noch besitzt Herbert Jark sein schwarzes Notizbuch aus jenen Jahren. Bereits auf dem D. THÄLMANN-PIONIER hatte er es geführt. Darin notierte er sich alle wichtigen Aufgaben über das Schiff als kleines handliches Nachschlagewerk.

Z.B.: Lukenabmessungen, Raumangaben, Tankplan, Trimmwerte, Tiefgangsänderungen, technische Hauptdaten und dgl. Mit Hilfe dieses Büchleins war er in der Lage, vom heimatlichen Hiddensee aus telefonisch präzise Stauanweisungen an den Wachoffizier zu geben, der in Wismar den Dampfer zu beladen hatte. Dieses Notizbuch führte er auch als I. Offizier der FREUNDSCHAFT weiter und begann damit auf der Probefahrt.

So kann man darin die Manövriereigenschaften des Schiffes nachlesen, wie sie im Dezember 1957 in der Tromper Wiek bestimmt wurden.

Geschwindigkeit:
1 Masch. 40 U/min = 4,6 kn
Beide Maschinen ganz langsam
voraus: 50 U/min = 7,7 kn
Beide Maschinen ganz langsam
voraus: 65 U/min = 10,5 kn
Beide Maschinen voll voraus:
107 U/min = 16,2 kn
Ferner:
Beide Maschinen 100 U/min = 15,2 kn
Beide Maschinen 80 U/min = 12,8 kn
Drehkreisdurchmesser: d = 990 m
t = 7 min 20 sec ab Kommando
Drehzeit für eine Kursänderung
von 90° = ca. 2 min

Einem Zeitungsbericht aus jenen Tagen ist folgendes zu entnehmen:

FREUNDSCHAFT auf Ostasienreise
Rostock (eigener Bericht), 11. Dezember 1957
Gestern morgen übergab der Direktor der Warnowwerft, Gerhard Zimmermann, in Anwesenheit des Staatssekretärs Salomon Vertretern der Werft und Seereederei sowie des Zentralrates der FDJ das 10000-Tonnen-Schiff FREUNDSCHAFT an den VEB Deutsche Seereederei. Die Übergabe fand an Bord des Schiffes statt. Nachdem die Probefahrt sowie die notwendigen Dockarbeiten gut überstanden sind, hat sich die FREUNDSCHAFT unter Führung des bewährten Kapitäns Zinn nach Szczecin (Stettin) begeben, um dort Ladung an Bord zu nehmen. Anschließend wird Wismar angelaufen, und von dort geht das Schiff dann auf Ostasienreise mit Kurs auf Whampoa (Südchina). Auf ihrer Fahrtroute wird die FREUNDSCHAFT als erstes Schiff unserer Republik den Suez-Kanal passieren.“

DIE ERSTE REISE

Nach der Übergabe der FREUNDSCHAFT an die DSR lief das Schiff am 30. Dezember 1957, einem sehr kalten Dezembertag, nach Swinousjscie (Swinemünde) aus. Auf dem Stettiner Haff war noch eine Eisfahrt erforderlich, danach konnte die FREUNDSCHAFT in Stettin

Die FREUNDSCHAFT in der Schleuse Brunsbüttel. Nach einer Farbpostkarte aus dem Jahre 1959.

festmachen und die Ladung übernehmen. Herbert Jark erinnert sich:

„Wir waren nun also in Szczecin und sehr stolz auf unser schönes Schiff. Es kamen viele Besucher an Bord, die sich für das Schiff interessierten. Auch von den polnischen Fachkollegen wurde das Schiff mit seiner Ausrüstung sehr gut eingeschätzt. So geschah es, daß unser II. Ingenieur Habersack einen vermeintlichen Besucher vor der Informationstafel in der Messe stehen sah, der sich die Artikel der Wandzeitung genau durchlas. Unser Ingenieur erläuterte ihm kurz den Sinn der Darstellungen, verwies dann noch auf die architektonische Gestaltung der Messe und der Roten Ecke und zeigte ihm einige Kammern, um die Arbeits- und Lebensbedingungen an Bord dieses neuen Schiffes zu demonstrieren. Er scheute auch weder Zeit noch Mühe, die Kammer des I. Ingenieurs vorzuführen. Auf die erstaunte Frage des I. Ingenieurs, welche Bewandtnis dieser sonderbare Schiffsrundgang habe, erläuterte er seinem Vorgesetzten, daß er dem polnischen Kranführer das Schiff zeige. Er habe bemerkt, wie interessiert sich dieser an Bord umgesehen hätte und hielt es für seine Pflicht, den polnischen Freunden noch mehr über das Schiff zu berichten und einiges zu zeigen. Unter dem Gelächter der Anwesenden wurde unserem Ingenieur dann erklärt, daß dieser „polnische Kranführer“ ein Maschinenassistent auf seiner eigenen Wache sei. Der junge Mann war kurz vor dem Auslaufen an Bord gekommen und hatte noch nicht die nähere Bekanntschaft mit seinem Wachvorgesetzten gemacht. So kam es zu dieser Verwechslung. Es wurde noch öfter über diese Begebenheit an Bord gelacht, der Maschinenassistent hatte für den Rest seiner Fahrzeit an Bord den Spitznamen weg, er blieb ein für allemal „der polnische Kranführer“.

Die FREUNDSCHAFT übernahm in Szczecin eine Sackladung von Düngemitteln für China. Die Partie war schon des öfteren umgeschlagen worden, d. h. sie hatte schon einen LKW-Eisenbahn-Binnenschiffstransport hinter sich, und dementsprechend ließ auch der Zustand der Papiersäcke zu wünschen übrig. Als diese Basisladung nach Seemannsbrauch unter Aufsicht des Kapitäns und der Schiffsoffiziere verstaut war, versegelte die FREUNDSCHAFT nach Wismar. Die Besatzung freute sich, noch vor Weihnachten wieder einen DDR-Hafen anzulaufen, befürchtete aber auch, diesen womöglich schon vor den Festtagen verlassen zu müssen. Das geschah aber nicht, die Besatzung verlebte die Weihnachtstage im Kreise der Ehefrauen und Freundinnen, soweit sie an Bord kommen konnten. Herbert Jark erinnert sich weiter:

„Die Komplettierung der Ladung mit Stückgut in Wismar war abgeschlossen, und die Reise in den Fernen Osten konnte beginnen. Am 29. Dezember begann die erste Ostasienreise eines DDR-Schiffes. (Nach anderen Quellen am 30. Dezember 1957, Anmerkung d.A.) Wir waren alle sehr stolz, diesem Ereignis aktiv beiwohnen zu dürfen, wie man bei solchen Anlässen wohl zu sagen pflegt. Zum anderen hatten wir noch einen weiteren Grund, uns zu freuen, denn durch die Erprobung und den Einsatz des MS FRIEDEN im Mittelmeer- und Schwarzmeerraum waren wir nun an die Stelle des „Erstauslaufenden Schiffes nach Ostasien" gerückt.

Wir liefen also mit unserem 10000-Tonner die uns bekannten Kurse durch die Wismarer Bucht und weiter durch die Ostsee.

Wir kamen durch den Nord-Ostsee-Kanal. Alles war uns bekannt, nur kam es uns so vor, als ob sich die Schleusen etwas verkleinert hatten, aber auch hier haben wir uns bald an die größeren Dimensionen unseres Schiffes gewöhnt. Die Nordsee empfing uns wie immer zu dieser Jahreszeit rauh, aber herzlich. Wind und Wellen gehören zum Seemannsleben und erschienen in jedem Schlager über die Seefahrt – aber über den ärgsten Feind des Nautikers, den Nebel, habe ich weder Hymnen noch Gesänge gehört. Dafür machte er uns bei der Nordsee- und Kanalpassage arg zu schaffen. Unser Politoffizier Heinz Born hatte die Besatzung zur Silvesterfeier zusammengeholt. Der Kapitän und die Nautiker waren sehr beschäftigt. Meine Aufgabe war es, mit dem Kapitän zusammen den Wachoffizier bei Nebelfahrten und in besonderen Gebieten, die eine erhöhte Wachsamkeit erforderten, zu unterstützen.

Ich kann mich noch daran erinnern, daß es uns gelang, in einer nebelfreien Pause mit der Besatzung auf das neue Jahr 1958 anzustoßen.

Wir stellten uns vor, daß nun zu Hause die Raketen in den Himmel stiegen und die Sirenen das neue Jahr begrüßen, während vielleicht in stillen Tälern der Heimat die Glocken läuteten. In Gedanken versunken hörten wir dann wieder deutlich die Sirenen heulen, aber diesmal waren es wieder die Bordtyphone unseres Schiffes, die den dichten Nebel des Englischen Kanals zu durchdringen suchten, um die Seeleute auf den anderen Schiffen zu warnen.

Damit war die Silvesterfeier für uns beendet. Der Beruf forderte von uns wieder den ganzen Einsatz der Person, um das Schiff, Besatzung und Ladung sicher durch den Kanal und über die ersten Stunden des jungen Jahres zu bringen.

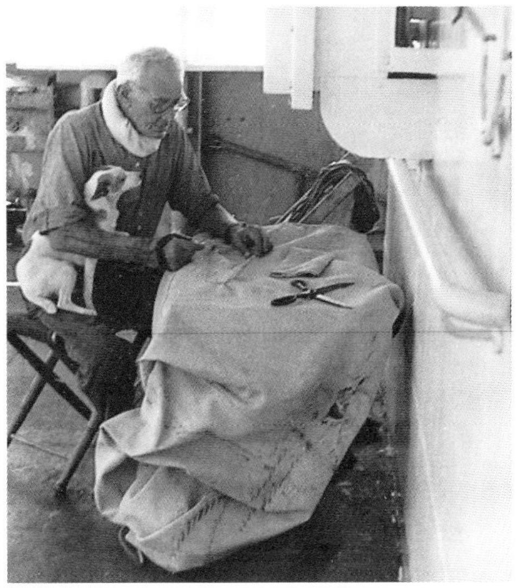

Bootsmann Carl (Charly) Wolters (72) beim Nähen eines Bezuges aus schwerem Segeltuch. Der zur Äquatortaufe an Bord gekommene Neptun hatte eine verdächtige Ähnlichkeit mit ihm ...

Die ersten Tage des Jahres 1958 verbrachten wir noch im Kanal und in der Biskaya. Es herrschte „schmieriges Wetter", wie der Seemann dieses regnerische Produkt der Natur bezeichnet. Ein rechtes Wetter zum Farbewaschen. Die Werft hatte uns noch im Dezember einen neuen Anstrich gegeben, damit auch die FREUNDSCHAFT im neuen weißen Kleid durch den Nord-Ostsee-Kanal fahren konnte und auch, um bei der Übergabe einen guten Eindruck zu hinterlassen. Nun aber kam der Fluch der guten Tat. Die Farbe, die auf die angefrorenen Flächen verstrichen war, blätterte durch die Erwärmung in großen Fladen ab. Unsere Seeleute halfen mit dem Decksspulschlauch nach – und wir hatten wieder ein schmuddeliges Schiff. Der Werftschmutz kam zum Vorschein, jene feine ölige Schmiere, die sich beim Bau eines Schiffes nicht vermeiden läßt. Also mußte erst einmal gründlich Farbe gewaschen werden. So sah man denn überall die Decksgang mit Seifenwasser, Schrubbern und Quasten dem Schiff zu Leibe gehen, ob an Deck oder gar an den Masten in den hoch oben baumelnden Bootsmannstühlen.

An Deck zwischen diesem Betrieb stand unser Bootsmann als ruhender und leitender Pol. Es war für ihn nichts Neues, er war ein Leben lang zur See gefahren, es war jetzt nur ein neues Schiff, und es waren neue und junge Menschen um ihn herum, begeisterte Jungen unserer Handelsflotte, die ihr Bestes geben wollten. Charly Wolters hat längst seine letzte Ruhestätte in der heimatlichen Erde gefunden, und es werden nicht wenige Seeleute sein, die oft an ihn denken, an Charly, die Schiffe und das Meer."

In einem Interview durch den Volkskorrespondenten, unseren I. Steward Hans-Joachim Schott, wird das Leben des Bootsmanns wie folgt beschrieben:

MS FREUNDSCHAFT an Ostsee-Zeitung! Charly Wolters – ein Leben auf See! An Bord, dem 30. Dezember 1957. Mit 14 Jahren fing er als Schiffsjunge an, aber nicht auf der MARY ANN, sondern auf einem 2000-Tonner, der Drei-Mast-Bark PROMPT.

„Es war im Jahre 1901 eine schwere Arbeit" – so erzählte Charly. *„Oft gab es Schläge, hart und schwer war die Schufterei an Bord."* Dann bei der REEDEREI LAEISZ, Westküste Südamerikas. Später bei der AUSTRAL-LINIE HAMBURG-SÜD, mit einem Walfänger in die Antarktis, so umsegelte unser Bootsmann Charly Wolters die Weltmeere, fast ein ganzes Menschenleben lang. Nach dem Ersten Weltkrieg versuchte er – der Not gehorchend – sein Glück auf ausländischen Schiffen. 1937 ging er wieder auf Walfang. Dann begann für ihn die Fahrzeit auf einem Munitionsfrachter. Nach dem Krieg finden wir ihn als Hafenmeister in Rostock. Als der zweite 3000-Tonner WISMAR in Dienst gestellt wird, ist er sofort zur Stelle, um seinen geliebten Beruf auszuüben. Drei Jahre ist er unseren jungen Seeleuten der Handelsflotte Berater, Lehrer und Erzieher. Durch Krankheit muß er abmustern, aber auf dem ersten 10000-Tonner, der seinen Kurs auf China nimmt, ist Charly mit seinen 72 Jahren als Bootsmann dabei. Wenn man nun denkt, von Charly etwas aus der Mottenkiste zu hören, so täuscht man sich.

Sein schönstes Erlebnis ist es, unter den jungen Menschen auf unseren Schiffen zu sein. Ja, kommt er mal in Braß, dann sagt er nur: *„Ihr lebt heute wie die Fürsten und begreift nicht einmal, daß es Euer Schiff ist, auf dem ihr fahrt!"*

Ganz so schweigsam aber scheint Charly Wolters doch nicht gewesen zu sein. Andere Gewährsleute berichten, daß er durchaus in der Lage war, von Zeit zu Zeit ein kräftiges Seemannsgarn zu spinnen, und dies auch gerne getan hat.

Es soll nun weiter dem Erinnerungsbericht von Herbert Jark gefolgt werden:

„Wir hatten nun langsam die Biskaya hinter uns gelassen, und an Bord herrschte wieder der normale geregelte Bordbetrieb. Da wir über drei gute Wachoffiziere verfügten, war ich nicht für die Seewache eingeteilt, sondern gehörte zu den ‚Tagelöhnern', jenen beneidenswerten Geschöpfen, die die ganze Nacht durchschlafen konnten. Dafür hatte ich mich dann vollständig um den seemännischen Bereich zu kümmern. Der Dienst begann mit der morgendlichen Absprache mit dem Bootsmann über den Arbeitsplan für den Tag und dessen Besonderheiten. Diese Zeremonie endete immer mit einem leichten Kratzen Charlys rauher Seemannshand in seiner Halsgegend und mit einem Griff meinerseits zur Rumbuddel. Nachdem er einen anständigen Schluck in die ewigen Jagdgründe befördert hatte, verließ er meine Kammer, um sich um die Decksgang zu kümmern.

Wir waren nun wieder auf großer Fahrt, zwar auf einem neuen großen Schiff in einem neuen Kollektiv, aber so langsam zog doch das gewohnte Bordleben ein. Neben der Arbeit ging jeder seinen Beschäftigungen nach. Meine Mutter hatte mir – wie immer nach jeder Reise – einen Karton mit den letzten Zeitschriften und Zeitungsartikeln aus der Schiffahrt an Bord geschickt. Da blätterte ich gerne nach und konnte auch den folgenden Artikel mit einem gewissen Schmunzeln lesen. Die Wochenendbeilage der OSTSEE-ZEITUNG vom 5. Oktober 1957 brachte einen Artikel von Werner Bönisch, den ich ein wenig zitieren möchte.

„So wird es sein, wenn der erste 10000-Tonnen-Frachter der Deutschen Demokratischen Republik im Hafen die Leinen zu seiner nächsten Reise löst. Grüß mir den Sudan und Oman – werden die Zurückbleibenden den Seeleuten zurufen ..."

So war also der ganze Artikel auf die erste Ostasienreise der FRIEDEN ausgerichtet. *„So begann es"* – unter diesem Untertitel wurde – ausgehend von der III. Parteikonferenz der SED – der Aufbau der Handelsflotte erläutert.

Dem Untertitel „Blau-Rot-Blau auf allen Meeren" folgte im einzelnen: *„Die FRIEDEN ist das 20. Handelsschiff unserer Republik und erhöht die Schiffstonnage der DEUTSCHEN SEEREEDEREI auf 27000 Tonnen. Ihre ersten Reisen in die Ostsee und in das Mittelmeer stellten den Schiffbauern, wie auch den Arbeitern und Ingenieuren der Zulieferindustrie, ... ein glänzendes Zeugnis aus. Bis 18 kn/h (!) leisten die in Halberstadt neuentwickelten Motoren. Die schiffbaulichen Eigenschaften der FRIEDEN entsprechen in jeder Weise dem Niveau des Weltschiffbaues ..."*

In diesem Stil ist der ganze Artikel gehalten. Werner Bönisch, ein fähiger Journalist, wußte es eigentlich besser, hatte er doch beste Kontakte zur Werft, zur Reederei und zu den Seeleuten. Aus heutiger Sicht sind an seinem Beitrag nicht so sehr die Überschwenglichkeiten interessant, sondern die Information, daß nach der SCHWERIN die nächsten Typ-IV-Schiffe die Namen ZWICKAU, BRANDENBURG und DESSAU erhalten sollten. Die letzten drei Namen wurden jedoch nicht an Typ-IV-Schiffe vergeben, wie sich später herausstellte, sondern an Massengutschiffe der Reederei.

Bei Herbert Jark heißt es dann weiter:

„Wir näherten uns Gibraltar und bereiteten uns navigatorisch auf die Durchfahrt vor. Wir konnten erstmalig unser Radargerät in Anwendung bringen und wollten uns mit den Radarbildern vertraut machen, um bei späteren Nebelfahrten gut orientiert zu sein."

Unser Volkskorrespondent berichtete sofort über diese Maßnahme wie folgt:

„Im Mittelmeer, 5. Januar 1958, MS FREUNDSCHAFT passierte Biskaya bei Wind 5, starke Dünung, schlechte Sicht und Regenböen, in glatter Fahrt führt die Reise entlang der spanisch-portugisischen Küste. Kap Finisterre und San Vincent gesichtet, Straße von Gibraltar nachts durchlaufen. Radargerät leistet gute Hilfe. Im Mittelmeer wurden wir mit sommerlicher Wärme empfangen. Bordkino zeigte heute Tonfilm „Gefährtinnen der Nacht". Machen weiter gute Fahrt. Bildbericht ab Port Said. Gruß Schott."

DEM SUEZKANAL ENTGEGEN

„Wir machten also entlang der nordafrikanischen Küste im Mittelmeer weiter gute Fahrt, konnten ab und zu einige Ansiedlungen an der Küste und die steilen hohen Felsen der afrikanischen Landschaft sehen. Ein immer wieder eindrucksvolles Bild bot die Hafenstadt Algier am blauen Mittelmeer im Glanz der strahlenden Sonne unter wolkenlosem Himmel. Alle Ferngläser richteten sich auf dieses Bild, als unser Schiff am 6. Januar die Stadt passierte. Im Abendsonnenschein des folgenden Tages liefen wir an der Mittelmeerinsel Malta vorbei und setzten den Kurs auf Port Said ab. Am 10. Januar war ich schon vor Sonnenaufgang auf der Brücke, um die Ansteuerung zu beobachten. Ich kann mich noch daran erinnern, daß der Ausguck die Weisung zur aufmerksamen Beobachtung erhielt, da es darauf ankam, Port Said exakt anzusteuern. Nach geraumer Zeit meldete sich der junge Seemann, der seine erste Reise machte, bei unseren Wachoffizieren mit den Worten: „Steuermann, wir müssen gleich da sein. Die Kirche kann ich schon sehen!" Er erzielte einen großen Lacherfolg, denn er konnte noch nicht wissen, daß die Ansteuerungstonne von Port Said mit einem Kreuz versehen ist, welches zuerst über den Horizont ragt.

Wir steuerten erstmalig Port Said an, um durch den Suezkanal nach dem Fernen Osten zu fahren. In der Vergangenheit waren wir selten nach Suez gekommen, da es kein Umschlagshafen im eigentlichen Sinne war. Zuletzt war ich mit der ROSTOCK in diesem Hafen, um dort zu bunkern. Wir lagen damals an einer Pier, kurz vor dem Kanaleingang. Von dort versegelten wir nach Latakia. Als wir auslaufend aus diesem Hafen Zypern passierten, erhielten wir nachts die Meldung, daß die amerikanischen und englischen Streitkräfte sowie israelische Truppen Ägypten angegriffen hätten und hart um die Stadt Port Said gekämpft wurde. Auf der Heimreise mit unserem Dampfer ROSTOCK liefen englische Zerstörer und andere nicht genau zu erkennende Kriegsschiffe mit sehr hoher Fahrt auf Ostkurs an uns vorbei. Wir waren also mit unserer ROSTOCK gerade noch so aus dieser Sackgasse herausgekommen, sonst wäre unser Dampfer wohl auch eines der zahlreichen Wracks aus dieser Zeit gewesen.

Diese und andere Gedanken begleiteten mich auf dem letzten Teil des ersten Abschnittes unserer Reise, auf der unser Schiff eine gute durchschnittliche Fahrt von 15 kn bei einem Brennstoffverbrauch von 23 t/Tag gemacht hatte.
Wir gingen vor Anker, da schon 27 Schiffe vor uns Port Said erreicht hatten. Es war ein recht interessantes Bild. Schiffe aller Art, wie Stückgutschiffe, Schwergutschiffe und Tanker lagen hier ruhig vereint, aber mit klaren Maschinen, um jederzeit auf das Einlaufsignal Fahrt durch den Suezkanal zu beginnen. Dieses Einlaufsignal wurde für uns gegen Mittag gegeben, und der Lotse brachte uns sicher bis in den Hafen. Hier wurde der Seelotse durch den Hafenlotsen abgelöst. Uns brachte ein DDR-Lotse an einen Bojenliegeplatz. Grüße und Informationen wurden ausgetauscht und unser Schiff für die Kanalpassage einklariert. Der I. Ingenieur und ich erhielten den Auftrag, ellenlange Listen für die erste Passage auszufüllen. Die Kanalbehörde führte eine genaue Statistik und forderte sehr viele Daten. Dann konnten die wachfreien Seeleute mit der Barkasse an Land fahren und einen Bummel durch die Stadt machen. Es waren noch viele Zerstörungen als Folge des Krieges zu bemerken, aber sonst verlief das Leben normal mit dem gewohnten Temperament des Südländers.
Meinen Angehörigen sandte ich eine Karte mit einer handgezeichneten Übersicht über den Suezkanal. Darauf stand in englischer Beschriftung: Der Suezkanal wurde gebaut in den Jahren 1859 bis 1869 – Kosten 30 Millionen Pfund, Tiefe 29 Fuß, Breite 300 Fuß, er verkürzt den Seeweg nach Indien um 7600 Meilen.
Diese Vergünstigung konnten wir am 10. Januar 1958 um 2.43 Uhr in Anspruch nehmen. Vorher lagen wir an der Boje nahe der Kanalmündung, und seit über einer Stunde waren Frachter auf Frachter und Tanker auf Tanker mit einem Abstand von einer Seemeile und einer zeitlichen Differenz von 5 Minuten majestätisch an uns vorübergeglitten. Wir standen mit unserem Lotsen Iwanov, einem sowjetischen Seemann, klar auf der Brücke.
Dann waren wir an der Reihe, und pünktlich nach Plan schwenkten wir in die Kanalmitte ein und passierten das erste Torfeuer des Kanals. Über uns die dunkle Tropennacht und vor uns die beleuchteten Schiffe des Konvois, so zogen wir eingereiht in eine lange Kette durch die schweigende Wüste.
Unser Kanalscheinwerfer erfaßte eine Reflexboje nach der anderen. Wir beobachteten die stillen und verschlafenen Dörfer an der Straße, die parallel zur Kanalachse verlief.
Als sehr interessante Abwechslung sahen wir den uns überholenden Wüstenexpreß, der nahe bei uns vorbeidonnerte.“
Der Morgen erwachte über dem weiten Sandmeer, und der Lotse stoppte bei den Kanalstationen die Passierzeiten. Die einzelnen Teilabschnitte des Kanals zwischen den Stationen mußten in genau vorgeschrieben Zeiten bewältigt werden, sonst konnte der südgehende Konvoi in der Ausweiche nicht wie geplant passiert werden.
Bei Ismailia verabschiedete sich der sowjetische Lotse und sprach seine Anerkennung für die guten Manövriereigenschaften aus. Während der Konvoi mit gleichbleibender Geschwindigkeit den Timsah-See durchfuhr, kamen die schnellen Lotsenboote längsseits und setzten die neuen Lotsen bei den Schiffen ab. Auf unserer Kommandobrücke meldete sich der Lotse Schladebach, der vielen von uns vorher als Rostocker Lotse bekannt war. Unser Bordkorrespondent nahm dies sofort für ein Interview wahr und so erschien in der Heimat folgender Artikel in der „Ostsee-Zeitung“.

Interview mit Rostocker Lotsen in Ismailia

Mit der FREUNDSCHAFT durch den Suez – wie lebt ein Mecklenburger in Afrika?
Von unserem Sonderkorrespondenten Hans-Joachim Schott
Heut ist ein großer Tag für unsere Handelsflotte. Erstmalig durchfährt ein Motorfrachter der Deutschen Seereederei den Suezkanal. Höher schlägt unser Herz, als wir zu mitternächtlicher Stunde beide Anker lichten. Als 11. Schiff finden wir unseren Platz in dem aus 14 Schiffen bestehenden Konvoi. Ein sowjetischer Lotse geleitet uns durch den Suezkanal bis Ismailia. Hier ist etwa die Hälfte des 160 Kilometer langen Kanals zurückgelegt. Dunkel liegt die Wüste beiderseitig des Kanals, nur das Kanalbett wird durch den grellen Scheinwerfer, der auf der Back aufgebaut worden ist, erleuchtet. Voraus blinken die Hecklaternen der vor uns fahrenden Tanker, Frachter und Passagierschiffe. Fast alle der mit uns im Konvoi fahrenden Schiffe haben große Reisen vor sich. Sie fahren nach Indien, Indonesien, Australien, und unsere FREUNDSCHAFT ist nach China unterwegs. Vereinzelt läßt sich ein Auto an der Steuerbordseite erkennen. Hell blitzen für kurze Zeit die Scheinwerfer auf. Die Autostraße verläuft direkt neben dem Kanal. Hatte uns bisher nach Port Said in den Hafen ein Lotse aus Wismar gelotst, so kommt hier in Ismailia der Lotse Schladebach an Bord. Beide gingen 1956, als der Suezkanal verstaatlicht wurde und England und Frankreich ihre Kanallotsen abzogen, nach Ägypten. Über ein Jahr versieht Lotse Schladebach jetzt schon seinen Dienst. Ich nahm Gelegenheit, ihm drei Fragen zu stellen.
Frage: Herr Schladebach, Sie waren doch früher in Rostock als Lotse tätig. Wie lange sind Sie jetzt schon im Suezkanal als Lotse und worin sehen Sie den Sinn ihrer jetzigen Tätigkeit? Antwort: Seit einem Jahr bin ich hier tätig. Nach der Verstaatlichung des Suez-Kanals durch die ägyptische Regierung folgte ich dem Aufruf der Suezkanal-Gesellschaft und ging mit Unterstützung meiner Regierung nach Ägypten. Unsere Arbeit wird von der Kanalverwaltung anerkannt. Wir sehen den Sinn unserer Arbeit vor allem darin, dem ägyptischen Volk zu helfen, seine Souveränität zu wahren, was hier anerkannt wird. Davon wird auch das Verhältnis der ägyptischen Bevölkerung zu uns und umgekehrt bestimmt.
Frage: Haben Sie ihre Familie jetzt hier und wie leben Sie hier?
Antwort: Ja, ich habe meine Frau und Kinder bei mir. Wir leben gut. Ich bewohne ein Häuschen mit einem 3000 m² großen Garten. Meine Töchter besuchen hier die Schule in Ismailia. Meine ältere Tochter, obwohl sie erst neun Monate hier weilt, ist im Erlernen der arabischen Sprache die Viertbeste. Neben Arabisch muß sie noch Englisch und Französisch lernen.
Frage: Herr Schladebach, haben Sie einen Gruß an die Heimat, den ich Ihnen vielleicht über die OSTSEE-ZEITUNG vermitteln könnte?
Antwort: Grüßen Sie bitte meine Kollegen in Rostock und Warnemünde sowie die „OSTSEE-ZEITUNG“, von der ich gern einmal ein Exemplar erhalten hätte...
Und weiter berichtete die OSTSEE-ZEITUNG in diesem Artikel über Ismailia und die Fortsetzung der Reise.

„Ismailia ist eigentlich die einzige Stadt, die direkt am Kanal liegt. Eintönig umgibt uns bald danach wieder die Wüste. Nur vereinzelt einige Palmen und Grünflächen dort, wo sich Süßwasser gesammelt hat. Gegen Mittag gehen wir im Großen Bittersee vor Anker. Hier ist die sogenannte Weiche. Der entgegenkommende Konvoi wird erwartet, denn der Suezkanal ist jeweils nur in einer Richtung zu befahren. Wir lernen die tropische Hitze der Wüste so richtig kennen, aber trotzdem lassen es sich unsere Gäste nicht nehmen, der Besatzung ihre reichhaltigen Erfahrungen und Erlebnisse zu berichten. Der ND-Korrespondent Killmer berichtet über die Kairoer Konferenz, Ernst Scholz, außerordentlicher Bevollmächtigter für Ägypten und den Nahen Osten, informiert über die augenblickliche Situation und die letzten politischen Ereignisse in Ägypten.

Gegen Abend lichteten wir wieder die Anker, um uns in den Konvoi einzureihen. Zuvor nahmen natürlich die um uns liegenden Schiffsbesatzungen reichlich Gelegenheit, unser neues Schiff unter die Lupe bzw. unter das Glas zu nehmen. Frachter vieler Nationen, Tanker von ESSO und BP und ein holländisches Passagierschiff, das sich auf der Reise nach Indonesien befindet, um dort seine Landsleute abzuholen, die das Land verlassen müssen – das sind unsere Gefährten durch die Nacht. In der Ferne zeichnet sich der Lichterschein von Suez ab, aber noch fast eine ganze Stunde währt die Fahrt bis dahin. Vorher begegnen wir noch zwei Baggern, die die Fahrrinne und das Kanalbett frei machen. Unser Gäste – der Lotse und die Festmacher – werden abgesetzt, ebenso ihre Boote. Der Schiffsmakler kommt längsseits und übergibt die erste Post aus der Heimat. Ein Winken der von uns Scheidenden läßt sich noch von dem hell erleuchteten Kai erkennen, dann umgibt uns wieder stockfinstere Nacht. Wir befinden uns im Roten Meer!“

Wie unser Bordkorrespondent beschrieb, tauchten wir nun also in die Finsternis des Roten Meeres. An den Ufern leuchteten die gelben Fackeln der Ölraffinerien. Unsere Nautiker peilten die Leuchtfeuer und achteten auf alle Besonderheiten, denn in diesem Gebiet sind wir – außer unserem Kapitän – noch nicht gewesen. Am anderen Tage wurde uns vom Kapitän der Kurs durch das Rote Meer erläutert. Es gab dort sehr viele Riffe und kleine Inseln, die beachtet werden mußten. Außerdem war der dort herrschende Oberflächenstrom zu berücksichtigen. Für unsere Matrosen wurde durch die große Hitze die Arbeit an Deck erschwert und der Tropenhelm gehörte zur ständigen Bekleidung.

Vier Tage benötigten wir, um das Rote Meer zu durchfahren, und beim Verlassen desselben erhielt die ‚Ostsee-Zeitung‘ von unserem Korrespondenten folgendes Telegramm:

„10 000 Kilometer erreicht!
Rotes Meer, 15. Januar 1958.
Haben bei schönem Wetter Rotes Meer durchlaufen.

Als Passagiere sind Dr. Walter Pollatschek und seine Frau Emmi an Bord. Sie drehen für die DEFA einen Dokumentarfilm der Reise. Mit dem Ladegeschirr wird der Kameramann außenbords geschwenkt, auf einem Bootsmannsstuhl gehörig festgezurrt, um seine „Außenaufnahmen“ aus der richtigen Perspektive zu bekommen.

Delphine und fliegende Fische begleiten die FREUNDSCHAFT und zeigen ihre possierlichen Spiele. Starke Monsunwinde sind in der Straße von Bab el Mandeb (Tor der Tränen), machen weiter gute Fahrt. Bisher etwa 10 000 km zurückgelegt!“

Wir liefen in den Golf von Aden ein, um die Stadt Aden zum Bunkern anzulaufen.

Am 15. Januar gegen 18.00 Uhr wurde der Hafen erreicht und das Schiff an den Bunkertonnen festgemacht. Um 21.00 Uhr wurde mit dem Bunkern begonnen und nach Beendigung noch in der Nacht in den Hafen verholt. Der Hafen wurde angelaufen, um die Ankunft eines Flugzeuges abzuwarten, das als Fracht für uns Brennstoffpumpen an Bord haben sollte. Bei dem Warten auf der Reede hatten wir Gelegenheit, uns die Umgebung von Aden genauer mit dem Glas anzusehen. Es waren die hohen Felsen zu erkennen, die das Gebiet dieser Bucht umgaben. Auf dem Felsen, nächst der Hafeneinfahrt, wehte die britische Flagge. Unsere Kameragruppe der DEFA baute ihre Kameras auf dem Peildeck auf und konnte bei dem schönen Wetter sehr gute Aufnahmen machen. Wir wurden auf der ganzen Reise von einer DEFA-Gruppe begleitet. Sie drehten einen Dokumentarfilm, der später unter dem Titel „Wismar–Shanghai–Wismar“ als Vorfilm in Lichtspielhäusern der Republik lief und ein hervorragend lebendiges Tagebuch der Reise war.

Am 16. Januar informierte uns der Makler über die Ankunft des Flugzeuges, aber es hatte keine Ersatzteile für uns an Bord. So entschloß sich Kapitän Zinn, nicht länger zu warten, sondern setzte nach Absprache mit dem I. Ingenieur die Reise nach dem Fernen Osten fort. Noch am gleichen Tage verließen wir Aden mit unbekanntem Ziel, wie dem Makler angegeben wurde.

SONDERMASSNAHMEN

Nachdem das Schiff wieder auf See war und durch den Golf von Aden steuerte, ließ der Kapitän die Besatzung an Deck versammeln, erläuterte einiges über den weiteren Reiseverlauf und gab als Bestimmungshafen Shanghai bekannt. Es war das erste Mal, daß der Bestimmungshafen Shanghai für uns offiziell genannt wurde. Der Kapitän hatte ihn auch erst bei der Passage des Suezkanals erfahren und ihn bis nach dem Verlassen des Kanals für sich behalten. Eine Bekanntgabe vor dem Anlaufen des Hafens Aden wäre nicht ratsam gewesen, da dieser Ort als Spionagezentrale übelster Art bekannt war.

Wir wußten, daß vor nicht allzu langer Zeit ein polnisches Schiff über mehrere Monate durch die Tschiang-Kai-schek-Marine auf Taiwan festgehalten wurde und die Besatzung nicht gerade human behandelt wurde. Es war auch anzunehmen, daß durch bestimmte Kreise versucht werden sollte, den entstehenden Seehandel mit der Volksrepublik China zu unterbinden. Es war also mit Zwischenfällen zu rechnen, und deshalb wurden auch die besonderen Maßnahmen des Kapitäns zum Schutze der Besatzung, der Ladung und des Schiffes von den meisten Besatzungsmitgliedern als richtig angesehen. Allerdings gab es auch Besatzungsmitglieder, die ängstlich waren und andere Gruppen, die den Kapitän auffor-

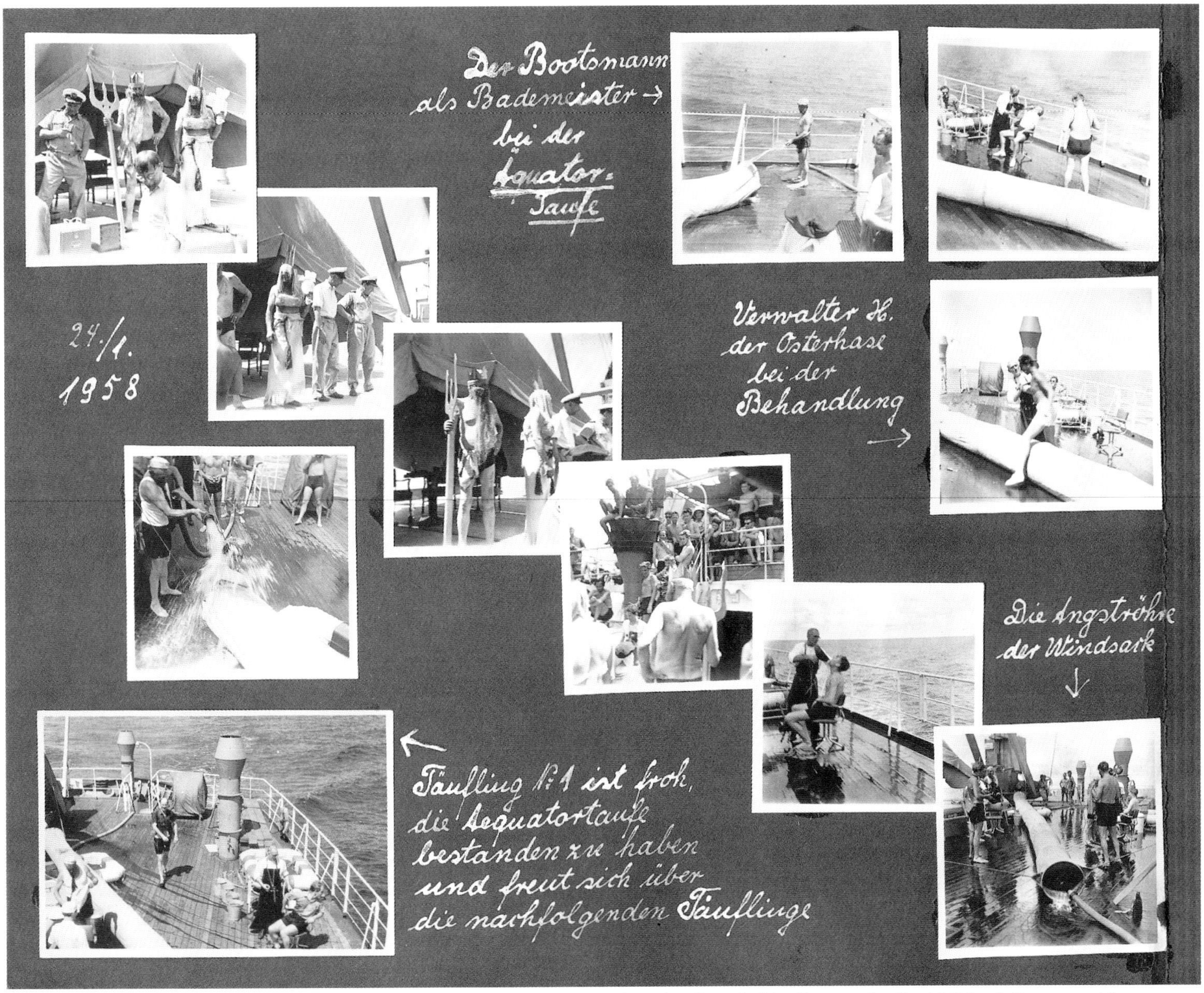

Eine komplett gestaltete Seite aus dem Fotoalbum des I. Offiziers Herbert Jark. Bei der Behandlung der Täuflinge wurde offensichtlich mit Seewasser nicht gespart. Damit Kapitän Zinn, Neptun (Bootsmann Charlie Wolters), Gefolge und Trabanten nicht zu sehr unter der Hitze litten, wurde auf Luke 5 das Lukenzelt gesetzt. Als Apotheker Neptuns fungierte Schiffsingenieur Habersack.

derten, Gefahrenzulagen zu zahlen. Eine weitere Gruppe, die nicht mit den Maßnahmen einverstanden war – besonders die Funkstille gefiel ihnen nicht –, waren die Korrespondenten und Berichterstatter. Sie mußten die Verbindung zu ihren Zeitungen und anderen Informationsstellen zunächst unterbrechen.

So gab es zu dieser Zeit viele und erregte Diskussionen an Bord, die die Schiffsführung vor einige Probleme stellte. Aber die Situation wurde gemeistert.

Am 17. Januar 1958 wurde Kap Guardafui passiert, und wir liefen in den Indischen Ozean ein und nahmen Kurs auf die Südspitze von Sumatra. Dadurch wichen wir von den üblichen Routen ab und waren, wie unser Kapitän sich ausdrückte, „wie vom Ozean verschluckt". Die Nautiker bereiteten sich auf die Passage der Malediven, der Indien vorgelagerten Insel, vor. In den Seehandbüchern lasen wir, daß es sich um Korallenriffe und Atolle handelte und die Kapitäne darauf zu achten hatten, daß bei eventuellen Kontakten mit der Bevölkerung keine Schnupfenviren übertragen würden, da es dann dort zu Epidemien kommen könnte.

Wir passierten die Malediven am 21. Januar, indem wir die Khardiva-Durchfahrt nahmen. Wir waren dabei so weit von den Inseln entfernt, daß wir kaum etwas erkennen und so auch keine Schnupfenviren einschleppen konnten.

In der Besatzung wurden alle Vorkehrungen getroffen, um das Fest der Äquatortaufe zu feiern. Jeder half mit. Ich malte damals mit großer Hingabe an einem Umhang für den Meeresgott Neptun. Da wir über keine Seide und Brokat verfügten, blieben wir beim üblichen Segeltuch. Am 23. Januar war es dann

fremdartigen Reiz und ihr großartiges Können unseren Beifall fanden. Am Ende sah sich auch unser Besatzungskollektiv gedrängt, zwei Lieder aus unserer Heimat vorzutragen, die uns viel Applaus bescherten. Am nächsten Tag fuhr ich mit einigen Kollegen nochmals zum Interklub, um in dem dortigen Basar einige Einkäufe zu tätigen. Anschließend statteten wir der hier befindlichen Bar einen Besuch ab ... Die Tage in Shanghai gingen dahin. Wir waren noch öfter an Land und fuhren mit Fahrrad-Rikschas kreuz und quer durch die Stadt, betrachteten Shanghai, das Leben der Menschen, das Warenangebot in den Läden, und überall waren wir erstaunt zu sehen, mit welchem Elan das chinesische Volk sein Leben meistert und darum kämpft, den Lebensstandard zu erhöhen. Wir erfuhren, daß die Wohnungsmieten denkbar niedrig sind, daß in allen Städten Tausende neue Wohnungen gebaut werden und daß laufend Preissenkungen durchgeführt werden, daß die Lebensmittel sehr billig sind und mit aller Kraft an der Industrialisierung des Landes gearbeitet wird. Interessant ist auch der Kampf gegen die Unsauberkeit in China. Durch die Städte ziehen Arbeiter und Pioniere, die durch Sprechchöre oder durch die Tat zum Kampf gegen die ‚Vier Übel' auffordern: ‚Fliegen, Sperlinge und Mücken, zum Nachlassen des Spuckens auf die Straße und in öffentlichen Gebäuden.' Zum Schutze gegen Erkältungskrankheiten tragen viele ein Tuch vor Mund und Nase.

Solange wir in Shanghai lagen, wurde unser Schiff von zahlreichen Delegationen besucht. Es kamen Vertreter der Betriebe, Parteien und Organisationen, alle im Bestreben, uns zu begrüßen und Verbindung aufzunehmen. Am 16. Februar – nach acht unvergeßlichen Tagen – verließen wir, von einer großen Menschenmenge verabschiedet, Shanghai und nahmen Kurs auf Tsingtau. Nach einer 36stündigen Seereise durch das Gelbe Meer liefen wir am 18. Februar im Morgengrauen die Reede von Tsingtau an. Kurz nachdem wir das Lotsensignal gegeben hatten, kam uns ein festlich beflaggter Schlepper entgegen, der den Lotsen, die Behörden und einige in China arbeitende Deutsche an Bord brachte. Dann nahmen wir wieder Fahrt auf, um in den Hafen einzulaufen. Auch hier standen eine erwartungsvolle Menschenmenge, Werktätige und Kinder, um uns zu begrüßen. Kurz darauf erhielten wir die erste Einladung. Der Oberbürgermeister der Stadt Tsingtau lud die Besatzung der FREUNDSCHAFT zum Essen ein. Wir wurden in den Tischreden und Trinksprüchen gefeiert, als hätten wir Heldentaten vollbracht, indem wir nach China kamen.

Der Kapitän wies die chinesischen Genossen darauf hin, daß wir nur unsere Pflicht als Seeleute erfüllt hätten, indem wir unser Schiff heil und gesund zu seinem Bestimmungshafen brachten, uns aber freuten, wenigstens einen kleinen Teil zur Festigung der Beziehung zwischen unseren beiden Völkern beitragen zu können.

Auf der Reede von Taku kommt eine Delegation der chinesischen Kinderorganisation „Junge Pioniere" zur Begrüßung an Bord. Herbert Jark (links), I. Ingenieur Schulz (rechts), im Hintergrund Zahlmeister Helmut Heuer begrüßen die Gäste an Deck.

Die Speisenfolge ähnelte der in Shanghai. Nur waren wir infolge der vielen Tischreden gezwungen, etwas mehr zu trinken ...

Der Chinese pflegt auf den Ruf ‚Gambé' seine Gläser – auch Wein – vollkommen auszutrinken, und mit diesem Ruf endete jede Tischrede. Deshalb herrschte bald eine angeregte vergnügte Stimmung. In dem Gefühl, neue Freunde gewonnen zu haben, fuhren wir an Bord zurück. Am Abend nahmen wir an einer Kulturveranstaltung im Interclub teil, bei der uns außer Teilen des chinesischen Volkskunstschaffens auch Ausschnitte aus einer Peking-Oper geboten wurden. Diese Musik ist jedoch nicht für jedes europäische Ohr geschaffen ...

Der IV. Ingenieur Lothar Preußner beim Landgang in Tsingtau.

Am nächsten Tage fanden sich die chinesischen Freunde zu einem Empfang an Bord unseres Schiffes ein. Zum Abschied überreichten sie jedem Besatzungsmitglied ein Päckchen Erdnüsse und eine Schachtel Zigaretten. Abends war ich nochmals mit einigen Kollegen in der Stadt. Wir kauften verschiedene Kleinigkeiten ein und betrachteten die Stadt, deren Architektur immer noch deutsche Merkmale trägt. Auch hier herrschte in Geschäften und Straßen reges Leben. Während der drei Tage unseres Aufenthalts in Tsingtau, der früheren deutschen Kolonie, feierte das chinesische Volk gerade das Frühlingsfest, den höchsten Feiertag des Landes. Am nächsten Tag, dem 20. Februar, mittags, verließen wir – von einer großen Menschenmenge verabschiedet – Tsingtau, um Tientsin, den letzten Hafen unserer Reise, anzulaufen. Nach zwei Tagen gingen wir auf der Reede von Taku Bar, 11 Seemeilen vom Land entfernt, vor Anker. Weiter nach Land zu ankern oder gar nach Tientsin einzulaufen, erlaubte unser Tiefgang nicht. Also blieben wir liegen und erwarteten unsere Ladung, die mit Leichtern herangebracht werden sollte. Aber erst kamen wieder Delegationen, deren Ankunft mit erheblichen Schwierigkeiten verknüpft war, da es mittlerweile aufgebrist hatte.

Die Besatzung wurde in zwei Gruppen zu einer Besichtigung Tientsins eingeladen. Ich fuhr mit der zweiten Gruppe. Ein Schlepper brachte uns an Land, und von dort ging es in zwei Autos und einem Bus in einer eineinhalbstündigen Fahrt die etwa 80 Kilometer lange Strecke nach Tientsin. So hatten wir noch einmal Gelegenheit, einen kleinen Blick in das Innere des Landes zu werfen. Auch hier bemerkten wir wieder, daß sich China im Aufbau befindet.

Nachdem die Ladearbeiten abgeschlossen waren, die durch zeitweise auffrischende Winde verzögert wurden, verließen wir China am 1. März mit dem Gefühl, unsere Aufgabe erfüllt zu haben. Wir hatten den Liniendienst nach China eröffnet und einen kleinen Beitrag zur Festigung der deutsch-chinesischen Freundschaft geleistet.

Soweit der Bericht des Matrosen Lothar Kühn. Nachzutragen bleibt zum Reiseverlauf, daß in Shanghai ein Besatzungsmitglied von der FREUNDSCHAFT desertierte und nicht wieder an Bord zurückkam. Das war der Bordkater Oskar. Er kam in Wismar an Bord, wie, wußte keiner so genau. Er lebte sich schnell ein, führte stundenlange Kämpfe mit an Deck liegendem Tauwerk und brachte es fertig, die Matrosen dazu zu bewegen, außerhalb des Dienstes und ohne Anweisung des Bootsmanns einen Tampen in die Hand zu nehmen. Er wohnte in einer Matrosenkammer und nahm von da aus seine Streifzüge vor. Respekt hatte er vor niemandem, nicht einmal vor dem Kapitän. Trotz des Schildes auf der Brücke „Betreten verboten" stattete er ihr regelmäßig seine Besuche ab. Er schreckte auch nicht davor zurück, im Kartenraum sein Mittagsschläfchen auf der Seekarte zu machen. Bei schlechtem Wetter zog sich Oskar vorübergehend vom gesellschaftlichen Leben zurück. Der Offiziersteward Mecki Schott wurde von ihm völlig ignoriert, was sich selbst der Kapitän niemals erlaubte. Oskar prüfte die Qualität des VEB Deutsche Polstermöbel. Als er jedoch begann, mit seinen Krallen Fäden aus den Sesseln zu ziehen, mußte er der rohen Gewalt weichen. In Port Said erhielt Oskar Hausarrest, denn wir wollten ihn noch etwas behalten.

Zur Äquatortaufe stellte Oskar sich auch ein und beobachtete aus sicherer Entfernung das unmenschliche Treiben, wobei ihm anzusehen war, daß er sich über die Tierquälerei wunderte. Fühlte er Hunger, so begab er sich schnurstracks in die Kombüse und wartete darauf, daß den geschickten Händen des Kochs etwas Eßbares entglitt. Wie der Blitz stürzte sich Oskar dann auf die Beute und verschwand eilends in Richtung der Roten Ecke, wo er seinen Raub verzehrte. Seine Spezialität war Fischfilet und nicht etwa Reis. In Shanghai war Oskar weg. Die Besatzung suchte ihn in allen Ecken und Winkeln, aber er blieb verschwunden.

DIE HEIMREISE

Als die FREUNDSCHAFT die Heimreise antrat, hatte sie eine wertvolle Ladung an Bord. Sie bestand aus Seide, Tabak in Ballen, Zigaretten, Rohfellen, Baumwolle in Ballen, Zinksulfat und Oberbekleidung. Chinesische Seide wurde damals in der DDR sehr geschätzt. Die exotischen Muster, zarten Farben und das glatte Gewebe wurden – besonders zur Anfertigung von festlicher Garderobe – von der Damenwelt bevorzugt. Jackenkleider, lange Röcke, Hausanzüge und Abendkleider aus Seide waren damals – besonders in der Wintersaison – bei festlichen Veranstaltungen oft zu sehen.

Herbert Jark erinnert sich, daß die an Bord befindliche Radaranlage, ein sowjetisches Gerät vom Typ „Neptun", stets eine lange Vorwärmzeit brauchte, bis sie einsatzbereit war. Das Gerät war störanfällig und sehr häufig unklar. Bei der Fahrt durch den Pazifik waren wegen des bedeckten Himmels häufig keine astronomischen Gestirnsbeobachtungen möglich und damit keine genaue Ortsbestimmung. Es wurde zwar durch sorgfältiges Koppeln ein angenäherter Schiffsort errechnet, der aber wegen zu vermutender Oberflächenströmungen doch ungenau sein mußte. Nachdem Kapitän Zinn seine Krankheit überstanden hatte, versuchte er, nachts auf dem Peildeck mit dem Sextanten und einer Pütz voll Wasser als künstlichem Horizont, Gestirnsbeobachtungen durchzuführen. Das gelang ihm auch, wie sich später herausstellte, mit nur kleinen Abweichungen.

Als Fischerboote in Sicht kamen, ließ der Kapitän die Fahrt aufstoppen und das Schiff vorsichtshalber vor Anker gehen. Nach dem Hellwerden stellte sich heraus, daß man genau auf dem richtigen Kurs gelegen hatte, aber doch schon dichter unter der Küste stand als ursprünglich vermutet wurde. Das Schiff lag ziemlich dicht in Küstennähe unterhalb einer Steilküste vor Anker.

An diesem Tag hatte Kapitän Zinn Geburtstag. So konnte er, noch vor Anker liegend, während einer improvisierten Geburtstagsparty die Glückwünsche der Besatzung entgegennehmen. Nach dem Aufklaren kam ein richtiges Leuchtfeuer durch, dann hatte man eine genaue Position und konnte den Rest der Ansteuerung fortsetzen.

Die Heimreise der FREUNDSCHAFT verlief ohne besondere Schwierigkeiten oder herausragende Ereignisse. Die Ankunft in Wismar ist im Maiheft 1958 der Fachzeitschrift SEESPORT durch den Redakteur Fritz Haberstroh wie folgt beschrieben:

„... Der Wunsch der Besatzung, das Osterfest zusammen mit den Angehörigen in der Heimat zu verleben, ging leider nicht in Erfüllung. In der Nacht vom 7. zum 8. April erreichte die FREUNDSCHAFT die Ansteuerungstonne Wismar 1 und ging in Sicht des Leuchtturmes von Timmendorf vor Anker.

Als ich in den frühen Morgenstunden des 8. April den von einem Telefon zum anderen laufenden vielbeschäftigten Hafenmeister in Wismar aufsuchte und mich nach MS FREUNDSCHAFT erkundigte, gab er bereitwillig die Auskunft, daß das Schiff draußen auf das Einschleppen in den Hafen warte. In der Agentur Wismar der Deutschen Seereederei wurden laufend Telefongespräche geführt, um das reibungslose Herein- und Hinausbugsieren der großen Frachtschiffe zu lenken. Erst mußte noch ein Frachter aus der Sowjetunion hereingebracht, dann ein 10000-Tonner aus London hinausbugsiert werden, der Ladung nach Alexandria übernommen hatte, und dann erst konnte unsere FREUNDSCHAFT hereingeholt werden.

Nach Rücksprache mit Grenzpolizei und Zoll war es mir gestattet, um 11.30 Uhr den Schlepper SUND zusammen mit der Grenzpolizei und den Männern

8. April 1958: Nach Rückkehr von der ersten Fernostreise eines Typ-IV-Schiffes läuft die FREUNDSCHAFT wieder in Wismar ein. Nach dem Anlegemanöver erklingt die Nationalhymne. Bildmitte (im Mantel) Politoffizier Heinz Born, neben ihm Zahlmeister Helmut Heuer, links im Bild Maschinenassistent Fiete Dräger; einige Jahre später ist er Leitender Ingenieur des Urlauberschiffes FRITZ HECKERT.

vom Zoll zu besteigen. In schneller Fahrt ging es in Richtung Timmendorf auf der Insel Poel. Erst von hier aus konnten wir die FREUNDSCHAFT ausmachen, da Schneegestöber mit Regen vermischt eine weite Sicht nicht zuließ.

Gegen 14.00 Uhr hatten sich am Kai viele hundert Werktätige und Familienangehörige der Besatzungsmitglieder mit Blumen, der Direktor der Deutschen Seereederei, Heinz Schreiber, der SED-Kreissekretär von Wismar und die Werkkapelle der Matthias-Thesen-Werft eingefunden. Mit Winken, Tücher schwenkend und unter den Klängen der Musikkapelle wurden die Besatzungsmitglieder beim Festmachen kurz nach 15.00 Uhr begrüßt. Nach Herablassen des Fallreeps kamen mit dem Direktor auch die Angehörigen an Bord. In einer kurzen Ansprache dankte Direktor Heinz Schreiber der Besatzung und ihrem Kapitän Zinn für die großartige Leistung. Durch diese Fahrt der FREUNDSCHAFT wurde die Ostasienlinie der Deutschen Seereederei eröffnet.“

Es gibt zu denken, daß in all den bisher zitierten Quellen und Berichten die Maschinenanlage und die technischen Einrichtungen des Schiffes so gut wie gar nicht Erwähnung fanden. Offenbar haben die Anlagen zufriedenstellend gearbeitet.

Es scheint, als wäre das für die Besatzung schon so selbstverständlich gewesen, daß es keiner besonderen Erwähnung wert war. Die erfolgreiche Heimreise der FREUNDSCHAFT war sicherlich auch für die Reedereileitung eine beruhigende Nachricht. Bestätigte sie doch die Richtigkeit der Einsatzkonzeption, des Neubauprogramms und der Auswahlprinzipien für die Besatzung. Erfahrene Kapitäne, gut ausgebildete Offiziere und Unteroffiziere und hochmotivierte und engagierte Mannschaftsmitglieder hatten sich in der Lage gezeigt, allen Anforderungen zu entsprechen. Kapitän Adolf Zinn hatte einen sehr langen, handschriftlichen Reisebericht verfaßt, der wertvolle Erkenntnisse und Erfahrungen vermittelte und in der Reedereileitung entsprechende Beachtung fand. Es muß für Adolf Zinn damals auch eine innere Genugtuung gewesen sein, als erster Kapitän mit einem großen Schiff aus dem Fernen Osten erfolgreich wieder in die Heimat zurückzukehren. Es steht zwar in keinen Unterlagen der damaligen Zeit und in keinen offiziellen Berichten, aber Zeitzeugen sagen doch nahezu übereinstimmend, daß es zwischen Kapitän Zinn und Kapitän Beykirch bei aller Übereinstimmung in den Grundauffassungen und in der kollegialen Zusammenarbeit doch so etwas wie eine leise unausgesprochene Rivalität gegeben haben muß.

Bisher hatte Kapitän Beykirch als ältester Kapitän durch die Indienststellungen der VORWÄRTS, der ROSTOCK und der FRIEDEN sein Ansehen ständig steigern können. Nun aber, mit der erfolgreichen Jungfernreise eines Großschiffes nach China und zurück, hatte Kapitän Zinn unübersehbar seine Fähigkeiten bewiesen.

Während der Hafenliegezeit gab es einige personelle Veränderungen. Am 16. April wurde der bisherige III. Offizier Hans-Jürgen Fünning zum II. Offizier befördert, und als der bisherige II. Offizier Friedrich Witzke am 16. Mai 1958 aus dem Urlaub zurückkam, musterte er von der FREUNDSCHAFT ab, weil inzwischen seine Versetzung auf ein anderes Schiff erforderlich wurde. Der III. Offizier Neuhardt kam für die nächste Reise an Bord. Am 26. Mai 1958 lief Kapitän Zinn mit der FREUNDSCHAFT zur zweiten Fernostreise aus, die er am 9. September 1958 in Wismar einlaufend beendete.

Nach der zweiten Fernostreise der FREUNDSCHAFT, die auch der I. Offizier Herbert Jark zusammen mit ihm durchführte, ging Kapitän Zinn in einen längeren Urlaub.

Die zweite Fernostreise der FREUNDSCHAFT dauerte vom 26. Mai 1958 bis 9. September 1958, danach ging das Schiff in die Werft. Für die nächste Reise übernahm Kapitän Karl-Heinz Seidler das Schiff. Vom 1. April 1959 bis 1. September 1959 führte Kapitän Seidler die FREUNDSCHAFT. Dieter Becker war Funkoffizier. Es ging wieder nach China.

In Shanghai sollte des Generalkonsulat der DDR eröffnet werden. Der neue DDR-Botschafter in China, Paul Wandel, ehemaliger Minister für Volksbildung, war als Passagier an Bord auf dem Wege zu seiner Wirkungsstätte. Das sicherte dem Schiff bei der Ankunft einen großen protokollarischen Empfang durch die chinesischen Offiziellen und diplomatischen Vertreter vieler Länder, die sich zur Begrüßung am Kai einfanden. Auf der Heimreise funktionierten von den nautischen Geräten nur noch das Echolot und der Magnetkompaß. Alles andere war ausgefallen. Durch die Straße von Gibraltar navigierte Kapitän Seidler bei schlechter Sicht nur mit Hilfe einer Lotreihe. Aber er brachte sein Schiff sicher nach Hause. Kapitän Adolf Zinn war in der zweiten Jahreshälfte 1959 schon im Auftrage der Geschäftsleitung der DSR mit den Vorbereitungen des Ankaufs des schwedischen Passagierschiffes STOCKHOLM beschäftigt, die ab Februar 1960 unter seinem Kommando als MS VÖLKERFREUNDSCHAFT zur ersten Reise aus Rostock auslief.

Nach der zweiten Reise der FREUNDSCHAFT hatte Herbert Jark abgemustert. Sein Nachfolger wurde am 3. Oktober 1958 der bisherige II. Offizier Hans-Jürgen Fünning. Er blieb es bis zum 31. Juli 1959. Am 1. August 1959 übernahm Hans-Jürgen Fünning die FREUNDSCHAFT als Kapitän. Erst zwei Tage später, am 3. August 1959, wurde ihm das Patent A6 als Kapitän auf großer Fahrt ausgehändigt, nachdem die Seefahrtschule Wustrow dem Seefahrtsamt der DDR telefonisch mitgeteilt hatte, daß er die vorgeschriebenen 200 astronomischen Beobachtungen und den Nachweis der umfassenden Teilnahme an der Schiffsführung ordnungsgemäß und in guter Qualität eingereicht hatte.

Kurzbiographie:

Kapitän Hans-Jürgen Fünning

Geboren am 11. 2. 1929, Schulbildung: Grundschule, Oberschule, Abitur 1948. Verläßt die sowjetische Besatzungszone und übersiedelt zu einem Onkel nach Stade an der Elbe, dieser vermittelt ihm auf seinen Wunsch hin eine Heuer als Decksmann an Bord eines Küstenmotorschiffes, nach einiger Zeit Rückkehr nach Stralsund, Matrose im Probefahrtkommando der VOLKSWERFT, ab 1. 4. 1952 Einstellung bei der DSU, heuert als Matrose an Bord des D. VORWÄRTS an, 1. 7. 52 Übernahme durch die DSR, weiterer Einsatz auf der VORWÄRTS bis 31. 12. 52, ab 1. 1. 53 wiederum gemustert an Bord der VORWÄRTS als Matrose bis 31. 8. 1953, durch die DSR zur Seefahrtschule Wustrow delegiert, besucht den A6-Lehrgang, erhält zum Abschluß das Patent A 5 ausgehändigt, ab 1. 8. 1956 III. Offizier an Bord des D. ROSTOCK bis 31. 12. 1956, III. Offizier auf MS FREUNDSCHAFT vom 1. 11. 57 bis 5. 4. 58, II. Offizier auf MS FREUNDSCHAFT vom 16. 4. 58 bis 1. 10. 58, Einsatz als I. Offizier an Bord MS FREUNDSCHAFT, immer noch mit dem Patent A 5 und einer Sondergenehmigung des Seefahrtsamtes. Vom 3. 10. 58 bis 31. 7. 1959 Einsatz als Kapitän an Bord MS FREUNDSCHAFT vom 1. 8. 1959 bis 3. 5. 1962, Aushändigung des Patentes A 6 am 3. 8. 1959, nächster Einsatz als Kapitän an Bord MS GERA vom 31. 8. 1962 bis 2. 9. 1964, ab 1975 aus gesundheitlichen Gründen Einsatz als Springerkapitän, letzter Einsatz an Bord MS NIENBURG vom 2. 7. 1979 bis 28. 7. 1979, verstarb am 13. 12. 1981

Auszeichnungen:

Fünffacher Aktivist, Verdienstmedaille der Seeverkehrswirtschaft in Bronze

EIN JUNGER MANN ÜBERNIMMT DAS KOMMANDO

Am 1. August 1959 übernimmt der 30jährige Hans-Jürgen Fünning das Kommando der FREUNDSCHAFT und ist damit der jüngste Kapitän eines Großschiffes der DSR.

Die FREUNDSCHAFT passiert voll abgeladen den Nord-Ostsee-Kanal. Man beachte die Flaggenführung: mit Wirkung vom 07.10.1959, dem 10. Jahrestag der Gründung der DDR, trat eine Änderung des Flaggengesetzes in Kraft. Es wurde eine Handelsflagge eingeführt. Sie zeigte das Staatswappen der DDR in der oberen Ecke am Liek auf der schwarz-rot-goldenen Flagge. Infolgedessen führt die FREUNDSCHAFT hier die Flagge der Bundesrepublik im Vortop als Gastlandsflagge, an der Backbordrahnock die Lotsenflagge, im Großtop die Kontorflagge der Reederei und an der Gaffel die Handelsflagge.

Das Schiff ist nach China bestimmt. Kein Problem für den Kapitän, hat er doch seit November 1957 an Bord der FREUNDSCHAFT im Chinadienst ausreichende Erfahrungen in diesem Fahrtgebiet gesammelt. Da er seit dem 1. November 1957 – von kurzen Hafenliegezeiten abgesehen – keinen längeren Urlaub nehmen konnte und immer „durchgefahren" war, wie man das damals nannte, erhält er problemlos die Genehmigung der Reederei, seine junge Frau mit auf die Reise nehmen zu dürfen.

Der kleine Sohn, damals zwei Jahre alt, wird in fürsorglicher Obhut bei Verwandten in Stahlbrode zurückgelassen. Damals war die Mitreise einer Ehefrau ohne Schwierigkeiten möglich. Daß es nicht häufiger praktiziert wurde, hing damit zusammen, daß die jungen Frauen gewöhnlich selbst im Arbeitsprozeß standen und die Betriebe im allgemeinen nicht bereit waren, einen fünfmonatigen Urlaub zu gewähren – nicht einmal unbezahlt, da die Planstelle solange unbesetzt gewesen wäre. Andere junge Frauen hatten mehrere kleine Kinder, die sie nicht in die Obhut der Familie geben konnten oder wollten. Auch Besuche der Frauen an Bord waren damals selbstverständlich. Die Häfen waren nicht sonderlich abgesperrt. Und wenn das Schiff von langer Reise nach Westeuropa zurückkam, war es, wie Frau Helga Fünning sich erinnert, ohne weiteres möglich, mit dem kleinen Sohn in den Zug zu steigen, nach Hamburg zu fahren und dort den auf der Heimreise begriffenen Ehemann an Bord seines Schiffes zu besuchen. Die Schwierigkeiten, die später bei den Mitreisewünschen der Ehefrauen entstanden, begannen erst zunehmend nach dem Bau der Mauer am 13. August 1961.

Nach dem Auslaufen aus Wismar ging es durch den Nord-Ostsee-Kanal nach Hamburg, dort wurde zugeladen, anschließend lief die FREUNDSCHAFT direkt bis Shanghai durch. Das Schiff benötigte für diese Reise 38 Tage, das war unter damaligen Verhältnissen eine gute Zeit. Dabei hatte das Schiff noch einen nicht vorgesehenen Umweg machen müssen. Eines Tages – im Pazifik – wurde Frau Fünning stutzig, als sie sah, wie ihr Mann Seekarten und Handbücher von der Brücke in die Kapitänskabine bringt und sich in das Studium dieser Materialien vertieft. Auf ihre Fragen bekommt sie die beruhigend klingende Antwort ihres Mannes: „Uns streift möglicherweise ein Taifun.“ Daß die Sache doch nicht so ganz harmlos sein kann, wird ihr klar, als ihr Mann sie bittet, das kostbare Repräsentationsgeschirr – ein Kaffeeservice aus original Meißner Porzellan, das damals alle Typ-IV-Schiffe im Glasschrank der Kapitänskammer mitführten – sorgfältig, einzuwickeln und in einer Wanne zu verstauen. Frau Fünning verpackt das Geschirr sehr sorgfältig und tatsächlich wird es nach einigen Stunden sehr stürmisch. Dessenungeachtet begab sich Frau Fünning trotzdem zur Mittagszeit in die Offiziersmesse und aß mit Appetit, sehr zum Erstaunen der Offiziere des Schiffes. Übrigens – auch zu ihrer eigenen Verwunderung – wurde sie nicht seekrank. Frau Fünning erinnert sich, daß Japans Insel Okinawa in Sichtweite passiert wurde. In Shanghai wurde die Ladung gelöscht, das Schiff aber auch wieder beladen, und dann begann die Heimreise. Über Hamburg und den Nord-Ostsee-Kanal lief die FREUNDSCHAFT wieder in Wismar ein. Die Heimreise hatte das Schiff in Shanghai am 1. Oktober 1959 angetreten. Frau Fünning erinnert sich, daß ihr Mann ganz langsam flußabwärts fahren mußte, um zwischen vielen Dschunken durchzufahren, die in großer Zahl flußaufwärts wollten, um zum Nationalfeiertag in Shanghai zu sein. Im Dezember war die Reise in Wismar zu Ende. Erst jetzt erfährt die Besatzung, daß am 7. Oktober 1958 in Warnemünde der Durchstich für den Seekanal zum neuen Überseehafen erfolgt war. Ab 1960 würden die Typ-IV-Schiffe nicht mehr nach Wismar einlaufen, sondern in Rostock abgefertigt werden.

Die nächste Reise der FREUNDSCHAFT sollte nach Südamerika gehen. Am 30. Dezember 1959 besuchte der Redakteur Jochen Preußler von der „Ostsee-Zeitung“ Kapitän Fünning in Wismar an Bord der FREUNDSCHAFT und machte mit ihm ein Interview. Zur bevorstehenden Reise sagte ihm der Kapitän: *„Wir nehmen hier in Wismar 1934 t Ammonsulphat in Jutesäcken und 6262 t Kali in Papiersäcken an Bord. Diese Ladung ist für Santos in Brasilien bestimmt. Es kann sein, daß wir bei dieser ersten Reise nach Südamerika auch noch die Häfen Montevideo und Buenos Aires anlaufen werden, um weitere Ladung – Importe für die DDR – zu übernehmen. Sicher ist schon, daß wir 1000 t Kaffee übernehmen werden. Für die weitere Ladung, insgesamt sind es 9000 t, bekomme ich unterwegs noch gesonderte Order. Wir rechnen mit einer Liegezeit in Südamerika von etwa zehn Tagen. Im Unterschied zu den Fahrten nach Ostasien soll es eine schnelle Reise werden. Am 5. Januar laufen wir aus Wismar aus und werden in zweieinhalb Monaten wieder zurück sein. Eine Ostasienreise dagegen dauert 90–100 Tage. Wir nehmen an, daß wir nach 22 Tagen Santos erreichen werden.“ Auf die Frage, wird die Reise der FREUNDSCHAFT die einzige nach Südamerika sein oder ist beabsichtigt, diese Linie weiter auszubauen, antwortet Kapitän Fünning: „Wenn wir auch das erste Schiff sind, das diese Route befahren soll, so weiß ich, daß in naher Zukunft weitere 10 000-Tonnen-Motorschiffe der DDR nach Südamerika fahren werden, allerdings noch nicht im Linienverkehr. Bisher mußten die Waren immer von fremden Dampfern verschifft werden. So spart unsere Reise nach Südamerika viele Devisen, zum Beispiel 11,50 Dollar je Tonne!“ Über seine Besatzung sagte der Kapitän: „Wir haben feine Jungs an Bord, die einsatzfreudig und bereit sind, zu lernen. Wir werden bei der Überfahrt unser Schiff so schön wie möglich machen, das Deck wird entrostet und die Aufbauten neu gemalt, so daß wir als sauberes, schmuckes Schiff die DDR in Südamerika repräsentieren können.“*

Interessant auch die Schlußbemerkung des Redakteurs: *„Die ‚Ostsee-Zeitung‘ wünscht dem Kapitän und der ganzen Besatzung der FREUNDSCHAFT, die übriges als einziges Schiff unserer Flotte ein Jahr lang ohne Werftliegezeit fuhr, eine gute Fahrt auf dieser Reise und ein gesundes, erfolgreiches neues Jahr!“* Die in dieser Bemerkung liegende versteckte Kritik an gewissen Erscheinungen in der Reederei erfolgte nicht ohne Grund. In der am 15. Februar 1960 von Generaldirektor Schreiber und Hauptbuchhalter Wenndorf unterschriebene „Analyse aus Kontrollbericht per 31. Dezember 1959“, einem Dokument mit dem Charakter eines Jahresgeschäftsberichtes, ausgearbeitet zur Einreichung im Staatssekretariat für Schiffahrt, ist die Situation der Reederei realistisch und wahrheitsgetreu dargestellt. Darin heißt es unter anderem: „Das Schiffbauprogramm sah für 1959 eine Erhöhung der Kapazität um 4 Typ-IV-Schiffe, neun Küstenmotorschiffe vom Typ 760, ein Eisenbahnfährschiff und die Fertigstellung des D. ERNST MORITZ ARNDT vor. Diese geplante Erweiterung wurde mit der Indienststellung nachfolgender Schiffe wie folgt realisiert

- 4 Typ-IV-Schiffe, MS ERFURT, MS LEIPZIG, MS HALLE und MS SCHWERIN mit zusammen 40.80 tdw
- 1 Küstenmotorschiff mit 840 tdw
- das Eisenbahnfährschiff SASSNITZ, nach Fertigstellung übergeben an die Reichsbahndirektion Greifswald
- außerplanmäßiger Ankauf zweier Alttonnageschiffe, die Frachter STECKENPFERD und STOLTERA.

Damit wurde – selbst unter Berücksichtigung der zusätzlichen Anschaffung der Alttonnage-Schiffe – das Planziel hinsichtlich des Transportvolumens nicht erreicht. In der Planposition „Investitionsauflage“ für die Erweiterung der Grundmittel (Anlagevermögen) wurde bei den verschiedenen Schiffstypen eine Planerfüllung von etwa 99 Prozent erreicht. In der Position „Ausrüstung Flotte und Verwaltung“ aber sollten 1,039 Millionen investiert werden, diese Position wurde mit 582000 Mark nur zu 56,2 Prozent erreicht. In bezug auf die Typ-IV-Schiffe findet sich folgende Bemerkung: Für die Typ-IV-Schiffe wurde das Schiffbauprogramm finanziell und materiell erfüllt. Bei MS SCHWERIN wurde erstmalig die festgelegte Geschwindigkeit von 16,2 sm/h bei leerem Schiff nicht erreicht. Eine Meßmeilenfahrt wird daher bei der ersten Ausreise des Schiffes in der Eckernförder Bucht nachgeholt. Ferner wurden die Hauptmaschinen nur unter Vorbehalt abgenommen. Auf Grund der Beanstandungen der Hauptmaschinen wurde vom DAMW (Deutsches Amt für Material- und Warenprüfung) das Gütezeichen für die Hauptmaschinen aberkannt. Das Schiff wurde auf Grund der angeführten Mängel unter Vorbehalt übernommen. Die aufgeführten Beanstandungen wurden in die Übergabeakte aufgenommen. In bezug auf die Ausrüstung der Flotte und Verwaltung ist nur ein Erfüllungsstand von 56,2 Prozent ausgewiesen. Das wurde u.a. durch die nicht erfolgte Lieferung von drei Radargeräten und zehn Rückkühlern verursacht. Die geplanten Mittel für Generalreparaturen wurden nicht in Anspruch genommen, da infolge der ungenügenden Werftkapazitäten die vorgesehenen Teil-Generalreparaturen für die Typ-IV-Schiffe, die Alttonnage und die Tanker zurückgestellt werden mußten. Im Verlaufe des Jahres leisteten die Unteroffiziere und Mannschaften in der Flotte insgesamt 319177 Überstunden. Dadurch kommt der Personenkreis durchschnittlich auf 100 Überstunden im Quartal.

Insgesamt transportierten die Schiffe der DSR eine Gütermenge von 980790 t. Sie unterteilt sich wie folgt:

– Export 244903 t	= 25,0 %
– Import 533237 t	= 54,4 %
– Cross Trade 202230 t	= 20,6 %
– Inlandsverkehr 420 t	= –

Bei den verschiedenen Gutarten machen die Gruppen Düngemittel und Chemikalien mit 304473 t und 31 Prozent den größten Anteil aus. Danach folgt das Stückgut mit 153672 t und 15,7 Prozent. Der Charakter der seeseitigen Transporte bringt zum Ausdruck, daß die DDR – wie viele europäische Industrienationen – in erster Linie technische Erzeugnisse und Fertigprodukte ausführte und Massengüter und Rohmaterialien importierte.

In der Flotte waren 220 außerplanmäßige Reparaturtage angefallen, wobei insbesondere die Ausfälle der MS BERLIN und MAGDEBURG infolge aufgetretener Maschinenschäden, die zur Annullierung äußerst günstig abgeschlossener Ladungen zwangen, hervorgehoben werden. Ausschlaggebend für die hohen Reparaturzeiten ist nach wie vor die Reparaturanfälligkeit unserer Schiffe und die ungenügende Kapazität der Reparaturwerften. Kritisch auch die Situation auf den Werften, die Sicherung einer reibungslosen Bebunkerung der Großschiffe in den DDR-Häfen und das Fehlen entsprechender Liegeplätze in den Häfen zur Durchführung notwendiger Reisereparaturen. (Letzteres sollte, da die Häfen der DDR gleichzeitig eine Heimathafenfunktion auszufüllen hatten, bis zum Ende der DDR ein Problem bleiben.) Für das vergangene Geschäftsjahr wird ein Gesamtgewinn von 3,3 Millionen Mark ausgewiesen.

Der Bericht weist aus, daß weniger Ostasienreisen durchgeführt wurden als der Plan ursprünglich vorsah. Dadurch entstanden in frei konvertierbarer Währung weniger Kosten, da geringere Suezkanal-Passagen anfielen. Mehr Kosten in Devisen traten auf in Form von Hafenkosten in der Bundesrepublik, insbesondere für die großen Schiffe der DSR, die zunehmend Hamburg, Bremerhaven und Bremen anliefen. Diese Kosten waren im ursprünglichen Jahresplan nicht vorgesehen. Den Verkehrskaufleuten der DSR wurde einerseits schmerzlich bewußt, daß es eine angenehme Seite der Planerfüllung ist, im Cross Trade zusätzliche Deviseneinnahmen für den Transport von Waren für Dritte zu erzielen, andererseits aber das zusätzliche Anlaufen von westeuropäischen Hafen Kosten in frei konvertierbarer Währung mit sich brachte. Diese Kosten pflegten von Jahr zu Jahr anzusteigen, auch das bereitete den Befrachtern, und nicht nur ihnen, manche sorgenvolle Stunde. Schließlich wurde im Bericht festgestellt, daß durch den Einsatz der Schiffe für die Volkswirtschaft der DDR insgesamt 22,5 Millionen Valutamark eingespart wurden.

Kapitän Hans-Jürgen Fünning, II. Offizier Heinrich Schröder und der III. Offizier nehmen auf der Kommandobrücke der FREUNDSCHAFT die Mittagsbreite, d. h. sie messen mit dem Sextanten den Winkel zwischen Kimm und Unterkante Sonne. Der Wert wird zur Errechnung der geographischen Breite des Mittagsstandortes benötigt. Heinrich Schröder wurde später ebenfalls Kapitän mehrerer Typ-IV-Schiffe.

ERSTMALS KURS SÜDAMERIKA

Am 6. Januar 1960 trat Kapitän Fünning mit der FREUNDSCHAFT die erste Südamerikareise eines Schiffes der DSR an. In seemännisch-nautischer Hinsicht verlief die Reise ohne nennenswerte Probleme. In politischer Hinsicht jedoch gab es Komplikationen. Wenige Wochen zuvor, am 25. November 1959, trat das Gesetz vom 30. September 1959 über die Einführung einer neuen Staatsflagge und einer neuen Handelsflagge in Kraft. Nun zeigte die Staatsflagge zusätzlich das Staatswappen der DDR in der Mitte der schwarzrotgoldenen Flagge, die Handelsflagge zeigte ein etwas verkleinertes Staatswappen am Liek der Flagge auf der Trennlinie des schwarzen und roten Feldes. Auch die FREUNDSCHAFT führte jetzt selbstverständlich die Handelsflagge der DDR. In dieser Phase des Kalten Krieges gingen besonders in der Bundesrepublik die Emotionen hoch, die Medien taten das Ihrige dazu. Sogar in Brasilien hatte die Botschaft der Bundesrepublik beim brasilianischen Außenhandelsministerium gegen das Zeigen der DDR-Flagge interveniert. Die Presse hatte darüber berichtet. Als aber als erstes DDR-Schiff die FREUNDSCHAFT am Sonnabend, dem 25. 1. 1960, Santos erreichte, schrieb die Zeitung DIARIO DA NOITE noch am gleichen Tage: *„Santos, 25. Januar 1960. Sonnabend landete hier der D. FREUNDSCHAFT, der erste Frachter aus Ostdeutschland, der 8160 t Düngemittel für das brasilianische Kaffeeinstitut (I.B.C.) mitbringt. Während das Schiff noch draußen lag, begaben sich heute um 14.00 Uhr die*

In einem südamerikanischen Hafen werden die Hafenarbeiter mit einer Barkasse längsseits gebracht.

Reporter in den Hafen, wo zuerst ein Angestellter der Zollbehörde erklärte, daß es sich um einen alten Dampfer mit übergroßer Besatzung und veralteten Einrichtungen handelte und daß die Hafenbehörden alle Pässe der Besatzung beschlagnahmt hätten ... Unerwarteterweise trafen wir die Besatzung, die jedoch nicht portugiesisch sprach. Wir wurden höflich und liebenswürdig empfangen ... Unsere Fragen wurden in klarer Weise ohne Vorbehalte und ohne Furcht beantwortet ... *Das Schiff, im Jahre 1957 auf den Werften von Rostock erbaut, ist ein moderner Frachter von 10000 Tonnen und steht unter dem Kommando des Kapitäns Hans-Jürgen Fünning, der uns sagte, daß das Schiff „dem Volke gehört und von der Regierung verwaltet wird. Die Besatzung besteht aus 70 Mann, davon fünf Offiziere, 35 Matrosen und der Rest Kadetten der ostdeutschen Handelsmarine, die sich in vollem Aufstieg befindet.“*

Offensichtlich hatte sich der Reporter an Bord davon überzeugen können, daß die vorgefundenen Realitäten nicht dem Bild entsprachen, das die diplomatische Vertretung der Bundesrepublik von den DDR-Schiffen gezeichnet hatte.

Die DDR, damals nur von den sozialistischen Ländern und einigen blockfreien Staaten anerkannt, hatte in den westlich orientierten Ländern – so auch in Südamerika – nur vereinzelt eine Handelsvertretung. Die Bundesrepublik besaß nach Südamerika traditionell gute Beziehungen, war längst diplomatisch anerkannt. Damit war die Bundesrepublik in einer starken außenpolitischen Position, die sie voll zur Geltung brachte. Die Besatzung des DSR-Schiffes bekam das in den Folgejahren zu spüren. In Santos war ein brasilianischer Polizeiangehöriger in Begleitung einer Dolmetscherin bei Kapitän Fünning erschienen und hatte ihm den Vorschlag unterbreitet, in Brasilien als Kapitän zu fahren. Kapitän Fünning verzichtete dankend auf das Angebot. Im März kehrte die FREUNDSCHAFT von ihrer Reise nach Wismar wieder zurück.

Vom 15. März 1960 bis 9. April 1960 kann Kapitän Fünning in freie Tage gehen, er wird für diese Zeit vom Nautischen Oberinspektor, Kapitän Rudolf Porath, vertreten.

Vor Beginn der nächsten Reise hat die FREUNDSCHAFT in Wismar eine Teilladung Roheisen in Masseln zu übernehmen. Für die Stauer war es eine Quälerei. Alfred Kasanowski, damals Stauerviz – dann Meister – kann sich an die Beladung der Typ-IV-Schiffe mit Roheisen noch gut erinnern. *„Besonders vorn in der Luke I war das Laden eine Qual“, sagt er. „Wir mußten die einzelnen Gußstücke vor dem Bauch tragen, in die Unterzüge schleppen und dort den Laderaum damit ausfluren. Später bekam man E-Karren. Die haben die Arbeit in den Luken ein wenig erleichtert, aber vorn in Luke I war nicht viel Bewegungsfreiheit für eine E-Karre. Es mußte also geschleppt werden!“*

Anschließend versegelte die FREUNDSCHAFT nach Bremen. Im dortigen Industriehafen lag das Schiff längsseits einer automatischen Beschickungsanlage. Innerhalb von zwölf Stunden bekam das Schiff 2500 t Kohle in die Luken geschleudert.

Dann wurde die Weiterreise angetreten. In den letzten Wochen hatte es in Nordeuropa schon kräftig geweht, und als die FREUNDSCHAFT in die Biskaya kommt, gerät sie in grobe See. Nach zwei Stunden geht Kapitän Fünning mit der Fahrt herunter. Ein ausgewachsener Sturm kommt von vorn. Die Besatzung versucht, in der Nacht Schlaf zu finden und sich in den Kojen festzuklemmen. Das gelingt nur unvollkommen. Plötzlich wirft eine grobe See die FREUNDSCHAFT hoch und drückt das Schiff auf die Seite. Nur sehr langsam richtet sie sich wieder auf. Bis 42° hatte das Schiff übergeholt; die größte Schlagseite, die das Schiff bisher zu überstehen hatte. Kapitän Fünning muß sich entschließen, beizudrehen und das Schiff mit langsamer Fahrt drei Strich an den Wind zu legen. So wurde der Sturm abgewettert.

In dieser Nacht sank der indische 7000-Tonnen-Frachter INDIAN NAVIGATOR 120 sm weiter westlich innerhalb von zwei Minuten. Am nächsten Tag wurde ein Mann vom französischen Trawler LESBARGES in der Biskaya über Bord gerissen. Auch am nächsten Tag tobte der Sturm weiter, aber erst auf der Höhe von Gibraltar bessert sich das Wetter. Einen Tag nach der Äquatorüberquerung kommt die brasilianische Sträflingsinsel Fernando Noronha in Sicht. Nach 18 Tagen ist Rio de Janeiro erreicht. Im Morgengrauen steuert die FREUNDSCHAFT in die Guanabara-Bucht und läuft am Zuckerhut vorbei in Rio ein.

Einlaufend Rio de Janeiro passiert die FREUNDSCHAFT an Backbordseite den berühmten Zuckerhut.

und Häute für die DDR werden an Bord genommen und eine Partie Kaffee für eine Außenhandelsfirma in Prag. Dann geht das Schiff auf die Heimreise.

ÖFFENTLICHKEITS-ARBEIT IN SÜDAMERIKA

Die dritte Südamerikareise der FREUNDSCHAFT beginnt im August 1960 in Wismar. Das Schiff hat eine Basisladung an Bord genommen, läuft dann aber zunächst nach Szczecin. Dort wird in Luke IV eine Partie Stahlknüppel geladen. Anschließend geht das Schiff durch den Nord-Ostsee-Kanal nach Bremen. 18 Tage später sollte der erste Bestimmungshafen erreicht sein. Vier Tage nach dem Auslaufen werden die Berlenga-Inseln in der Nähe von Lissabon passiert, dort setzt Kapitän Fünning den Kurs auf Madeira. Nach dem Aus-

Auf der Reede polterte der Anker aus der Klüse, die Behörden kommen an Bord, das Schiff wird einklariert. Ein Teil der Ladung wird in Rio gelöscht, dann geht es weiter nach Montevideo.

Dort brauchen die Hafenarbeiter zehn Tage, um die 2400 t Kohle zu löschen. Öfter gibt es Streiks. „Conflicto", sagen die Hafenarbeiter, legen die Arbeit nieder, nehmen ihre Sachen und gehen an Land.

Schließlich sind die Kohlen von Bord, das leere Schiff verholt über Nacht von Montevideo den Rio de la Plata aufwärts nach Buenos Aires.

Dort wird für Rotterdam und Hamburg geladen. Im Hafenbecken C steht der größte Getreidesilo Südamerikas. In der Nähe macht die FREUNDSCHAFT fest, um 4000 t Expeller zu laden, auch als sogenannter Ölkuchen bekannt. Er wird als gutes Viehfutter geschätzt, ist aber eine gefährliche Ladung, die zur Selbstentzündung neigt und leicht zu brennen beginnt. Vor der Verladung muß der Ölkuchen mindestens auf 35° abgekühlt sein.

Ununterbrochen wird von der Land- und Wasserseite her in allen Luken gleichzeitig geladen. Die Besatzung kontrolliert mit großen Thermometern die Temperatur der Säcke. Verschiedene Lastwagen müssen zurückgewiesen werden, da die Säcke zu heiß waren. Die Seeleute müssen höllisch aufpassen, um eine einwandfreie Ladung zu bekommen. Immer wieder versuchen die Stauer, Partien mit zu heißen Säcken an Bord zu bringen. Eines Morgens brennt dicht neben der FREUNDSCHAFT ein Eisenbahnwaggon. Bevor ein größeres Unglück geschieht, kann die Hafenfeuerwehr ihn löschen.

Anschließend werden noch 1000 t Süßöl in den beiden Tanks im Vorschiffsbereich geladen. Nach zehn Tagen ist Ladeende, das Schiff könnte auf Heimreise gehen, aber es werden noch einmal die Häfen Montevideo und Rio angelaufen. Weitere Ladungspartien Expeller

Die Strandnixe

laufen aus Bremen wurde das Schiff an Deck erst mal gründlich gewaschen, der Staub und Schmutz der letzten Häfen aus allen Ecken und Winkeln herausgespült. Eine andere Gruppe der Decksgang arbeitet unter Anweisung des Bootsmanns am Ladegeschirr. An 14 Ladebäumen hängen 28 Geitaue mit Blöcken und Schäkeln, alles wird durchgesehen, geölt, gefettet und gelabsalbt. Einen Tag nach Madeira kommen die Kanarischen Inseln in Sicht, einen weiteren Tag später die Kapverdischen Inseln, als nächster Punkt wird die Insel St. Paul angesteuert. An Bord laufen die Vorbereitungen für die Äquatortaufe, 25 Täuflinge erwarten das aufregende Ereignis. Auch einige mitreisende Ehefrauen sind an Bord, sie machen sich nützlich, helfen der Kombüsenbesatzung ein bißchen, greifen auch mal zum Farbpinsel, um das Schiff „gut in Farbe" zu bringen. Inzwischen gilt die Regel, daß jeder Seemann einmal im Jahr seine Ehefrau auf einer Reise mitnehmen kann. Eine Passagegebühr braucht nicht bezahlt zu werden, lediglich das Verpflegungsgeld ist zu entrichten. Auf den Südamerikareisen hat das technische Personal keine leichte Arbeit. Die Außentemperaturen können bis auf 40° steigen, im Maschinenraum sind Temperaturen von 55° C keine Seltenheit. Zu tun gibt's auch im Maschinenraum genügend. Kolben sind plan-mäßig zu ziehen und zu reinigen, Generatoren zu überholen, Öl muß separiert werden. Nach siebzehneinhalb Reisetagen erreicht die FREUNDSCHAFT die Einfahrt zum Rio de la Plata. In Buenos Aires macht das Schiff in der Nähe einer großen Fleischfabrik fest. An der Pier führt eine Autostraße vorbei, gelegentlich fahren Autos etwas langsamer, vereinzelt steigt ein Fahrer aus und bittet, das Schiff besichtigen zu dürfen. Gleich nach dem Einlaufen kamen Kameraleute von zwei argentinischen Fernsehstationen an Bord und machten eine kurze Reportage, die noch am gleichen Abend in Argentinien und Uruguay gesendet wurde. Die Reporter der großen Tageszeitungen LA PRENSA und LA NATION bringen

Die FREUNDSCHAFT in Buenos Aires.

einen Bildbericht über das Schiff. Kapitän Fünning macht einen Antrittsbesuch in der Avenida Belgrano. Dort hat die DDR-Handelsvertretung ihren Sitz. Die DDR bezieht Wolle, Häute und Südfrüchte aus Argentinien und liefert dafür LKWs, optische Erzeugnisse und Produkte des Schwermaschinenbaus. Die „Delegacion Comercial de la Republica Alema'a" nutzte die Gelegenheit, ein heimatliches Schiff im Hafen zu haben und gab gemeinsam mit dem Kapitän an Bord der FREUNDSCHAFT in der Offiziersmesse und Veranda einen Empfang. Argentinische Geschäftsleute, Vertreter von DDR-Firmen, Persönlichkeiten des öffentlichen Lebens und Diplomaten der befreundeten Länder sowie Vertreter der Medien waren der Einladung gefolgt. Der Empfang fand in einer aufgeschlossenen und freundlichen Atmosphäre statt.

Als nächster Hafen wurde Montevideo angesteuert. Als das Schiff sich der Pier näherte, wartete dort schon ein Auto vom Typ „Wartburg-Luxus", Mitarbeiter der DDR-Handelsvertretung stehen zum Empfang bereit. Uruguay besaß damals nahezu acht Millionen Rinder und etwa 25 Millionen Schafe. Der größte Teil der Häute, Felle und Wolle wird exportiert. Auch die FREUNDSCHAFT nimmt eingesalzene Häute an Bord. Wie so oft in diesem Hafen kommen viele Besucher an Bord, vor allem deutsche, die teilweise schon Jahrzehnte in Montevideo leben. Sie vertreten sehr unterschiedliche Anschauungen. Die Besatzung der FREUNDSCHAFT ist bemüht, ihre skeptischen Fragen über die DDR so taktvoll wie möglich zu beantworten. Auch in diesem Hafen gibt es an Bord der FREUNDSCHAFT einen Empfang. Darüber erscheint in der Ausgabe vom 22. September 1960 ein Bildbericht in der illustrierten Zeitschrift MUNDO URUGUAYO. Frau Helga Fünning, die junge Frau des Kapitäns, war auf dieser Reise mit an Bord und erinnert sich gern an die angenehme Atmosphäre dieser Veranstaltungen, die Aufgeschlossenheit der südamerikanischen Menschen. Sie lächelt heute noch bei dem Gedanken, wie stolz ihr Mann auf seine junge

In Montevideo gibt die DDR-Handelsvertretung an Bord der FREUNDSCHAFT einen Empfang. Kapitän Fünning und Frau Helga Fünning (links im Bild) begrüßen die Gäste in der Veranda. Die Dolmetscherin der Handelsvertretung ist dabei behilflich.

Frau war und deren englische Sprachkenntnisse dank einer soliden Abiturausbildung, die es ihr gestatteten, an der Seite ihres Mannes die Honneurs zu machen, mit den Gästen zu plaudern – gleichsam die Pflichten einer Gastgeberin zu übernehmen.

Als nächster Hafen wird Rio de Janeiro angesteuert. Vom Liegeplatz aus ist man wenige Minuten später im Stadtzentrum. Die Besatzung versucht, auf ihren Landgängen möglichst viel von dieser berühmten Millionenstadt zu entdecken. Man hat vom Luxusstrand Copacabana gehört, aber bevor man mit dem Bus dort ist, sind auch Elendsviertel unübersehbar. Unterdessen nimmt das Schiff eine Partie Kaffee für Rostock an Bord. Dann macht sich die FREUNDSCHAFT auf die Heimreise und erreicht nach 15 Reisetagen Rotterdam. Einige Tage später läuft die FREUNDSCHAFT bei herbstlich nebligem Wetter in den inzwischen fertiggestellten Rostocker Überseehafen ein.

Seit dem 25. Juli 1960, mit Beginn der zweiten Südamerikareise, ist der III. Offizier Heinrich Schröder an Bord. 1959 hatte er in Wustrow das Patent A 3 erworben und war auf Küstenmotorschiffen als Steuermann gefahren. Nach einem Aufbaulehrgang von 1958 bis 1960 kam er mit dem Patent A 6 als III. Offizier auf die FREUNDSCHAFT. Am 1. Dezember 1960 wurde er zum II. Offizier befördert und am 1. Februar 1962 auf der FREUNDSCHAFT zum I. Offizier umgemustert. Kapitän Fünning blieb bis zum 3. Mai 1962 an Bord der FREUNDSCHAFT. Nach einem längeren Urlaub übernahm er im August 1962 das Kommando an Bord der GERA. Danach übernimmt Kapitän Roland Hafenrichter, der einstige Schiffsjunge des D. VORWÄRTS, das

Frau Helga Fünning im Gespräch mit südamerikanischen Geschäftsleuten.

Kommando über das MS FREUNDSCHAFT. Im Herbst 1962 wird ein junger II. Offizier an Bord der FREUNDSCHAFT gemustert, der zuvor bereits Zweiter war auf dem Passagierschiff FRITZ HECKERT. Eigentlich ist der II. Offizier Ladungsoffizier, aber damit hatte er auf einem Passagierschiff kaum Berührung. Nun, an Bord eines Typ-IV-Schiffes, muß er sich mit dem Ladungsdienst schnellstens vertraut machen. Der erfahrene Typ-IV-Kapitän Roland Hafenrichter hat Verständnis und Geduld, gibt viele gute Ratschläge und Hinweise und bemüht sich, den jungen Kollegen an seinen Erfahrungen teilhaben zu lassen. Beide können damals nicht ahnen, daß sie 17 Jahre später wieder zusammenarbeiten werden, aber in einer völlig anderen Konstellation. Der junge II. Offizier, Artur Maul, ist dann Generaldirektor des Kombinates Seeverkehr und Hafenwirtschaft und der einstige Kapitän Roland Hafenrichter arbeitet als wissenschaftlicher Mitarbeiter im Sekretariat des Generaldirektors. Der II. Offizier arbeitet sich sehr schnell in die Geschäfte des Ladungsoffiziers ein und kann nach einiger Zeit an Bord der FREUNDSCHAFT zum I. Offizier umgemustert werden. Noch immer ist das Schiff im Liniendienst nach Kuba eingesetzt.

1962 lief die FREUNDSCHAFT den Rio Paraña flußaufwärts bis Asuncion. Beim Festmachen an dieser Verladebrücke mußte der I. Offizier Heinrich Schröder, nachdem beide Anker zu Wasser waren, das Schiff auf eine sehr unorthodoxe Weise festmachen. Da es am Flußufer keine Poller gibt, sondern ein sehr hohes Steilufer, werden von Land Leinen an Bord gegeben, die an Deck festzumachen sind. Die Decksgang der FREUNDSCHAFT war erst skeptisch, aber es zeigte sich, daß die Leinen hielten.

Aus längsseits liegenden Binnengüterschiffen werden in Antwerpen Rohre geladen.

Im Hamburger Hafen liegt die FREUNDSCHAFT festgemacht am Dalben auf der Norderelbe zum Löschen.

PROMINENTE PASSAGIERE

Am Freitag, dem 20. September 1963, ist die FREUNDSCHAFT um 15.30 Uhr seeklar, 15.45 Uhr sind die Schlepper fest und werden die Leinen losgeworfen, um 16.00 Uhr legt das Schiff unter Lotsenberatung ab. Das Auslaufen findet erstaunlich früh am Tage statt. Nicht selten haben die Schiffe noch bis in den Abend hinein zu tun, dann erst kommt die Ausklarierung. Diesmal ist es eben anders. Nur, daß man den Heimathafen an einem Freitag verläßt, das gefällt einigen an Bord nicht so gut. Offiziell sind die Seeleute der DSR nicht abergläubisch, aber es soll schon vorgekommen sein, daß Kapitäne nicht am Freitag um 23.00 Uhr abgelegt haben, sondern kunstgerecht Verzögerungen veranlaßt haben, um Sonnabend früh um

0.10 Uhr abzulegen. Wie gesagt, abergläubisch ist man nicht, aber „sicher ist sicher". Auf dieser Reise hat das Schiff illustre Gäste an Bord. Annelie Thorndike und ihr Mann Andrew, bekannte Filmdokumentaristen und Autoren, fahren mit. Sie bewohnen die Kabine Steuerbord auf dem Hauptdeck in den vorderen Aufbauten. Bis Indien haben sie diese Reise gebucht, jeder von ihnen hat ordnungsgemäß 1420 Mark bezahlt. Außerdem haben beide zur

Das Ehepaar Annelie und Andrew Torndike, als Film-Dokumentaristen bekannt, waren für eine Indien-Reise an Bord. Die Erlebnisse dieser Reise und die an Bord entstandene Materialsammlung verarbeiteten sie zu dem Buch „Jeder Tag war schön".

Begleichung anfallender Kosten für Getränke, Transitware und dergleichen ein Bordakkreditiv in Höhe von 3000 Mark eingezahlt. Verwaltungstechnisch ist alles in Ordnung. Jeder an Bord kennt die prominenten Gäste aus der Zeitung vom Namen her, war doch wenige Monate zuvor ihr Dokumentarfilm DAS RUSSISCHE WUNDER im DDR-Fernsehen gelaufen, ein sehr interessanter Dokumentarfilmbericht über die Geschichte Rußlands. Der Film war damals gut aufgenommen worden. Beide stehen an Deck, beobachten das Ablegemanöver. Kapitän Rudolf Lammel und der Lotse manövrieren die FREUNDSCHAFT mit Schlepperhilfe aus dem Überseehafen in die See hinaus. Der Funkoffizier Siegenbruck unterhält sich mit den Passagieren. Er weiß: bei prominenten Gästen an Bord bekommt er im Verlauf der Reise allerhand Arbeit.

Das Schiff geht auf eine Indienreise. Als nächster Hafen ist Antwerpen vorgesehen, aber man liegt gut in der Zeit, so daß eine Nord-Ostsee-Kanalpassage diesmal aus Kostengründen entfällt. Am 23. September kommt die holländische Küste

TYP-IV-PASSAGEPREISE (AUSZUG)

1. Stand 1963 Von Rostock/Wismar nach		2. Stand 1972 Von DDR-Hafen nach	Grundpreis	+ Kapzuschlag
Rio de Janeiro	1160,00	Rio de Janeiro	1160,00	–
Santos	1160,00	Santos	1160,00	–
Montevideo	1200,00	Montevideo	1200,00	–
Buenos Aires	1200,00	Buenos Aires	1200,00	–
River Ports	1280,00			
Havanna	1000,00	Havanna und alle		
Lissabon	320,00	cuban. Häfen direkt	1000,00	–
Port Said	600,00	bzw. über Mexiko	1450,00	–
Port Sudan	740,00	Mexikan. Häfen	1250,00	–
Mombasa	1120,00	Mombasa	1240,00	190,00
Beira	1360,00	Karachi	1080,00	160,00
Bombay	1140,00	Bombay	1140,00	170,00
Cochin	1240,00	Cochin	1240,00	190,00
Madras	1340,00	Madras	1340,00	200,00
Calcutta	1400,00	Calcutta	1400,00	210,00
Rangoon	1480,00	Chittagong	1480,00	220,00
Saigon	1440,00	Singapore	1500,00	220,00
Whampoa	1500,00	Hongkong	1680,00	250,00
Shanghai	1560,00	Yokohama	1870,00	280,00
Tsingtao	1620,00	Kobe	1930,00	290,00
Yawata	2100,00	Shanghai	2090,00	310,00
Osaka	2160,00	Chungjin	2260,00	340,00

Bei Hin- und Rückreise galten 10 Prozent Ermäßigung.
Der Tagessatz für Unterkunft und Verpflegung im Zielhafen betrug 25,00 M.

Der Kapzuschlag wurde erhoben, wenn infolge Kriegseinwirkungen der Suezkanal gesperrt war und der Seeweg um das Kap der Guten Hoffnung genommen werden mußte.

in Sicht, am nächsten Tag vormittags um 10.40 Uhr ist das Schiff auf der Westerschelde, 13.00 Uhr kommt der Lotse an Bord und um 16.45 Uhr bugsieren drei Schlepper das Schiff in die Schleuse. 17.25 Uhr ist die FREUNDSCHAFT fest und klar zum Laden. Am 25. September läuft das Schiff in die Biskaya ein, der Wind kommt aus Südwest mit Stärke sieben, die Sicht beträgt zwei Seemeilen, es herrscht erheblicher Seegang, und man muß zunächst mit der Fahrt heruntergehen. An Bord sind 60 Personen, 55 Männer und fünf Frauen – wie die Thorndikes registrieren. Die Besatzung hat ein Durchschnittsalter von 24 Jahren, und innerhalb der letzten 24 Stunden wurde eine Durchschnittsfahrt von 15 Knoten gemessen. Am 29. September ist Gibraltar querab, die Gäste leben sich langsam ein. Am 3. Oktober sind Decksarbeiten angesagt, und das Ehepaar Thorndike hilft der Besatzung, dem Oberdeck einen grünen Anstrich zu geben. Eine Decksladung Fässer zwingt dazu, mit einem Bogen um die Fässer herum zu malen. Die Stelle muß später nachgeholt werden. Auf der Höhe von Kreta läßt Kapitän Lammel das Schiff stoppen und ein Bootsmanöver durchführen. Boot 1 wird unter dem Kommando des II. Offiziers nicht nur ausgeschwungen und die Besatzung gemustert, sondern richtig ausgesetzt. Die Thorndikes wären als Passagiere nicht verpflichtet gewesen, mit in das Boot zu gehen, aber sie haben sich dieses Abenteuer nicht nehmen lassen und merkten nun, daß die Wellen, die von oben so flach aussehen, eine gewisse Höhe haben. Originaltext Thorndike: „Eitelkeit macht Helden!" Am 5. Oktober ist Port Said erreicht. Um 5.59 Uhr fällt der Anker, buchstäblich im letzten Augenblick. Denn wer nach 6.00 Uhr kommt, kann nicht mehr in den am gleichen Tag abends vorgesehenen Abendkonvoi eingereiht werden. Dann muß man bis zum nächsten Tag warten. Am 6. Oktober wird der Suezkanal durchfahren, die Kanalkosten betrugen damals für die FREUNDSCHAFT 1500 englische Pfund. Wie üblich, geht man einige Stunden auf dem großen Bittersee vor Anker, um den nordgehenden Konvoi abzuwarten. Am 7. Oktober fällt der Anker auf der

Während der Kapitän und die Hafenbehörden noch mit der Einklarierung des Schiffes beschäftigt sind, wird bereits an Deck die sehnlichst erwartete Heimatpost verteilt.

Reede von Aqaba, dem jordanischen Hafen im gleichnamigen Golf. Dort wird ein Teil der Ladung in längsseits liegende Schuten gelöscht. Es ist enorm heiß, die Besatzung schläft deshalb an Deck. Der tägliche Wasserverbrauch beträgt 16 Tonnen. Bald geht es weiter, und am 10. Oktober läuft die FREUNDSCHAFT im Port Sudan ein. Die Gäste bestaunen die sudanesischen Stauer vom Stamme der Futzi-Wutzis, sehr dunkelhäutige Männer aus dem tiefsten Sudan mit schwarzwolligem Haarschopf, in den jeder eine hölzerne selbstgeschnitzte Gabel gesteckt hat, mit der sich der Träger von Zeit zu Zeit genießerisch zu kratzen pflegt.

Die Hafenliegezeit ist kurz, zwei Tage später kann die FREUNDSCHAFT wieder auslaufen. Am Sonntag, dem 13. Oktober, läuft die FREUNDSCHAFT immer noch auf Südkurs durch das Rote Meer. Zur Frühstückszeit wird der Maschinenassistent Bernd-Uwe W. vermißt. Erste Erkundigungen des Kapitäns ergeben, daß er am vergangenen Abend gegen 22.00 Uhr zuletzt gesehen wurde. Irgendwann danach, bis zu diesem Morgen um 7.15 Uhr ist er verschwunden. Da der junge Mann auf alle einen stillen und etwas sensiblen Eindruck machte und der mit ihm auf der Kammer wohnende Maschinenassistent feststellte, daß aus Bernd-Uwes Schrank das Bild der Freundin und ein Brief von ihr fehlt, besteht die Möglichkeit, daß der junge Seemann im Verlaufe der Nacht – vielleicht nicht ohne Alkoholeinwirkung – über Bord gesprungen sein könnte. Jedenfalls geht die FREUNDSCHAFT sofort auf Gegenkurs. Überall, bis zum Peildeck hinauf, werden besondere Wachen aufgestellt, alle in der Nähe fahrenden Schiffe werden vom Funker gewarnt und gebeten, zusätzlich Ausguck zu halten, um bei der Suche nach dem vermißten Seemann behilflich zu sein. Unterdessen zieht der Kapitän mehrere Erkundigungen ein, aber er kann kein sicheres Motiv für ein freiwilliges Lebensende finden. Der junge Mann war bereits auf der vergangenen Indienreise an Bord des Schiffes und verrichtete seine Arbeit immer pünktlich und fleißig, hatte in der letzten Hafenliegezeit einen Antrag auf Mitgliedschaft in der Wohnungsbaugenossenschaft gestellt, Probleme mit Kameraden an Bord gab es offensichtlich auch nicht ... Das Rätsel wurde nicht gelöst. Nach angemessener Suche mußte der Versuch, den jungen Seemann zu finden, ergebnislos abgebrochen werden. Das überraschte niemanden an Bord, weiß doch jeder Seemann, daß es nirgends so viele Haie gibt, wie gerade im Roten Meer. Wer hier außenbords fällt oder springt, lebt nur noch wenige Minuten ... Daß an diesem Tag, dem 13. Oktober, eigentlich der Tag der „Seeverkehrswirtschaft der DDR" begangen werden sollte, gerät angesichts dieses traurigen Ereignisses völlig in Vergessenheit.

Am 18. Oktober wird Karachi erreicht. Die FREUNDSCHAFT löscht eine Ladung Erdnüsse aus Port Sudan und 500 Tonnen Stückgut aus Antwerpen. Zwei Tage später geht es schon weiter, und am 22. Oktober fällt der Anker auf der Reede von Bombay. Annelie und Andrew Thorndike verlassen hier – wie vorgesehen – die FREUNDSCHAFT. Sie fliegen nach Delhi, dort werden sie schon von der DDR-Handelsvertretung erwartet, eine Pressekonferenz für die indischen Medien ist vorbereitet. Abends um 23.00 Uhr stehen sie im Mittelpunkt eines Empfangs, der ihnen zu Ehren gegeben wird. Mit ihrer Seereise können sie zufrieden sein. Sie haben an Bord 130 Filme belichtet, 2100 Fotos sind so entstanden. Über die Reise an Bord der FREUNDSCHAFT werden sie einen sehr erfolgreichen und interessant geschriebenen Bild-Text-Band beim HINSTORFF VERLAG in Rostock mit dem Titel JEDER TAG WAR SCHÖN herausgeben: Auflage 40 000 Exemplare und in wenigen Wochen ausverkauft. Die Seeleute, die später das Buch lasen, fanden nicht viel daran auszusetzen. Das will etwas heißen. Seeleute sind sehr kritisch, wenn sich Bücher oder Filme mit ihrem Beruf beschäftigen. Inzwischen setzte die FREUNDSCHAFT ihre Indienrundreise fort. Als sie wieder in Rostock einlief, hatte sie 18 536 Seemeilen zurückgelegt. Bei 15 Knoten Fahrt betrug der Treibstoffverbrauch 1000 Kilogramm pro Stunde, also 24 Tonnen am Tag.

DIE OPERATION

1964 finden wir Artur Maul als jungen Kapitän an Bord der FREUNDSCHAFT, genaue Daten sind darüber nicht bekannt. Aber Artur Maul hat eine spezielle Begebenheit aus dieser Zeit aufgeschrieben und in seinem schriftlichen Nachlaß verwahrt. Sie wird hier zum ersten Mal veröffentlicht:

Eine kleine von vielen interessanten Geschichten möchte ich hier erzählen.

Ich war Kapitän auf MS FREUNDSCHAFT, und die Reise ging nach Kuba. Wir standen westlich der Azoren auf dem Atlantik. Eines frühen Abends betritt der Schiffsarzt Gottfried Bus meine Kammer und sagt, Kapitän, wir haben ein Problem. Ein kubanischer Passagier ist erkrankt. Die Blinddarmentzündung ist im fortgeschrittenen Stadium, der Wurm gibt schon Pfötchen. Und was gedenkst Du zu tun, frage ich. Ich bin mir nicht sicher, ob wir die Kranke – der Passagier war eine junge kubanische Frau – bis Havanna durchbekommen. Ich glaube, wir müssen operieren, antwortete er. Müssen wir dieses Risiko eingehen, sind wir dementsprechend ausgerüstet, gibt es keine andere Lösung dieses Problems? fragte ich. Wenn es nicht zu verantworten ist, den Passagier in seinem Zustand bis Havanna durchzubekommen - wir stehen nicht weit von den Azoren – ein Wort und ich drehe das Schiff um und wir laufen Sao Miguel auf Flores an, sagte ich. Ich bin mir sicher, wir können es tun, antwortete ganz ruhig der Schiffsarzt. Im Nordatlantik, bei der Fischerei, habe ich mich oft für eine Operation entscheiden müssen, und die Bedingungen waren schlechter. Okay sage ich, ich vertraue Dir, bereite alles vor.

Am nächsten Tag habe ich eine kleine Schiffsratsitzung durchgeführt. Gottfried Bus und ich haben die Rollen verteilt. Dem Chiefmate Detlef Beyer gab ich Order, die Brückenwache zu übernehmen. Wir hatten nordwestlichen Wind 6 bis 7. Legt das Schiff genau in den Wind und ganz langsam bzw. langsam voraus, damit es ruhig liegt, sagte ich.

Es ist alles vorbereitet, sagte der Schiffsarzt. Soweit ich alles sterilisieren konnte, ist es geschehen. Die mitreisende Ehefrau eines Offiziers soll OP-Schwester sein, sagte der Erste. Dann holen wir die ran, meinte ich. Die muß mitmachen. Der Zweite muß noch dazu, sagte der Schiffsarzt, und ich nickte, denn er ist für die medizinische Betreuung der Besatzung verantwortlich. Mein Vorschlag wäre, der Kapitän macht die Narkose, sagte der Schiffsarzt. Ich guckte ihn groß an und dabei lief es mir eiskalt den Rücken runter. Mein Gott, dachte ich, wenn du schon einer Operation zustimmst, dann darfst du dich auch nicht drücken. Ich mach' das, kam es mir trocken über die Lippen. Wenn alles klar ist, dann beginnen wir genau 11.00 Uhr, sagte ich. Alle nickten.

Als die Besatzungsmitglieder die Kammer verlassen hatten, ging ich noch einmal zur Brücke. Hoffentlich wird das Wetter nicht schlechter dachte ich, und hoffentlich hast du das bald überstanden. Als ich die Brücke verließ, sagte der Chiefmate: „Na dann, toi, toi, toi." Wir hatten uns steril gemacht und einen weißen Kittel angezogen, Kopfbedeckung aufgesetzt und Mundtuch umgelegt. Unter Anleitung des Schiffsarztes habe ich die Patientin sanft eingeschläfert. Die kubanischen Passagiere waren sehr aufgeregt und von unserer medizinischen Kunst nicht sehr überzeugt. Wir hatten sie vor Beginn der Operation zusammengenommen und so gut es ging beruhigt.

Dann ging es ans Werk. *‚Die Rasur vornehmen', richtete sich der Schiffsarzt an die OP-Schwester. ‚Mit einem Rasiermesser habe ich noch nie gearbeitet', erwiderte diese. ‚Ich mach's', sagte ich und beseitigte so gut ich es konnte die Schamhaare. Als die OP-Schwester dann noch in das sterile OP-Feld griff, schmiß der Schiffsarzt sie aus dem Hospital. Wir waren noch zu dritt. Der Zweite assistierte.*

Der Schnitt wurde gelegt und der Zweite tupfte das Blut aus. Plötzlich traten große Schweißperlen auf seine Stirn, er wurde kreidebleich und kippte langsam nach hinten weg. ‚Nimm ihn bitte weg', sagte der Schiffsarzt zu mir. Wir waren noch zu zweit. Ich hatte das Gefühl, er arbeitete gründlich, aber zu langsam. Die Minuten wurden zu Stunden, und ich flehte ihn förmlich an, ‚mach doch endlich den Bauch wieder zu'. Aber nein, nachdem der Blindarm beseitigt und genäht wurde, mußten auch noch alle anderen umliegenden Organe auf ihre völlige Normalität überprüft werden. Der Schiffsarzt meinte, dies sei ganz normal und gehöre einfach zu einer richtigen Operation. Ich weiß nicht mehr, wie viele Nähte er legte, ich weiß nur, daß ich überglücklich war, als er sagte, wir können die Narkose einstellen, es müßte alles erfolgreich gelaufen sein.

Die Patientin war schnell genesen, und nach dem Einlaufen in Havanna gab es viel Anerkennung und eine ausführliche Meldung über den Rundfunk. Bei der Besatzung stieg der Schiffsarzt im Kurs.

Kapitän Artur Maul war ein passionierter Maler. Den Beruf hatte er eigentlich auch ergreifen wollen und sich an der Arbeiter- und Bauernfakultät der Dresdener Hochschule für Bildende Künste erfolgreich beworben, aber sein Vater war dagegen, und so erlernte er das ehrsame Schmiedehandwerk. Aber in so manchem kubanischen Hafen sah man den Kapitän mit Skizzenbuch und Bleistift, gelegentlich auch mit Tuschausrüstung an Land gehen und in Hafennähe geeignete Motive als Zeichnung oder Aquarell zu Papier bringen.

Kapitän Artur Maul erzählt dann weiter:

„MS FREUNDSCHAFT lief am 11. zum 12. Oktober 1964 heimkehrend durch den Großen Belt. An Backbord passierten wir den dänischen Hafen Korsör. Das Wetter war ruhig, und wir hatten klare Sicht." Es muß kurz nach Mitternacht gewesen sein.

haben und daß man ihm wieder welche mitbringen soll", und: „Vati, die Heike hat Rollschuhlaufen gelernt, und Uwe will immer nicht essen!" Eine Ehefrau ermahnt ihren Mann über Tausende von Seemeilen hinweg, nicht soviel zu trinken. Die Veranda ist voll Gelächter, der Betroffene lächelt säuerlich. „Aber wir spüren in diesem Augenblick unsere Verbundenheit mit der Heimat."
Als nächster Hafen wird Madras angesteuert. Aber einige Tage Reedeliegezeit sind nicht zu umgehen. Als sich die Luken des Schiffes im Hafen öffnen, stellt die Besatzung fest, daß sie Messegut nach Madras gebracht hat. Demnächst wird hier eine internationale Handelsmesse stattfinden, und die FREUNDSCHAFT hat die Exponate in großen Kisten mitgebracht. Die DDR wird auf dieser Ausstellung eine komplette Reismühle, Druckautomaten, Saatgutreiniger, einen Spritzautomaten für Pflanzenerzeugnisse und Fischkuttermodelle zeigen.
Schließlich läuft das Schiff noch Bombay an. Auf der Reede liegt bereits das Schwesterschiff HALLE. Die Besatzungen besuchen sich, Dr. Langer muß auf der HALLE Sprechstunde durchführen, weil dort kein Arzt an Bord fährt. Zwischen beiden Schiffen setzt ein lebhafter Barkassenverkehr ein. Einige Tage später erscheint die DRESDEN auf der Reede von Bombay und ankert in der Nähe. Auch an Bord dieses Schiffes gibt es Arbeit für Dr. Langer. Am nächsten Morgen erscheint die ERFURT auf der Reede. Und als schließlich die HALLE aus dem Hafen von Bombay nach Ladeende ausläuft, sind vier Typ-IV-Schiffe der Reederei gleichzeitig auf der Reede von Bombay versammelt, ein recht seltenes Ereignis, das durch ein lautstarkes Begrüßungskonzert entsprechend gewürdigt wird. Aus allen Typhonen erschallen drei lange Töne, die schließlich durch einen kurzen Ton ergänzt werden, wenn die Antwort vom anderen Dampfer kommt. Die Flaggen werden zur Erwiderung des Grußes der HALLE gedippt.
Nachdem man schließlich Bombay verlassen konnte, muß noch Bedipunder angelaufen werden, dort sind Erdnußkerne und Ölkuchen aus eisernen Schuten längsseits zu laden. Das Schiff liegt auf der Reede vor Anker. Die Stauer übernachten an Bord, schlafen in irgendwelchen Ecken, meistens an Deck, warm genug ist es. Sie haben ihren eigenen Koch mitgebracht und flache Eisenbehälter als Herd. Irgendein Topf ist auch dabei, Stauholz zum Feuer anmachen findet sich ausreichend in den Luken, und aus Hirsemehl, Zwiebeln, Knoblauch, Chili und irgendwelchen Knochen- und Fleischresten kochen sie sich eine Suppe.

I. Offizier Reiner Gluch: hier am Maschinentelegraphen eines Schiffes vom Typ XD.

Eines Tages stehen Besatzungsangehörige des Schiffes an Deck und klönen. Plötzlich kommt ein älteres Schiff vorbei. Der Kühlmaschinist erkennt den Dampfer wieder. Es ist die ehemalige WISMAR der DSR, fährt unter griechischer Flagge vorbei, und man liest den Namen MARY SPILL. Für die Männer ist es eine Überraschung, denn man wähnte das Schiff schon längst abgewrackt. Vom 13. Dezember 1969 bis zum 15. Mai 1970 ist die FREUNDSCHAFT abermals auf einer Indien-Rundreise. Kapitän ist Horst Lubjuhn. Ferner sind der Leitende Ingenieur Flügge und der I. Offizier Hans-Hermann Diestel als Bereichsleiter auf dieser Reise an Bord. Weitere Angaben stehen über diese Reise leider nicht zur Verfügung.
Am 25. April 1973 wird die FREUNDSCHAFT in Rostock wieder einmal feierlich verabschiedet, diesmal von Max Sefrin, dem Vorsitzenden dies Vietnam-Ausschusses im Solidaritätskomitee der DDR. Mit Spenden für Vietnam an Bord läuft das Schiff nach Haiphong aus. Zur Besatzung gehören Kapitän Ernst Labjon, I. Offizier Rainer Gluch und der E-Ing. Hans-Joachim Lippold. Elf Monate und vierzehn Tage fährt der I. Offizier Rainer Gluch mit dem Kapitän zusammen. Sie machen ausgedehnte, aber interessante Reisen. Von Rostock über Hamburg und Antwerpen geht es nach Colombo, dann weiter nach Madras, Bangkok, nach Belawan auf Sumatra, schließlich nach Kanton in China, und hochbeladen mit Holz und Expeller kommt das Schiff wieder zurück. Auf der nächsten Reise sind Shanghai, Nampho, Whampoa, Antwerpen, Hamburg und Rostock die Anlaufhäfen. Das Schiff wird mit Stückgut beladen, hat Blei und Quecksilber an Bord. Auf einer dieser Reisen hat der Chiefmate Gluch auch seine Ehefrau mit an Bord. Aber inzwischen hatten sich die Bedingungen zur Mitreise der Ehefrauen wesentlich verschärft. Zwar war es immer noch prinzipiell möglich, einmal im Jahr die Ehefrau mitzunehmen, aber nun galten folgende Prämissen:

1. Der Betrieb der Ehefrau bzw. ihre Arbeitsstelle mußte zustimmen, den Urlaub bewilligen und die Mitreise insoweit befürworten, ob die Mitarbeiterin auszeichnungswürdig war,
2. wurde in der Regel die Mitreise nur genehmigt, wenn die Unterbringung der Kinder ordnungsgemäß erfolgen konnte. Bei Mitreisewünschen kinderloser Frauen waren die Behörden außerordentlich skeptisch, selbstverständlich mußte die Schiffsleitung bzw. – wenn es sich um einen Kapitän handelte – der Flottenbereich die Zustimmung erteilen und die Auszeichnungswürdigkeit ihres Seemannes bestätigen. Sehr oft dauerten die Formalitäten bis zum letzten Augenblick, und nicht immer wußten die Eheleute rechtzeitig, ob ein Paß mit den entsprechenden Visa ausgestellt worden ist oder nicht. Wurde ein Visum nicht beantragt bzw. nicht erteilt, so konnte die betreffende Ehefrau in England bzw. in Hongkong nicht von Bord gehen. Häufig scheiterten die Anträge schon an der langen Urlaubsdauer, die erforderlich war. Welche Schule konnte fünf Monate auf eine Klassenlehrerin verzichten,

Auch Schrottautos müssen als Decksladung gut verzurrt sein.

Beschädigte LKWs, in Europa als Schrott gehandelt, hier als Decksladung von Rotterdam nach Singapur. In Südostasien werden sie mit handwerklichem Geschick wieder hergerichtet.

welches Krankenhaus verzichtete schon vier bis fünf Monate auf eine Ärztin, oder welcher Direktor beurlaubte freiwillig seine Sekretärin für einen Zeitraum von einem knappen halben Jahr? Natürlich gab es auch im Kreise der Kolleginnen gelegentlich abschätzige Diskussionen nach dem Motto „Wieso die denn, wir dürfen's ja auch nicht" oder „typisch Seemannsfrau, wieder ein neues Privileg, trägt sowieso nur Westklamotten" und dergleichen.

Dabei wurde nur zu gern vergessen, daß die Seemannsfrauen den größten Teil des Jahres mit ihren Kindern allein zu Hause waren, sich um alles selbst kümmern und nicht abends um 17.00 Uhr den Familienvater zu Hause hatten, wie es die Kolleginnen für selbstverständlich hielten. Das aber wurde dann gerne ignoriert.

ÄRGER MIT DER PARTEI

Die nächste Reise der FREUNDSCHAFT machten die beiden Männer ebenfalls wieder zusammen, sie begann am 20. Oktober 1973 und dauerte fünf Monate und 28 Tage.

Zunächst wurde die Reede von Sansibar angesteuert, um zwei Wachboote für die Marine Sansibars mit dem eigenen Schwergutgeschirr von Deck in das Hafenwasser zu setzen.

Die Besatzung für die Wachboote – Männer der Marine Sansibars – waren durch die DDR-Volksmarine in Stralsund ausgebildet worden und an Bord der FREUNDSCHAFT in ihre Heimat zurückgekehrt. Sie gingen sofort an Bord und legten mit den Booten ab. Das Schiff lief weiter nach Indien mit den Zielhäfen Bedipunder, Bombay, Cochin, Madras, Kalkutta, um dann nach Europa zurückzufahren.

Kapitän Labjon hatte seinen ersten Offizier zur Ernennung bzw. Berufung zum Kapitän vorgeschlagen. Dem war auch prinzipiell zugestimmt worden, aber es galt bereits der Beschluß der ab 1. Januar 1974 tätigen SED-Kreisleitung Seeverkehr und Hafenwirtschaft, der besagte, daß zukünftige Kapitäne zuvor ein Jahr in der Funktion des Politoffiziers fahren sollten. Damit hoffte man, dem Mangel an qualifizierten Politoffizieren abhelfen zu können. Reiner Gluch ließ sich, wie auch Kapitän Alfred Kaiser es schon gehandhabt hatte, klugerweise als Politoffizier auf dem gleichen Schiff einsetzen, auf dem er vorher I. Offizier war. Dadurch kannten ihn eine Reihe von Besatzungsmitgliedern als qualifizierten Fachmann und ordentlichen I. Offizier. Eine deutliche Spur seines Wirkens in der Funktion des Politoffiziers ist insofern geblieben, als er, nunmehr von der Belastung des Wachdienstes befreit, Zeit fand, über mancherlei nachzudenken. Er betätigte sich auch aktiv an der Äquatortaufe. Danach verfaßte er die folgenden Verse:

Ein Wachboot für die Marine Sansibars als Decksladung neben Luke III.

Das an der Steuerbordseite an Deck geladene Wachboot wird mit dem eigenen Schwergutbaum und einer Spezialtraverse auf der Reede von Sansibar in das Wasser gesetzt. Die Bewaffnung, vorn und achtern je ein schweres Maschinengewehr, wurde später nachgerüstet.

Äquatoriales

Aus der Schule stammt die Lehre,
daß die Erde kug'lig wäre.
Quasi schwebet sie im All
wie ein kugelrunder Ball.
Seit der Menschheit Anbeginn,
stand dem Menschen stets im Sinn,
stetig hin und her zu wandern,
zu besuchen einen andern
Punkt, der anders ist geraten,
und man schuf Koordinaten
zu dem Zweck, daß man kenne
jeden Punkt und ihn benenne.
Um den Mittelleib der Erde,
daß auch der bezeichnet werde,
pflegt man schon seit alten Tagen
einen Kreis herumzuschlagen,
der die Kugelhälften trennt,
welchen man Äquator nennt.

Eben dort, durch Wasserwogen,
kam ein Schiff einhergezogen.
Erst hat man das Schiff beladen,
fern an nördlichen Gestaden,
eingestaut so manche Dinge,
daß es sie nach Süden bringe.
Nur der Aal, weil er so selten,
konnte sich bei uns nicht melden,
möglich, daß in and'ren Landen
reichlich er ist und vorhanden.
Als nun dieses abgeschlossen,
warf man los die Hafentrossen,
ließ die Kurbelwelle kreisen
und begab sich so auf Reisen.
Siebzehnmeilenstiefel an,
läuft das Schiff, so schnell es kann,
und es nähert sich geschwind,
unabhängig von dem Wind,
– es ist logisch zu begreifen –
jedem Kugeltrennungsstreifen.
Dort wohnt der greise Alte,
graulich, greulich ungestalte
Herr vom nassen Element,
den man Meergott Neptun nennt.
Dieser pflegt zur Zollerhebung und zur
Bordalltagsbelebung
jedes Fahrzeug anzuhalten,
um als Herrscher Amt's zu walten.
Nach bewährter alter Sitte
jeden aus Besatzungsmitte,
der die Linie nie durchlaufen,
zu erkennen und zu taufen.

Bald erblickt man schon im kalten
Fahrtwind schlotternde Gestalten,
die die Augen nicht erheben,
deren Lippen zitternd beben.

Jene sind von Schmutz beladen,
und man muß sie erst mal baden.
Um das Bad nun zu bereiten,
sparte man die Kostbarkeiten,
die beim Essen nicht verwendet,
weggeworfen und verschwendet.
Diese pflegt man zu bewahren,
tief im Faß, damit sie garen.

Zu der Taufgesellschafts Wonne
schaffte es die Tropensonne
tags mit emsigem Bemüh'n,
daß daraus Miasmen ziehn,
welche Neptun lieblich dünken.
Nach dem Bade kommt das Schminken,
da die armseligen Wichte
gar so blaß in dem Gesichte.

Hurtig wird er angefaßt,
der bewährte alte Quast,
tief in einen Droms gesenkt,
gut mit Labsalöl getränkt
und mit schwungvoll schnellen frischen
Schwüngen ins Gesicht gestrichen.

Meergott Neptun das erhebt,
da es jeden Teint belebt.

Folgend der Kosmetikkur,
kommt die inn're Prozedur.
Wohlgewürzte, gute Sachen
stopft man in den Täuflings Rachen.
Meergott Neptun ist gerührt,
wenn der Ärmste Durst verspürt.
Deshalb gibt man ihm zu trinken.
Aus dem Auge Tränen sinken,
weil der milde Labetrank
scharf gewürzt war und entsetzlich stank.

Plötzlich rufet Neptun: „Wehe",
Läuse hat der Kerl und Flöhe!
Das geht gegen meine Ehre,
Man ergreife eine Schere!
Laßt die Locken, die da wallen,
schwinden und zu Boden fallen!"

Da die große Tropenhitze
stets bewirkt, daß man auch schwitze,
läßt der Herr Erbarmen fühlen
und gestattet abzukühlen
jenen schweißgequälten Gauch.
Zu dem Zwecke dient ein Schlauch,
der sich über Deck erstreckt,
aufgespannt ist und gereckt.
Auf dem Bauche, wie die Schlange,
geht es durch die schmale, lange,
enge, feuchte, hohe Gasse,
aus dem Trocknen in das Nasse.
Hinten schiebt ein Wasserguß,
vorne spürt man mit Genuß,
wie das Strahlrohr Kühlung bringt,
und es fühlt sich frohbeschwingt
jeder müde Täuflingsknochen,
wenn er endlich durchgekrochen.

Schließlich zu der Taufe Schluß,
wird erbracht der Ehrfurchtskuß.
Schmackhaft, wonniglich und süße
scheinen einem Neptuns Füße.
Dann bekommt man seinen Namen
von den Paten, die da kamen.

Nun, der Täufling wird entlassen,
und er kann es noch nicht fassen,
daß er fürderhin und künftig,
ungeschoren und vernünftig
reisen kann von Nord nach Süd,
wenn ihn seine Sehnsucht zieht,
oder auch von Süd nach Nord,
Neptun gibt darauf sein Wort.
Als Beweis, und das ist richtig,
ist der Taufschein äußerst wichtig.

Der Einsatz von Reiner Gluch endete am 28. April 1975 und dauerte somit 14 Monate und 19 Tage. Im Januar 1976 kehrte er, jetzt als Kapitän, auf die FREUNDSCHAFT zurück. Die Südostasienreise führte von Rostock über Hamburg, Rotterdam, Antwerpen nach Südchina und Malaysia, dort wurden die Häfen Port Swettenham und Port Klang angesteuert. Auf Wunsch des Vertreters der DSR in Kuala Lumpur, Kapitän Hans-Dieter Ernst, wurde zusätzlich der Hafen Puket in Thailand angesteuert. In diesem Hafen war die FREUND-

Kurzbiographie:

Kapitän Reiner Gluch

Geboren 7. 2. 35 in Leipzig, erlernt den Beruf eines Stahlschiffbauers in Wismar ab 1951, anschließend ab 1954 Beginn der freiwilligen Dienstzeit bei den DDR-Seestreitkräften, 1958–1966 als Stabsobermeister Kommandant der Dienstsegelyacht HORST LIEBIG, ein 150-m²-Seefahrtskreuzer der Seeoffiziersschule Stralsund, 1966–1968 Besuch der Seefahrtschule Wustrow, Patent A 5, 1968 Einstellung bei der DSR, III. Offizier und II. Offizier MS GEORG BÜCHNER, ab 6. 5. 70 I. Offizier MS GEORG BÜCHNER, ab 25. 8. 70 I. Offizier MS FERDINAND FREILIGRATH, anschließend I. Offizier MS GEORG BÜCHNER und MS EILENBURG, danach I. Offizier MS FREUNDSCHAFT bis 30. 9. 73 bei Kapitän Ernst Labjon, danach eine weitere Reise als I. Offizier ab 20. 10. 73, ab 27. 10. 1973 Mitglied der Schifferkompanie zu Stralsund, schließlich bis 28. 4. 75 Politoffizier an Bord der MS FREUNDSCHAFT, anschließend Kapitän MS FREUNDSCHAFT bis 12. 7. 76, danach Abberufung durch Minister für Verkehrswesen, neuer Einsatz als I. Offizier MS NEUBRANDENBURG anschließend I. Offizier MS ALTENBURG bis 31. 12. 84, ab 1. 1. 85 Lotse und Kompensierer in Stralsund bis Herbst 1990, danach Schiffsführer einer Baggerschute bis Dezember 1990, danach Vorruhestand.

Auszeichnungen:
Arthur-Becker-Medaille in Bronze, Aktivist.

SCHAFT das erste Schiff der DSR. Man ging auf der Reede vor Anker, um 300 Tonnen Zinn zu laden. Dadurch bekam die Besatzung von diesem Hafen nicht viel zu sehen, was sehr bedauert wurde, denn es soll sich um einen sehr bekannten Badeort in Thailand handeln. Die Reise zog sich in die Länge, denn schon seit Rostock waren nur drei Motoren einsatzklar. Danach ging das Schiff auf die Heimreise.

Eines Tages kam es zu einem Brand im Maschinenraum. Ein Treibstofftank war übergelaufen, der Dieseltreibstoff war auf eine Abgasleitung gespritzt und hatte sich entflammt. Nach kurzer Zeit konnte der Brand gelöscht werden. Menschen waren nicht zu Schaden gekommen, aber es hatte erhebliche Ausfälle gegeben. Weiteren Ärger hatte der Kapitän ausgerechnet mit dem kommissarisch eingesetzten Parteisekretär in der Person eines IV. Offiziers, der Alkoholprobleme hatte und auch unpünktlich zur Wache kam, so daß Kapitän Gluch ihn mit einer Alkoholsperre belegen mußte. Infolgedessen sah sich der Kapitän auch nicht in der Lage, den jungen Mann zur Beförderung vorzuschlagen. Beim Erreichen des Suezkanals waren zunächst nur zwei Maschinen klar. Also mußte die FREUNDSCHAFT auf der Reede vor Anker gehen und warten, bis der Cheflotse Zeit hatte, eine Probefahrt anzuberaumen. Sie erfolgte alsbald. Inzwischen war auch der dritte Motor wieder klar, und nach erfolgreicher Probefahrt wurde das Schiff für den nordgehenden Konvoi mit der Auflage, im Konvoi als letztes Schiff zu fahren, zugelassen. Daraus ergab sich eine Verzögerung von zwei Tagen. Das nächste nachteilige Ereignis war eine Kurbelwannenexplosion während der Kanalfahrt, was zum völligen Ausfall einer Maschine führte. Dem Schiff standen bis Hamburg nur noch zwei Motoren zur Verfügung. Dessenungeachtet wurde das Schiff von Hamburg nach Malmö verfügt, um dort für die nächste Reise ein von schwedischen Bürgern gestiftetes Krankenhaus für das vietnamesische Rote Kreuz mit allen Einrichtungen an Bord zu laden. Während der Überfahrt nach Malmö kamen bereits Reparaturkräfte an Bord, denen es gelang, während der Liegezeit in Malmö den dritten Motor wieder einsatzbereit zu machen. Als die FREUNDSCHAFT in Rostock eintraf, konnte der zuständige Nautische Inspektor, Kapitän Klaus Frommherz, der FREUNDSCHAFT die Inspektionsnote „gut" zuerkennen.

Wenige Tage später wurde Kapitän Reiner Gluch offiziell mitgeteilt, daß er die nächste Reise auf der FREUNDSCHAFT nicht mehr mitfahren würde und das Schiff an Kapitän Jungnickel zu übergeben hätte. Es wären zwischenzeitlich erhebliche Vorwürfe gegen den Kapitän aufgetaucht, insbesondere zwei Brän-

Kapitän Gluch und weitere Besatzungsmitglieder übergeben Röntgenfilme als Solidaritätsspende an ein Krankenhaus in Haiphong.

de bzw. Schäden im Maschinenraum, Mißachtung der Tätigkeit des Parteisekretärs und damit ein Überschreiten seiner Kompetenzen gegenüber der Partei. Beim Minister für Verkehrswesen sei die Abberufung beantragt worden. Ein anschließend eingeleitetes Parteiverfahren ergab für Reiner Gluch eine Rüge. Jedoch ist zu berücksichtigen, daß von denen, die im Parteigremium diese Rüge zu beschließen hatten, niemand die letzte Reise mitgemacht hatte, also niemand dabei war, der die Dinge miterlebt hatte. Auch der zuständige Nautische Inspektor, Klaus Frommherz, der Reiner Gluch eine zufriedenstellende Leitungstätigkeit bescheinigt hatte, konnte nichts dagegen unternehmen. Es blieb dabei: für die nächste Reise würde Kapitän Peter Jungnickel das Schiff übernehmen. Damit war er der vorletzte Kapitän der FREUNDSCHAFT. Der letzte Kapitän Willi Eckholz übernahm das Schiff im März 1977 und stellte es am 10. November 1977 außer Dienst. Der neue Eigner war die Eurabia Shipping Agency Ltd. in Beirut. Es wird berichtet, daß das Schiff unter dem neuen Namen EURABIA FRIENDSHIP am 6. August 1978 nach Split überführt worden sein sollte, um später bei Brodospas abgebrochen zu werden.

Kurzbiographie:

Kapitän Herbert Schickedanz

Kapitän Herbert Schickedanz als Leutnant zur See (S) der Kriegsmarine.

Geboren am 11. 2. 1912 in Königsberg/Ostpreußen, ab 1918 Volksschulbesuch, anschließend Mittelschule und Oberschule bis zum 18. Lebensjahr, daneben Geigenunterricht, ab 17. 4. 1930 nach Entscheidung für den Seemannsberuf Decksjunge an Bord des D. FRITZ SCHORP, Poseidon-Linie, bis 29. 1. 1931, Monatsheuer 30 Reichsmark, anschließend D. INGRID ab 1. 10. 31 Leichtmatrose, Monatsheuer 50 Reichsmark, Matrose auf dem D. INGEBORG, danach Leichtmatrose und Matrose an Bord verschiedener Schiffe ANORDNET, AMBRIA, zuletzt bei der Neptun Reederei Bremen, ab 1936 Besuch der Seefahrtschule Wustrow, eineinhalb Jahre, A 5-Lehrgang und Funkpatent II, Klasse, Prädikat „sehr gut", ab 4. 4. 38 III. Offizier an Bord des Tankschiffes J. H. SENIOR, Waried Tankschiffs Reederei, 190 Reichsmark im Monat, erlebt erstmals ein Drei-Wachen-Schiff, bei Kriegsbeginn ab September 1939 ist das Schiff im Auslandseinsatz, in einem südamerikanischen Hafen wird die Besatzung von Bord geholt und in ein Internierungslager verbracht, 1940 Rückkehr nach Deutschland, anschließend Besuch der Seefahrtschule Wustrow, Abschluß: Patent A 6, an Bord bis 19. 2. 1940, anschließend kurze Zeit Dienstverpflichtung als Hilfsinspektor bei der Neptun Schiffahrtsgesellschaft, danach eingezogen zur Kriegsmarine, Dienststelle Bremen, Dienstgrad Leutnant zur See (S), die Bezeichnung „S" steht für „Sonderführer", damit wurden Wehrmachtsangehörige gekennzeichnet, denen für die Dauer der Kriegszeit ein militärischer Dienstgrad verliehen wurde, ohne als Offizier oder Reserveoffizier entsprechend ausgebildet zu sein. Diese Offiziere wurden wegen ihrer Spezialkenntnisse in der Wehrmacht, in diesem Fall in der Kriegsmarine, benötigt, entsprechend seiner Vorkenntnisse wird Leutnant zur See (S) Schickedanz als Transportoffizier für die Zusammenstellung von Seetransporten nach Norwegen eingesetzt, anschließend Einsatz als Transportoffizier in den Häfen Windau, Turku, Helsinki, Hangö und Reval, liegt am 8. Mai 1945 im Lazarett von Windau, wird im Rahmen der letzten Rückführungsaktion aus Windau (zwei Geleite mit 61 kleinen Fahrzeugen der Kriegsmarine) durch den Chef einer Schnellbootsflottille, Kapitänleutnant Klose, persönlich zusammen mit anderen Kriegsmarine-Angehörigen aus dem Lazarett geholt und an Bord eines Schnellbootes gebracht, der Verband gelangt nach Kappeln an der Schlei, anschließend englische Kriegsgefangenschaft, Entlassung 1946 nach Hamburg, von dort aus zu Fuß nach Mecklenburg bis nach Althagen gelaufen, noch 1946 Eheschließung, Arbeit als Fischereigehilfe in der Strandfischerei, später Lehrer an der Seefahrtschule Wustrow, ab 1950 tätig als stellvertretender Direktor der Seefahrtschule Wustrow, ab 6. 7. 53 I. Offizier D. VORWÄRTS, anschließend II. Offizier D. ROSTOCK, geführt von Kapitän Beykirch, 1955 kurzzeitiger Einsatz als Kapitän des Küstenmotorschiffes GREIFSWALD, danach I. Offizier an Bord D. ROSTOCK, geführt von Kapitän Just, sechs Monate bis 8. 2. 57, anschließend acht Monate Kapitän D. WISMAR bis 12. 11. 57, Kapitän MS DRESDEN ab 24. 7. 58 für zwölf Monate und 26 Tage, 1959 Baubelehrung zur Übernahme des GTMS FRITZ HECKERT, übernimmt 1960 als Kapitän das Fracht- und Lehrschiff HEINRICH HEINE in Antwerpen, ab 1962 das Schwesterschiff THEODOR KÖRNER, 1967 Kapitän MS GEORG BÜCHNER, 1976 Ende der aktiven Tätigkeit in der Flotte, Ruhestand ab 1977.

DDR-Auszeichnungen:

Aktivist 1962 und 1965, Verdienstmedaille der Seeverkehrswirtschaft in Bronze 1965, Verdienter Aktivist 1966, Verdienter Seemann 1967, Verdienstmedaille der DDR 1968, Orden „Banner der Arbeit" 1974. Verstorben am 5. 9. 1989.

JUNGFERNFAHRT NACH VIETNAM

MS DRESDEN hatte die Bau-Nr. 305 der Warnowwerft Warnemünde. Daher ist es zunächst notwendig, einige Worte zum Verbleib der Bau-Nr. 304 vorwegzuschicken. Mit dem Bau des Schiffes wurde am 10. Dezember 1955 begonnen, die Kiellegung erfolgte am 1. Februar 1956. Am 17. November 1956 lief das Schiff unter dem Namen SOLIDARITÄT vom Stapel.

Es wurde dann aber entsprechend einer Weisung aus Berlin an die tschechische Staatsreederei, der Czechoslovensko Namorni Plavba, in Prag verkauft und am 15. März 1958 unter dem Namen DUKLA in Dienst gestellt.

Sehr bald wurde das Schiff von der chinesischen Agentur „Chipolbrok" gechartert und fuhr ab 1965 unter dem neuen Namen HANG ZHOU unter chinesischer Flagge. Sie war lange im Dienst, denn Lloyd's Shipping Index erwähnt das Schiff in seiner Ausgabe vom 21. Februar 1986 auf der Reise von Colombo nach Bedipunder.

So kam es, daß das Schiff mit der Warnowwerft-Bau-Nr. 305 das dritte Typ-IV-Schiff wurde, das die Warnowwerft für die DSR nicht nur baute, sondern tatsächlich auslieferte.

Baubeginn des Schiffes war der 1. April 1956, die Kiellegung war am 4. August 1956, und der Stapellauf erfolgte am 18. April 1957. Dieses Schiff sollte ursprünglich nach Schweden verkauft werden. Daher wurde der auf der Helling liegende Rumpf am 18. April 1957 von Frau Kraatz, der Gattin des Reedereivertreters der Lauter Shipping AB, auf den Namen „Freden" getauft.

Später zerschlug sich das Geschäft, und das Schiff wurde unter dem Namen DRESDEN an die DSR ausgeliefert. Die Indienststellung erfolgte am 27. Juli 1958.

Die DRESDEN auslaufend Warnemünde zur Probefahrt am 26. 7. 1958.

DER ANFANG VOM ENDE?

Zu dieser Zeit gab es noch immer einflußreiche Leute in Berliner Ministerien, die die Auffassung vertraten, angesichts der dringend erforderlichen Devisenbeschaffung sei es für die DDR günstiger, die Neubauschiffe vom Typ IV nicht selbst zu betreiben, sondern unverzüglich in den Export zu geben, um damit schneller zu einem Devisenerlös zu kommen. Dabei wurde entweder bewußt übersehen oder in seinem Zusammenhang nicht verstanden, daß die Schiffe während einer zwanzigjährigen Nutzungszeit unvergleichlich mehr an Devisen einbringen würden als den einmaligen Erlös durch den sofortigen Verkauf.

Bezeichnend für diese Bestrebungen ist folgende Begebenheit, die der damalige Mitarbeiter im Finanzministerium der DDR, Gerhard Cron, in einem Erinnerungsbericht schildert: *„Soweit ich mich erinnere, war es im Januar 1958. Da rief plötzlich Hermann Rieck (damals Leiter der Hauptverwaltung Schiffahrt im DDR-Verkehrsministerium) mit vor Zorn bebender Stimme bei mir an und teilte mit, nun sei es aus mit dem Flottenwachstum! Bei ihm sei ein Vertreter der Staatlichen Plankommission, Bereich Schwermaschinenbau, gewesen, der gleich einen Vertreter der Arbeiter- und Bauerninspektion mitgebracht habe. Die hätten verkündet, daß nur noch drei Typ-IV-Schiffe für die DDR-Flotte vorgesehen seien. Die neuen seien in den Exportplan übergeleitet worden. Ich hatte nichts davon gehört, daß dem Minister für Verkehrswesen irgendwelche Ausarbeitungen für Gegenaktivitäten vorgelegt worden wären. Ich vermute, daß die Leitung der Staatlichen Plankommission nichts von dieser Affäre wußte, daß es sich vielmehr um eine unkoordinierte Eigenmächtigkeit Einzelner gehandelt hat. Auch in diesem Fall war es der Minister der Finanzen, der einen ‚gepfefferten' Brief an den Vorsitzenden der Staatlichen Plankommission unterzeichnete, in dem nachgewiesen wurde, daß bei einem eventuellen Export von neuen Typ-IV-Schiffen nicht mit einem Barverkauf gerechnet werden könne und daß bei den denkbaren anderen Exportmöglichkeiten der mögliche Ertrag niedriger als bei einem Einsatz in der DDR-Flotte liegen werde. Ich habe von der Staatlichen Plankommission in dieser Sache nie wieder etwas gehört ...“*

Tatsächlich wurden – wie geplant – alle weiteren Typ-IV-Schiffe der Warnowwerft an die DSR ausgeliefert.

DAS ERSTE JAHR DER DRESDEN

Man darf wohl davon ausgehen, daß Kapitän Schickedanz und die wichtigsten Männer seiner Besatzung ausreichend Zeit und Gelegenheit hatten, das neue Schiff auf der Werft kennenzulernen und sich mit allen Einrichtungen vertraut zu machen. Am 27. Juli 1958 war die offizielle Indienststellung. Die Musterungszeit des Kapitäns begann am 24. Juli 1958. Das ist logisch, denn während der Baubelehrungszeit auf der Werft erfolgte keine Musterung. Zur Indienststellungsbesatzung gehörten weiterhin ab 24. Juli 1958 der I. Offizier Friedrich Witzke, der IV. Offizier Heinrich Zeplin, Leitender Ingenieur ist C. H. Schulz, als Schiffsarzt ist Dr. Hagemeister gemustert und Politoffizier ist Ernst Lansmann.

Die Jungfernfahrt der DRESDEN führte nach Haiphong. Gleichzeitig ist sie das erste Schiff der DDR in diesem Hafen. Für die Vietnamesen war das Grund genug, dem Schiff nach der Ankunft in Haiphong einen überwältigenden Empfang zu bieten. Das Interesse der vietnamesischen Öffentlichkeit am ersten Schiff aus der fernen DDR ist ungeheuer. Als das Schiff zur Besichtigung freigegeben wird, übersteigt der Andrang die Vorstellungskraft der Seeleute. Schließlich muß ja auch die Ladung gelöscht und neue an Bord genommen werden. Das war nicht wenig. Immerhin hatte das Schiff in Wismar 8200 t Massengutladung und 1830 t

In Haiphong kommen die Vertreter der verschiedenen Behörden, Zollverwaltung, Grenzpolizei, Hafenpolizei und Hafenamt mit dem Vertreter der Agentur zur Einklarierung an Bord und werden von Kapitän Schickedanz (Bildmitte) und dem I. Offizier Karl Friedrich Witzke (links außen) begrüßt.

In der Schleuse Brunsbüttel wird der einlaufende 10000-Tonnen-Frachter aus der DDR von Besuchern und Fachleuten interessiert betrachtet.

Das Schiff ist für die bevorstehende Reise in allen seinen Teilen seeklar, genügend ausgerüstet und verproviantiert. Die Kommandoelemente und Sicherheitseinrichtungen wurden überprüft und in Ordnung befunden. Die Besatzung ist vollzählig und gesund an Bord. Die Bilgen sind lenz. Der Tiefgang beträgt vorn 7,90 m und hinten 8,45 m.
I. Offz. Rudolf Volkmer

Oben im Kartenhaus schob der I. Offizier, nachdem er die Eintragung gemacht hatte, das Schiffstagebuch zur Seite und überdachte noch einmal alles, was während der drei Tage in Antwerpen getan worden war. Nun war die BERLIN tief beladen, lag im richtigen Trimm, und jetzt erst hatte er die rechte Freude an seinem Schiff. Die Reise konnte beginnen.

In der Ostasienfahrt hatte die junge DSR noch wenig Erfahrungen. Die BERLIN war das dritte Schiff, das dorthin auslief. Es sollte in einem Törn ohne Zwischenhafen von Antwerpen nach China gehen. Kein Risiko, aber in gewisser Beziehung sollte das neue Fahrtgebiet erschlossen werden, und Schiff und Besatzung mußten sich bewähren.

Nach dem Fahrtgebiet Nordamerika ist in der Weltschiffahrt die wichtigste Relation Ostasien und der Ferne Osten. Die fünf oder sechs führenden Schiffahrtsnationen der Welt, die sich in diesem Fahrtgebiet betätigen, schicken nur ihre besten, größten und modernsten Schiffe nach dem Fernen Osten. Es gehören schon ökonomischer Weitblick und Erfahrungen einer Reederei dazu, sich im Ostasiendienst zu bewähren. Zudem sind seemännische Fähigkeiten und Erfahrungen der Kapitäne notwendig, um ein Schiff nach einer Reise um die halbe Erde durch die Taifungebiete des Stillen Ozeans auf den Tag oder die Stunde genau in einen Hafen des Fernen Ostens zu bringen.

In der Morgendämmerung setzten wir bei Vlissingen den Scheldelotsen wieder ab und gehen nun endgültig auf die große Reise. 12 000 Seemeilen liegen vor uns.

Nach dem Abendessen sitze ich mit dem Funker Dieter Becker auf einem der hohen Barhocker in der Veranda, und wir unterhalten uns über die bevorstehende Reise. Wir pressen unsere Stirn gegen die großen viereckigen Verandafenster und sehen an dem vorbeischießenden Wasser, wie die BERLIN vorwärts stürmt. Das Schiff rollt jetzt etwas, und es sieht fast so aus, als sollten wir schlechtes Wetter bekommen. Vom Atlantik her zieht eine gleichmäßig dicke Wolkenwand herauf.

An dem schwarzen Brett in der Lenin-Ecke, einem gemütlichen Vorraum in der Mannschaftsmesse, ist eine Wetterkarte befestigt, auf welcher der Kurs des Schiffes eingezeichnet ist. Jeden Mittag wird der neue Schiffsort mit einem kleinen Fähnchen markiert, und jeder an Bord verfolgt interessiert unsere Reise.

Am anderen Morgen steckt die BERLIN zum erstenmal ihre Nase in die ozeanische Weite. Der Atlantik hat uns seinen breiten Rücken genommen, der von Gibraltar bis Kap Hatteras und von Island nach Kap Horn reicht.

Auf den Schiffen der Deutschen Seereederei wird die Seewache im Drei-Wach-Törn gegangen, das heißt, drei Wachen lösen einander in der Führung des Schiffes ab. Auf vier Stunden Wache folgen acht Stunden Freiwache. Unter normalen Umständen sind außer dem Wachoffizier zwei Matrosen auf Wache, die sich am Ruder bzw. als Brückenposten oder bei schlechtem Wetter auf dem Revier als Ausguck ablösen. Die anderen sechs arbeiten den Tag über acht Stunden und haben die Nächte und den Sonntag frei.

Im Mittelmeer riefen Chiefmate und Bootsmann die sechs Matrosen, die als „Tagelöhner" arbeiten zusammen, um mit einem gründlichen Reinschiff, Farbewaschen und Konservierungsarbeiten zu beginnen. Die Reise geht wochenlang durch die Tropen, und Regenschauer und sengende Sonne zermürben schnell den besten Hanf. An den vierzehn Ladebäumen hängen achtundzwanzig Geitaue mit Blöcken und Schäkeln. Schweres Manila-Tauwerk, als Jollentau oder Klappläufer geschoren, damit die schweren Ladebäume leichter zu bewegen

Auf der seeklar gemachten Luke 5 stellt sich das Maschinenpersonal der BERLIN dem Fotografen in einer Stärke von 23 Mann. Da die Besatzungsliste der damaligen Zeit 27 Angehörige des Bereiches Maschine aufführt, fehlt ein Teil der Wache. Von links: IV. Ingenieur Gerald Bergmann, IV. Ingenieur Rudolf Röhn, in Khakijacke III. Ingenieur Günter Meltzer, in blauer Uniform mit Brille III. Ingenieur Wolfgang Pingel, etwa Bildmitte mit drei Ärmelstreifen I. Ingenieur Karl Hamann, hinter seiner rechten Schulter der Elektriker Hagemeister, neben seinem rechten Arm Walter Däbritz, links vom I. Ingenieur mit zwei Ärmelstreifen Werner Seifert, II. Ingenieur, neben ihm III. Ingenieur Klaus Reiher, vierter von rechts im Anzug III. Ingenieur Hans Jahns, in der hinteren Reihe insgesamt sechster von links Rudolf Beking, neben ihm in der hinteren Reihe insgesamt neunter von links Karl Beckmann, zwischen ihm und Wolfgang Pingel in Uniform der Elektromeister Uwe Nitz.

Bootsmann Joachim Rudek (mit weißer Mütze) und seine Decksbesatzung. Die Männer tragen einheitliche Khaki-Kleidung: Erstaunlich, da diese damals nicht von der Reederei geliefert wurde. Als beliebter Dienst- und Freizeitdreß wurde sie häufig in Bombay von indischen Schneidern bezogen, die an Bord Bestellungen aufnahmen. Der Bootsmann und ein weiterer Seemann tragen einen damals modischen Metallgürtel mit der deutschen Flagge auf dem Verschluß. Beliebt für den Einkauf dieser und anderer Ausrüstungsteile war wegen seiner mäßigen Preisforderungen damals der Schiffshändler van Hulle in Antwerpen.

sind. Jede Leine fast hundert Meter lang. Alles Tauwerk wurde ausgeschoren und zu dicken Bunschen fein säuberlich aufgeschossen, zusammengebunden und unter den Winschendecks verstaut. Blöcke und Schäkel wurden abgenommen und konserviert, denn das Seesalz frißt die Bolzen fest. Wenn der „Erste" nun pfeiferauchend über Deck ging, war er zufrieden, das laufende Gut im Trockenen zu wissen. Zwei Tage vor der chinesischen Küste würde man es wieder auftakeln.

Im Suezkanal steigt die Sonne kurz nach ihrem Aufgang direkt in meinem Bullauge über der Wüste auf. Sie steigt rot und sehr schnell aus den grauen Sanddünen hoch, und nach einer knappen Minute ist sie bereits strahlend hell und wärmt. Wir laufen in einem Konvoi von mehr als zwanzig Schiffen langsam durch den Kanal.

Am Kap Guardafui, dem gezahnten und zerklüfteten Vorgebirge an Afrikas östlichster Spitze, beginnt der Indische Ozean. Als wir das Kap

Der III. Offizier Hans-Heinrich Zeplin kontrolliert den Mutterkompaß der Kreiselkompaßanlage.

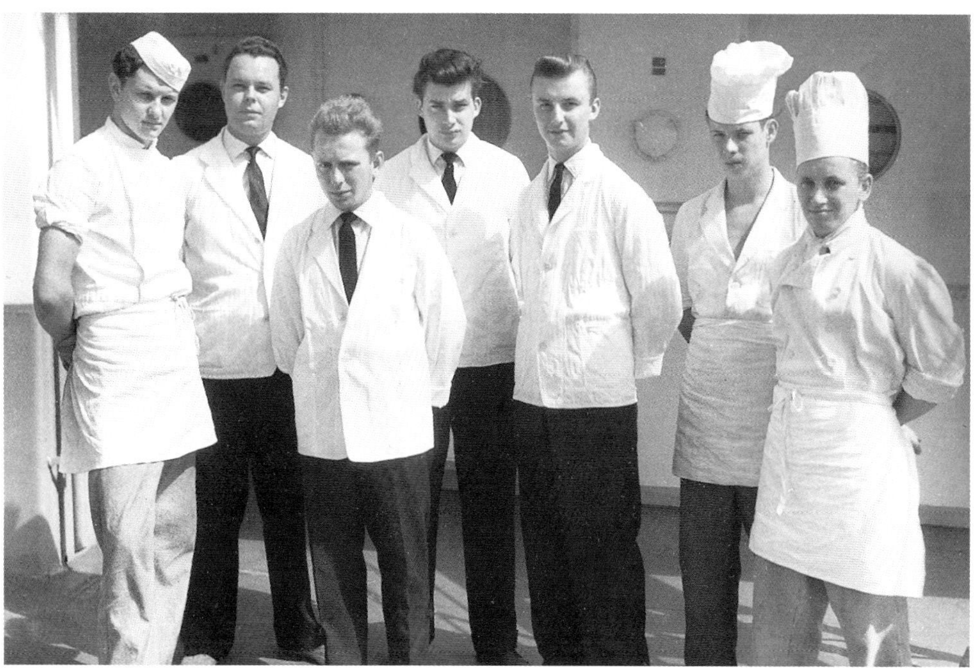

Das Wirtschaftspersonal der BERLIN: vier Stewards, zwei Köche und der Bäcker.

querab haben, stellt sich programmgemäß der Südwestmonsun ein. Er ist einer der großen Herrscher unter den Windsystemen der Erde. Er ist der stürmischste aller Passate und Monsune, die die Erde umkreisen. Und auch noch heute, im Zeitalter der starken Maschinenschiffe, muß sein Verhalten von den Kapitänen in Rechnung gesetzt werden. Innerhalb einer Stunde frischt es auf Windstärke 6 auf. Die See läuft in langen ozeanischen Wellen vom Süden herauf, und die BERLIN erlebt ihren ersten Seegang und schlingert lebhaft in die Monsunsee hinein. Es kommt Wasser an Deck. Die Wel-

len, die sich bald zu Wogen auswachsen, drücken die BERLIN bis zu 20 Grad auf die Seite. Das schwerbeladene Schiff benimmt sich gut. Es setzt weich in die See ein, doch das Spritzwasser geht bis über die Brücke.
Die BERLIN zieht Meile für Meile ihren weiten Weg nach China über das Meer.
Nach dem Passieren von Dondra Head, dem südlichsten Punkt der Insel Sri Lanka, gab der Kapitän auf einer Bordversammlung unseren Löschhafen bekannt. Es ist Tsingtao in Nordchina am Gelben Meer. Gleichzeitig setzte er die Besatzung davon in Kenntnis, daß wir durch besondere politische Umstände nicht den üblichen Schiffahrtsweg durch die Malakka-Straße, an Singapur vorbei und durch das Südchinesische Meer nach Nordchina gehen können, sondern den weiteren Weg durch die Sunda-Straße und die indonesischen Gewässer nehmen müssen.
Abseits der großen Schiffahrtswege wird das Meer einsam. Tagelang sichten wir kein anderes Schiff. Wir passieren den Krakatau, den größten Vulkan der Erde, dessen Ausbruch 1883 zu der gewaltigsten Katastrophe in geschichtlicher Zeit führte. Die Verluste an Menschenleben betrugen mehr als 50 000. Noch heute weisen die Seekarten die Umgebung des Krakatau als unsicheres Gebiet aus. Java, Borneo, Celebes und tausend Inseln erheben sich aus dem Meer und versinken wieder.
Dicht unter den Philippinen sind wir in den Stillen Ozean eingelaufen, halten einen weiten Abstand von der Insel Taiwan und nehmen Kurs auf die japanischen Inseln.

Ein Blick in die Kombüse. Auf dem großen Elektroherd wird das Mittagessen vorbereitet.

Maschinenwache: Ein Maschinenassistent beim Arbeiten an einem Hauptmotor, ein Motorenwärter beim Reinschiff.

Der Kurs ist Nord, und es wird täglich kühler. Wir tragen seit Wochen wieder Hemden und lange Hosen. Jeder redet von China. Die, die schon einmal dort waren, sprechen von den Erlebnissen, von Schanghai, von Peking und von den Menschen. Die anderen sind in Erwartung des Kommenden.
Eines Morgens ist das Meer gelb. Der Himmel ist grau, und es riecht nach Wind.
In der Ferne tauchen mehrere Inseln auf. Alle sind felsig, schroff und unbewaldet. Ein Schlepper kommt uns entgegen, der die rotweiße Lotsenflagge gesetzt hat. Nach zehn Minuten klettert der chinesische Lotse an Bord. Langsam nähern wir uns dem Land. Stadt und Hafen kommen in Sicht. Die Maschinen stoppen. Die Schrauben laufen langsam aus und drehen sich noch im Fahrtstrom mit, bis die letzte Bewegung aus dem Schiff ist. Poltern ... Rasseln, ein dumpfes Getöse irgendwo im Vorschiff. Der Anker ist gefallen, die Seereise beendet. Nach zweiundvierzig Tagen liegen wir auf der Reede von Tsingtao.
Wieder kommt ein Schlepper längsseits und bringt die „Behörden“: den Arzt, den Schiffahrtsagenten, Polizei und Grenzkontrolle. Die Chinesen nehmen die Einklarierung des Schiffes sehr genau. Der Arzt läßt die Besatzung an Deck antreten, prüft die Gesundheitspässe und mustert jeden Mann. Alles wird streng, sorgfältig und freundlich erledigt. Wir müssen noch zwei Tage auf Reede liegenblieben, bis wir in den Hafen kommen. Die Zeit vergeht mit Sonne,

Dschunken und Medusen, den großen Quallen der tropischen Meere. Die Dschunken können bezaubern. Sie sind so eigenartige Fahrzeuge, daß sich eine intensive Beschäftigung mit ihnen lohnen würde. Sie sind so uralt wie der Gedanke, das Meer zu befahren.
Das geladene Eisen wurde mit Bordgeschirr gelöscht. Das Kali mit ameisenhafter Schnelligkeit und Fleiß in Körben aus dem Schiff abgetragen und in bereitstehende Eisenbahnwaggons verladen.

E.-Meister Uwe Nitz an der Hauptschalttafel.

Mit leerem Schiff in Ballast versegeln wir von Tsingtao weiter nach Norden nach Taku-Bar, um dort Ladung für Rostock zu nehmen.
Im äußersten Winkel des Gelben Meeres wurde gerade ein neuer Seehafen gebaut: Hsingkang. Als wir hineingeschleppt wurden, war gerade der erste Kai fertig, und vier dicke Schiffe lagen hintereinander vertäut. Ein Japaner, ein sowjetischer Dampfer, die URSULA RICKMERS aus Bremerhaven und unsere BERLIN. Fast jedes zweite Schiff kommt mit Stahl. Der Aufbau der Industrie Chinas wird Milliarden Tonnen verschlingen.
Seit Tagen übernehmen wir eine wertvolle Stückgutladung. Über dreißig verschiedene Positionen weist die Ladeliste aus: Erze, Holz, Baumwollprodukte, Textilien, Därme, Bienenhonig, Ananassaft und 1000 t Speiseöl zur Mar-

Durchhieven der Vorleine auf der Back in einer kalten Jahreszeit.

garinebereitung. Endlich ist der letzte Leichter da, und die allerletzte Hieve kommt an Bord. Es ist der 16. November. Um 13.00 Uhr mit dem Glockenschlag kommt der Anker aus dem Grund. Der Zimmermann schlägt auf der Back einige kurze Schläge an die Schiffsglocke. Wir sind wieder in Fahrt. Auf der Reede liegen zehn große Schiffe wie vor drei Wochen, als wir ankamen: Norweger, Engländer, Dänen. Der Hafen von Hsingkang hat eine Zukunft. Wir gehen mit Backbordruder in einem großen Bogen auf Heimatkurs. Nach einer Stunde ist alles Land hinter dem Horizont versunken. Das Wasser wird bald heller und sauberer.

HOMEWARD BOUND

Wann werden wir wieder zu Hause sein? Jeder rechnet und schätzt, ob er Weihnachten daheim ist. Der Kapitän und die Navigationsoffiziere koppeln den Kurs und die Distanz durch. Rund um die halbe Erde. Vom Gelben Meer bis

Der Vorschlepper bugsiert den Steven der BERLIN in die Boyerssluis-Schleuse im Hafen von Antwerpen. Bei Manövern dieser Art war es zweckmäßig, den Lotsen darauf vorzubereiten, daß der Achterschlepper Unterstützung beim rechtzeitigen Aufstoppen des Schiffes geben sollte, falls die Propellerumdrehungen auf rückwärts nicht ausreichten, um das vollbeladene Schiff rechtzeitig zum Stehen zu bringen ...

zur Ostsee. Durch drei Ozeane und ein halbes Dutzend Meere. Sie rechnen genau und kalkulieren alles ein ..., und dann jagt die BERLIN mit ihren 16 Knoten in der Stunde los. Zwei Tage vor Weihnachten werden wir in Wismar sein.
Von Tag zu Tag wird es wärmer. Tropischer Indischer Ozean. Noch einmal Sumatra und Sri Lanka mit Palmenküsten. Herbst im Mittelmeer mit schweren Stürmen bis Windstärke 10/11. In der Biskaya Sturm und schwere See. Nebel im Englischen Kanal. Nach 37 Seetagen werfen wir auf Wismar-Reede den Anker und warten auf den Lotsen. Brave BERLIN. Im kalten winterlichen Nebel taucht langsam die Silhouette der alten Hansestadt auf.

Die BERLIN bei schlechtem Wetter auf dem Atlantik.

TECHNISCHE PROBLEME

Der vorstehende Reisebericht des Berliner Journalisten entspricht natürlich vom allgemeinen Ablauf der Reise her den Tatsachen. Zu ergänzen bliebe noch, daß die Äquatortaufe erst in der Java-See durchgeführt werden konnte, weil ein Sturm im Indischen Ozean gerade zu der Zeit wehte, als der Äquator überfahren wurde. Die damals allgemein übliche Funkstille beim Eintritt in den Indischen Ozean wurde auch von der BERLIN eingehalten. Es wurden nur Funksprüche empfangen, aber keine gesendet. Erst ab 15. November beim Passieren von Okinawa wurde die Funkstille beendet, um sich beim chinesischen Hafen anzumelden. Darüber hinaus ist zu vermuten, daß die zahlreichen technischen Probleme des Schiffes dem Passagier weitgehend verborgen blieben. Die üblichen Schwierigkeiten der Maschinenanlage von Typ-IV-Schiffen deuteten sich bereits auf der Jungfernreise an. Der damalige IV. Ingenieur, Gerald Bergmann, schon seit dem 15. Juli 1958 an Bord der BERLIN, also bereits während der Baubelehrung auf der Warnowwerft, erinnert sich: „Auf der ersten Reise hatte das Maschinenpersonal eine Gesamtstärke von 27 Mann. Leitender Ingenieur war Karl Hamann. Normalerweise hätte man nicht soviel Maschinenpersonal benötigt, aber die nächsten Schiffe brauchten Personal, und das sollte ausgebildet werden. Über die Herkunft der Hauptmaschinen war damals bis zu uns durchgesickert, daß diese Motoren auf einer Konstruktionszeichnung beruhten, die bereits 1938 zu den Akten gelegt worden war. In Halberstadt wurde auf der Grundlage dieser alten Pläne begonnen, einen neuen Motor zu entwickeln. Die Maschinen waren nicht lange genug auf dem Prüfstand, insbesondere war der Prototyp nicht ausgereift, wie sich das bei der FRIEDEN sehr schnell zeigte. Außerdem waren die verwendeten Werkstoffe damals schon nicht mehr zeitgemäß. Man verwendete Gußstahl, Aluminiumlegierungen für die Kolben. Auch die Qualität der Lagermetalle erwies sich sehr bald als nicht ausreichend. Während man im Westen damals schon verchromte Kolbenkronen benutzte, konnte bei diesen Motoren davon keine Rede sein. Auch die Werkzeuge, die im Maschinenraum benutzt wurden, waren teilweise handgeschmiedet. Ein Problem waren auch die elektromagnetischen Schlupfkupplungen, die funktionierten zwar gut, wirkten sich aber beim Einschalten durch einen gewaltigen Schlag auf das Triebwerk der Motoren aus. Das ergab eine Überbeanspruchung der Lagerstühle und der Lagerschalen. Die Maschinenfundamente waren an sich stabil, aber es gab immer wieder Schwingungsprobleme. Diese führten zu Rissen in den Fundamenten. An der Abgasdampfturbine haben drei Ingenieursgenerationen ihre Kenntnisse und Fähigkeiten erprobt. Richtig funktioniert hat sie nie. Von den Separatoren für die Brennstoffaufbereitung wurde seinerzeit behauptet, es seien umfunktionierte Milchzentrifugen verwendet worden. Auch die Wellenabdichtungen machten immer wieder Schwierigkeiten. Generell gab es Abdichtungsprobleme für alle Aggregate. Die bewährten englischen Packungen standen nicht zur Verfügung. Packungen und Dichtungen waren an Bord der Typ-IV-Schiffe seinerzeit ein ständiges Problem. Wenn die Kühlanlagen gefahren wurden, war der Kühlingenieur mit zwei Kühlassistenten rund um die Uhr im Einsatz, um die Anlagen ständig zu überwachen. Fernanzeigen waren nicht eingebaut. Auch mit den Kränen und Winden hatten die Techniker ihre Sorgen. „Es sei ausdrücklich betont", sagt Georg Bergmann, „daß diese Schwierigkeiten nicht etwa durch mangelnde Sachkenntnis bei den Herstellerwerken verursacht wurden." Es war dies ein generelles Problem in der DDR-Industrie. Unter den damaligen harten Bedingungen des Kalten Krieges, unter den Bedingungen des über das sozialistische Lager verhängten Embargos durften eine Reihe von Erzeugnissen aus dem westlichen Ausland nicht in die DDR geliefert werden. Darüber hinaus war die DDR-Industrie durch Lieferungen für die Sowjetunion selbst außerordentlich angespannt. Überdies wirkten sich Devisenprobleme negativ aus. Abgeschnitten vom Weltmarkt, mußten die Ingenieure und Techniker der Industrie versuchen, alles Erforderliche aus eigener Kraft nicht nur zu entwickeln, sondern auch zu konstruieren und herzustellen. Das bedeutete eine ständige Überforderung der Zulieferindustrie. Für das Maschinenpersonal hatte das zur Folge, sich auf die eigenen handwerklichen Fähigkeiten zu besinnen, Improvisationstalente zu entfalten und die auftretenden Schäden weitgehend mit Bordmitteln zu beheben. Für das technische Personal galt dasselbe wie für die Seeleute. Wer an Bord dieser Schiffe bestand, war in der Lage, auch auf den späteren moderneren Schiffen in der Flotte seinen Mann zu stehen.

DIE NÄCHSTE REISE

Ende Januar 1959 bereitet sich die BERLIN auf die nächste Reise vor. Die vom 1. Februar datierte Besatzungsliste ist durch einen glücklichen Zufall erhalten geblieben. Wie immer gab es in der Hafenliegezeit eine Reihe von Veränderungen. Der I. Offizier war abgestiegen, an seiner Stelle kam Arthur Friedrich an Bord. Er war damals schon ein populärer Mann, als ehemaliger Kapitän des Segelschulschiffes WILHELM PIECK hatte er 1957 die 99-Tage-Schwarzmeer-Reise durchgeführt. Zum Jahresende würde er als Kapitän die SCHWERIN übernehmen. Auch der II. Offizier Kurt Sturm und der III. Offizier Gerhard Tiemann wurden später bekannte Kapitäne in der DSR. Der IV. Offizier Klaus Frommherz war abgestiegen und durch Joachim Ahme ersetzt worden. Als Offiziersanwärter war Hans Kühn, Absolvent der Seeoffiziersschule der Seestreitkräfte, an Bord gemustert worden. Auch der Funkoffizier Dieter Becker macht diese Reise nicht mit, an seiner Stelle war Albert Schröder aufgestiegen. Ihm war zur Ausbildung noch ein II. Funkoffizier zugeteilt worden. Das Maschinenpersonal war wieder sehr stark vertreten. Karl Hamann war als Leitender Ingenieur durch Werner Seifert abgelöst worden. Acht Ingenieure waren auf dieser Reise wieder angemustert. Darunter waren so bekannte Namen wie Klaus Reiher und Rudi Röhn, die später im Flottenbereich Asien-Amerika als Technische Inspektoren wichtige Aufgaben übernehmen würden. Auffällig ist die Knappheit an Matrosen. Nur drei Vollmatrosen können gemustert werden, drei Decksleute stehen als Matrosenumschüler auf der Besatzungsliste. Dafür hat man zusätzlich sechs sogenannte Leichtmatrosen an Bord gegeben, praktisch waren es Lehrlinge. Der Lehrling Gustav Frenzel wird es später in der DSR zum Kapitän bringen, Harald Griepentrog wird ebenfalls Nautischer Offizier und ist als II. Offizier dabei, wenn das Schwesterschiff MAGDEBURG einige Jahre später nach einer Havarie auf der Themse kentert. Auch der Politoffizier Rudi Geetz ist abgestiegen, sein Nachfolger ist Alfred Kapinski. Dessen Sohn wird Jahre später ebenfalls als Nautiker bei der DSR fahren. Insgesamt umfaßt die Besatzung 62 Personen. Deswegen ist ein Schiffsarzt erforderlich, in dieser Eigenschaft ist Dr. med. Josef Baier an Bord eingestiegen. Für eine Weile gibt es keine Berichte über die BERLIN. Erst 1962 wird gemeldet, daß für eine Chinareise Kapitän Roland Hafenrichter angemustert ist. Er ist zu diesem Zeitpunkt 28 Jahre alt und damit der jüngste Kapitän, den das Schiff bisher erlebt hat, und einer der Jüngsten überhaupt, der in der DSR das Kommando über ein großes Schiff erhält. Als II. Offizier ist vom 3. August 1962 bis 17. Juli 1963 Claus Frommherz an Bord. Im Frühjahr 1963 kommt als III. Offizier Manfred Birth auf die BERLIN. Zu diesem Zeitpunkt ist Kapitän Niemeyer im Kommando. Die BERLIN wird in Ballast wegen Ladungsmangels nach Kuba beordert. Im Verlaufe der Reise soll das Schiff im Hafen Guantánamo 6000 t Zucker laden. Vor der Einfahrt muß die BERLIN einige Stunden liegen bleiben und warten, bis ein amerikanischer Flugzeugträger ausgelaufen ist, denn in der Bucht liegt der gleichnamige bekannte amerikanische Flottenstützpunkt. Anschließend läuft die BERLIN weiter nach Santa Cruz, um die Zuckerladung zu komplettieren. Nach diesem kurzen Gastspiel in kubanischen Gewässern geht die BERLIN wieder auf Indienfahrt. Es ist die Zeit des Indien-Pakistan-Krieges. Kapitän Erwin Reimer hat das Kommando, ein Mann mit langer See-Erfahrung. Während des Zweiten Weltkrieges fuhr er als Obersteuermann bei der Kriegsmarine, hat nach dem Kriege die DDR-Seestreitkräfte mit aufgebaut und war als Oberleutnant z.S.d.R. entlassen worden. In den fünfziger Jahren Stützpunktleiter der Gesellschaft für Sport und Technik im Seesportstützpunkt Berlin-

Niedergang zum Maschinenraum.

Umschlagsarbeiten in einem chinesischen Hafen Ende der 50er Jahre.

Im Dschunkenhafen.

Grünau, kam er anschließend zur DSR. Nunmehr als Kapitän der BERLIN muß er komplizierte Reisen durchführen und zwischen Karatchi, Bombay, Cochin, Madras und Kalkutta lange Hafenzeiten mit seiner Besatzung durchstehen und die Abfertigungsprobleme meistern, besonders dann, wenn er von Indien nach Pakistan bzw. von Pakistan wieder einen indischen Hafen anläuft. In der Gegend herrscht Kriegszustand, und das gegenseitige Mißtrauen zwischen Indien und Pakistan ist groß. Nach wenigen Monaten Fahrtzeit wird Manfred Birth am 16. Juli 1963 zum II. Offizier auf der BERLIN befördert.

INDIENREISE

Im Januar 1964 liegt die BERLIN wieder mal beladen im Rostocker Überseehafen. Noch ist die Besatzung nicht komplett. Wie so häufig in diesen Fällen, werden im Urlaub befindliche Seeleute schnellstens zurückgeholt, von Werftschiffen werden Seeleute angefordert oder kurzerhand von im Hafen liegenden Schiffen umgesetzt. So erfährt der bisherige IV. Offizier der VÖLKERFREUNDSCHAFT, Gerd Peters, durch einen Telefonanruf an Bord des in der Warnowwerft liegenden Passagierschiffes am 7. Januar 64, daß er dort unverzüglich abzumustern habe, um – zum III. Offizier befördert – am nächsten Tag an Bord der BERLIN anzumustern. Diese Versetzung kommt ein wenig abrupt, aber im Zusammenhang mit einer Beförderung kann man es sich schließlich gefallen lassen, auch wenn keine Zeit mehr ist, um noch einen Besuch zu Hause zu machen. Am 10. Januar 1964 verläßt die BERLIN den Heimathafen. Kapitän ist Erwin Reimer, als I. Offizier ist Dieter Reipschläger an Bord, später wird er Lotse in Timmendorf auf der Insel Poel sein. II. Offizier ist Manfred Birth, als III. Offizier ist Gerd Peters an Bord und als IV. Offizier hat Winfried Heger angemustert. Die drei letzteren werden später ebenfalls Kapitäne auf Typ-IV-Schiffen. Den Wirtschaftsbereich an Bord leitet auf dieser Reise der Zahlmeister Ronald Dumke, ein lustiger und lebhafter Berliner. Wenn er nicht gerade über seinen Bestandslisten sitzt oder die Heuern der Besatzungsmitglieder von Monat zu Monat ausrechnet, was damals noch zur Aufgabe der Verwalter gehörte, sieht man ihn gewöhnlich in seiner Kammer sitzen und sich mit seinen Schiffsmodellen beschäftigen. Er besitzt eine stattliche Sammlung von selbstmontierbaren Schiffsmodellen, die als Bausätze im westlichen Ausland angeboten werden. Von der Viermast-Bark zum Flugzeugträger, vom U-Boot bis zum Atomfrachter hat er alle Schiffe schon zusammengesetzt und sie in seiner Kammer in Glasvitrinen an den Wänden untergebracht. Seine Kabine sieht daher aus wie ein Schiffahrtsmuseum. Auf dieser

Reise wird er nicht dazu kommen, die Sammlung wesentlich zu vervollständigen, denn seine Frau ist als mitreisender Gast an Bord. Als Passagiere ist das Ehepaar Herbert Habermalz und Frau an Bord gekommen. Herbert Habermalz ist ein bekannter Pressefotograf, der mit Dia-Vorträgen in der DDR durch die Lande zieht, im Sommer durch die Badeorte an der Küste und zu Winterszeit durch die Winterkurorte, um Lichtbildervorträge über seine Reisen zu halten. In jedem Hafen begibt sich das Ehepaar mit seiner umfangreichen Fotoausrüstung an Land, um die Sammlung zu vervollständigen. Zu Hause hat man ihnen gesagt, daß man in tropischen Gegenden auch einen entsprechenden Tropenhelm aufsetzen muß. Da sie weit und breit die einzigen sind, die diese Kopfbedeckung zu tragen pflegen, werden beide von der Besatzung als „Unternehmung Tropenhelm" verspottet. Aber als echte Sachsen nehmen beide die spöttischen Bemerkungen offiziell nicht zur Kenntnis.

Ein bunter Abend für die Besatzung in der Verandabar, einem Salon hinter der Offiziersmesse. Die ersten Schiffe vom Typ IV hatten ein Klavier an Bord. Wegen der Einwirkung verschiedener Klimazonen mußte es nach jeder Reise neu gestimmt werden. Als sich später viele Seeleute Kofferradios kauften, immer weniger von ihnen Instrumente spielen konnten, wurden die Klaviere von Bord gegeben. Vor der hellen Gardine sitzend: I. Ingenieur Hamann, am Klavier der Obersteward Kurt Scholz.

Das Schiff kommt gut bis in den Englischen Kanal, dort herrscht wie so häufig dichter Nebel. Das an Bord befindliche russische Radargerät hat längst seinen Geist aufgegeben, es wird auch während der Rundreise nicht mehr repariert, weil in den Häfen sämtliche Servicestationen die Hände über dem Kopf zusammenschlagen, wenn Fachleute dieses sowjetischen Gerätes ansichtig werden. So dampft die BERLIN mit langsamer Fahrt vorschriftsmäßig durch den Nebel, pausenlos werden vorgeschriebene Nebelsignale mit dem Typhon gegeben, sie dröhnen über das Vorschiff hinweg, Kapitän und Wachoffiziere lauschen auf die Antwortsignale anderer Schiffe. Als sich nach Stunden der Nebel ein wenig lichtet, kommt von achtern ein englisches Motorschiff mit flotter Fahrt vorbeigefahren, und Kapitän Reimer entschließt sich, ebenfalls mit der Fahrt voll anzugehen und ordnet an, daß der Rudergänger in das Kielwasser des Engländers einscheren soll, immer den Kurs auf dessen Hecklaterne gerichtet, um auf diese Art ebenfalls flotte Fahrt zu machen. Das geht auch mehrere Stunden gut, aber dann erhöht der Engländer offensichtlich seine Umdrehungen, und die BERLIN, mit Mühe und Not 16 Knoten laufend, kann ihm nicht länger folgen. Langsam kommt der Engländer voraus außer Sicht. Die BERLIN muß auf das nächste schnelle Schiff warten, um sich abermals anhängen zu können. Auf diese Weise „hungert" sich das Schiff buchstäblich durch den nebligen Kanal, bis die Biskaya erreicht ist. Die weitere Reise durch das Mittelmeer und den Suez-Kanal erfolgt ohne nennenswerte Ereignisse. Nach Passieren des Kanals wird zunächst der Golf von Aqaba angesteuert und auf der Reede von Aqaba geankert. Dort wird der erste Teil der Stückgutladung für Jordanien gelöscht, die Reederei hat zwischenzeitlich eine Ladungspartie zugebucht. Sie besteht aus 2000 t finnischem Weizenmehl, das die BERLIN von Aqaba nach Port Sudan transportieren soll. Niemand kann sich erklären, wie ausgerechnet finnisches Weizenmehl nach Aqaba kommt und warum es nach Port Sudan weitertransportiert werden soll, offenbar wird hier eine Hilfssendung am Rande der Legalität weiterverkauft. Aber die Besatzung kann solche Geschäfte weder kontrollieren noch überblicken, und so kommen große Schuten Steuerbord und Backbord längsseits, die Mehlsäcke werden übernommen und unter Aufsicht des II. Offiziers Manfred Birth sorgfältig gestaut.

Eines Abends gehen der II. Offizier Manfred Birth und der III. Offizier Gerd Peters gemeinsam an Land. Nach einem Bummel durch die nicht allzu große Stadt landen sie in der Abenddämmerung in einem unmittelbar am Ufer des Golfes gelegenen sehr schönen Gartenlokal. In der Freiluftbar kommen sie mit einem bundesdeutschen Ehepaar ins Gespräch. Es stellt sich heraus, daß beide für eine süddeutsche Firma beim Bau eines Kühlhauses in Aqaba beschäftigt sind. Im Verlaufe des Gespräches wird auch die Frage gestellt, wo denn das graue Schiff auf der Reede herkommt. Aus Rostock, wird den Gesprächspartnern erklärt. „Ja", sagen diese,

Verwaltungsoffizier Heinz Deckert bei einer Bestandskontrolle in der Bierlast. In seiner späteren Landtätigkeit kontrollierte er mit gleicher Sorgfalt Zahl und Zustand der Brandschutzmittel...

Das Traditionsschiff an seinem Liegeplatz. Entwurf eines Farbposters des Rostocker Malers und Grafikers Jochen Bertholdt.

Ab 1984 bemühte sich die DSR um die Wiederbelebung der Tradition der „Kapitänsbilder". Der Rostocker Maler und Grafiker Hilmar Zill schuf das Schiffsportrait: MS FRIEDEN auslaufend aus der Ha Long-Bucht.

Blick in den Großmast. Die achteren Lademasten mit ihren Lüfterköpfen. In der Mitte der Schwergutbaum mit seinem bezogenen Kopf, an der Gaffel weht die DDR-Handelsflagge. Die Ladebäume von Luke 4 sind aufgetoppt.

Aus offiziellem Anlaß (1. Mai oder Tag der Republik) ist die Besatzung unter südlicher Sonne an Deck angetreten.

In Erwartung des Lotsenbootes steuert die BERLIN mit langsamer Fahrt in das Fahrwasser nach Warnemünde ein.

Für Badefahrten, verbunden mit einer Erforschung des nächstgelegenen Ufers, sind Seeleute immer zu haben. Hier ein Bootsausflug in der Halong Bay, Vietnam.

Die MAGDEBURG steuert in die Halong Bay ein.

Bei großer Hitze zog es die Besatzung vor, sich zum Essen ein kühles Plätzchen an Deck zu suchen.

Der größte Genuß in den Tropen: ein kühles Bad an Deck. Dieses montierbare Schwimmbad wurde auf allen Typ-IV-Schiffen von Anfang an sozusagen „etatmäßig" mitgeführt. Da es aber etwas umständlich auf- und abzubauen war, zogen die Besatzungen es nach und nach vor, provisorische, aber leichter handhabbare Lösungen zu suchen.

Dieser Taufschein für Kapitän Willi Stock ist eine Rarität, weil er den Charakter einer „Wiederholungsbestätigung“ hat und die im Jahre 1938 bereits vollzogene Taufe nochmals bescheinigt. Gleichzeitig wird – sozusagen als „Auflage“ – der Kapitän dafür verantwortlich gemacht, daß sich kein Taufkandidat der Prozedur entzieht.

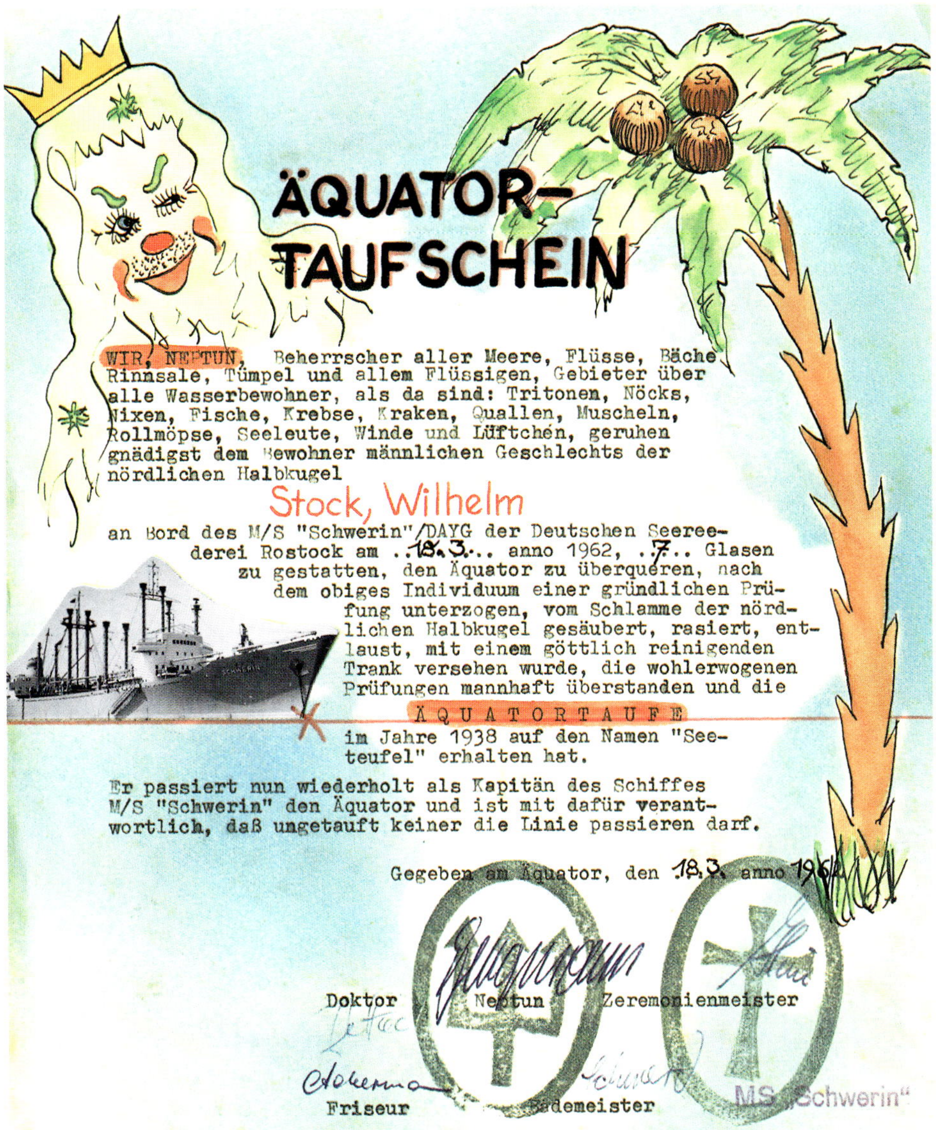

ÄQUATOR-TAUFSCHEIN

WIR, NEPTUN, Beherrscher aller Meere, Flüsse, Bäche Rinnsale, Tümpel und allem Flüssigen, Gebieter über alle Wasserbewohner, als da sind: Tritonen, Nöcks, Nixen, Fische, Krebse, Kraken, Quallen, Muscheln, Rollmöpse, Seeleute, Winde und Lüftchen, geruhen gnädigst dem Bewohner männlichen Geschlechts der nördlichen Halbkugel

Stock, Wilhelm

an Bord des M/S "Schwerin"/DAYG der Deutschen Seereederei Rostock am ..18.3... anno 1962, ..7.. Glasen zu gestatten, den Äquator zu überqueren, nach dem obiges Individuum einer gründlichen Prüfung unterzogen, vom Schlamme der nördlichen Halbkugel gesäubert, rasiert, entlaust, mit einem göttlich reinigenden Trank versehen wurde, die wohlerwogenen Prüfungen mannhaft überstanden und die

ÄQUATORTAUFE

im Jahre 1938 auf den Namen "Seeteufel" erhalten hat.

Er passiert nun wiederholt als Kapitän des Schiffes M/S "Schwerin" den Äquator und ist mit dafür verantwortlich, daß ungetauft keiner die Linie passieren darf.

Gegeben am Äquator, den 18.3. anno 196

Doktor Neptun Zeremonienmeister

Friseur Bademeister

MS „Schwerin“

Ein Schnappschuß: Allotria im Pool.

Der Sonne wegen mit Hut.

Taufschein des Matrosen Heinz Kruse, ausgefertigt auf der ersten Fernost-Reise der FRIEDEN. Der Stolz der Seeleute, auf diesem Schiff zu fahren, wird durch den ausdrücklichen Vermerk „... das erste 10.000-t-Schiff der Deutschen Demokratischen Republik...“ zum Ausdruck gebracht. Wie viele Seeleute ließ Heinz Kruse sich die Urkunde einrahmen. Sie hängt heute noch in seinem Wohnzimmer.

Taufschein

Anno Domini, im Jahre des Heils
1958 am . April
in blendender Helligkeit der auf höchster Bahn kreisenden Sonne
um Glasen überquerte
das erste 10 000 t - Schiff der Deutschen Demokratischen Republik
ms „Frieden“
den Äquator auf dem Wege nach dem Land der von bösen Drachen befreiten Chinesen.- Der Sturmgeborene, Beherrscher aller Meere, seine oceanische Majestät
Dreizack Neptun
kam aus der Tiefe der Algen, Haie, Igel und Spinnen. Ein Zwölfergespann von Seepferden trug ihn und sein Gefolge an Deck, wo er sich herabließ, den nichtsnutzigen Heiden:
Matrosen Heinz Kruse
auf den Namen:
Neunauge zu taufen.
Somit bist Du jedem alten Fahrensmann gleichberechtigt und voll anerkannt. NEPTUNS Meere, Gewässer, Seen, Tümpel und Pfützen darfst Du ungestraft durchschwimmen und befahren. Keinerlei Unbill, so vom DREIZACK NEPTUN ersonnen, soll je Dich treffen.
So soll es geschehen:

KAPITÄN
MS Frieden

NEPTUN

SEEMANNSPASTOR

Abbildungen oben rechts:

Obere Reihe von links:

1. Sondermarke zur Nationalen Briefmarkenausstellung 1964 des Ministeriums für Post- und Fernmeldewesen der DDR. Am Kai liegt ein stilisiertes Typ-IV-Schiff.

2. 5-Pfennig-Marke einer Serie von Briefmarken mit Motiven von Schiffen der DDR-Handelsflotte, Ausgabejahr 1982. Die Marke zeigt ein Typ-IV-Schiff im ursprünglichen schwarzen Farbanstrich im seeklaren Zustand. Die Serie entwarf Jochen Bertholdt, Rostock

3. Als Standardbriefmarke wurde der 10-Pfennig-Wert mit dem Typ-IV-Schiff von der Post herausgegeben.

4. Ehrennadel der DSR, anläßlich des 10. Jahrestages der Reedereigründung 1962 einem kleinen Kreis von Betriebsangehörigen überreicht, die von Anfang an am Aufbau der DSR beteiligt waren. Nachlaß von Kapitän Claus Frommherz, Abbildung vergrößert, um das Motiv (Typ-IV-Schiff) deutlich sichtbar werden zu lassen. Originalabmessung: 20 mm x 15 mm.

1

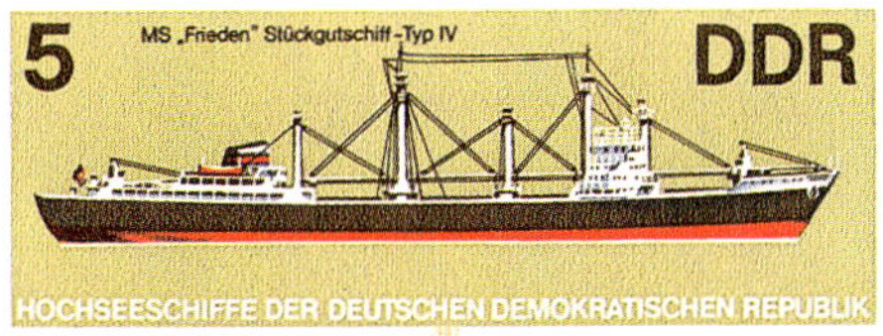

2

3

4

5

6

7

8

9

Untere Reihe von links:

5. Gedenkmedaille des Seehafens Rostock zur Erinnerung an die Einweihung am 30. April 1960. Als Motiv findet sich das Vorschiff MS SCHWERIN über die Toppen geflaggt am Kai. Durchmesser: 35 mm, Material: Nickel, geprägt im VEB Stahl- und Walzwerk Hettstedt

6. Medaille aus weißem Porzellan. Motiv: Traditionsschiff Typ Frieden Herausgeber: Schiffahrtsmuseum Rostock 1972. Hersteller: Porzellanmanufaktur Meißen. Durchmesser: 40 mm

7. Gedenkmedaille herausgegeben vom Schiffbaumuseum an Bord des »Traditionsschiffes Typ FRIEDEN«, Rostock.

8. Repräsentationsgeschenk des Rates des Bezirkes Rostock. Motiv: Ein stilisiertes Typ-IV-Schiff. Material: Bronze, vorgesehen zur Auszeichnung für Bürger, die sich um die Bewegung „Mach mit, schöner unser Rostock" verdient gemacht haben.

9. Medaille mit einem Motiv des Traditionsschiffes, festgemacht am Liegeplatz. Schriftzug: Schiffbaumuseum Rostock. Rückseite: Kulturbund der DDR, Münzausstellung des Bezirkes Rostock 1986. Material: Kupfer

Blick auf das Deck und die achteren Aufbauten der LEIPZIG. Da die Kombüse achtern war, mußte jede Mahlzeit für die Offiziersmesse in den vorderen Aufbauten von achtern längs Deck in die vordere Pantry gebracht werden. Bei schlechtem Wetter konnte das zu einem Problem werden.

In Port Sudan: Fotografieren mit den Fuzzi-Wuzzis.

Arbeitspause unter dem Sonnensegel auf Luke I an Bord der LEIPZIG.

„aber das ist doch die DDR." „Natürlich", sagt Manfred Birth, „wir sind ein DDR-Frachter aus Rostock." Das Ehepaar sieht sich an. Dann sagen sie, „wir wußten gar nicht, daß die DDR auch Schiffe hat. Wo haben Sie denn das Schiff gekauft?" Und als ihnen erklärt wird, daß es eine eigene Produktion ist, werden die Mienen zunächst ein wenig ungläubig. „Und Sie sind wirklich Offiziere? Die DDR kann so was ausbilden?" „Ja, natürlich", lachen die beiden. Aber dann sagt das Ehepaar „der Kapitän ist doch bestimmt ein Russe". Kurzerhand werden beide für den nächsten Tag zu einer Schiffsbesichtigung an Bord eingeladen. Sie folgen dieser Einladung und kommen mit einem Motorboot der Schiffahrtsagentur an Bord. Man führt die Gäste durchs Schiff, trinkt gemeinsam in der Veranda Kaffee, sie haben auch Gelegenheit, Kapitän Erwin Reimer kennenzulernen, der im Laufe der Unterhaltung zu erkennen gibt, daß er ehemaliger Angehöriger der Deutschen Kriegsmarine ist, und die Gäste werden doch sehr nachdenklich. Beim Abschied meinen sie dann: „Es scheint so, als ob wir über das, was im Osten geschieht, nicht sehr gut informiert sind." Dem war nicht zu widersprechen.
Einige Tage später ist die BERLIN in Port Sudan. Dort wird nicht nur die seltsame Mehlladung gelöscht, sondern auch Stückgut aus Rostock von Bord gegeben. Dem III. Offizier widerfährt in diesem Hafen ein peinliches Mißgeschick. Im Kartenhaus der BERLIN gibt es eine sehr genau gehende Uhr, das sogenannte Chronometer, das für astronomische Beobachtungen unverzichtbar ist. Das Chronometer hat eine Laufzeit von 36 Stunden.

Da Chronometer sehr empfindliche Geräte sind, gibt es eine alte Erfahrung, die besagt, ein Chronometer muß täglich zur selben Zeit und auch möglichst von derselben Person aufgezogen werden. Für das Chronometer ist, wie für den ganzen Navigationsbereich an Bord von Handelsschiffen der DSR, der III. Offizier verantwortlich. Nach einer anstrengenden Nachtwache beim Beaufsichtigen der Hafenarbeiter in Port Sudan hat der III. Offizier eines Morgens vergessen, das Chronometer aufzuziehen. Er bemerkt diesen Fehler erst am Nachmittag und versucht, ihn zu korrigieren. Also wird das Chronometer zunächst erst mal aufgezogen, aber es setzt sich nicht gleich wieder in Bewegung, sondern bleibt noch arretiert. Das Uhrwerk beginnt erst dann zu laufen, wenn man das Chronometer mit einer kurzen raschen Bewegung um seine stehende Achse dreht. Dadurch setzt sich die Unruhe in Bewegung, und das Gerät beginnt zu arbeiten. Nun hat der III. Offizier zwar die genaue Uhrzeit abgewartet bzw. mit dem Zeitzeichen verglichen, leider jedoch den Zeitunterschied um eine Stunde falsch berücksichtigt und bemerkt diesen Fehler selbst nicht. Als nach zwei Tagen die BERLIN Port Sudan verläßt und schließlich an der Insel Sokotra vorbei in den Indischen Ozean hinaussteuert, versuchen der I. Offizier Reipschläger und der IV. Offizier Heger eines Morgens auf der Vier-Acht-Wache, einen astronomischen Ort aus drei Gestirnsbeobachtungen zu errechnen. Dazu bedarf es aber der genauen Chronometerzeit. Schon bei einer Abweichung von wenigen Sekunden kommt nur ein sehr ungenauer Schiffsort nach der Rechnung heraus. In diesem Fall betrug der Fehler eine Stunde, und die beiden Nautiker kamen mit ihrer Schiffsortbestimmung irgendwo in der Wüste des Jemen heraus. Sie rechneten mehrmals nach und stellten fest, daß es nur an einem Chronometerfehler liegen konnte. Als der III. Offizier um 8.00 Uhr morgens auf der Kommandobrücke erschien, um seine Wache zu übernehmen, hatte inzwischen auch der Kapitän diesen zweifelhaften Schiffsort zur Kenntnis genommen. Es ergoß sich also über den III. Offizier ein energisches Donnerwetter, was immerhin dazu führte, daß er diesen Fehler nie wiederholte und das Ereignis bis heute nicht vergessen hat. Bleibt noch nachzutragen, daß das Chronometer nun wieder bis zum Stehenbleiben ablaufen mußte, um dann mit vereinten Kräften zur richtig berechneten Zeit wieder in Gang gesetzt zu werden. Für den Rest der Reise stand es wieder als zuverlässiges Zeitmeßgerät zur Verfügung. Weitere Stationen der Reise waren dann Bombay, Cochin, Madras, Kalkutta. Überall wurde ein Teil der Ladung gelöscht und weiter an der indischen Küste versegelt. Schließlich ist die BERLIN leer und läuft in Ballast den Hafen Rangoon an, der am 16. März 1964 erreicht wird. Das Anlaufen eines DDR-Schiffes in den Hafen der burmesischen Hauptstadt war zu jener Zeit ein seltenes Ereignis. Der Generalkonsul der DDR in Burma, Radtke, nutzt die Gelegenheit, um an Bord der BERLIN einen diplomatischen Empfang zu geben. Die DDR war damals noch weitestgehend nicht anerkannt, und so folgten nur die diplomatischen Vertreter sozialistischer Länder und verschiedener blockfreier Staaten der Einladung. Generalkonsul Radtke und Kapitän Erwin Reimer begrüßten an der Gangway leitende Mitglieder des Revolutionären Rates der Republik Burma, die Botschafter der Vereinigten Arabischen Republik, Kambodschas und Laos sowie den Generalkonsul von Nordvietnam. Ferner erschienen die Geschäftsträger von Indonesien, Ceylon, Nepal, Indien und Rumänien sowie leitende Mitarbeiter der tschechischen und bulgarischen Botschaft in Rangoon. Im Verlaufe des Empfanges kam es auf Wunsch der Diplomaten zu einem Schiffsrundgang. In kleinen Gruppen führten die Nautiker ihre diplomatischen Gäste durch das Schiff. Anschließend kam es in der Bar und im Clubraum der BERLIN zu angeregten Gesprächen.

Nachdem das Schiff in Rangoon rund 2000 t Reis für ein Außenhandelsunternehmen in Prag geladen hatte, steuerte das Schiff noch einmal die indische Ostküste an. Cochin, Tellicherry, Mangalore wurden angelaufen bzw. vor der Küste auf Reede geankert, um Jute und verschiedene Landesprodukte sowie viele kleine und größere Partien indischen Kaffees aus längsseits liegenden Leichtern zu übernehmen. Der Kaffee war für die DDR bestimmt, und die rund 1000 t bestanden aus unzähligen verschiedenen kleinen Anteilen, sogenannten Bills of lading. Es waren außerordentlich viele Partien. Mal drei Sack, mal fünf Sack, mal 20 Sack, mal 50 Sack und wieder zehn Sack. Die Wachoffiziere und Raumwache gehenden Matrosen hatten alle Hände voll zu tun, um mit altem Tauwerk, Papierbogen und Wasserfarbe die einzelnen Partien fein säuberlich voneinander zu trennen, damit sie im Bestimmungshafen Rostock ordnungsgemäß an die verschiedenen Empfänger ausgeliefert werden können und nicht etwa durcheinandergeraten. Diesen Vorgang nennt man fachmännisch Separieren, und das muß mit großer Sorgfalt geschehen. Indischer Kaffee wurde damals von den Außenhandelsunternehmen in der DDR gerne eingekauft, weil er erstens preiswerter zu haben war und zweitens, weil er die Eigenschaft hat, den Geruch und das Aroma hochwertiger südamerikanischer Kaffeesorten anzunehmen, wenn er in geeigneter Weise damit gemischt wird. Auf diese Weise wurden die südamerikanischen und mittelamerikanischen Lieferungen in der DDR gestreckt. Während dieser Reise mußte die Besatzung wahre Separierungskünste vollbringen, und es war nicht so einfach, beim Zeichnen der Staupläne die Übersicht über die einzelnen Partien zu behalten und die verschiedenen Registriernummern auch in der richtigen Lukenecke einzutragen, was natürlich in Übereinstimmung mit dem tatsächlichen Stapeln der Säcke in der Luke geschehen mußte. Es sei hier gleich festgestellt, daß die ganze Arbeit umsonst war. Als die BERLIN in Rostock ankam und die Kaffeeladung gelöscht werden sollte, stellte sich heraus, daß sämtliche Partien für die gleiche Kaffeegroßrösterei irgendwo in Sachsen bestimmt waren, so daß die Hafenarbeiter ohne Rücksicht auf die sorgfältig vorgenommene Separierung der Ladung die Kaffeesäcke durcheinander und ohne Kennzeichnung in die bereitgestellten Waggons stauen konnten. Ja, sagte sich die Decksbesatzung der BERLIN, wenn wir das früher gewußt hätten ... Aber das wußte man eben nicht. Es hätte auch anders sein können. Schließlich wurde noch einmal Bombay angelaufen, um die Ladung zu komplettieren, dann ging die BERLIN auf die Heimreise. Nach einer Reise von vier Monaten und sechs Tagen konnte der III. Offizier am 21. Mai 1964 in Rostock abmustern und in den längst fälligen und verdienten Urlaub gehen.

Sein nächstes Typ-IV-Schiff wurde die DRESDEN, aber dort kam er schon als Kapitän an Bord. Als Dieter Reipschläger, der I. Offizier, Ende September 1964 die BERLIN verläßt,

Manfred Birth, hier noch als II. Offizier, nimmt in der Backbordbrückennock am Peilkompaß eine Ankerpeilung auf der Reede von Aden. Über seinem Kopf erkennt man die Befestigung des Sonnensegels über der Kommandobrücke.

rückt Manfred Birth als I. Offizier auf und bleibt in dieser Funktion an Bord der BERLIN bis zum 18. Januar 1966. Da er sein Patent A 5 am 26. Februar 1963 erhalten hatte, war Anfang Oktober 1964 die vorgeschriebene Fahrzeit von zwei Jahren mit dem Patent A 5 noch nicht verstrichen. Die Reederei war jedoch – wie immer in jenen Jahren – knapp an Patentträgern, so daß eine Sondergenehmigung beim Seefahrtsamt beantragt wurde, damit Manfred Birth zum I. Offizier umgemustert werden konnte.

Während dieser Reisen, die größtenteils nach Indien und Pakistan erfolgten, kam es einmal vor, daß an der indischen Küste keine Ladung für die Heimreise zu erhalten war. Daraufhin wurde das Schiff in Ballast von Karachi nach Ostafrika beordert, um dort einen kleinen Naturhafen südlich von Mombasa anzusteuern. Da dieser Umweg nicht vorgesehen war, befanden sich für dieses Seegebiet keine Spezialkarten an Bord. Kapitän Reimer nahm in Mombasa einen englischen Lotsen an Bord, mit dessen Hilfe die Bucht angesteuert werden konnte. Dort nahm das Schiff eine Ladung Viehfutter in Form sogenannter Maniokwurzeln, auf afrikanisch Kassawa genannt, an Bord. Es war so viel Ladung vorhanden, daß das Schiff voll wurde. Leider handelte es sich um sogenannte Second hand bags. Offiziell heißt die Übersetzung: Säcke aus zweiter Hand. Aber diese Säcke müssen schon aus dritter oder vierter Hand gewesen sein, denn sie waren mürbe und rissen schon beim bloßen Ansehen. Damit beim Löschen der Ladung in Hamburg wenigstens die Stückzahl der Säcke stimmte, stieg in den Löschpausen die Besatzung in die Luke, fegte die losen Maniokwurzeln zusammen und füllte die Säcke damit so gut es ging auf. So konnten wenigstens Ladungsschäden verhindert werden.

EINE NEUE INDIENREISE

Im August 1965 hatte die BERLIN den Überseehafen Rostock wieder mal zu einer Indienreise verlassen. Das Kommando hatte Kapitän Hans Wagner. Er war Kapitänleutnant d. R. der DDR-Volksmarine, hatte schon als junger Matrose in der Kriegsmarine gedient und später geholfen, die DDR-Seestreitkräfte mit aufzubauen. Zu jener Zeit war er 47 Jahre alt, war insgesamt fast 30 Jahre zur See gefahren, davon zehn Jahre in der DDR-Marine. I. Offizier war immer noch Manfred Birth, damals 28 Jahre alt, als II. Offizier war Karl Goliberzuch, 27 Jahre alt, an Bord, der III. Offizier Axel Dittmann war 23 Jahre alt und der IV. Offizier Peter Goth 25. Bootsmann Reiner Heitzig war 22 Jahre alt, aber dennoch schon ein Jahr Bootsmann auf der BERLIN. Trotz seines verhältnismäßig geringen Lebensalters genoß er bei den Matrosen, Decksleuten und Lehrlingen wegen seiner ausgezeichneten Fachkenntnisse ein hohes Ansehen.

Der Suezkanal wird ohne Probleme passiert. Während man auf den Gegenkonvoi im Großen Bittersee vor Anker liegend wartet, kommt mit dem nordgehenden Konvoi die WILHELM FLORIN vorbei, die von Ostafrika kommt und auf der Heimreise ist. Nach dem Passieren des Suezkanals steuert die BERLIN als ersten Hafen Djidda an. Es ist der Pilgerhafen von Saudi-Arabien, und jedes Mal, wenn ein Pilgerschiff eintrifft, muß der Frachter den Liegeplatz am Kai räumen, damit die Pilger von Bord gehen können, um schnellstens nach Mekka weiterzureisen. Daher ist Djidda ein sehr unbeliebter Hafen, und die Liegezeit zieht sich gewöhnlich in die Länge. Anschließend steuert die BERLIN Port Sudan, Bombay, Madras und Kalkutta an: Für die Heimreise wird auf der Reede von Alleppey an der Malabarküste noch zugeladen. Auf dieser Reise ist der Journalist Peter Jacobs an Bord. Drei Jahre später wird er im Deutschen Marinekalender seine Reiseerlebnisse schildern, wie zum Beispiel den folgenden Abschnitt: *„Auf Deck aber wird gehämmert, gezurrt, gepinselt und geschrubbt. Die Matrosen überholen das Ladegeschirr, pflegen die Sicherheitsvorrichtungen, klopfen Rost und erneuern den Anstrich. Seewasser und Luftfeuchtigkeit setzen allem Metall übel zu. Unternehmungslustig melde ich mich beim Bootsmann Reiner Heitzig und bitte um ein Hämmerchen, um auch mal den Decksrost kaputtzuhauen. Der Boß lächelt unergründlich, und ich nehme mir vor, die Sache akkurat zu machen. Doch der Rost ist hartnäckig, die Sonne ist barbarisch. Aus allen Poren bricht der Schweiß. Sogar die Innenseite der Schutzbrille wird pitschnaß. Herumsplitternde Lackteilchen setzen sich in der Haut fest. Von der gleichförmigen Bewegung beginnen die Arme zu schmerzen, und aus dem Hämmerchen wird ein zentnerschwerer Klotz. Wie zum Hohn kommt steuerbords ein weißes Passagierschiff in Sicht. Ich werfe verstohlene Blicke hinüber und träume vom Swimmingpool und kühlen Clubräumen. Der Matrose Ulli Nickel (23), der etwas bemerkt haben muß, sagt verächtlich: ‚Fleischdampfer!' Allmählich verursacht die Hitze das Gefühl, das Gehirn trockne ein. Ich überlege, ob es nicht besser wäre, wenn der Schiffsarzt geistige Pausengymnastik verordnen würde, damit den Matrosen der Anspruch erhalten bleibt, Homo sapiens zu sein und nicht, wie die Maschinenbesatzung mitunter stichelt, ‚Rostaffen'. Nur mit Mühe stehe ich den tropischen 6-Stunden-Tag durch, und während ich das Hämmerchen wieder abliefere, erschöpft und apathisch, wird mir klar, warum der Bootsmann so gelächelt hat."*

Aber es gibt Schlimmeres als die Arbeit an Deck. Das ist – wie immer – die Tätigkeit im Maschinenraum. Hitze und ölgeschwängerte Luft macht das Atmen schwierig. Der Seegang tut ein übriges, damit es unten im Keller möglichst ungemütlich zugeht. Die Gesichter der Maschinisten, Ingenieure, der Motorenhelfer und Assistenten sowie der Reiniger sind schwarz verschmiert. Die Matrosen haben es leicht, sich zu revanchieren, wenn sie „Rostaffen" genannt werden. Sie titulieren die verschmierten Männer der Tiefe kurzerhand als „Flurplattenindianer". Man schenkt sich gegenseitig nichts.

Einmal wöchentlich müssen sich die Lehrlinge, mit Schnellhefter und Kugelschreiber bewaffnet, beim I. Offizier Manfred Birth melden. Dort erhalten sie die erforderliche theoretische Ausbildung. Auch die Offiziersanwärter haben regelmäßig Ausbildungsstunden an Bord. Darüber hinaus gibt es einen Englischzirkel und einen Zirkel für Mathematik. Der Maschinenassistent Willy Kühnemund paukt während der Freiwache die Funktionsweise der Motorenanlagen. Das Ergebnis muß er in einer Fachschularbeit an der Ingenieurschule Warnemünde vorlegen, wenn er sein Studium zum Schiffsingenieur aufnimmt. Die meisten Besatzungsangehörigen sind auf dieser Reise nicht älter als 25 Jahre. So kommt es denn, daß Kapitän Hans Wagner mit seinen 47 Jahren nicht nur wie üblich der „Alte" genannt wird, sondern wirklich der älteste Mann an Bord ist. Natürlich sind Bücher an Bord und wie immer auch ein Kinoapparat. Bei schönem Wetter finden die Filmvorführungen auf der Luke IV statt, bei schlechtem Wetter in der Mannschaftsmesse. Die Filmauswahl ist auf dieser Reise äußerst mäßig. Auf dem Programm stehen Titel wie „Tagebuch einer Ehe" oder „Lügen haben hübsche Beine". In Bombay tauschen die Männer Filme mit dem MS ERFURT, und siehe da, an Bord kommt der Film „Der Weg nach oben" und „Vier Tage von Neapel". Auch „Oh, diese Jugend" ist wesentlich beliebter. Nach dem Filmabend bleibt man gern noch ein bißchen an Deck sitzen, ein Seemann kommt mit dem Akkordeon dazu, schließlich wird noch eine Runde getrunken, und der Abend klingt unter lebhaftem Gesang aus. Wie gesagt, toll ist das Kinoprogramm auf dieser Reise nicht, aber die Besatzungen haben schon Schlimmeres erlebt. Manch ein Seemann kann sich erinnern, daß auf einer langen Reise in ununterbrochener Folge jugoslawische Partisanenfilme gezeigt wurden, weil niemand in Rostock bei der Auswahl der Filme aufgepaßt hat.

Als die BERLIN in Bombay einlief, war als nächster Hafen Bedipunder vorgesehen. Da der Hafen aber durch die Kriegsereignisse in der Nähe der pakistanischen Grenze zu unsicher war, kam im letzten Augenblick eine Stornierung. Also wurden zunächst in Bombay Baumwolle und Ölkuchen geladen, dann ging es weiter nach Madras, um Ladung für Antwerpen und Rotterdam und Hamburg zu übernehmen. Als das Schiff auf der Reise nach Madras war, erhielt der Kapitän ein Telegramm mit der Nachricht, daß in Kalkutta eine volle Schiffsladung für Rostock bereitstünde. Aber dann wurde auch diese Disposition wieder geändert. In Madras mußte das Schiff wegen des Monsuns länger liegen, und in Kalkutta konnte wegen ungünstigen Wasserstandes auf dem Hugli-River nur eine Teilladung übernommen werden. Also fuhr die BERLIN zurück nach Madras, um dort Ferrosilikon und Tabak zu laden. Anschließend ging das Schiff nach Aleppi an der Malabar-Küste. Die gesamte Befrachtung für die Heimreise steuerte in Indien der damalige DSR-Vertreter Hans-Joachim Lopass. Bei ihm liefen die Fäden zusammen, er koordinierte die Tätigkeit der Maklereien, kontrollierte auch die den Schiffen in Rechnung gestellten Kosten, kümmerte sich um Ladungsbuchung. Von Jahr zu Jahr wurden die Aufgabengebiete des DSR-Vertreters größer, denn seit 1964 fuhren die DDR-Schiffe im Indien-Liniendienst in 14tägigen Abfahrten. Es kam darauf an, die Fahrpläne so genau wie möglich zu gestalten und einzuhalten. Im März 1964 wurde das Büro des DSR-Vertreters offiziell eröffnet. Die Republik Indien und die DDR hatten bereits im November 1963 vereinbart, der

Albert Neutschel zum I. Offizier umgemustert. Er hatte aber das Schiff als II. Offizier noch beladen. Während seiner Abwesenheit wurde er durch den Springerkapitän Willy Stock vertreten. Kapitän Stock konnte aus gesundheitlichen Gründen nur noch als Hafenspringer tätig sein. Er war ein sehr erfahrener Praktiker, insbesondere wenn es um die Beladung von Schiffen ging. Als Springerkapitän blieb er während der Hafenliegezeit Tag und Nacht an Bord und überwachte die gesamten Ladungsarbeiten des Hafens für die neue Reise. Dabei war er außerordentlich gewissenhaft und setzte die Interessen der Schiffsführung gegenüber den Vorleuten des Hafens und den Umschlagsmeistern durch. Das war nicht immer einfach. Willy Stock hatte aber den richtigen Umgangston, gelegentlich wurden seine Argumente durch eine Flasche WBS (Weinblatt-Siegel) und einige Stangen HB oder Pall Mall unterstützt, die man ihm natürlich aus dem Repräsentationsfonds des Schiffes zur Verfügung stellen mußte. Auch eine Büchse mit Kaffee der Marke „First Class“ wurde während der Arbeitsbesprechung mit den Vormännern schnell geleert. Das lohnte sich allerdings, denn wenn Kapitän Willy Stock ein Schiff beladen hatte, insbesondere ein Typ-

Bootsmann Stenzel, ein langbefahrener Typ-IV-Mann, beim Fahren der Topgien des 50-Tonnen-Schwergutbaumes der BERLIN in einem nordkoreanischen Hafen.

Wenn Hafenarbeiter mit schweren Kisten unsachgemäß umgehen, sind schwere Beschädigungen die Folge. Hier eine umgestürzte 6-Tonnen-Kiste in Bombay. Solche Ereignisse waren der Hauptgrund, weshalb auf den Schiffen der DSR das Schwergutgeschirr gewöhnlich von der Besatzung selbst gefahren wurde.

IV-Schiff, dann konnte der aus dem Urlaub an Bord zurückgekehrte Kapitän oder Ladungsoffizier das Schiff vertrauensvoll übernehmen und damit losfahren, die Ladung war ordnungsgemäß gestaut, gezurrt, gesichert, die Papiere waren in Ordnung, und es würde während der Reise damit keine Probleme geben. Beim Anbordbringen der vielen LKWs, die umfangreiche Verzurrungsarbeiten erforderten, und des schließlich an Deck geladenen Eisenbahnbauzuges für die vietnamesische Staatsbahn hatte Willy Stock wieder mal ein Meisterstück geliefert.

Zu Beginn der Reise wurden auch einige gesellschaftliche Funktionsträger neu gewählt. Der I. Offizier Neutschel wurde Gewerkschaftsleitungsmitglied für soziale Fragen, der II. Offizier Volker Sommer wurde Vorsitzender des Schiffssicherheitsaktivs (Arbeitsschutz, Brandschutz, technische Schiffssicherheit). Der III. Offizier Jahn wurde Mitglied der Konfliktkommission, Bootsmann Stenzel wurde in der Gewerkschaftsleitung Mitglied für Kultur und Sport, außerdem war er sowieso als Bootsmann Messeältester in der Mannschaftsmesse. Als FDJ-Sekretär wurde der Vollmatrose Hofer gewählt, Bestmann Kunze wurde Mitglied der Konfliktkommission, der Matrosenlehrling Rüdiger fungierte als Bücherwart auf dieser Reise. Das bedeutete, daß er mehrere Bücherkisten zu verwalten und die Ausleihe vorzunehmen hatte. Auch auf dieser Reise wurde es wieder üblich, daß der I. Offizier jeweils vor Erreichen eines neuen Landes der Besatzung einen Vortrag über Geschichte, Gegenwart und Besonderheiten des anzulaufenden Landes und der jeweiligen Hafenstadt hielt.

In Hamburg wurden noch 638 t Stückgut zugeladen, damit befanden sich insgesamt 6122 t Ladung an Bord.

Am 4. Juli 1969 verließ die BERLIN Hamburg unter Assistenz des Elblotsen.

Zu jener Zeit war der Suezkanal infolge der

Der Schiffzimmermann in seiner Werkstatt unter der Back.

Nachwirkungen des israelischen Überfalls auf Ägypten für die internationale Schiffahrt noch gesperrt. Die BERLIN mußte den Reiseweg um das Kap der Guten Hoffnung herum nehmen. Alle an Bord wußten, daß ihnen eine lange Reise bevorstand.

Nach dem Passieren der Biskaya setzte an Bord die übliche Reiseroutine ein. Man ging Wache um Wache, die vier Hauptmaschinen brummten gleichmäßig vor sich hin, Sicherheitsmanöver wurden durchgeführt, Belehrungen und Informationen der Besatzungen erfolgten, Schiffsratssitzungen fanden statt, kurz gesagt: Alltag auf See.

An Bord des MS BERLIN waren zwei Berliner, nämlich der III. Offizier Dieter Jahn, der noch in Berlin wohnte, und der Kapitän war ein geborener Berliner, wenn auch inzwischen in Rostock ansässig.

Nach einer Reise von 40 Tagen und 13,5 Stunden fiel am 14. August 1969 der Anker auf der Reede von Colombo. Bis hierher betrug die durchschnittliche Reisegeschwindigkeit 11,15 kn, nicht viel für ein Schiff, das mit vier Hauptmotoren eigentlich 16 kn laufen sollte; aber es war doch erforderlich, nach und nach jeweils eine Hauptmaschine außer Betrieb zu nehmen und gewisse Überholungen und Reparaturarbeiten durchzuführen. Beispielsweise waren nicht selten Kurbelwellenlager nachzuschaben, eine Arbeit, die großer handwerklicher Erfahrungen bedurfte und daher vom Leitenden Ingenieur Thomas Strache und seinem I. Ingenieur, Kapitänleutnant Ing. d. R. Georg Niesobski, sehr oft selbst durchgeführt wurde. Am 15. August 1969 macht die BERLIN im Hafen fest.

Am 16. August 1969, morgens ab 8.00 Uhr, fuhr ein Teil der Besatzung der BERLIN mit einem Bus, den die Handelsvertretung der DDR zur Verfügung stellte, von Colombo in die Verwaltungshauptstadt Kandy. Die Straße nach Kandy führte über das Gebirge und durch viele kleine Ortschaften, durch viele Reisfelder und Teeplantagen. Im Brigadetagebuch ist notiert: In Kandy besuchten wir eine große Pagode. Da Pagoden nur ohne Schuhe betreten werden dürfen, mußten diese ausgezogen und am Eingang abgestellt werden. Zum Abschluß der Fahrt fuhren wir zum längsten Fluß Ceylons, dem Mahaveli, wo man Elefanten beim Arbeiten fotografieren konnte.

Die BERLIN löschte 850 t Stückgut und verließ Colombo am 18. August 1969.

Am 24. August 1969 lief das MS BERLIN in Port Swettenham (heute Port Klang/Malaysia) ein, war am 26. August in Singapur und ging am 3. September im Hafen von Hongkong mit der Backbord-Ankerkette an die Tonne 23, taifunsicher festgemacht. Zu diesem Zweck mußte der Anker vorher abgeschäkelt und neben der Ankerklüse beigefangen werden. Dann wurde die Kette gefiert und von der Festmachergang an der Tonne eingeschäkelt.

Das war für die Besatzung ein nicht alltägliches

Ein 17-Tonnen-Kollo wird von der Decksbesatzung selbst angeschlagen. Die nordkoreanischen Hafenarbeiter haben inzwischen Pause.

Manöver, aber in Hongkong war diese Verfahrensweise Vorschrift, um vor Anker liegend gegebenenfalls einen Taifun sicher abzuwettern.

In Hongkong wurden rund 1000 t Ladung in zwei Tagen mit dem eigenen Ladegeschirr gelöscht und an längsseits liegende Leichter und Segel-Dschunken übergeben.

Da die Liegezeit in Hongkong wie immer nur kurz sein würde, verbrachte die Besatzung jede freie Stunde an Land. In dieser faszinierenden Hafenstadt brachte jeder Schritt buchstäblich neue Eindrücke. Luxushotels, verschwenderischer Reichtum und tiefste Armut im Europäer-Stadtteil Victoria auf der einen Seite und chinesisches Leben aus alter und neuer Zeit auf der Festlandseite im Stadtteil Kowloon auf der anderen Seite standen sich kontrastreich gegenüber. Ein unbeschreibliches Völkergemisch in meist drangvoller Enge: Europäer, Chinesen, Japaner, Inder, Angehörige aller Klassen und Schichten, vom Millionär bis zum Bettler, über Geschäftsleute, Rikschakulis, Straßenhändler und Handwerker, eine unbeschreibliche Szenerie, anziehend und abstoßend zugleich.

Außerdem wimmelte es in der Stadt von Matrosen eines US-amerikanischen Flugzeugträgers, die sich in Hafenkneipen, Bars und Bordellen auf ihre Weise vom Vietnam-Krieg erholten.

Am 5. September 1969 lief die BERLIN wieder aus und hatte am 6. September nach dem Passieren der chinesischen Insel Hainan im Golf von Tongking eine unangenehme Begegnung. Es war vormittags. Bei guter Sicht lief das MS BERLIN mit Kurs auf den vietnamesischen Hafen Haiphong. Auf der Backbordseite wurde am dunstigen Horizont ein amerikanischer Flottenverband, bestehend aus einem Flugzeugträger, mehreren Zerstörern und Fregatten, bemerkt. Vom Flugzeugträger starteten Maschinen und flogen in Richtung Nordvietnam. Andere Maschinen kamen aus Nordvietnam zurück, nachdem sie dort ihre tödliche Ladung abgeworfen hatten, und landeten wieder auf dem Träger. Nach einiger Zeit schor ein Zerstörer aus dem Flottenverband aus, lief mit Höchstfahrt auf die BERLIN zu, drehte neben ihr auf Parallelkurs mit einem Abstand von ca. 300 m und setzte das Flaggensignal: „What ship?“ Die BERLIN antwortete: MS BERLIN, DDR, auf der Reise von Rostock nach Haiphong. An der Signalrah des Zerstörers stieg ein neues Signal hoch mit der Bedeutung: „Was für eine Ladung ist an Bord?“ Die Antwort lautete: „Stückgut“. Das nächste Signal des Zerstörers verlangte eine Spezialisierung der Ladung. Da dies eine Forderung war, die das international Übliche auf anmaßende Weise überschritt, bekam der Zerstörer keine Antwort. Er versuchte seinen Willen durchzusetzen, indem er

zunächst das Signalmittel wechselte, d. h. er holte die Flaggen nieder und blinkte die BERLIN mit dem Morsescheinwerfer an.
Auch darauf gab die BERLIN keine Antwort. Nun ließ sich der Zerstörer achteraus sacken und lief auf gleicher Höhe an der Steuerbordseite des MS BERLIN mit, Abstand ca. 300 m. Wieder bemühte er sich um die gewünschten Auskünfte, möglicherweise in der Annahme, daß seine Signale durch die Richtungsänderung besser ablesbar seien. Als er trotzdem keine Antwort erhielt, schrillten auf dem Zerstörer die Alarmklingeln. Seine Matrosen rannten über Deck, stülpten sich im Laufen Stahlhelme über und besetzten die Waffen. Die Geschütze schwenkten auf die BERLIN, und die Besatzung blickte in die Mündungen von fünf Rohren seiner mittleren Artillerie vom Kaliber 12,7 cm. Auch diese ziemlich unverschämte Provokation konnte die BERLIN nicht beeindrucken. Sie behielt Kurs und Geschwindigkeit bei und nahm das amerikanische Kriegsschiff nicht mehr zur Kenntnis. Schließlich schwenkte der Zerstörer seine Geschütze wieder in Mittschiffsstellung und lief mit schäumender Heckssee zu seinem Verband zurück.
Am 7. September ging die BERLIN auf der Außenreede von Haiphong auf dem Flußarm Cua Nam Trieu vor Anker.

EIN TRAGISCHER VERLUST

Am 14. September 1969 kam es an Bord der BERLIN auf der Innenreede von Haiphong zu einem traurigen Ereignis. Zur Schilderung des Vorfalles ist der Bericht des Kapitäns an den Flottenbereich Asien-Amerika der DSR vom 18. September 1969 am geeignetsten.
Darin heißt es:
Am 8. September 1969 um 11.28 Uhr wurde ankerauf gegangen und unter Lotsenassistenz zur Innenreede eingelaufen. Um 12.40 Uhr wurde auf dem Ankerplatz Cua Nam Trieu des Flusses Bach Nang geankert. Position 20°48′ Nord und 106° 50,2′ Ost. Das Schiff lag vor Steuerbordanker mit vier Kettenlängen zu Wasser.
Am Sonntag, dem 14. September 1969, gegen 12.00 Uhr fanden sich einige Besatzungsangehörige auf der achteren Manöverstation zusammen, um ihre nachmittägliche Freizeit gemeinsam außerhalb ihrer Kammern an Deck zu verbringen. Man war damit beschäftigt, zu lesen, Hängematten zu nähen und sich zu unterhalten. Nach übereinstimmender Aussage der Besatzungsangehörigen wurde kein Alkohol genossen. Zu dieser Zeit lag das Schiff auf dem rechtweisenden Kurs von 210 Grad schräg zum Verlauf des Hauptfahrwassers des Flusses. Es war kurz nach Stillwasser, und es begann, auslaufender Strom einzusetzen. Wind Nordwest 2 bis 3. Die Sicht war gut bis sehr gut.
Gegen 12.15 Uhr erschien der Matrose G. S. auf der achteren Manöverstation, blickte an Steuerbordseite über das Schanzkleid und bemerkte einen längsseits liegenden Fischer-Sampan mit einem kleinen Handkahn (Dinghigröße). Spätere Informationen ergaben, daß dieser Segelsampan, der weder Namen noch Nummer führte, zur Produktionsbrigade der Küstenfischereigenossenschaft von Hoang Chau (Haiphong) gehörte. Die dreiköpfige Besatzung des Sampans war damit beschäftigt, einige Leinen ihres Netzes vermutlich vom Steuerbordpropeller des MS BERLIN zu klarieren. Matrose G. S. bemerkte diesen Vorgang und brachte gegenüber den auf der Manöverstation anwesenden Besatzungsmitgliedern zum Ausdruck, daß er zur Hilfeleistung über Bord springen wolle. Der ebenfalls achtern anwesende Bootsmann Dieter Stenzel warnte den Matrosen G. S. und machte ihn auf die Gefährlichkeit seines Vorhabens aufmerksam. Trotzdem nahm Matrose G. S. einige Schritte Anlauf und sprang – bevor ihn jemand daran hindern konnte – kopfüber über die Reling bei der Springklüse (Höhe bis zur Wasserlinie 9 Meter). Der beabsichtigte Kopfsprung mißlang. Er überschlug sich ein wenig und berührte mit der rechten Schulter die Wasseroberfläche. Er kam wieder an die Oberfläche und schwamm sofort ohne erkennbare Schwierigkeiten auf den Sampan zu. Dann tauchte er zum erstenmal und löste die ersten der unklaren Leinen, vermutlich vom Steuerbordpropeller. Danach tauchte er wieder auf und schwamm zum Sampan, hielt sich daran eine Zeitlang fest und versuchte, sich mit den Fischern zu verständigen. Er wollte sie zum Losegeben der zweiten Leine veranlassen. Danach tauchte er abermals, um diese zweite Leine zu lösen, und erschien nicht wieder an der Oberfläche. Dies wurde nach etwa eineinhalb Minuten von den Augenzeugen bemerkt, jedoch nicht mit Sicherheit, da die Beobachtung durch den Überhang des Achterschiffes erschwert wurde. Daher stieg der Motorenhelfer Schneider an einer sofort angebrachten Knüppelleiter auf den Sampan hinunter, währenddessen der hinzugekommene II. Ingenieur Henk und der Bestmann Kunze in ihre Kammern eilten, um Tauchutensilien herbeizuholen. Anschließend begaben sich die beiden Besatzungsmitglieder auf den Sampan und begannen von dort aus, sich gegenseitig mit Leinen sichernd, bei langsam zunehmender Strömung unter Einsatz ihres Lebens abwechselnd tauchend mit der Nachsuche. Vom letzten Untertauchen des Matrosen G. S. bis zum Beginn der Suche waren nicht mehr als drei Minuten verstrichen. Während der Motorenhelfer Schneider zum Sampan hinunterstieg, eilte der Decksmann Brühning zur Kommandobrücke, um den Wachoffizier zu alarmieren. Der wachhabende I. Offizier Neutschel setzte durch Zuruf den Kapitän in Kenntnis und löste den Alarm „Mann über Bord“ aus. Als der Kapitän Sekunden später auf der Kommandobrücke erschien, beorderte er den I. Offizier nach achtern, um die Rettungsaktion einzuleiten. Zeitpunkt des Alarmsignals 12.23 Uhr. Als der I. Offizier achtern erschien, ließ er das bereits begonnene Klarmachen des Rettungsbootes Nummer 1 abbrechen, da er feststellte, daß der achtern längsseits liegende Sampan nebst Handkahn wesentlich besser für die Rettungsaktion geeignet war als das unter Strömungsverhältnissen schwieriger zu handhabende Rettungsboot mit mechanischem Antrieb. Das Klarmachen der Barkasse wurde nicht abgebrochen, und acht Besatzungsmitglieder wurden zur Rundumbeobachtung auf Back und Hauptdeck beordert. Während die leichte Tauchergruppe ihre Arbeit fortsetzte, informierte der I. Offizier per Telefon den Kapitän über die Lage. Da die Kommandobrücke laut Rollenplan ordnungsgemäß besetzt war und das Schiff sicher vor Anker lag, eilte der Kapitän nach achtern und übernahm die Leitung an Ort und Stelle. Nachdem die Suche bis 12.30 Uhr erfolglos geblieben war, erteilte der Kapitän dem Funkoffizier die Weisung, die Siegel der Funksendeanlage zu brechen, Funkverbindung mit Haiphong-Radio herzustellen, das Vorkommnis dem Hafenkapitän zu melden und um ein Taucherboot zu ersuchen. In einem zweiten Funkspruch informierte der Kapitän die Agentur über den Zwischenfall und

bat um Benachrichtigung der Botschaft der DDR in der DRV in Hanoi. Um 12.42 Uhr meldete der II. Ingenieur Henk vom Sampan aus durch Zuruf, daß die Gruppe beide Propeller, das Ruder, einen Teil der Wellenhose und die Seekästen ohne Erfolg abgesucht hat. Wegen der immer noch zunehmenden Strömung wurde die Tauchergruppe vom Kapitän an Bord zurückbeordert. Um 13.36 Uhr wurde der Alarmzustand beendet, die Ausguckposten der Rundumbeobachtung blieben jedoch auf ihren Posten. Wegen einer Störung am Anlasser war die Barkasse erst um 13.37 Uhr klar und wurde zu Wasser gelassen, um unter Leitung des II. Offiziers Sommer die ebenfalls auf den Ankerplatz liegenden sowjetischen Frachter BAKURIANI und MAKARENKO um Taucherhilfe bzw. Taucherausrüstung zu bitten. Um 14.27 Uhr kehrte die Barkasse ohne Erfolg zurück, da die sowjetischen Schiffe keine geeignete Ausrüstung zum Tauchen an Bord hatten. Daraufhin erhielt der II. Offizier die Weisung, mit der Barkasse den Fluß in der näheren Umgebung des Schiffes abzusuchen sowie eine in der Nähe befindliche, am Ufer angebrachte Fischereireuse. Auch diese Untersuchung blieb ohne Erfolg. Zwei kleine vietnamesische Fischerboote suchten indessen mit Netzen und Haken weiter nach dem Vermißten bis 17.30 Uhr. Um 17.00 Uhr kam ein vietnamesisches Dienstfahrzeug längsseits. An Bord befand sich eine Untersuchungskommission, die sofort die Arbeit aufnahm. Die Kommission setzte sich wie folgt zusammen:

Leiter: Hauptmann Pham Lan, Hafenpolizeistation Haiphong

Sekretär: Leutnant Le Van Than, Hafenpolizeistation Haiphong

Mitglieder: Hafenmeister Le Thai Vo, Hafenamt Haiphong, Clerk Thanh Thuong Cam, Vietnam Ocean Shipping Agencies, Mitarbeiter Hoang Binh Ngac, Büro für Volkskontrolle Haiphong Mitarbeiter Nguyen Van Xich, Dienststelle Haiphong des Amtes für Sicherheit.

Außerdem erschien an Bord Herr Luong Xuan Phong, Leiter der Produktionsbrigaden der Fischereigenossenschaft Hoang Chau (Haiphong).

Um 17.20 Uhr kam der sowjetische Bergungsschlepper HELIOS an Steuerbordseite längsseits. Nach kurzer Beratung aller Verantwortlichen begann ein schwerer Taucher der HELIOS um 17.30 Uhr mit der Suche nach dem Vermißten. Um 18.45 Uhr meldete dieser Taucher: Propeller, Ruder, Wellenhosen und Boden abgesucht ohne Erfolg. Für diesen Tag wurde die Weitersuche wegen beginnender Dunkelheit eingestellt. Über die Agentur wurde die Reederei in einem ersten Telegramm informiert.

Am Montag, dem 15. September 1969, um 10.00 Uhr, legte der Bergungsschlepper HELIOS ab und setzte die Taucheruntersuchungen an der Unglücksstelle fort. Den ganzen Tag über arbeitete die Untersuchungskommission an Bord des MS BERLIN. In Auswertung der Erfahrungen der ortsansässigen Fischer, daß ein Ertrunkener nach etwa 24 Stunden erstmals wieder an die Wasseroberfläche kommt, zogen von 12.30 Uhr bis 14.30 Uhr die Beobachtungsposten der Rundumbeobachtung wieder auf. Um 15.00 Uhr kam die HELIOS nach bis zu diesem Zeitpunkt erfolgloser Suche wieder längsseits und setzte danach in der Nähe der BERLIN die Suche durch Taucher fort. Um 16.45 Uhr wurde der Leichnam in der Nähe der BERLIN treibend gesichtet und um 16.54 Uhr durch ein vietnamesisches Dienstfahrzeug, auf dem sich der I. Offizier Neutschel, der Bootsmann Stenzel und der Decksmann Bartsch begeben hatten, geborgen. Um 16.58 Uhr wurde der Leichnam an Bord der HELIOS gebracht und von dort aus um 17.30 Uhr an Bord des MS BERLIN überführt. Anschließend erfolgte eine erste Untersuchung durch den sowjetischen Schiffsarzt Viktor A. Sinkin und durch die Mitglieder der vietnamesischen Untersuchungskommission in Anwesenheit des II. und III. Offiziers des MS BERLIN. Um 21.30 Uhr trafen der Kulturattaché und Leiter der Konsulatsabteilung der Botschaft der DDR in der DRV, Herr Erhard Kristek, der Delegat und DSR-Vertreter, Herr Bruno Richardt, sowie der Dolmetscher bei der handelspolitischen Abteilung der Botschaft, Herr Winfried Boscher, an Bord ein. Eingeleitet durch die Agentur, wurde die Leiche des Matrosen G. S. um 22.43 Uhr an Bord des vietnamesischen Motorbootes BAI TANG in Begleitung des Funkoffiziers, Herrn Heiner Pape, und des Dolmetschers, Herrn Winfried Boscher, gebracht und zum Hafen Haiphong überführt. Von dort aus geschah der Weitertransport zum „Hospital der vietnamesisch-tschechoslowakischen Freundschaft" in Haiphong. Am Dienstag, dem 16. September 1969, nahm eine Ärztekommission im Hospital eine Obduktion vor, um die genaue Todesursache zu ermitteln. Um die Arbeit der Untersuchungskommission zu unterstützen und um der Schiffsleitung genaue Kenntnis vom Hergang des Unglücks zu verschaffen, wurden am Montag, dem 15. September 1969, vom Kapitän in Gegenwart des I. Offiziers die Augenzeugen zur Sache befragt und ihre Aussagen schriftlich festgehalten. Gleichzeitig wurden die Effekten des Verunglückten und dessen gesamtes persönliches Eigentum einschließlich seiner Papiere und Dokumente durch den II. Offizier Sommer und den III. Offizier Jahn im Beisein der Matrosen Hofer, der mit dem Verunglückten gemeinsam eine Kammer bewohnte, erfaßt, verpackt und eingeschlossen.

Unter seinen Papieren wurde ein „Ausweis für Kopfverletzte" aufgefunden, der folgenden Vermerk trägt:

Diagnose: Frontobasale Schädelverletzung und Haemalolympanom am 21. Januar 1966
operiert: nein
Ausweis stets bei sich tragen!
Bei Auftreten von starken Kopfschmerzen, Fieber, Erbrechen, wäßrigem Ausfluß aus der Nase oder Ohr (Liquorrhoe), Bewußtlosigkeit, Krampfanfällen, Lähmungen s o f o r t i g e s Aufsuchen oder E i n w e i s u n g in Hals-Nasen-Ohrenabteilung oder hirnchirurgischer Abteilung oder Unfallkrankenhaus.

Von einer derartigen Verletzung war der Schiffsleitung nichts bekannt. Am Dienstag, dem 16. September 1969, um 07.16 Uhr, ging MS BERLIN ankerauf und lief in den Hafen von Haiphong ein, wo das Schiff um 10.00 Uhr fest war.
Kapitän, gez. Unterschrift

Am 16. September kam der Lotse, das Schiff lief in Haiphong ein und machte am einzigen Liegeplatz mit Gleisanschluß fest, da der Eisenbahnbauzug als erstes gelöscht werden sollte. Die Waggons wurden mit eigenem Ladegeschirr auf die Gleise gesetzt, und der Zug rollte sofort in die Hauptstadt Hanoi. Einige Tage später wurde dieses Solidaritätsgeschenk durch den damaligen Botschafter der DDR in Vietnam, Eduard Claudius, auch als Schriftsteller und Romancier („Von der Liebe soll man nicht nur sprechen") eine herausragende Persönlich-

Die wach- und dienstfreien Besatzungsmitglieder der BERLIN und Mitarbeiter der DDR-Botschaft in Hanoi vor der Trauerhalle der Hafenstadt Haiphong. Von rechts: Kulturattaché und Leiter der Konsulatsabteilung der Botschaft, Herr Erhard Kristek, neben ihm der I. Offizier der BERLIN, Albert Neutschel, Bruno Richardt, Vertreter der DSR, links von ihm mit großem Blumengebinde der Verwaltungsoffizier, halb rechts hinter ihm, leicht verdeckt der I. Ingenieur, Kapitänleutnant (Ing.) d. R. Georg Niesobski, rechts von ihm mit Blumenstrauß II. Offizier Volker Sommer, vorn links mit Blumenstrauß Leitender Ingenieur Thomas Strache.

keit, auf einer Festveranstaltung den Mitarbeitern der vietnamesischen Staatseisenbahn übergeben. Der Kapitän des MS BERLIN konnte dabei sein.

Ein Jeep holte ihn von Bord ab, fuhr mit ihm über die Landstraße, vorbei an Bombentrichtern und Autowracks, überquerte einen Fluß auf einer Pontonbrücke, da die Straßenbrücke durch Bombentreffer schwer beschädigt war und gelangte nach stundenlanger Fahrt nach Hanoi. Vor dem Übergabemeeting baten die vietnamesischen Eisenbahnfachleute voller Begeisterung und Dankbarkeit für die Spende den DDR-Botschafter, dafür zu sorgen, daß bald ein zweiter Bauzug bereitgestellt wird. Aber Eduard Claudius kannte wohl seine Pappenheimer. Lächelnd wehrte er ab und sagte: *„Ich möchte erst einen Bericht haben, wieviel hunderte Kilometer Strecke dieser Zug repariert hat. Danach reden wir über den nächsten Zug."*

Nach dem Meeting bat der Kapitän - trotz des reservierten Hotelzimmers - darum, sofort wieder zu seinem Schiff zurückfahren zu dürfen. Der Gedanke, in einem vom Krieg heimgesuchten Land so weit von dem Schiff entfernt zu sein, für das er die Verantwortung trug, war ihm einigermaßen unbehaglich. Die vietnamesischen Gastgeber entsprachen seiner Bitte, sofort zurückfahren zu wollen, und so brachte ihn der Jeep durch die dunkle Tropennacht wieder nach Haiphong.

Nach Vorliegen des Obduktionsberichtes und Freigabe der sterblichen Überreste des Matrosen G. S. taten die vietnamesischen Behörden alles, was ihren Möglichkeiten entsprach, um eine würdevolle Trauerfeier durchzuführen.

Sie betrachteten den Tod des Matrosen als eine hochpolitische Angelegenheit. In ihren Augen hatte ein junger Seemann aus dem sozialistischem Bruderland DDR getreu den Grundsätzen des proletarischen Internationalismus sein Leben geopfert, um vietnamesischen Fischern beizustehen und ihnen als Seemann zu helfen. Sie taten alles, um ihm die letzte Ehre zu erweisen. An der Trauerfeier nahmen alle wach- und dienstfreien Besatzungsangehörigen teil.

Als Anzugsordnung mußte die Khaki-Uniform angewiesen werden, da die blaue Tuchuniform sich wegen der Temperaturen und Luftfeuchtigkeit von selbst verbot und nur wenige Seeleute ihre weißen Uniformen an Bord hatten.

Die Trauerrede hielt der Kapitän. Er umriß den Lebensweg des jungen Mannes, schilderte noch einmal dessen Bemühen um Hilfeleistung, den

Kapitän Gerd Peters, Funkoffizier Heiner Pape oben rechts mit Blumenstrauß, darunter: I. Offizier Albert Neutschel und der Verwaltungsoffizier legen einen Kranz und ein Blumengebinde am Sarge des verunglückten Matrosen nieder.

Einsatz seines Lebens und den Schmerz seiner Kameraden, ihn nicht mehr retten zu können. Die Leiche wurde in Haiphong eingeäschert, die Urne mit der Asche in Begleitung eines diplomatischen Kuriers im Flugzeug nach Berlin überführt.

Der blumengeschmückte Sarg des Matrosen Gerhard St. in der Trauerhalle war mit der Staatsflagge bedeckt. Vor dem Sarg und dem Blumenschmuck waren die DDR-Handelsflagge und die Reedereiflagge der DSR ausgelegt.

Die Urnenbeisetzung in der Heimatstadt des Matrosen G. S. gestaltete sich zu einer eindrucksvollen Trauerfeier. Der vietnamesische Botschafter in der DDR war persönlich anwesend. Dementsprechend war auch der sonstige protokollarische Aufwand und Ablauf. Die vietnamesische Botschaft hatte noch vorgeschlagen, der Schule des jungen Seemannes, der aus einer kleinen Kreisstadt in Mecklenburg-Vorpommern stammte, seinen Namen zu verleihen. So weit wollten in der DDR die Verantwortlichen, die auch um die Hintergründe wußten, dann doch nicht gehen. Das erfuhr die Besatzung aber erst nach der Rückkehr von der Reise. In Haiphong organisierte die Handelsvertretung zusammen mit der Botschaft eine Busfahrt für die Besatzung nach Hanoi. Am 19. September um 8.30 Uhr begann die Fahrt. Der Bus fuhr über behelfsmäßig errichtete Pontonbrücken, darunter auch über die mehrfach zerstörte größte Brücke Südostasiens, die Brücke über den Roten Fluß.

DIE HEIMREISE

Nachdem der Rest der Ladung gelöscht war, nahm die BERLIN 350 t Landeserzeugnisse für Rostock an Bord und verließ Haiphong am 27. September 1969 mit Kurs Indonesien. Am 7. Oktober flaggte die BERLIN aus Anlaß des Tages der Republik im Hafen von Soerabaja über die Toppen, was zur Folge hatte, daß die Hafenbehörden dem Schiff einen offiziellen Besuch abstatteten, so daß es einen improvisierten Empfang an Bord gab.
Am Abend verließ die BERLIN planmäßig Surabaja und ankerte am nächsten Tag auf der Reede des kleinen Hafens Banjuwangi. Hier wurden 3170 t Copra und Knochenschrot aus Leichtern mit dem eigenen Ladegeschirr für Hamburg geladen.
Am 10. Oktober 1969 ausgelaufen, befand sich die BERLIN am 13. Oktober in der Malakka-Straße. Wegen des schönen Wetters, Sonne und fast Windstille, wurde die Fahrt aus dem Schiff genommen und zur Übung ein Bootsmanöver durchgeführt. Während sich die Boote mit der Besatzung um das Schiff herum bewegten, kam ein zufällig vorbeifahrender, noch mit Dampfmaschinen angetriebener Bergungsschlepper, offensichtlich angelockt durch die ausgesetzten Rettungsboote, herbeigeeilt und bot seine Unterstützung an. Er war sehr enttäuscht, zu erfahren, daß es sich nur um eine Rettungsbootsübung handelte und kein Bergelohn zu verdienen war.
Am nächsten Tag war die BERLIN in Port Swettenham, lud dort für Europa und komplettierte die Ladung vom 20. bis 24. Oktober 1969 in Singapur. Beim Auslaufen Singapurs waren insgesamt 7428 t, neben Knochenschrot und Copra Zinn, Gummi, Kaffee und Schnittholz (Mahagoni und Teak) an Bord. Der größte Teil der Holzladung war als Decksladung so hoch gestaut worden, daß das Oberdeck und die Luken nicht mehr zu sehen waren. Die Holzstämme waren durch Seitenstützen am Schanzkleid und Drahtverspannung gesichert. Damit man von vorn nach achtern gehen konnte, war auf der Holzladung aus Brettern ein provisorischer Steg mit einem hölzernen Geländer aufgebaut worden, so daß die Besatzung beim Arbeiten des Schiffes im Seegang sicher laufen konnte. Diesen Steg nannte die Crew den „Ho-Chi-Minh-Pfad“. Das MS BERLIN verließ Singapur am 24. Oktober und erreichte als ersten europäischen Hafen am 11. Dezember 1969 Le Havre mit einer durchschnittlichen Reisegeschwindigkeit von 11,11 kn.
Infolge mehrfacher Maschinenausfälle hatte das Schiff auf der Heimreise nur noch zwei Hauptmotoren einsatzklar. Die Teeklipper waren 100 Jahre früher auf dieser Route kaum langsamer! In Le Havre wurde die Holzladung gelöscht und die Heimreise fortgesetzt. Am Weihnachtsabend lief die BERLIN in Rotterdam ein und lag dort während der Festtage, um

danach einen Teil der Gummiladung (Rohkautschuk) zu löschen. Am Silvesternachmittag nahm die BERLIN beim Feuerschiff Elbe I den Lotsen für Hamburg an Bord und fuhr als einziges Schiff elbaufwärts. Da der BERLIN kein Schiff mehr entgegenkam, weil im Hafen längst Feierabend war, hatten die Männer in den Radarleitstellen nicht viel zu tun. Sie konzentrierten sich nur auf die BERLIN, so daß die Kommandobrücke alle fünf Minuten über UKW eine sehr präzise Standortinformation erhielt.

Es hatte etwas seltsam Unwirkliches, auf dem sonst so belebten Fahrwasser völlig allein nach Hamburg hinaufzufahren. Gegen 23.30 Uhr machten zwei Schlepper fest und brachten das Schiff an den Kai. Während sich die BERLIN auf die Pier zubewegte, schlug die Uhr Mitternacht, und rings um das Schiff begannen überall Raketen und Böllerschüsse in der letzten Minute des altes Jahres. Inmitten des Donnerns und Blitzens wurden die Leinen an Land gegeben, und die BERLIN machte am Diestelkai fest. Der Lotse ging eilends von Bord, um noch zu seiner Silvesterfeier zurechtzukommen. Die Agentur, Interschiff, der Zoll und die Hafenpolizei erschienen erst am nächsten Vormittag zum Einklarieren des Schiffes.

In Hamburg wurde der Rest des Kautschuks, die Kaffeeladung und der Knochenschrot gelöscht. Am 3. Januar verließ das MS BERLIN Hamburg und gelangte durch den Nord-Ostsee-Kanal wieder in die Ostsee. Am 5. Januar 1970 war die BERLIN nach einer Reise von sechs Monaten und fünf Tagen, während der über 29 000 sm zurückgelegt wurden, wieder in Rostock. Für den Kapitän war es die längste Reise seiner beruflichen Laufbahn.

Für Kapitän Peters kam die schwerste Aufgabe erst im Heimathafen. Er fuhr zusammen mit einer Mitarbeiterin der Gruppe Soziale Betreuung des Flottenbereiches zu den Eltern des toten Matrosen, um ihnen zu berichten, wie und warum ihr Junge ums Leben kam ...

Im Verlaufe des Besuches stellte sich heraus, daß den Eltern natürlich die schwere Schädelverletzung, eingetreten am 21. Januar 1966 als Folge eines Motorradunfalls, bekannt war. Sie hatten ihren Sohn nicht davon zurückhalten können, sich als Decksmann bei der DSR zu bewerben. Im stillen hatten sie gehofft, daß man bei der Einstellungsuntersuchung darauf stoßen und die Tauglichkeit nicht bestätigen würde. Aber bei solchen Untersuchungen wird nur der Brustbereich geröntgt, niemals der Schädel ...

WIEDER AUF FAHRT

Am 2. April 1970 ist die BERLIN wieder auf der Reise, diesmal in der Relation Kuba. Der II. Offizier Volker Sommer ist abgestiegen, um in den Flottenbereich Afrika umzuwechseln, für ihn ist als neuer II. Offizier Gerd Hoff eingestiegen, und der III. Offizier Jahn mußte auf Weisung des Flottenbereiches kurzfristig auf die BLANKENBURG umsteigen. Dafür ist als neuer III. Offizier Hans-Ullrich Pilz an Bord. Sonst gab es wenige Veränderungen. Dieter Stenzel ist immer noch Bootsmann auf der BERLIN. Die Decksleute der vergangenen Reise hatten am Ende ihre Matrosenprüfungen bestanden und gingen in Urlaub und nahmen ihre freien Tage. Dafür kamen die Vollmatrosen Sieber und Bohnsack an Bord. Am 9. März 1970 war das Schiff in Rostock nach einer etwa zweimonatigen Werft- und Hafenliegezeit ausgelaufen. In Hamburg wurden 5000 t Düngemittel für Kuba geladen. Am 16. März lief das Schiff aus Hamburg aus und lag am 18. März in London in den Tilbury-Docks. Dort wurde die Ladung mit 1670 t Stückgut komplettiert, das für Havanna vorgesehen war. Als Kapitän war Lothar Kühne an Bord. Er war ein Mann von außerordentlicher Körpergröße, der sich selbst in dem nicht zu knapp bemessenen Ruderhaus der BERLIN bücken mußte, um nicht mit dem Kopf oben anzustoßen. Später wurde er Lotse in Warnemünde. Auf dieser Reise wurde an Bord sehr stark die Einführung der sogenannten Komplexbrigade diskutiert. Näheres dazu ist an anderer Stelle ausgeführt. Kapitän Kühne konnte einiges zu dieser Diskussion beitragen, da er auf seinem letzten Schiff, der RÜGEN, bereits in bezug auf die Bildung der Komplexbrigaden eigene Erfahrungen gesammelt hatte. In London machte die Besatzung eine Busrundfahrt durch die Stadt. Man besichtigte den Tower und die Tower Bridge, dann ging die Fahrt weiter zum Buckingham Palace, um die große Wachablösung zweier königlicher Gardebataillone zu erleben. Schließlich führte die Fahrt vorbei an Scotland Yard und der Westminsterabtei auf die andere Seite der Themse, damit man den guten Blick zum Parlament nutzen konnte. Der Trafalgar Square wurde genausowenig ausgelassen wie der Piccadilly-Zirkus, schließlich ging es zum Hydepark, dann führte die Tour nach Windsor. Das Dorf Eton wurde auch passiert. Der Bericht über die Rundfahrt der Besatzung schließt mit den Worten: *„Von Windsor fuhren wir dann zurück nach London und von dort nach Tilbury an Bord unseres Schiffes. Es war ein gelungener Ausflug und hat allen gut gefallen.“* Mit dieser Bemerkung enden die erhalten gebliebenen Aufzeichnungen über die Geschichte des MS BERLIN.

Es bleibt noch folgendes nachzutragen: Am 25. 6. 1980 wurde die BERLIN im seeklaren Zustand auf der Reede von Naha, einer kleinen Bucht der japanischen Insel Okinawa, an den Käufer übergeben. Es handelte sich dabei um eine Handelsgesellschaft, die als Vertragspartner gegenüber dem Außenhandelsunternehmen „Schiffscommerz Rostock“ auftrat. Das war die japanische Firma Nissho Iwai. Sie übernahm noch andere Schiffe, betrieb sie aber nicht selbst, sondern verkaufte diese weiter zur Verschrottung. Für die BERLIN wurde ein verhältnismäßig hoher Preis gezahlt. Die DDR erzielte für das seeklare Schiff einen Betrag in Höhe von 1010 000 US-Dollar. Das entsprach im Jahre 1980 etwa der doppelten Jahreseinnahme, die das Schiff in frei konvertierbaren Devisen netto erzielt hätte. Andere Typ-IV-Schiffe wurden nicht so gut bezahlt. Aber das war nicht so sehr eine Frage des technischen Zustandes, obwohl der selbstverständlich eine Rolle spielte, sondern hing auch von der Konjunkturlage, der Beschäftigungssituation und vom jeweiligen Dollarkurs ab.

Kurzbiographie:

Kapitän Klaus Heiden

Kapitän Klaus Heiden.

Geboren am 3. 3. 1928 in Stralsund als Sohn eines Kapitäns, Schulbildung: acht Klassen Volksschule in Swinemünde, ab April 1943 Schiffsjunge und Offiziersanwärter an Bord des Segelschulschiffes SEUTE DEERN, Reederei John T. Essberger, bis 1944, anschließend Leichtmatrose an Bord der SEUTE DEERN, infolge Kriegslage Ausbildungsfahrten fast ausschließlich auf dem Greifswalder Bodden, 1945 Matrose auf einem 10.000-Tonnen-Tanker der Reederei Essberger, Einsatzgebiet westliche Ostsee, Südnorwegen, letzter Einsatz: Bebunkerung der KAP ARKONA, danach vor Anker auf der Kieler Förde, mehrfacher Jagdbomberangriff, fünf Bombentreffer, das sinkende Schiff muß verlassen werden. Da die Eltern auf der Flucht waren, findet K. H. in der Familie seines Cousins Herbert Jark Zuflucht, ab Ende 1945 bis 1948 Matrose an Bord verschiedener Küstenmotorschiffe, 1948 Besuch der Seefahrtschule Elsfleth an der Weser, Abschluß: Patent A 2, Steuermann auf kleiner Fahrt, Prädikat: mit Auszeichnung bestanden, ein weiterer Lehrgangsteilnehmer war der spätere Professor Dr. Rolf Scharnow, Ingenieurhochschule Warnemünde Wustrow.
Nach Lehrgangsende Einsatz als Steuermann an Bord von Küstenmotorschiffen, dabei in einem dänischen Hafen erstes Zusammentreffen mit Rolf Schilling, später Kapitän und Dr. jur., Dozent an der IHS Warnemünde Wustrow. 1949 Steuermann an Bord eines Küstenmotorschiffes, Holztransporte von Usedom nach Hamburg, Matrosenheuer 60 Mark, Heuer als Steuermann 180 Mark, Übersiedlung in die DDR, ab 1950 Besuch der Seefahrtschule Wustrow, Abschluß: Patent A 5, Nautischer Offizier auf großer Fahrt, nach Abschluß dieses Einjahreslehrganges Einsatz als I. Offizier an Bord des Segelschulschiffes WILHELM PIECK, obwohl altersmäßig Jüngster der Offiziere wegen seiner Vorkenntnisse im Dienst an Bord eines Segelschulschiffes, Herbert Jark wird II. Offizier, Rolf Schilling wird III. Offizier, nach zweijähriger Fahrtzeit Abmusterung, 1953 abermaliger Besuch der Seefahrtschule Wustrow, Abschluß mit dem Patent A 6: Kapitän auf großer Fahrt, ab 1954 I. Offizier MS STRALSUND, ab 3. 4. 56 I. Offizier Dampfer WISMAR, bei Indienststellung Dampfer THÄLMANN-PIONIER I. Offizier, anschließend Kapitän Dampfer THÄLMANN-PIONIER, danach Bauaufsicht auf der Warnowwerft für MS MAGDEBURG, Kapitän vom 4. 9. 58 bis 27. 9. 60, vorgesehen für Bauaufsicht und Probefahrt MS HALBERSTADT, mußte jedoch kurzfristig das Kommando über das Passagierschiff VÖLKERFREUNDSCHAFT übernehmen, Kapitän des Schiffes vom 21. 6. 61 bis 19. 7. 65, anschließend bis 1. 5. 67 Chefinspektor des VEB Deutsche Seereederei Rostock, anschließend Lotse und Überseelotse in Warnemünde, vertretungsweise Dienst als Lotsenkapitän,
Ruhestand 1993

Auszeichnungen:
Verdienter Aktivist 1965, Verdienstmedaille der Seeverkehrswirtschaft in Gold 1986

DAS UNGLÜCKSSCHIFF

Das spätere MS MAGDEBURG war die Bau-Nr. 307 der Warnowwerft, der Baubeginn erfolgte am 1. Februar 1957, die Kiellegung war am 30. April 1957 und der Stapellauf am 22. Dezember im gleichen Jahr. Christa Wunderlich, Meisterin des Sports, vollzog die Taufe des Schiffes. Am 31. Oktober 1958 wurde die MAGDEBURG in Dienst gestellt.
Bei dieser Gelegenheit gab die Werft bekannt, daß die schiffbaulichen Arbeiten bei der FRIEDEN 611800 Stunden und insgesamt 15 Monate Hellingliegezeit in Anspruch genommen hatten, demgegenüber aber für die MAGDEBURG bei den schiffbaulichen Arbeiten nur noch 255110 Stunden und acht Monate Hellingliegezeit erforderlich waren. Bei der FRIEDEN wurden pro Tonne eingebauten Stahlgewichts noch 152 Stunden benötigt, bei der MAGDEBURG nur noch 110 Stunden.
Die Probefahrten des Schiffes beginnen unter Führung des Werftkapitäns Kapitän Paul Lass. Weiter sind an Bord: Kapitän Klaus Heiden, I. Offizier Karl-Heinz Seidler, II. Offizier Klaus Pfafferoth; Klaus Kitzing und Gerhard Prill sind als IV. Offiziere gemustert. Leitender Ingenieur ist Alfons Behrend, I. Ingenieur ist Engler.
Im Verlauf der Probefahrten wurde im Seegebiet von Bornholm am 10. Oktober 1958 die Auslauf- und Stoppstrecke ermittelt. Wetterverhältnisse: Wind Südwest 2–3, See 1.

Es ergaben sich folgende Werte:

a) von Voll voraus auf Stopp

Backbordwelle	n = 100 U/min
Steuerbordwelle	n = 100 U/min
Auslaufzeit	= 12 Min., 20 Sek.
Auslaufstrecke	= 11,5 Schiffslängen

b) von Halbe voraus auf Stopp

Backbordwelle	n = 80 U/min
Steuerbordwelle	n = 80 U/min
Auslaufzeit	= 10 Min., 25 Sek.
Auslaufstrecke	= 10 Schiffslängen

c) Stoppstrecke
Voll voraus auf Voll zurück

Backbordwelle	n = 102 U/min
Steuerbordwelle	n = 100 U/min
Auslaufzeit	= 2 Min., 38 Sek.
Stoppstrecke	= 5 Schiffslängen
Umsteuerzeiten der Hauptmotoren	= 57 Sek.
Zeit bis zur Aufnahme der Rückwärtsfahrt	80 U/min = 1 Min., 18 Sek.

d) von Halbe voraus auf Voll zurück

Backbordwelle	n = 85 U/min
Steuerbordwelle	n = 85 U/min
Auslaufzeit	= 2 Min., 11 Sek.
Stoppstrecke	3 Schiffslängen
Umsteuerzeiten der Hauptmotoren	= 56 Sek.
Zeit bis Aufnahme zur Rückwärtsfahrt	80 U/min = 1 Min., 5 Sek.

Geschwindigkeitsfahrten
Am 11. Oktober 1958 wurden die Geschwindigkeitsfahrten auf der Meßmeile in der Tromper Wiek (Meilenfahrt) wie folgt durchgeführt:

Wind:	Westsüdwest 4–5, See 1
Tiefgang:	vorn = 4,90 m, hinten = 5,20 m
Wassertiefe:	20–25 m
Länge der Meßstrecke:	2 sm
gesteuerte Kurse:	90° und 270°

a) I. Fahrtstufe mit beiden Maschinen

Backbordwelle	n = 100 U/min
Steuerbordwelle	n = 100 U/min
Kurs: 270°, Zeit: 8 Min., 12 Sek.	= 14,62 sm/h
Kurs 90°, Zeit: 7 Min., 52 Sek.	= 15,28 sm/h
Kurs 270°, Zeit: 8 Min., 8 Sek.	= 14,76 sm/h
mittlere Geschwindigkeit:	= 14,98 sm/h

b) II. Fahrtstufe mit beiden Maschinen

Backbordwelle	n = 82 U/min
Steuerbordwelle	n = 82 U/min
Kurs 90°, Zeit: 9 Min., 20 Sek.	= 12,86 sm/h
Kurs 290°, Zeit: 10 Min., 0 Sek.	= 12,90 sm/h
Kurs 90°, Zeit: 9 Min., 20 Sek.	= 12,86 sm/h
mittlere Geschwindigkeit	= 12,53 sm/h

c) III. Fahrtstufe mit beiden Maschinen

Backbordwelle	n = 65 U/min
Steuerbordwelle	n = 65 U/min
Kurs 90°, Zeit: 11 Min., 15 Sek.	= 10,66 sm/h
Kurs 270°, Zeit: 12 Min., 13 Sek.	= 9,82 sm/h
mittlere Geschwindigkeit:	= 10,24 sm/h

Die Übergabe der MAGDEBURG an die Deutsche Seereederei sollte am 31. Oktober 1958 nachmittags 15.00 Uhr im Hafen von Wismar erfolgen. Das Schiff lag dort über die Toppen geflaggt am Kai. Der Direktor der DSR, Heinz Schreiber, war aus gesundheitlichen Gründen verhindert, die Übergabe persönlich vorzunehmen. So mußte der damalige Kaufmännische Leiter der DSR, der 30jährige Harry Wenzel, ihn vertreten. Harry Wenzel wußte durch seine Mitarbeiter, den Technischen Leiter der DSR, Ernst Dedow, Kapitän Dürkopp und Kapitän Propp, daß die MAGDEBURG im Grunde noch nicht fertiggestellt war. Es gab eine Restpunktliste, die über 1800 Punkte umfaßte, also Arbeitsvorgänge bzw. Zulieferungen, die noch nicht erfolgt waren. Da er nicht willens war, die sich daraus ergebenden weiteren Kosten, Verzögerungen, Zeit- und Einnahmeverluste sowie andere Nachteile für die DSR anzuerkennen und zu verantworten, hatte er den zuständigen Justitiar Heinz Greve beauftragt, mit dem Kaufmännischen Leiter Werner Voss von der Warnowwerft ein entsprechendes Zusatzdokument auszuarbeiten. In sorgfältigen juristischen Formulierungen sollte niedergelegt werden, daß das Schiff durch die DSR zwar juristisch übernommen wird, de facto aber so lange in der kaufmännischen Verantwortung der Werft verbleibt, bis die Restpunktliste abgearbeitet ist. Im Grunde lief es darauf hinaus, die Werft für alle finanziellen Nachteile, die durch die Restpunktliste entstehen würden, verantwortlich zu halten. Der kaufmännische Direktor der Werft hatte seinerseits Werftdirektor Zimmermann darüber informiert, dem diese Übereinkunft natürlich nicht gefallen konnte. Er hatte zur Übergabeverhandlung den damaligen Leiter des Staatlichen Vertragsgerichts Rostock, Harry Rickmann, eingeladen und ihm das Zusatzdokument zur Prüfung vorgelegt. Harry Rickmann war in einer schwierigen Situation. Er verstand natürlich die Lage der Reederei und das Interesse der Werft, die finanzielle Verantwortung für das Schiff loszuwerden. Aber eine

Übergabe des MS MAGDEBURG von der Werft an die Reederei. Im Vordergrund rechts Harri Rickmann, damals Direktor des staatlichen Vertragsgerichtes Rostock, auf Wunsch der Werftleitung Teilnehmer an der Übergabeverhandlung. Einige Jahre später wurde der nunmehrige Doktor jur. Rickmann Justitiar und Leiter der Rechtsabteilung in der DSR. Zweiter von rechts kaufmännischer Direktor der DSR, Harry Wenzel, dritter von rechts der damalige Parteisekretär der Reederei, Horst Wiskow.

juristische Prüfung des Zusatzdokumentes veranlaßte ihn dann doch zu erklären, daß im Falle einer gerichtlichen Auseinandersetzung dieses Zusatzdokument keine große Rechtskraft haben würde, da man nicht einerseits eine Übergabe juristisch mit Unterschrift anerkennen könne und andererseits in einem zweiten Dokument die entsprechenden Folgen ablehnen kann. Es fiel nicht gerade das Wort Urkundenfälschung, aber nach Auffassung von Harry Rickmann sei man davon nicht weit entfernt. Letztlich endete die scharfe Diskussion zwischen Werftdirektor Zimmermann und dem kaufmännischen Leiter der DSR, Harry Wenzel, ähnlich wie schon im Falle der FRIEDEN. Letztlich mußte Harry Wenzel nachgeben und unterschriftlich bestätigen, daß die DSR das Schiff übernimmt. Die Werft verpflichtet sich, die mehr als 1800 Restpunkte im weiteren Verlauf der Garantiezeit nachträglich in Ordnung zu bringen. Harry Wenzel, späterer stellvertretender Generaldirektor der DSR und letzter Hauptgeschäftsführer des Unternehmens vor der Privatisierung, erinnert sich noch heute voller Ingrimm an diesen Vorgang. *„So wütend wie an diesem Tage bin ich selten gewesen"*, sagt er heute. *„Auf so bodenlos dreiste Weise von der Werft über den Tisch gezogen zu werden, das ging mir denn doch über die Hutschnur."* Damals war er so böse, daß er die Tasse Kaffee halb ausgetrunken stehenließ, sich weigerte, mit den Leuten der Werft auf das Wohl des neuen Schiffes anzustoßen und nach der Unterschriftsleistung spornstreichs seine Papiere zusammenpackte und das Schiff verließ. Er warf sich in die Polster des Dienstwagens, eines bequemen Autos vom Typ Sachsenring, und der Fahrer Wöllert machte sich auf den Weg nach Rostock. In der Ortschaft Techow ließ Harry Wenzel auf dem Parkplatz der Dorfgaststätte halten. Er nahm den Fahrer mit in die Kneipe, spendierte diesem einen Kaffee und trank selber mehrere Schnäpse, um die Wut runterzuspülen und wieder halbwegs die seelische Balance zu finden.

Werftdirektor Gerhard Zimmermann fühlte sich offenbar auch nicht wohl in seiner Haut. Auch ihm und seinen Mitarbeitern stand der Sinn nicht nach einer fröhlichen Indienststellungsfeier. Sie bestiegen ebenfalls sehr bald die Dienstautos und fuhren nach Rostock zurück. Als ihre Wagen den Parkplatz der Dorfgaststätte Techow passierten, sahen sie den Sachsenring von Harry Wenzel vor der Kneipe stehen. Sie beschlossen anzuhalten, einzukehren und zu versuchen, mit Harry Wenzel wieder ins Gespräch zu kommen. Aber dieser war immer noch nicht zum Nachgeben bereit. Es gab noch mal einen kurzen scharfen Wortwechsel, der mit der Bemerkung von Harry Wenzel endete: *„Mit euch bin ich fertig!"* Dann stiegen Harry Wenzel und der Fahrer wieder in den Sachsenring und setzten ihre Fahrt nach Rostock fort. Es hat Jahre gedauert, bis Harry Wenzel, so erzählt er heute, wieder bereit war, mit Gerhard Zimmermann und den Verantwortlichen der Warnowwerft ein außerdienstliches Gespräch zu führen. Noch heute sagt er: *„Es war manchmal wirklich zum Auswachsen. Und von der Werft kam nur wenig Hilfe. Wir mußten Reservekurbelwellen einlagern, wir mußten uns um den Ankauf von Laufbuchsen kümmern, wir mußten uns mit Reserveteilen bevorraten und Reservekolben beschaffen, es war notwendig, Ersatzmotoren zu beschaffen und auch Reserveanker zu lagern. Und jedesmal, wenn wir die Werft brauchten, sah sie sich außerstande, uns zu helfen."*

So entstand die Notwendigkeit, eine eigene Reparaturwerkstatt aufzubauen, eine eigene Motorenwerkstatt, eine eigene Kältewerkstatt, eigene E-Werkstätten. Nach und nach schuf sich die DSR eigene technische Bereiche, um die Instandhaltung der Flotte, insbesondere die Durchführung von Hafenreparaturen, zu gewährleisten. Eine eigene Reparaturwerft wurde geplant, aber nicht gebaut.

An die erste Reise der MAGDEBURG kann sich der damalige Leitende Ingenieur, Alfons Behrend, noch gut erinnern:

Als II. Ingenieur war Hans Engler dabei, er brachte bereits Erfahrungen von seinem Einsatz auf der FRIEDEN mit. III. Ingenieure waren Ulli Kammin und Hans Ziehe, letzterer hatte die Qualifikation eines Diplomingenieurs. Offiziell als Maschinenassistent war Professor Buddenberg von der Ingenierschule in Warnemünde zusätzlich gemustert, als IV. Ingenieure waren Fritz Geist und Alfons Writschan an Bord, dem Chief noch bekannt seit ihrer Fahrtzeit als Maschinenassistenten auf dem Dampfer WISMAR. Fritz Geist war besonders als Praktiker geschätzt, hatte er doch schon während des Krieges an Bord von U-Booten als Maschinist gefahren. Alfons Behrend, ein Mann mit einem geradezu phänomenalen Gedächtnis, kann sich auch heute noch erinnern, wer die weiteren technischen Fachleute an Bord waren. *„Als E-Meister war Rudi Thämlitz an Bord, Heinz Otto war Kühlmaschinist. Insgesamt waren neun technische Offiziere im Maschinenbereich beschäftigt, das gesamte Maschinenpersonal betrug auf der MAGDEBURG insgesamt 26 Mann. Die gesamte Besatzung betrug 60 Mann. Später kamen noch Lehrlinge hinzu."*

Die MAGDEBURG verließ Wismar und steuerte zunächst Kopenhagen an. Dort ging das Schiff in das Dock der bekannten Werft von Burmester & Wain. Es wurden Arbeiten am Unterwasserschiff durchgeführt und der letzte Anstrich aufgetragen.

Dann fuhr die MAGDEBURG nach Gdansk. Dort wurde das Schiff für China voll Stückgut geladen. Das war zunächst noch vertraulich. Seinerzeit hieß es „Auslaufen Kurs Singapur, for Order", also dort würde man weitere Anweisungen erhalten. Die Besatzung ahnte natürlich, was die Glocke geschlagen hatte, denn das Schiff wurde durch den chinesischen Botschafter verabschiedet.

An Bord befand sich eine komplette Zuckerfabrik für chinesische Empfänger sowie zwei große Lokomotiven mit einem Gewicht von je 48 t, die durch einen Schwimmkran an Bord abgesetzt wurden. Zum Löschen der Lokomotiven würde man Traversen benötigen, die nach Warnemünde nachgeliefert werden würden – so hatte man es ihnen in Polen versprochen. Niemand an Bord war überrascht, als die Traversen nicht geliefert wurden. Von Gdansk aus wurde noch einmal die Reede von Warnemünde angesteuert, hier sollte das Schiff kompensiert werden. Das erfolgte am 23. November 1958. Es war erforderlich, mit dem Schiff Drehkreise auf der Reede von Warnemünde zu fahren. Dabei kam die MAGDEBURG einer Baggerschüttstelle zu nahe und drückte sich an der Backbordseite den Boden etwa von Vorkante

Kommandobrücke bis Vorkante Maschinenraum ein. Es gab Deformationen, die von 4 cm bis zu 80 cm reichten. Damit war die Klasse des Schiffes ungültig. Man mußte auf der Reede vor Anker gehen und durch einen Taucher eine Bodenuntersuchung vornehmen lassen, damit die DSRK das Klasseattest bestätigen konnte. Während der Vorbereitung des Ankermanövers machte das Schiff Lee, damit ein Motorboot mit Gästen aus Magdeburg von Bord ablegen kann, anschließend ging das Schiff vor Anker.

Die Besatzung der FREUNDSCHAFT (im Vordergrund) blickt hinüber zur MAGDEBURG bei einem Zusammentreffen im Südatlantik.

Beim Ankerhieven stellte man fest, daß ein Kabel, wahrscheinlich ein Telefonkabel der Seekabelverbindung Warnemünde–Gedser, im Ankergeschirr hing. Der II. Offizier Pfafferoth nahm eine entsprechende Peilung und Eintragung in der Seekarte vor. Damit war das Schiff innerhalb weniger Stunden in zwei Havarien verwickelt.

Die nächste Havarie ereignete sich einige Tage später auf der Höhe von Malta im Mittelmeer. Diesmal war allerdings nicht der nautische Bereich, sondern der Maschinenraum betroffen. Beim Umstellen des Tagestanks geriet Dieseltreibstoff in den Überlauftrichter, der die Treibstoffmenge nicht fassen konnte, so daß sich ein kräftiger Ölstrahl auf den darunterliegenden Turbolader ergoß. Wie sich später herausstellte, funktionierte ein federbelasteteter Entwässerungshahn nicht ordnungsgemäß, und der Versuch, das Ventil von Hand zu schließen, gelang nicht.

Der Turbolader entwickelt eine Betriebstemperatur von 440° C. Der Zündpunkt von Dieseltreibstoff liegt bei 380° C. Der überlaufende Treibstoff entzündete sich mit einer mächtigen Stichflamme, die zum Schornstein herausschlug, anschließend stand eine gewaltige schwarze Wolke über dem Schiff. Der wachhabende Ingenieur Ziehe und der II. Wachingenieur Fritz Geist versuchten sofort, den Brandherd mit Feuerlöschschaum abzudecken. Das führte jedoch nicht zum Erfolg, da man an den Brandherd nicht dicht genug herankam. Inzwischen schlugen die Flammen schon aus dem Oberlicht des Maschinenraums. Ein Teil der Farbe des Schornsteinmantels blätterte durch die Hitze ab. Dem Motorenassistenten Eduard Kreibich gelang es, den Schnellschluß für das Stoppen der Hauptmotoren zu betätigen. Ein anderer kühlte mit dem Feuerlöschschlauch den Tagestank. Als der Tank leer war, erlosch das Feuer langsam. Immerhin waren aber 6000 l Dieselöl verbrannt. Im Tankinneren hatte sich der Boden etwa 10 cm nach innen verworfen, im Maschinenraum waren sämtliche Flurplatten krumm und schief verzogen. Es gab verschiedene Ausfälle, beispielsweise waren die Schalldämpfer der Turbolader weg-

geschmolzen. Zum Glück gab es keinen Bilgenbrand.
Während das Maschinenpersonal mit der Brandbekämpfung beschäftigt war, ließ das seemännische Personal ein Boot – besetzt mit dem Matrosen Eckert – achteraus an einer langen Leine zu Wasser. Für den Fall, daß das Schiff wegen des Feuers verlassen werden müßte, wollte man ein Boot in Bereitschaft haben. Später wurde ein zweites Boot zu Wasser gelassen, und beide Gangways wurden klargemacht, so daß an jeder Gangway ein Boot in Bereitschaft lag.
Glücklicherweise kamen diese Boote nicht zum Einsatz. Es wurde eine Vollzähligkeitsmusterung der Besatzung durchgeführt, bei der festgestellt wurde, daß ein Maschinenassistent leicht verletzt worden war.
Nachdem das Feuer erloschen war, ging man an Bord noch zwei Stunden Brandwache, dann wurden die Motoren kontrolliert. Es stellte sich heraus, daß die beiden vorderen Hauptmotoren noch in Ordnung waren, bei der Kontrolle der beiden achteren Motoren ergab sich, daß diese nach einer Reparaturzeit von etwa acht Stunden in Gang zu bringen waren. Die Boote konnten also wieder eingesetzt werden, und nach acht Stunden wurde die Reise mit vier Motoren fortgesetzt. Später wurde bemerkt, daß die Isolierung noch tagelang – jedenfalls bis in den Suezkanal hinein – kokelte. Als der Lotse das erfuhr, wurde er sehr unruhig und hoffte, daß es nicht notwendig werden würde, das Schiff zu verlassen, weil es dann als Hindernis für den weiteren Kanalbetrieb sehr bald hätte gesprengt werden müssen. Aber soweit kam es nicht. Bei einer späteren Überprüfung wurde ein Fabrikationsfehler der Ventile am Tagestank festgestellt. Es lag also kein Verschulden des Maschinenpersonals vor.
Das Schiff erreichte Port Said, dort wurden weitere Notreparaturen vorgenommen. Erwähnenswert ist noch, daß während des ganzen Brandes ein Hilfsdiesel unbeeindruckt weiterlief, so daß die Stromversorgung nicht aussetzte.
Die Reparaturen in Port Said erfolgten mit Bordmitteln. Ein ägyptischer Sachverständiger kam an Bord, und da kein Vertreter des Germanischen Lloyd oder einer anderer Klassifikationsgesellschaft zu erreichen war, bestätigte zunächst ein Vizekonsul der Bundesrepublik Deutschland mit Stempel und Unterschrift die Klasse des Schiffes.
Weitere benötigte Ersatzteile wurden dem Schiff im Verlauf der Reise per Luftpost hinterhergeschickt. Ab Singapur hielt das Schiff dann wie üblich Funkstille. Aber während Kapitän Zinn auch nachts ohne Licht gefahren war, zog Kapitän Heiden es vor, mit eingeschalteten Positionslaternen zu fahren. Wohl aber hielt er sich an die Festlegung, um Taiwan herum den üblichen großen Bogen zu machen. Bei soviel Geheimhaltung erstaunte es ihn dann doch, daß ihm eines Tages mit einem offenen Telegramm von Rügen-Radio der Bestimmungshafen Hsingkang mitgeteilt wurde. Jedenfalls wurde der Zielhafen ohne weitere Schwierigkeiten erreicht.
Kapitän Heiden erinnert sich noch heute, daß das Löschen der Ladung im Bestimmungshafen keine nennenswerten Probleme hervorrief. Aber als es darauf ankam, die Lokomotiven zu löschen, erhob sich wieder das Problem der Traversen. Im chinesischen Hafen hatte man solche Vorrichtung natürlich nicht. Ein Schiff der Rickmers-Linie lag zwar im Hafen, aber die mochte man nicht darum bitten, eine Traverse auszuleihen.
Die chinesischen Hafenarbeiter verlegten sich auf das Improvisieren. Sie schoben unter die Lokomotiven zwei kräftige Rundstahlprofile mit einem Durchmesser von jeweils 15 cm und versuchten, damit die Lokomotiven anzuhieven. Die Stangen bogen sich zwar gewaltig durch, so daß es den Verantwortlichen auf der MAGDEBURG abwechselnd heiß und kalt wurde, aber die Lokomotiven kamen heil an Land.
Die Heimreise der MAGDEBURG erfolgte über Vietnam. Beim Auslaufen aus Haiphong kam das Schiff im frühen Morgennebel mit dem Vorschiff beim Drehen zu dicht in Ufernähe und geriet mit dem Steven in der Nähe einer Wiese fest. Es gelang Kapitän Heiden, das Schiff mit Fahrt achteraus wieder freizubekommen, ins Fahrwasser zurückzudrehen und die Fahrt fortzusetzen.
Später wurde ihm die Frage gestellt, warum er nicht vor Anker ging und auf einen Taucher gewartet hat. Diesen aber gab es damals in ganz Vietnam nicht.
Die Heimreise erfolgte ohne weitere Zwischenfälle und besondere Vorkommnisse, sie endete am 5. April 1959. Auf der Heimreise wurden die Häfen Whampoa und Haiphong angelaufen und schließlich der Heimathafen Wismar.
Da Alfons Behrend die Maschinenanlage während der Ausreise zunächst etwas vorsichtig betrieb, erreichte die MAGDEBURG nur einen Reiseschnitt von 14,39 Knoten. Aber auf der Heimreise ließ man wohl „die Pferde etwas mehr traben“ und erreichte einen Reiseschnitt von 15,66 Knoten. Das wirkte sich prompt in einer Erhöhung des Treibstoffverbrauches aus. Auf der Ausreise hatte man pro Seetag 21,9 t verbraucht, auf der Heimreise waren es 25,8 t.
Die zweite Reise der MAGDEBURG führte ebenfalls wieder nach China. Diesmal wurde zunächst Antwerpen angelaufen, dann lief das Schiff durch bis Shanghai. Auf der Rückreise wurde direkt von Shanghai bis Wismar durchgefahren.
Kapitän Heiden erinnert sich, daß auf dieser Reise der Funkstelle des Schiffes von Radio Norddeich das Angebot gemacht wurde, zu Testzwecken kostenlose Telefongespräche aus den fernöstlichen Gewässern nach Deutschland zu vermitteln.
Von dieser Möglichkeit machten der I. Funkoffizier, Peter Volk, und der II. Funkoffizier Lachmann gern Gebrauch. So haben beispielsweise der Kapitän und andere Besatzungsmitglieder nachts aus der Sumatra-Straße mit der Familie zu Hause zu deren grenzenloser Überraschung telefoniert.
Kapitän Klaus Heiden führte die MAGDEBURG vom 4. September 1958 bis zum 27. September 1960, also ziemlich genau zwei Jahre. Dann wurde ihm die Bauaufsicht zur Vorbereitung der Indienststellung des letzten Typ-IV-Schiffes, der HALBERSTADT, übertragen. Dazu kam es aber nicht mehr. Statt dessen mußte er plötzlich Kapitän Zinn an Bord des Passagierschiffes MS VÖLKERFREUNDSCHAFT ablösen.

Kapitän Willi Eckholz zur Adventszeit in südlichen Gewässern.

In den Unterlagen von Kapitän Rudolf Porath tauchen mehrere kurze Vertretungszeiten an Bord der MAGDEBURG auf. Aber als Kapitän Klaus Heiden das Schiff endgültig abgeben mußte, übernahm zunächst Kapitän Porath am 23. September 1960 das Kommando und verblieb an Bord bis zum 17. November 1960, also einen Monat und 25 Tage. Am 14. November 1960 kam Kapitän Willi Eckholz an Bord und übernahm nach gründlicher Einweisung das Kommando über die nächsten Reisen. Er blieb auf der MAGDEBURG bis zum 16. Dezember 1961, also 13 Monate und drei Tage. Die letzte Reise in dieser Periode führte nach Argentinien, Brasilien, Uruguay, England und Polen. Während der sich daran anschließenden längeren Hafenliegezeit des Schiffes in Rostock übernahm Kapitän Porath wieder die Vertretung vom 12. Januar 1962 bis 4. Februar 1962, dann kam Kapitän Eckholz auf die MAGDEBURG zurück und blieb an Bord bis zum 23. März 1963. Aus dieser Zeit ist das sorgfältig geführte Zollbuch des I. Stewards Eckhard Preuß, Rostock, erhalten geblieben. Der spätere Bereichsleiter im DSR-eigenen Seemannshotel „Haus Sonne" fuhr damals auf der MAGDEBURG. Seine Aufzeichnungen, vom Zahlmeister bestätigt und von der Zollverwaltung abgestempelt, belegen folgenden Reiseverlauf:

4. 2. 62–23. 5. 62	Cuba, Marokko, Frankreich
22. 6. 62–28. 9. 62	Polen, Pakistan, Indien
9. 10. 62–23. 3. 63	Rostock, Antwerpen, Bordeaux, Alexandria, China, Korea, Rostock

Nach einem Urlaub erhielt Kapitän Willi Eckholz dann die Weisung, am 16. Juni 1963 eine Einweisungsreise im Range eines Decksinspektors an Bord des Urlauberschiffes FRITZ HECKERT zu machen und anschließend Kapitän Willi Leidig im Kommando des Passagierschiffes abzulösen. Die nächsten Reisen der MAGDEBURG laut Zollbuch E. Preuß:

6. 5. 63–24. 9. 63	Rostock, Antwerpen, Lissabon, Akaba, Port Sudan, Aden, Karachi, Bombay, Colombo, Madras, Calcutta, Cochin, Bedipunder, Rostock Danach vermutliche Werftliegezeit.
27. 12. 63–7. 4. 64	Rostock, Polen, Cuba, Mexiko, Belgien, Polen, Rostock

Die dritte Fernostreise der MAGDEBURG begann am 17. August 1959 in Wismar und führte das Schiff nach Rotterdam und Whampoa. Auf der Heimreise wurde wieder Haiphong angelaufen. Die Rundreise endete am 30. November 1959. In rund 13 Monaten hatte das Schiff damit drei Rundreisen nach China bewältigt und dabei insgesamt 65 955,5 Seemeilen zurückgelegt. Dabei betrug die durchschnittliche Geschwindigkeit auf See 14,93 Knoten. Das Schiff beförderte in dieser Zeit 49708 t Ladung.

Nach Beendigung der drei Rundreisen und dem Löschen der Ladung in Wismar ging die MAGDEBURG Mitte Dezember 1959 in die Warnowwerft Warnemünde zu dringenden Überholungsarbeiten. In den außerordentlich sorgfältig geführten technischen Unterlagen und Reiseberichten des Leitenden Ingenieurs Alfons Behrend finden sich keine Aussagen darüber, ob während der Werftliegezeit die rund 1800 Mängel, die bei der Übergabe des Schiffes an die Reederei soviel Streit ausgelöst hatten, ordnungsgemäß beseitigt worden sind. Zeit dafür stand jedenfalls ausreichend zur Verfügung, denn die Werftliegezeit dauerte bis zum 5. März 1960.

Im Februar des harten Winters 1963 geht dem DDR-Motorfrachter ROSENORT nach tagelanger Eisfahrt beim Gedser Rev der Treibstoff aus. Das Schiff droht, auf das Riff zu treiben. Kapitän Eckholz geht mit der MAGDEBURG dicht an die ROSENORT heran, um eine Schleppverbindung herzustellen. Da der Abstand zwischen beiden Schiffen durch Wind und Strom geringer ausfällt als ursprünglich geschätzt, kommt es auf beiden Schiffen zu leichten Beschädigungen. Die Besatzung der ROSENORT nutzt die Gelegenheit, um von der MAGDEBURG noch schnell Bier und Zigaretten zu übernehmen, die ebenfalls knapp geworden waren. Einige Stunden später muß die MAGDEBURG noch zwei DDR-Küstenmotorschiffen im Eis beistehen. Kabelgattsmatrose Burr erinnert sich, daß die Besatzung der MAGDEBURG pro Mann eine Eisprämie von 50 Mark erhielt.

Der an die Maschineninspektion des VEB Deutsche Seereederei gerichtete Reisebericht des Leitenden Ingenieurs für die Reise 1/1960 ist in der Sammlung von Alfons Behrend erhalten geblieben.

Auf der Grundlage dieses Reiseberichtes kann der Reiseverlauf der MAGDEBURG nach China in seinen Hauptereignissen aus der Sicht des Leitenden Ingenieurs und das Maschinenpersonals geschildert werden, statt – wie bisher üblich – aus nautisch-seemännischer Sicht.

Dabei muß man berücksichtigen, daß – wie gesagt – das Schiff gerade zur Überholung in der Herstellerwerft gelegen hatte.

EIN TECHNISCHER REISEBERICHT

(Auszüge aus der Anlage des Leitenden Ingenieurs Alfons Behrend zum Kapitänsbericht über die Reise 1/60)

„Die Reise 1/60 wurde nach einer Werftliegezeit am 5. März 1960 um 14.59 Uhr von Warnemünde aus angetreten. Nach Erprobung und nach Regulierung der Hauptmotoren, die ohne besondere Schwierigkeiten durchgeführt wurden, ist Wismar am 6. März 1960 zwecks Bunkerung angelaufen worden. Es wurden 1150 t Dieselkraftstoff, 68,66 t Motorenöl HD Mot. 15 und 4,2 t Getriebeöl MR 65 gebunkert. Die Überfahrt von Wismar nach Antwerpen wurde am 7. März 1960 um 13.31 Uhr angetreten, wo das Schiff am 9. März um 10.40 Uhr im Trockendock 4 der Mercantile Marine Engineering & Graving Docks Co. S.A. fest war. Maschinenbaulicherseits wurden alle Unterwasserverschlüsse aufgenommen und eingeschliffen sowie die Schwanzwellenlose und das Spiel des Ruderschaftes gemessen. An der Backbordwelle ergab sich ein Spiel von 1,7 mm und an der Steuerbordwelle ein Spiel von 1,55 mm, das Spiel des Ruderschaftes war ebenfalls in Ordnung. Am Ankerspill wurde das Getrieberitzel Backbord erneuert, da diese Reparaturen in Warnemünde nicht mehr durchgeführt werden konnten. Das betreffende Ritzel ist nicht aus dem vorgeschriebenen oder ähnlichem Material gefertigt, und ich bitte zu veranlassen, daß die DSRK dazu Stellung nimmt, ob das Ritzel nochmals erneuert werden muß. Während der Liegezeit in Antwerpen wurden Überholungsarbeiten an einzelnen Ventilen und Düsen durchgeführt, die während der Überfahrt nicht einwandfrei arbeiteten. An den Hauptmotoren Steuerbord I und Backbord II wurden Ablaufrinnen entsprechend meinem Verbesserungsvorschlag angebracht. An den Maschinen Backbord I und Steuerbord II konnten diese Ablaufrinnen wegen Zeitmangels bisher noch nicht angebracht werden.

Die Reise nach Ostasien wurde am 20. März 1960 um 5.14 Uhr vom Liegeplatz 405 in Antwerpen angetreten. Nach dem Kompensieren vor Vlissingen ging um 17.00 Uhr der Scheldelotse bei Vandelaar-Feuerschiff von Bord. Die Anlage wurde nach dem Maschinenkommando „Voll voraus" langsam auf ca. 100 U/min der Welle hochgefahren. Am Backbordgetriebe machte sich dabei ein stärkeres Heulen der Ritzelwelle Backbord II und bei ca. 50 U/min ein starkes Poltern im Getriebe bemerkbar. Durchgeführte Lagerkontrollmessungen an beiden Getrieben ergaben keine Aufschlüsse über Veränderungen der Getriebewellenlagerung. Die Maße des Steuerbordgetriebes deckten sich annähernd mit den Urmaßen, während das Backbordgetriebe Abweichungen von 0,1 bis 0,2 mm von den Urmaßen aufwies. Diese Abweichungen sind aber seit der ersten von uns durchgeführten Messung vorhanden und haben sich seit fast einem Jahr überhaupt nicht geändert, so daß diese von mir auf Meßungenauigkeit bei Festlegung der Urmaße während der Abnahmefahrt zurückgeführt werden.

Während der Liegezeit in Port Said am 29. März wurden die Schleifringe aller vier Kupplungen gereinigt. Die Schleifringe der Maschinen Backbord I und II waren etwas verölt. An Maschine Backbord II wurde nochmals eine Bürste ausgewechselt; der Verschleiß war jedoch minimal.

Am 5. 4. waren wir wieder gezwungen, die Anlage zu stoppen und die vorderen Bürsten der Kupplung Backbord II auszuwechseln. Stoppzeit von 22.14 Uhr bis 22.27 Uhr. Der vordere Schleifring zum Getriebe hin war verölt.

Am 9. April wurde gegen 18.00 Uhr Point de Galle (Ceylon) passiert. Auf der 8/12-Wache wurden die Schalldämpfereinsätze der beiden Steuerbordmaschinen ca. 80 mm herausgezogen. Die Drehzahl der Steuerbordanlage war auf ca. 96 U/min abgesunken, während die Backbordanlage ca. 99,5 U/min lief. Durch diese Maßnahme wurde ein Drehzahlanstieg der Steuerbordwelle um ca. 1 bis 1,5 U/min und der Backbordwelle um ca. 0,6 U/min erzielt. Die Ursache des Drehzahlabfalls war demnach Luftmangel der Maschinen durch Vergrößerung des Ansaugwiderstandes im Schalldämpfer. Am 13. April wurde dieÖlleckage am Backbordgetriebe gefunden. Die Ritzelwelle Backbord II leckte an der Spitzendichtung so stark, daß sich am Übergang vom Lagerzapfen zum Wellenstumpf ein Ölschleier wie bei einem Spritzring bildete. Dieser Ölschleier wurde vom Lüfterkranz des Jochringes in das Kupplungsgehäuse hineingesaugt und führte somit zum Verölen der Schleifringe und abnormalem Verschleiß der vorderen Kohlebürsten. Wir hatten uns anfangs dadurch täuschen lassen, daß der Kupplungsflansch der Ritzelwelle mit dem Polrad fast trocken blieb und der Umfang der Leckage an dieser Stelle nicht erkannt wurde. Erst bei einer bestimmten Lampenstellung zum Ölschleier war dieser deutlich zu sehen. Gegen 14.50 Uhr wurde nach Aussuchen eines geeigneten Ankerplatzes unter der Küste von Malaya bei Port Swettenham geankert, um die festgestellte Ölleckage zu beseitigen. Nach Abbau des gesamten Dichtungsgehäuses wurden in die Spitzendichtung zwei Filzringe eingelegt, und gegen 18.15 Uhr konnte die Fahrt fortgesetzt werden. Ein hundertprozentiger Erfolg war dieser Arbeit nicht beschieden, ein Verölen der Schleifringe trat jedoch nur noch in geringem Umfange auf. Bis zur Ankunft in Tsingtao am 24. April wurden lediglich am 20. April vor der Durchfahrt bei Okinawa aus Sicherheitsgründen nochmals zwei Bürsten ausgewechselt. Sie waren noch nicht bis zur Hälfte abgelaufen und hätten noch eine Woche durchhalten können.

Auf der Ausreise mußten insgesamt ca. 4 t Getriebeöl zugesetzt werden, was einem täglichen Verbrauch auf See von 122 kg entspricht. Dem gegenüber beträgt die Norm nur 25 kg auf 24 Stunden.

Während der Heimreise brauchten keine Kohlebürsten ausgewechselt zu werden. Da die Ritzelwellen Backbord II und Steuerbord II mit einem Abschirmblech versehen wurden, wurde ein Hineinsaugen des Getriebeöles in die Kupplung verhindert. Der Getriebeölverbrauch belief sich jedoch immerhin noch auf 60 kg pro 24 Stunden. Der gesamte Getriebeölvorrat war bei Ankunft im DDR-Hafen fast aufgebraucht.

Nach Rückkehr des Schiffes halte ich es für erforderlich, daß die Lagerung des gesamten Backbordgetriebes durch Monteure des Herstellerwerkes überprüft wird, um die Ursache des Heulens, das bei ca. 50 U/min in ein Poltern übergeht, festzustellen. Es sind gleichzeitig die Spitzendichtungen aller drei Wellen nachzumessen und eventuell beschädigte auszuwechseln.
Nach Verlassen des Suezkanals fingen die Schiebestopfbuchsen der Maschine Steuerbord I bei Belastung stark an zu qualmen. Daraufhin wurde die Einspritzdüse Zylinder 7 ausgewechselt.
Nachdem das Schiff am 23. April um 20.14 Uhr im Bestimmungshafen Tsingtao fest war, wurden an allen Hauptmotoren Triebwerkskontrollen, Wasser- und Öldruckproben sowie Messungen der Wangenatmungen durchgeführt. An der Maschine Backbord I betrug die Wangenatmung der Kurbel I –0,21 mm, und am Lagerstuhl 9 Steuerbordseite wurde ein neuer Riß festgestellt. An der Maschine Steuerbord II wurden in der Kurbelwanne bei Grundlager 3 und 4 Lagermetallspäne gefunden. Die Unterschale des Grundlagers 3 war ausgebrochen und mußte erneuert werden. Das Auswechseln des Grundlagers 4 war wegen Zeitmangels in Tsingtao nicht mehr möglich, weil an der Maschine Backbord II Zylinder 5 die Laufbuchse gezogen werden mußte, da auch hier eine Wasserleckage aufgetreten war. Kolben und Pleuellager wurden ebenfalls kontrolliert und in Ordnung befunden.
Am 1. Mai wurde um 0.42 Uhr die Überfahrt nach Dairen angetreten. Die durchschnittlichen Drehzahlen an den Wellen betrugen 97 bis 98 U/min. Auf Reede Dairen wurde gegen 22.50 Uhr geankert. Am 2. Mai um 7.15 Uhr war das Schiff im Hafen von Dairen fest. Hier wurde an Maschine Steuerbord II die Unterschale des Grundlagers 4 ausgewechselt, da auch hier das Metall ausgebrochen war. Die Schalldämpfer beider Steuerbordmaschinen wurden abgebaut und gereinigt. An beiden achteren Maschinen wurden die Stopfbuchsen der Abgasleitung hinter dem Lader aufgenommen und neu verpackt. An der Maschine Steuerbord I mußten die Vorlagen beider Ölkühler aufgenommen werden, da sich im Kühlwasser Ölspuren zeigten. Diverse Kühlwasserrohre mußten mit einem Dorn aufgeweitet werden, um die Dichtigkeit zu gewährleisten.
Am 10. Mai um 1.34 Uhr wurde die Überfahrt nach Chingwangtao angetreten, dessen Reede wir gegen 13.00 Uhr erreichten. Die Reedeliegezeit erstreckte sich bis zum 16. 5. morgens. Während dieser Zeit wurden an den übrigen drei Hauptmaschinen die Einstellung der Brennstoffpumpen auf die vorgeschriebenen Werte kontrolliert. Ebenfalls wurden hier Überholungsarbeiten an den Maschinen durchgeführt.
Die Heimreise wurde von Chingwangtao am 16. Mai um 9.42 Uhr angetreten. Nach Erreichen der vollen Marschdrehzahl wurden alle Motoren indiziert und dabei festgestellt, daß die neue Einstellung der Brennstoffpumpen einen bedeutend ruhigeren Lauf der Anlage zur Folge hat. Einzelne Abweichungen in den Zünddrücken mußten jedoch korrigiert werden.
Am 26. Mai wurde Singapur gegen 19.40 Uhr passiert. Am 28. Mai um 11.30 Uhr erreichten wir den Indischen Ozean.
Als nach Manövern wegen Regenschauer die Maschine Backbord I angelassen und zugeschaltet werden sollte, machten sich im Reglergehäuse starke Geräusche bemerkbar. Die Maschine wurde daraufhin abgestellt und der Regler kontrolliert. Es stellte sich heraus, daß der Gelenkbolzen der Reglerklaue abgeschert war und die Gewichte durcheinanderlagen. Der Regler wurde ausgebaut und mit einem neuen Fliehkraftregler versehen. Dieser Reglerschaden ist schon der zweite, der bisher an Bord aufgetreten ist und nur dem glücklichen Umstand, daß ein Reservefliehkraftregler beschafft werden konnte, ist es zu danken, daß die Maschine für den Rest der Reise nicht ganz ausgefallen ist.
Am 31. Mai gegen 5.00 Uhr wurde Ceylon und am 5. Juni gegen 9.00 Uhr Sokotra passiert. Bei durchgeführten Umsteuermanövern vor dem Einlaufen in Port Sudan 8. Juni konnte die Maschine Steuerbord I nicht wieder angelassen werden, da die Umsteuerstempel im Ventilblock festsaßen. Daraufhin wurden Stempel und alle Anlaßventile der Zylinder gangbar gemacht. Das Ventil von Zylinder III wurde ausgewechselt. Gegen 22.00 Uhr war das Schiff fest im Hafen von Port Sudan. Hier wurden ebenfalls Triebwerkskontrollen an allen Hauptmaschinen durchgeführt und die Wangenatmungen gemessen. An der

Starker Monsun im indischen Ozean.

Maschine Backbord I wurde wieder ein neuer Riß am Lagerstuhl 5, Auspuffseite, festgestellt.
Insgesamt wurden 25 Ventile nachgeschliffen. Ich schlage vor, die Sicherheitsventile mit Kegelsitz gegen solche mit Kugel auszuwechseln. Versuchsweise wurden im Sommer vorigen Jahres vier Pumpen mit Kugelventilen versehen, und es sind bisher keine Beanstandungen aufgetreten.
Am 22. Juni gegen 3.00 Uhr wurde Dover passiert, und gegen 15.00 Uhr war das Schiff fest in Maashaven/Rotterdam. Hier wurden wieder an allen Hauptmotoren Triebwerkskontrollen durchgeführt und die Wangenatmungen gemessen. Die Wangenatmungen waren in Ordnung, an der Maschine Backbord I war jedoch ein neuer Riß am Lagerstuhl 8 Steuerseite festzustellen. An der Maschine Backbord II wurden Lagermetallspäne in der Kurbelwanne gefunden und daraufhin das Grundlager 4 aufgenommen. Das Metall der Unterschale war ausgebrochen, und die Unterschale mußte ausgewechselt werden.
An der Maschine Steuerbord I ergaben sich keine neuen Risse während der gesamten Reise. An der Maschine Backbord I sind bisher gerissen: Lagerstuhl 2 steuerseitig, 3, 4 und 5 beidseitig, 7, 8 und 9 steuerseitig, an Maschine Steuerbord I: Lagerstühle 4 und 8 steuerseitig; 7 und 9 auspuffseitig. An der Maschine Backbord II mußte vom Grundlager 4 auch noch die Oberschale ausgewechselt werden, da hier ebenfalls das Lagermetall ausgebrochen war.
Am 1. Juli um 0.26 Uhr wurde die Überfahrt nach Antwerpen angetreten. Gegen 6.03 Uhr schlug das Sicherheitsventil Zylinder 4 Maschine Steuerbord II durch. Das Ventil wurde ausgewechselt. Um 15.10 Uhr war das Schiff am Liegeplatz 407 in Antwerpen fest. Aufgrund der anfangs nicht feststehenden Liegezeit wurden in Antwerpen lediglich Reinigungsarbeiten in der gesamten Maschinenanlage durchgeführt.
Das Motorenöl wurde während der gesamten Reise laufend im Bypaß separiert. Die erforderlichen Werte der Viskosität und des Flammpunktes konnten eingehalten werden. Durchschnittliche Separierdauer pro Tag 12 bis 14 Stunden, meist ohne Wasserzusatz. Es wurde größtenteils nur im Klarifikationsverfahren gearbeitet. Nach unserer Auffassung braucht ein Ölwechsel an den Hauptmaschinen nach dieser Reise nicht vorgenommen zu werden."
Soweit der Originaltext des Ltd. Ingenieurs.

Der weitere Bericht über die Arbeiten an Hilfsdieseln, Kesselanlage und Turbogenerator würde zu weit führen, wollte man detailliert schildern, welche Schwierigkeiten und Probleme es während der Reise damit gegeben hat. Stichwortartig soll das Schwierigste erwähnt sein:
Probleme mit den Reglern der Hilfsdiesel, Reglerfedern waren nicht im Reservebestand des Schiffes und konnten auch während der Reise nicht beschafft werden, bekannte Schwierigkeiten mit den Ölkühlern der Hilfsdiesel, Vorschlag an die Maschineninspektion, alle Hilfsdiesel der Typ-IV-Schiffe am Ende der Garantiezeit mit Bündelrohrkühlern von ausreichender Größe zu versehen, mehrfach mußten Kolben gezogen werden, da die Sicherungsschraube des Kolbenbolzenlagers bzw. das Verschlußblech des Kolbens neu befestigt werden mußte, auf landseitige Überholungsarbeiten während der Hafenliegezeit in Wismar kann verzichtet werden, da alle Hilfsdiesel in Rotterdam bzw. Antwerpen durchgesehen wurden. Die Speisewasseruntersuchungen wurden regelmäßig durchgeführt und dem Wasser Chemikalien entsprechend den Untersuchungsergebnissen zugesetzt. Der Turbogenerator wurde während der Reise nicht gefahren, jedoch regelmäßig getörnt. An Pumpen und Rohrleitungen, Kompressoren und Seperatoren waren laufende Überholungs- und Reinigungsarbeiten durchzuführen. Die Schmieröl- und Treibölseperatoren waren täglich in Betrieb. Am 26. Mai 1960 fiel die Feuerlöschpumpe für mehrere Stunden aus, da das obere Motor- und Drucklager warm geworden war und ausgewechselt werden mußte. Ein Feuerlöschmanöver mit Schaumeinsatz an Deck erfolgte während der Reise einmal.

DECKSMASCHINEN UND KÜHLANLAGEN

Hierzu führt der Chief weiter aus:
„An Winden und Kränen wurden in den Hafenliegezeiten mehrfach Reparaturen erforderlich. Am achteren Kran mußte während des Ladens in Chingwangtao das Rollenlager der Hubseiltrommel ausgewechselt werden, da durch Abspringen des Hubseils von der Trommel das Lager zu Bruch ging.
Alle Reparaturen konnten mit Bordmitteln durchgeführt werden. Die Ladekühlanlage war während der Reise nur teilweise zur Kühlung von Gemüse und Bier in Betrieb. Kühlladung wurde nicht gefahren. Reparaturen sind an dieser Anlage nicht aufgetreten und im DDR-Hafen – außer den noch ausstehenden Klappendichtungen – nicht zu erwarten. In der Proviantkühlanlage waren laufend Ausfälle durch undichte Kondensatoren zu verzeichnen. Diese Leckagen konnten für längere Zeit durch Löten beseitigt werden.
E-Anlage: Während der Reise wurden eine Reihe kleinerer Reparaturarbeiten erforderlich. Die angeblich überholten Betriebstelefone und Verkehrstelefonanlagen arbeiteten während der gesamten Reise nicht einwandfrei. Es gelang dem Bordkommando, wenigstens die Verkehrstelefonanlage betriebsklar zu halten. Auf dieser Reise ergab sich ein sehr großer Verbrauch an 60-Watt-Glühlampen, der bisher noch nicht aufgetreten ist. Nach unserer Ansicht liegt hier ein Mangel in der Produktion vor. Die Maschinenräume waren bei Ankunft in Wismar düsteren Höhlen gleich. In Antwerpen wurde versucht, von MS FREUNDSCHAFT eine geringe Anzahl 60-Watt-Lampen zu bekommen, jedoch ohne Erfolg, da auch hier der Verschleiß sehr erheblich gewesen ist und der Vorrat nur noch für den eigenen Bedarf reichte.
Allgemeines: Das äußere Aussehen eines Schiffes wird nicht nur durch den Zustand der Farbe, sondern auch vom Schornstein maßgeblich mitbestimmt. In dieser Hinsicht kann man nun alle möglichen Varianten erleben: hohe, niedrige, dünne, dicke, praktische und unpraktische: letztere davon haben die Typ-IV-Schiffe erwischt. Obwohl seit Indienststellung des MS FRIEDEN am 23. Juni 1957 bekannt ist, daß die Abgase nicht einwandfrei abgeführt werden, sondern zum Teil im Achterschiff in den Kammern und Gängen oder im Maschinenraum wiederzufinden sind, ist an diesem Zustand in den verflossenen drei Jahren nichts geändert worden. Diesbezügliche Hinweise sind von vielen Schiffsleitungen und, wie mir bekannt ist, von einigen Schiffsärzten an die Reederei gegeben worden. Ab Schiff Nr. 8 sind tatsächlich die Schornsteine höher geworden. Wann gedenkt man nun, auch auf den ersten fünf Schiffen diese Änderung nachzuholen? Wir haben versucht, durch An-

bringen eines Leitbleches an der Vorkante des Schornsteinmantels eine Abhilfe zu schaffen, jedoch ohne Erfolg. Ich halte den Zustand für untragbar, daß die Maschinenwache bei vorlich einkommendem Wind tränenden Auges ihren Dienst versieht. Ich bin überzeugt, daß die für das Hinhalten verantwortlichen Kollegen in ihrer Wohnung einen räuchernden Ofen nicht lange hinnehmen würden, da sich unter anderem auch eine Rauchgasvergiftung ergeben könnte. Nicht anders sieht das bei uns an Bord aus, und wir sind nicht der Meinung, daß die Maschinenwache ihren Dienst mit Atemschutzgeräten versieht. So lächerlich, wie sich dieses anhört, so ernst sind aber die Tatsachen.

Die technischen Reiseberichte der nächsten Reisen vom 2. August bis 22. August 1960 und vom 23. August bis 30. August 1960 sind ebenfalls erhalten. Auch sie zeigen eindeutig, wie das technische Personal der MAGDEBURG, ähnlich wie auf allen anderen Schiffen auch, nahezu täglich um die Erhaltung der Leistungsfähigkeit der Anlage ringen mußte.

Im übrigen fällt auf, daß von Reisebericht zu Reisebericht der Ton und Stil des Leitenden Ingenieurs immer sarkastischer wurde, man hört förmlich heraus, daß der Leitende Ingenieur die bittersten Vorwürfe und ärgerlichsten Bemerkungen nur mühsam zurückhalten konnte. Das hing einerseits damit zusammen, daß die DSR damals – wie auch noch eine Reihe von Jahren später – nicht in der Lage war, den Ingenieuren im allgemeinen und den Leitenden Ingenieuren im besonderen den zustehenden Urlaub und die angefallenen freien Tage zu gewähren. Infolgedessen mußten die Männer unausgeruht auf eine neue, genauso schwierige Reise wie die vorhergehende gehen und kamen demgemäß noch abgespannter von der nächsten Reise zurück.

Auch Alfons Behrend bekam nach dieser Reise den eingereichten Urlaub nicht und mußte die nächste Reise wieder mitfahren. Obgleich es nur eine kurze Mittelmeerreise war, steht unter Punkt „Allgemeines“ in diesem Reisebericht folgende Bemerkung zu diesem Problem:

„Abschließend möchte ich noch einiges zur Kaderlage (Personallage) sagen: Trotz mehrmaliger Versprechen und trotz des Hinweises von See aus während der letzten Reise war es der Reederei in sieben Wochen nicht möglich, für eine zahlenmäßig ausreichende Besetzung der Maschinenanlage zu sorgen. Bei Auslaufen des Schiffes in Wismar ergab sich dann die Situation, daß man zwar nicht vergessen hatte, zwei Ingenieure abzuziehen, wohl aber vergessen hatte, dafür Assistenten einzustellen. Selbst am Tage vor Auslaufen des Schiffes fehlten noch vier Mann des Maschinenpersonals. Am letzten Tage erschienen dann wirklich noch zwei, so daß wir mit insgesamt 23 Mann auslaufen mußten. Ich gehe wohl nicht fehl in der Annahme, daß einige Genossen in der Reederei ihr Arbeitsgebiet in keiner Weise übersehen.“

In einem chinesischen Hafen wird im Unterraum eine Partie Holz verwendet, um eine Sackladung abzudecken.

Nach der nächsten Reise steht hierzu folgende Bemerkung im Reisebericht:

„Ich bitte für entsprechenden Ersatz zu sorgen und für die beiden fehlenden Ingenieure zumindest Maschinenassistenten zu schicken. An dieser Stelle möchte ich nochmals daran erinnern, daß ich bereits während der letzten Ostasienreise Urlaub beantragt habe, der mir jedoch nicht gewährt werden konnte. Inzwischen belaufen sich Urlaub und freie Tage wieder auf 100 Tage, die ich während der nächsten Reise abgelten möchte. Ich bitte daher, für eine geeignete Vertretung Sorge zu tragen.“ Gezeichnet: Behrend, Leitender Ing.

Der Überseehafen Rostock hatte nicht nur den Umschlag der Waren vom Schiff zur Bahn und umgekehrt zu bewältigen, er hatte gleichzeitig für die Schiffe der DSR die Funktion eines Heimathafens. Das bedeutete: Besatzungswechsel, Hafenreparaturen, Ausrüstung zur nächsten Reise, Warten auf Werftaufnahme sowie Urlaubs- und Freizeitabgeltung für die Besatzungen. Das verlangte, insbesondere vor Feiertagen wie Ostern, Pfingsten, Weihnachten und in den Sommermonaten, daß die heimgekehrten Schiffe auch bei vollbesetzten Liegeplätzen im Hafen nicht auf der Reede vor Anker liegengelassen werden konnten. Die Schiffe mußten hereingenommen werden und wurden einstweilen an einem anderen Schiff längsseits gelegt. Das zeigt auch dieses Bild. Wenn aber der am Kai liegende Frachter auslaufen wollte, mußten erst mehrere Verholungen erfolgen. Das verzögerte und verteuerte den Hafendurchlauf, war aber unvermeidbar.

Die aus diesen Formulierungen durchklingende Bitterkeit ist absolut verständlich. Auf langen und anstrengenden Reisen gaben die Männer ihr Bestes, um die Maschinenanlage trotz aller bekannten Schwierigkeiten am Laufen zu halten und der Schiffsführung eine zuverlässig arbeitende Anlage in die Hand zu geben. Sie hatten oft das Gefühl, mit ihren Sorgen und Problemen allein gelassen zu werden, denn wer beispielsweise mit einer solchen Anlage ein Jahr durchgefahren war, erwartete natürlich, daß eine Reihe von technischen Problemen, auch in der Ersatzteilfrage, inzwischen gelöst sein würde. Das war aber nicht der Fall. Mit jedem neu in Dienst gestellten Schiff erhöhten sich die Ersatzteilprobleme bzw. sie vervielfältigten sich. Nun mag es in dem einen oder anderen Fall durchaus vorgekommen sein, daß dieser oder jener Mitarbeiter an Land sein Arbeitsgebiet „nicht voll übersah", wie die sarkastische Bemerkung von Alfons Behrend in einem Reisebericht lautete. Aber generell darf durchaus die Aussage gemacht werden, daß die Mitarbeiter in den technischen Landbereichen und in der technischen Inspektion ihr Bestes taten, sowohl das nötige Personal bereitzustellen als auch ständig mit der Werftindustrie und den Zulieferbetrieben um die notwendige Ersatzteillieferungen zu kämpfen. Aber wie immer saßen die Vertreter der Seereederei bei all diesen Diskussionen am kürzeren Hebel. Der DDR-Schiffbau war in erster Linie auf den Neubau fixiert, insbesondere auf den Export in die Sowjetunion. Reparaturen wurden immer unwillig behandelt und häufig ganz abgelehnt. Die Zulieferindustrie wies die hohen Qualitätsforderungen der Schiffahrt gern als übertrieben zurück, da sie ohnehin nicht in der Lage war, diesem Standard zu entsprechen. Der durch die schnelle Flottenerweiterung latent vorhandene Personalmangel blieb in der DSR bis in die 70er Jahre hinein eine ständige Erscheinung. Die in der DSR für einen tüchtigen Seemann – gleich in welcher fachlichen Richtung – schnellen Aufstiegsmöglichkeiten und der damit verbundene Stolz wurden erheblich dadurch gedämpft, daß diese schnelle positive berufliche Entwicklung weitgehend mit einem Verzicht auf ein Privatleben und die Befriedigung von kulturellen und sportlichen Bedürfnissen erkauft werden mußte, die von den an Land arbeitenden Menschen als ein normales Recht betrachtet wurde.

Für den Leitenden Ingenieur Alfons Behrend jedenfalls sorgte die technische Inspektion für Ablösung. Am Ende der Reise 4/60 am 24. September 1960, nach einer Mittelmeerreise und Schwarzmeerreise, auf der unter anderem Beirut und Noworossisk angelaufen wurden, konnte er abgelöst werden und einen längeren Urlaub antreten. Alfons Behrend kam dann nicht mehr auf die MAGDEBURG zurück, sein nächstes Schiff war das MS LEIPZIG.

Technische Reiseauswertung MS MAGDEBURG, 31. 10. 1958 bis 30. 11. 1959

Reise-Nr. von– bis		**1/58** 31. 10. 59– 11. 1. 59	**1/59** 11. 1. 59– 5. 3. 59	**2/59** 19. 4. 59– 8. 6. 59	**3/59** 8. 6. 59– 5. 8. 59	**4/59** 17. 8. 59– 30. 9. 59	**5/59** 30. 9. 59– 30. 11. 59	Gesamt 31. 10. 58– 30. 11. 59
N_W	min-1	95,6	101,2	100,0	98,8	99,5	99,1	99,1
N_M	min-1	226	239	236	233	235	234	234
Ne H-M	PSe	5300	6280	6060	5850	5960	5910	5910
Ne ges	PSe	5680	6660	6440	6230	6340	6290	6290
Vm	kn	14,35	15,66	15,5	14,48	15,11	14,47	14,93
Vm R+S	kn	10,88	13,91	14,15	13,97	12,8	13,1	13,07
Uml.-Ges.	kn	6,16	8,72	9,87	7,25	10,27	7,2	8,1
S Rev.	sm	255	497	467,5	427,5	473	375	2495,0
S See	sm	10304,7	10610,5	11322,96	11183	9851,2	10187,7	63460,06
S ges.	sm	10559,7	11107,5	11790,46	11611	10324,2	10562,7	65955,56
S ges.	sm	10559,7	11107,5	11790,46	11611	10324,2	10562,7	65955,56
Slip	%	13,0	11,2	10,65	15,25	12,27	15,45	13,0
Treiböl:								
B_{Tr} H	t	23,152	17,086	11,281	23,985	9,09	33,77	118,364
B_{Tr} Rev.	t	38,597	40,039	39,798	13,93	30,69	27,12	190,174
B_{Tr} See	t	692,965	752,056	734,044	780,7	643,95	708,63	4263,345
B_{Tr} ges.	t	753,868	810,181	785,123	818,615	683,73	769,52	4572,037
B/h See	t	0,913	1,075	1,005	1,011	0,987	1,007	1,002
B/24h H	t	0,746	0,86	0,753	0,91	0,93	1,23	0,914
B/24h Rev	t	3,68	8,02	3,87	5,61	4,78	6,35	5,78
B/24h See	t	21,9	25,8	24,1	24,25	23,7	34,18	24,05
kg/sm See	kg/sm	63,8	68,7	64,8	69,8	65,3	69,7	67,2
kg/sm R+S	kg/sm	65,9	69,7	65,7	68,9	65,3	69,7	67,6
be ges.	9/Pseh	161	161,5	156	162	156	160	159,5
$Norm_{Tr}$ See	t	754	713	767	811	685	739	4469
Tr See	t	+ 87,035	- 16,056	+ 32,956	+ 30,3	+ 41,05	+ 30,37	+ 205,655
Bunker AdR	t	1271	970,132	964,373	929,285	929,07	845,34	4909,2
Bunker EdR	t	517,132	159,951	179,25	110,67	245,34	75,82	
Mot-Öl								
B_{Mot} H	kg	1535	255	101	228	50	890	3059
B_{Mot} See	kg	24215	28959	19454	25760	20124	29990	148502
B_{Mot} ges.	kg	25750	29214	19556	25988	20174	30880	151561
B_{Mot}/h See	kg	33,75	42,6	26,4	33,3	30,9	42,6	34,9
Norm $_{Mot}$ See	kg	12250	13570	14130	14450	12420	13290	80110
$_{Mot}$ See	kg	- 11,965	- 15389	- 5324	- 11310	- 7704	- 16700	- 68392
be ges. I	9/Pseh	5,93	6,2	4,1	5,35	4,97	6,77	5,55
Ölvorrat	kg	55240	29590	47000	27445	72934	52760	225740
Mot.-Altöl	kg	37800	37800					
B_{Mot}/24 h See	kg	808	1022	633	800	740	1022	838
Zeit:								
t H	h	745,2	477,8	360,6	631	235,5	600,65	3110,75
t Rev.	h	252	119,8	102,45	59,6	154,2	102,6	790,65
t See	h	718,8	679,2	731,45	772,4	652,5	704	4258,35
t ges.	h	1715	1276,8	1194,5	1463	1042,2	1467,25	8158,75
t Rep.	h	79,7	-	-	-	-	-	1316,25
Tiefgg. Ab	m	8,20	7,90	8,42	8,50	8,40	8,45	8,31
Tiefgg. An	m							
Ladung	t	7358	7645,9	8274,4	8734	9600	9097,684	49709,984
Route		Wismar Gdansk Tsamkong	Tsamkong Whampoa Haiphong Wismar	Wismar Antwerpen Shanghai	Shanghai Wismar	Wismar Rotterdam Whampoa	Whampoa Haiphong Wismar	

Die MAGDEBURG bei der Ladungsübernahme mit dem eigenen Ladegeschirr im kubanischen Hafen Isabela de Sagua Grande, März 1962.

EIN TÖDLICHER UNFALL

Am 25. November 1960 hatte die MAGDEBURG unter Führung von Kapitän Willi Eckholz die Reede von Wismar zur nächsten Reise verlassen. Das Schiff sollte erstmals im Indiendienst eingesetzt werden. Am 10. Dezember 1960 wurde der Suezkanal erreicht.

Bis zu diesem Zeitpunkt hatte das Schiff mit Windstärken zwischen 6 und 9 zu kämpfen. Nachdem man den Indischen Ozean erreicht hatte, wurden mehrere Rollenmanöver, wie zum Beispiel MannüberBord, Bootsmanöver, Feuerlöschmanöver und Lecksicherungsmanöver angeordnet.

Am 23. Dezember 1960 steuerte man das Schiff in den Morgenstunden an der Südküste von Ceylon vorbei. Zu diesem Zeitpunkt lief die MAGDEBURG 13 Knoten. Von 8.10 Uhr bis 9.30 Uhr wurde wiederum eine Feuerlösch- und Lecksicherungsübung durchgeführt. Um 9.45 Uhr wurde die Motorbarkasse, die während der Übung ausgesetzt worden war, wieder eingesetzt. Bei der Funktionsüberprüfung stellte der I. Offizier fest, daß die Notreling an der Spannschraube mit Schiemannsgarn im Auge der festen Relingstütze in Form eines Taljereeps angebändselt war. Der I. Offizier erteilte darauf-

Heimkehrend von einer Indienrundreise erhält die MAGDEBURG kurz vor Erreichen des Suezkanals die telegrafische Order, abweichend vom Fahrplan, noch 1000 Tonnen Apfelsinen für die Weihnachtsversorgung der DDR-Bevölkerung zu laden. Am 30. 11. 61 ankert Kapitän Eckholz mit seinem Schiff auf der Reede von Ghaza/Palästina, um die Apfelsinenkisten aus kleinen Brandungsbooten zu übernehmen. Im Vordergrund: die Apfelsinenkisten werden mit Eselswagen und LKWs zum Strand gebracht und auf die Boote umgeladen. An Bord werden sie in die Kühlluken gestaut.

hin dem Bootsmann den Auftrag, dieses Provisorium zu beenden und die Notreling mit neuer Spannschraube und neuem Schäkel vorschriftsmäßig sichern zu lassen. Bei der Arbeitseinteilung wurde der Matrose S. vom Bootsmann mit der Durchführung dieser Arbeit beauftragt. Gleichzeitig wurde der Matrose angewiesen, nach Beendigung dieser Arbeit an der Außenbordseite der Barkasse Farbe zu waschen. Daraufhin ging der Matrose S. nach vorn zum Kabelgatt, um sich mit den nötigen Werkzeugen zu versehen. In der Barkasse arbeiteten die Besatzungsmitglieder N. und Sch. Sie stellten nach kurzer Zeit fest, daß der Matrose S., beschäftigt mit dem Farbewaschen an der Barkasse, den unsicheren Zustand der Notreling noch nicht behoben hatte, und sie forderten ihn auf, sich wenigstens mit einem Sicherheitsgurt zu versehen. Der Matrose S. ließ diese Aufforderung jedoch unbeachtet und lehnte sich sogar gegen die Notreling. Dann beobachteten sie, wie der Matrose S. sich von seinem Arbeitsplatz entfernte und unter Deck begab. Seine Rückkehr wurde von den beiden im Boot arbeitenden Besatzungsmitgliedern nicht bemerkt. Erst später stellte der Matrosenlehrling Sch. fest, daß die Notreling außenbords hing. Er machte den Matrosen N. darauf aufmerksam. Dieser bemerkte achteraus einen treibenden Menschen. Er lief daraufhin zur Brücke, um den Vorfall zu melden, kehrte jedoch wieder um und lief nach achtern. Dort sah er den Matrosen S. im Wasser treiben. Einen Ring zu werfen unterließ er, da nach seiner Ansicht der Verunglückte schon zu weit vom Schiff entfernt war. Der hinzukommende Bootsmann A. meldete den Vorfall durch das Kommandotelefon zur Brücke. Der Wachoffizier löste um 10.45 Uhr den Alarm „MannüberBord" aus. Der Kapitän übernahm das Kommando und leitete die entsprechenden Manöver ein, um an die Unfallstelle zurückzukommen. Gegen 11.00 Uhr wurde der Verunglückte an Steuerbordseite im Abstand von etwa 1000 Metern gesichtet. Die Barkasse wurde zu Wasser gelassen und in die entsprechende Richtung beordert. Zu dieser Zeit konnte der im Mast stehende Matrosenlehrling N. den Verunglückten noch beobachten. Weiterhin wurde das mit dem II. Offizier besetzte Rettungsboot I zu Wasser gelassen und zur Unglücksstelle entsandt. Nach längerer Suche konnten beide Boote, die sich zeitweise dem Verunglückten auf etwa 200 Meter genähert hatten, diesen nicht wiederfinden. Er blieb für alle Beobachter verschwunden. Die Boote wurden um 12.15 Uhr an Bord genommen, die Suche jedoch bis 18.32 Uhr fortgesetzt. Wegen des Eintritts der Dunkelheit mußte die Suche dann aufgegeben werden. Während des Unfalls herrschte Nordostwind in Stärke 0 bis 2, zeitweise eine schwache Dünung aus Ost. Die Lufttemperatur war 30° C, die Wassertemperatur betrug 28° C. Andere Schiffe befanden sich nicht in der Nähe. Die MAGDEBURG setzte nach Beendigung der Suchaktion in der Dunkelheit die Reise fort und erreichte den Zielhafen Cuddalore. Am 11. Januar 1961 wurde in Madras vor einem Notar der Vorfall in Form einer Verklarung zu Protokoll gegeben. Nach Rückkehr von der Reise verhandelte die Seekammer der DDR diesen Unfall unter Leitung des Vorsitzenden, Kapitän Friedjof Pielenz. Die Kammer kam in ihrem Spruch zu der Auffassung, daß der Matrose S. bewußt und grob fahrlässig gegen die Arbeitsschutzbestimmungen, gegen die seemännische Umsicht und gegen klare Weisungen seiner Dienstvorgesetzten verstoßen hat. Ein Verschulden der Schiffsführung wurde nicht festgestellt.

Wenn auch der Tod des jungen Seemannes durch dessen leichtsinniges und fahrlässiges Verhalten selbst verursacht worden war, der Ruf der MAGDEBURG als „Unglücksschiff" war durch dieses Ereignis jedenfalls nicht abgeschwächt worden.

EIN FALSCHES MANÖVER

Am 27. April 1961 lief die MAGDEBURG im Seegebiet Themse-Mündung mit 315° mit einer Geschwindigkeit von 13 Knoten an der Steuerbordseite des Fahrwassers, um die Tonne „Queens" anzusteuern. Danach sollte eine Kursänderung erfolgen. In einer Entfernung von etwa 900 sm sichtete man den englischen D. LEO, der einen Kurs von 95° steuerte und 12 Knoten lief, ebenfalls an der Steuerbordseite seines Fahrwassers. An Bord der MAGDEBURG erkannte man, daß beim Weitersteuern des Kurses die Gefahr einer Kollision bestand. Der D. LEO leitete kein Ausweichmanöver ein, obwohl er dazu verpflichtet war, da die MAGDEBURG von Steuerbord kam. Daraufhin entschloß sich die Schiffsführung der MAGDEBURG zu einer Kursänderung nach Backbord, was durch zwei kurze Töne mit dem Typhon angezeigt wurde, und steuerte nun 285°. Nun befand sich die LEO fast voraus, sie leitete jetzt ein Steuerbord-Manöver ein, und es mußte zur Kollision kommen. Der Schaden betrug rund 120.000 DM. Personen wurden nicht verletzt. Im Spruch der Seekammer der DDR wird festgestellt, daß die Kollision darauf zurückzuführen ist, daß die MAGDEBURG im Hinblick auf die Ausweichpflicht des D. LEO Kurs und Geschwindigkeit nicht beibehielt. Richtig wäre es gewesen, fünf kurze Töne zu geben (sogen. Husten), Maschine zu stoppen, Manövrier-Bereitschaft herzustellen und das Ruder „hart Steuerbord" zu legen, um auf einen mitlaufenden Kurs zu gelangen (Manöver des letzten Augenblicks).

DIE LETZTE REISE

Am 12. Oktober 1964 war Kapitän Artur Maul mit dem MS FREUNDSCHAFT von einer Kubareise nach Rostock zurückgekehrt. Noch auf See hatte ihn die Weisung der Inspektion erreicht, in der kommenden Hafenliegezeit das Schiff zu wechseln und das Kommando über die MAGDEBURG zu übernehmen. Da er bereits als III. und I. Offizier an Bord von Typ-IV-Schiffen gefahren hatte und auch in der Relation Kuba–Mexiko bereits Erfahrungen sammelte, kam es für ihn nur noch darauf an, sich möglichst schnell mit der Besatzung vertraut zu machen. Dazu bot die Hafenliegezeit Gelegenheit, denn die MAGDEBURG verließ den Rostocker Überseehafen am 23. Oktober 1964, nachdem eine Stückgutladung von rund 1535 t, bestimmt für Kuba, an Bord genommen war. Vor dem Auslaufen des Schiffes wurde das Fahrzeug gut ausgerüstet, verproviantiert und bemannt. Das Schiff war in allen Teilen seeklar, besaß gültige Papiere und unterlag den laufenden Kontrollen der DSRK und des Seefahrtsamtes der DDR. Die internationalen Schiffspapiere hatten Gültigkeit bis zum Oktober 1965. Die letzte Besichtigung des Schiffes wurde am 22. Oktober 1964 durch die entsprechenden Institutionen vorgenommen. An Bord waren zwei Radargeräte, ein Gerät war das russische Modell „Neptun", das sich auf den Schwesterschiffen schon höchst unzuverlässig gezeigt hatte. Das ursprünglich vorhandene zweite Gerät vom Typ KSA 3, ein DDR-Erzeugnis, war von Bord gegeben worden. Statt dessen bekam die MAGDEBURG ein Radargerät vom Typ „Kelvin-Hughes". Das Gerät entsprach damals dem modernsten Stand der Technik und wurde auch häufig an Bord von westeuropäischen Schiffen verwendet.

Ferner bestand die Navigationseinrichtung aus

nentagebuch und das Maschinenmanöverbuch übergeben. Das Fenster zum Funkraum wurde eingeschlagen und die beiden Funktagebücher gerettet.

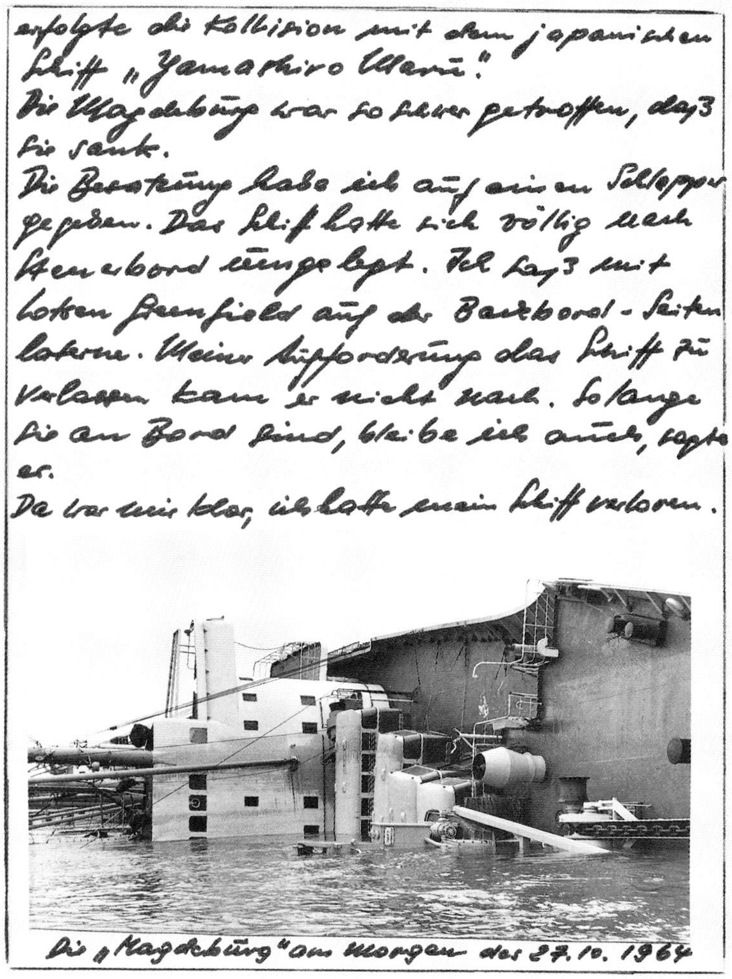

Originaltext Kapitän Artur Maul: Am 27. 10. 1964 zwischen 1.39 Uhr und 1.40 Uhr erfolgte die Kollision mit dem japanischen Schiff YAMASHIRO MARU. Die MAGDEBURG war so schwer getroffen, daß sie sank. Die Besatzung habe ich auf einen Schlepper gegeben. Das Schiff hatte sich völlig nach Steuerbord umgelegt. Ich saß mit Lotsen Greenfield auf der Backbordseiten-Laterne. Meiner Aufforderung, das Schiff zu verlassen, kam er nicht nach. „So lange sie an Bord sind, bleibe ich auch", sagte er. Da war mir klar, ich hatte mein Schiff verloren. Unter dem Foto: Die MAGDEBURG am Morgen des 27. 10. 1964.

Es wurde versucht, das Schiffstagebuch und Brückenbuch aus dem Kartenhaus mit einem Räumtrupp zu bergen, was aber nicht mehr möglich war, da bereits die gesamte Steuerbordseite des Schiffes bis zur Mittschiffslinie unter Wasser stand. Bis gegen 3.10 Uhr befand sich der Kapitän mit dem Lotsen Greenfield zusammen auf der Backbordseitenlaterne und der Reling der Backbordbrückennock. Zu dieser Zeit verschlechterte sich die Sicht, kurze Zeit später stiegen der I. Offizier, der Leitende Ingenieur, der Lotse und der Kapitän auf einen am Schiff längsseits liegenden Schlepper über.

Der Kapitän informierte die DSR-Agentur Cory Brothers über die Kollision und beauftragte die Agentur, die Reederei sofort davon in Kenntnis zu setzen. Gegen 6.00 Uhr kehrte der Kapitän mit dem Leitenden Ingenieur wieder auf das Schiff zurück. Inzwischen waren einige Schlepper am Schiff längsseits gegangen und drückten gegen den Schiffsboden, um das Abrutschen des Schiffes zur Fahrwassermitte hin zu verhindern.

Gegen 9.00 Uhr kam ein Vertreter der Agentur an Bord, um den Kapitän abzuholen und mit ihm zu einem Rechtsanwalt nach London zu fahren. Der I. Offizier und der Leitende Ingenieur erhielten vom Kapitän die Order, das Schiff nicht vor Rückkehr des Kapitäns zu verlassen. Vom Zeitpunkt der Kollision bis zum Eintreffen des Hilfsschiffes BEREITSCHAFT wurde die MAGDEBURG durch eine organisierte Wache der in London verbliebenen Besatzung ständig besetzt. Über die Durchführung der Wache wurde ein Wachbuch geführt. Am 30. Oktober 1964 ging die BEREITSCHAFT in unmittelbarer Nähe der MAGDEBURG zu Anker, übernahm die Wache und nahm somit weiterhin die Eigentumsrechte der Deutschen Seereederei wahr. Über die Situation bezüglich der Kollision und über den Stand der Verhandlung mit den zuständigen Londoner Behörden informierte der Kapitän den inzwischen in London eingetroffenen Oberinspektor der DSR, Kapitän Ebeling, und übergab diesem die in der Zwischenzeit angefertigten ersten Berichte. Bis zur Ankunft des DSR-Hilfsschiffes BEREITSCHAFT, dessen Besatzung die Bewachung der MAGDEBURG übernahm, blieben Kapitän Maul und einige Besatzungsangehörige seines Schiffes noch in London. Der größte Teil der Besatzung konnte jedoch unverzüglich die Heimreise antreten. Unmittelbar nach dem Verlassen des Schiffes wurde die Besatzung zunächst von der englischen Maklerei Cory Brothers, die für die DSR schon einige Jahre tätig war, betreut. Die erste Nacht an Land verbrachten die Seeleute teilweise in den Privatwohnungen der in London tätigen Mitarbeiter der Vertretung der Kammer für Außenhandel der DDR in England. Am nächsten Tag bestiegen sie ein Flugzeug von London nach Prag, und von dort wurden sie in einer Chartermaschine nach Berlin weitergeflogen. Nach Ankunft in Rostock wurden die Seeleute der MAGDEBURG für den Verlust ihrer persönlichen Effekten entschädigt und noch am gleichen Tage im Kaufhaus „Hansa" völlig neu eingekleidet. Für ihr diszipliniertes Verhalten bei der Kollision wurden alle Seeleute mit einem dreitägigen Sonderurlaub ausgezeichnet. Auch die Information der Familienangehörigen hatte gut funktioniert. Noch am Kollisionstage, dem 27. Oktober, erhielt beispielsweise die in Karl-Marx-Stadt (heute wieder Chemnitz) lebende Frau Else Spitzner, Mutter des auf der MAGDEBURG fahrenden Maschinenassistenten Wolfgang Spitzner, um

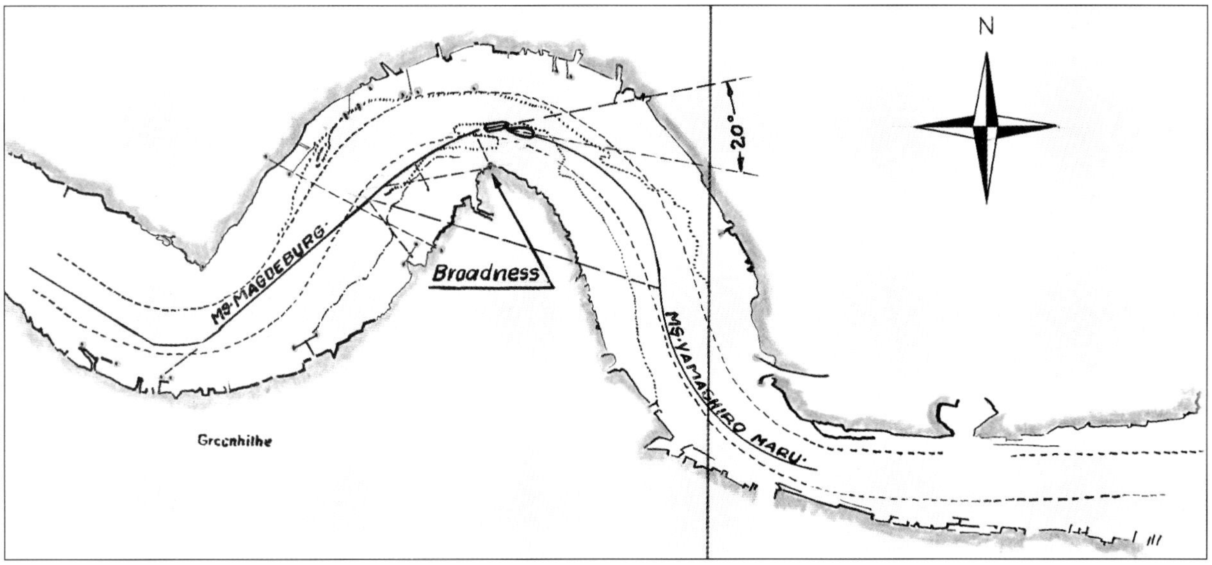

Original Havarie-Skizze, angefertigt von Kapitän Artur Maul am 9. 11. 1964 als Anlage zum Havariebericht für die Seekammer der DDR. Es ist deutlich erkennbar, daß sich die YAMASHIRO MARU auf der für sie falschen Seite des Fahrwassers befand. Seekarte: D 200

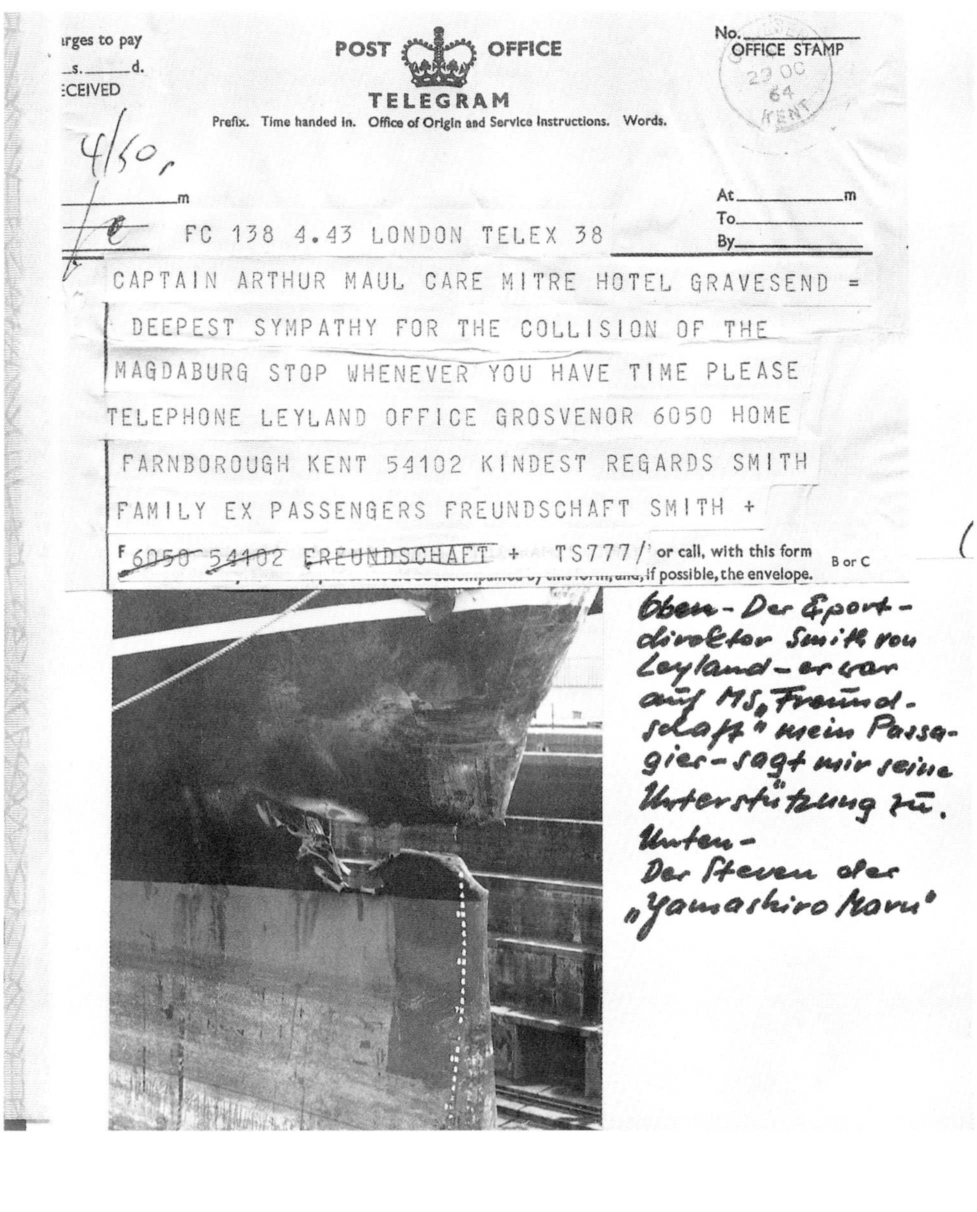

Eine weitere Seite aus dem Album von Artur Maul. Text unten: Der Exportdirektor Smith von Leyland - er war auf MS FREUNDSCHAFT mein Passagier – sagt mir seine Unterstützung zu. Unten: Der Steven der YAMASHIRO MARU. Das erste freundliche und anteilnehmende Telegramm kam ausgerechnet vom Exportdirektor der Leyland-Werke, also des Herstellers jener Busse, die an Bord der MAGDEBURG nun auf dem Grunde der Themse lagen. Das hatte Artur Maul sehr beeindruckt, und er hob das Telegramm sorgfältig auf.

17.21 Uhr aus Rostock ein Telegramm mit folgendem Text: „*MS MAGDEBURG am 27/10 auf der Themse/England kollidiert. Besatzung befindet sich wohlauf und hat Heimreise angetreten. Seereederei Engel.*“ In einem Brief an die Zeitung „Freie Presse“ schilderte Frau Spitzner den Vorgang folgendermaßen: „Die MAGDEBURG war gesunken und unser Wolfgang auf dem Schiff. Wer kann sich nicht vorstellen, welcher Schreck bei so einer Nachricht den Eltern in die Glieder fährt. Doch die Begleitumstände der Nachrichtenübermittlung strahlten soviel Fürsorge aus, daß wir nach dem ersten Schreck wesentlich beruhigter die Sache betrachteten. Als erstes kam am Dienstag eine Gartennachbarin zu mir in die Wohnung. Sie hatte die 12.00-Uhr-Nachrichten gehört. Aber als Mutter war ich noch immer erregt. Dann kam abends fast zur gleichen Zeit mit der ,Aktuellen

Kamera' im Fernsehen das erlösende Telegramm der Seereederei Rostock: „... Besatzung befindet sich wohlauf und hat die Heimreise angetreten'. Da war ein ganzes Gebirge vom Herzen runter. Am 30. Oktober, frühzeitig, stand nun unser Seemann, mit dem D-Zug aus Rostock kommend, glücklich vor der Wohnungstür.
Else Spitzner, Karl-Marx-Stadt."

DIE HEIMREISE DES KAPITÄNS

Als nach einigen Wochen die Anwesenheit von Kapitän Artur Maul in London nicht mehr erforderlich war, machte er sich auf den Heimweg. Zwar hatte er auch - wie seine Besatzungsmitglieder – alle Papiere wie Ausweise, Seefahrtsbuch und so weiter verloren. Da diese Unterlagen aber am Tage vor dem Unglück noch an Bord waren und der Einwanderungsbehörde zur Kontrolle vorgelegen hatten, gab es für ihn keine Schwierigkeiten, London auf dem Luftwege zu verlassen und zunächst nach Prag zu fliegen. Auf dem Flugplatz in Prag wunderte man sich zwar wie es möglich sei, daß ein DDR-Seemann aus England ohne Papiere einreist, aber man gab ihm ein Transitvisum und setzte ihn ohne Probleme in den Zug nach Berlin, wahrscheinlich mit dem stillschweigenden Hintergedanken, daß die für ihre sorgfältigen Kontrollen bekannten DDR-Grenzorgane schon genau nachprüfen würden, ob die Sache mit diesem Seemann seine Richtigkeit hätte. Gelegentlich eines fröhlichen Beisammenseins im engsten Kreise seiner Mitarbeiter hat Artur Maul später die Geschichte seiner Heimkehr zum Besten gegeben:

„Der Schnellzug Prag–Berlin erreichte planmäßig den DDR-Grenzbahnhof Bad Schandau. Ich war höchst bescheiden angezogen, nahezu ohne Gepäck, völlig ohne Papiere und versuchte, dem kontrollierenden Offizier der Grenztruppen klarzumachen, wer ich sei, auf welchem Wege ich angereist bin und daß ich so schnell wie möglich nach Rostock weiterfahren möchte ... Da in London natürlich niemand daran gedacht hatte, daß man auf irgendeinem Kanal die DDR-Grenzorgane auf meine Ankunft vorbereiten muß, erschien dem Grenzoffizier der Fall doch ein wenig mysteriös. Er konnte sich nicht entschließen, mich so einfach weiterfahren zu lassen, sondern entschied sich für eine Überprüfung der Sachlage. Also mußte ich den Zug verlassen und dem Offizier in sein Dienstgebäude folgen. Dieser versuchte nun, auf dem Dienstweg eine Klärung herbeizuführen. Weil das Ganze aber zu einer nachtschlafenden Zeit passierte, waren die Büros natürlich nicht besetzt. Außerdem nahm der lange Dienstweg vom Grenzkontrollpunkt bis zum Lagezimmer im Ministerium des Innern in Berlin eine ganze Zeit in Anspruch. Der weitere Informationsweg über den Diensthabenden im Verkehrsministerium der DDR und weiter zum Chefdispatcher der Deutschen Seereederei in Rostock benötigte ebenfalls eine gewisse Zeit. Mein Zug war längst abgefahren, und ich saß immer noch in einer Baracke auf dem Bahnhof Bad Schandau. Schließlich kam einige Stunden später von irgendwoher der erlösende Anruf ‚Ja, das geht in Ordnung. Auf den Mann warten wir noch. Das ist der letzte der Besatzung', und ich konnte den nächsten Zug besteigen und ohne weitere Probleme meine Reise nach Rostock fortsetzen. ‚Aber, daß ich wieder zu Hause war, das habe ich schon in Bad Schandau gemerkt...'

DIE BERGUNG DER MAGDEBURG

Die MAGDEBURG lag am Fahrwasserrand. Demzufolge bestand keine unmittelbare Gefahr für den Schiffsverkehr auf der Themse. Dessenungeachtet verlangte die Londoner Hafenbehörde die Beseitigung des gesunkenen Schiffes. Eine Bergung war auch deshalb erforderlich, weil man erst danach eine Entscheidung über die weitere Abwicklung des Falles treffen konnte. Gemäß der internationalen Seerechtspraxis obliegt die Bergung eines gesunkenen Schiffes in erster Linie den Bergungsunternehmen des jeweiligen Küstenstaates, in dessen Hoheitsgewässern der Seeunfall erfolgte.

Im Falle der MAGDEBURG mußte demzufolge der Auftrag für die Bergung zunächst englischen Firmen angeboten werden. Erst als diese wegen der damit verbundenen Schwierigkeiten den Auftrag ablehnten, erteilten die zuständigen britischen Behörden die Genehmigung zur Bergung an den VEB Lotsen-, Bugsier- und Bergungsdienst Rostock (LBB). Zunächst prüfte man, ob es angängig sei, die gesunkene MAGDEBURG zu sprengen. Jedoch sprachen folgende Gründe dagegen:

- Dazu hätte ein bestimmter Teil der Themse für einige Zeit in beiden Richtungen für den Schiffsverkehr gesperrt werden müssen. Wegen der damit verbundenen hohen finanziellen Verluste war die Londoner Hafenbehörde gegen diese Idee.
- Bei einer Sprengung würden viele Wrackteile in das Fahrwasser gelangen. Ihre Bergung wäre nur sehr schwierig möglich, da man die Teile dann wieder suchen müßte. Hinzu kommt, daß der Flußgrund in diesem Teil der Themse sehr schlammig ist und die Gefahr bestünde, daß manche Wrackteile nicht gefunden werden würden. Diese stellten dann später eine Gefahr für die Schiffahrt dar. Jedenfalls forderte die Londoner Hafenbehörde eine „schiffahrtsreine Wrackbeseitigung".
- Bei einer Sprengung des Schiffes wären selbstverständlich die Treibstoff- und Öltanks betroffen. Das Schiff befand sich auf der Ausreise nach Kuba und hatte erhebliche Mengen Dieselöl gebunkert. Auf Grund der unterschiedlichen Gezeitenströmung der Themse wären durch auslaufendes Öl weite Flächen im Themsebereich verschmutzt worden. Ferner hätte die Gefahr bestanden, daß bei einer Sprengung der Kraftstoff zu einer Explosion oder zumindestens zu einem Brand geführt hätte.
- Im Bereich von Broadness Point führt eine Hochspannungsleitung über die Themse hinweg. Die Fundamente der Masten wären bei einer Sprengung in Gefahr geraten. Sie befanden sich in einem vorwiegend morastigen Boden, und niemand konnte sagen, welche Folgen eine Erschütterung der Fundamente haben würde. Außerdem könnten die

Drähte der Hochspannungsleitungen durch eine Sprengung stark beschädigt oder gar zerstört werden.
- Eine Teilladung der MAGDEBURG bestand aus Chemikalien, die in Verbindung mit Wasser zur Knallgasentwicklung führen könnte. Daraus ergab sich eine Explosions- oder Vergiftungsgefahr.

Aus den genannten Gründen ergibt sich ganz klar, daß auf eine Sprengung verzichtet werden mußte. Also wurde der Plan einer Räumung im ganzen geprüft. Zunächst wollte man auf der entgegengesetzten Seite der Themse eine Winde aufstellen, mit deren Hilfe mittels Seilen und Taljen und einer vertikalen Hebeleinrichtung an der Bordwand des Schiffes die MAGDEBURG aufgerichtet werden sollte. Das Vorhaben mußte verworfen werden, da einerseits die technologischen Voraussetzungen fehlten, der Aufwand für ein Windenfundament auf dem morastigen Boden zu groß gewesen wäre und außerdem die Themse wiederum für Tage für den Schiffsverkehr gesperrt werden müßte, was nicht in Frage kam. All diese Erwägungen führten dazu, daß die in Betracht kommenden englischen Bergungsfirmen den Auftrag nicht übernehmen wollten.

DIE DEUTSCH-DEUTSCHE BERGUNGSAKTION

Am 26. November 1964 wurde zwischen dem VEB Deutsche Seereederei Rostock und dem Lotsen-, Bugsier- und Bergungsdienst Rostock ein Bergungskontrakt abgeschlossen. Der Berger wurde damit beauftragt, die MAGDEBURG unverzüglich zu bergen und schwimmfähig zu machen. Das geborgene Fahrzeug ist anschließend „in eine im Themse-Revier gelegene Werft oder an einen im Themse-Revier gelegenen sicheren Liegeplatz nach Angaben der DSR zu verbringen".

Die im Schiff befindliche Ladung sollte – um die Bergung zu erleichtern – entfernt und entsprechend nach der Wahl des Reeders entweder am Themse-Revier an Land oder am Unfallort im Schiffsraum abgesetzt werden. Da, wie schon erläutert, eine Bergung des gesunkenen Schiffes als Ganzes erforderlich war, aber noch keine entsprechende Technologie des Bergers vorhanden war, zog man in dem Kontrakt die Möglichkeit in Betracht, einen Subunternehmer an der Bergung zu beteiligen. Die durch das Hinzuziehen eines Subunternehmers zusätzlich auftretenden Kosten hat der Berger zu tragen. Im Kontrakt hieß es weiter: „Für die erfolgreiche Bergung erhält der Berger
- einen Betrag in Höhe von 1,6 Millionen Mark
- zusätzlich eine Summe in Höhe von 30 Prozent des geborgenen Wertes
- zuzüglich Versicherungsprämie für vier Millionen Versicherungsinteresse,

auszuzahlen 14 Tage nach endgültiger Feststellung der 30 Prozent des geborgenen Wertes.

Von den dem Berger zustehenden Bergelohn sind in DM West bzw. in frei konvertierbarer Währung zu entrichten:
- 50 Prozent des Betrages gemäß Ziffer usw. 1,6 Millionen D-Mark sowie ein Betrag in Höhe der in frei konvertierbarer zu begleichenden Aufwendungen des Bergers.

Später schlossen der VEB DSR und VEB LBB einen Leistungsvertrag. Dieser Vertrag sah vor: Ausführung von Spülarbeiten zur Entfernung des im Innern des Schiffes befindlichen Schlicks, Bewachung der MAGDEBURG durch die Besatzung der Schlepper EISVOGEL und PEENE sowie die Entfernung der im Innern des gesunkenen Fahrzeuges befindlichen Ladung und deren Rückstände. Eine Garantie für die restlose Beseitigung aller Rückstände übernahm der VEB LBB nicht und zeichnete auch nicht verantwortlich für Schäden, die bei Ausführung der Bewachung am Schiff entstehen könnten. Für die Bewachung wurde die Dienstanweisung der DSR zugrunde gelegt.

Die mit der Bergung zusammenhängenden Umstände waren dem Rostocker Bergungsunternehmen nun Veranlassung, eine neue Technologie zu entwickeln, die bei möglichst minimalen Kosten die Bergung bzw. Wrackbeseitigung der MAGDEBURG vorsah. Diese neu entwickelte Technologie fand später in internationalen Fachkreisen Beachtung. Aber dem VEB LBB fehlte die notwendige Technik zur Verwirklichung des erarbeiteten Bergungsplanes. Daher wurden Verhandlungen mit Bergungsfirmen aus England, Holland, Dänemark, Schweden und der Bundesrepublik Deutschland sowie Polens geführt. Insgesamt waren es neun Bergungsunternehmen. Aber nahezu alle angesprochenen Bergungsfirmen verlangten hohe Festbeträge, unabhängig von den jeweils geborgenen Werten, und außerdem noch zusätzlich als Sicherheit ein Bankdepot mit entsprechender Summe. Beispielsweise ergaben die Verhandlungen mit einer Liverpooler Firma, daß diese einen Mindestbetrag von rund 200000 Pfund Sterling (damals etwa 2 Millionen D-Mark) als feste Summe verlangte.

Unter den angesprochenen Bergern befand sich auch die Firma Ulrich Harms aus Hamburg. Diese war bereit, im Bergungsvertrag auf die Vereinbarung einer Barsicherheitsleistung zu verzichten, und verlangte außerdem keinen Festbetrag. Überdies sprach für die Firma Harms, daß das Rostocker Bergungsunternehmen schon über einen längeren Zeitraum gute Geschäftsverbindung zu ihr hatte. Letzten Endes war aber entscheidend, daß die Firma Harms die geforderte technische Ausrüstung besaß. So bekam sie den Bergungsauftrag. Die Firma Harms nahm diesen für sie recht ungünstigen Vertrag an, um im Erfolgsfalle mit dieser schwierigen Bergung eine entsprechende Publicity erreichen zu können; aber viel wichtiger war es für sie, mit der DDR erneut in eine stärkere Geschäftsverbindung zu kommen.

So kam es zu einem „Kontrakt über die Unterstützung des VEB Lotsen-, Bugsier- und Bergungsdienst Rostock, vertreten durch den Direktor, Kapitän Willi Kessler, durch die Firma Ulrich Harms, Hamburg 11, Vorsetzen 17–19, Deutsche Bundesrepublik, vertreten durch Ulrich Harms, bei der Bergung des MS MAGDEBURG, das am 27. Oktober 1964 bei Northfleet Hope nahe Gravesend gekentert ist und auf Grund geriet."

Dieser Kontrakt beinhaltete:

1. Die Firma Harms führt im Auftrag und unter Leitung des VEB LBB die erforderlichen Arbeiten bei der Bergung der MAGDEBURG auf eigenes Risiko durch. (Die erforderlichen Mittel Schwimmkran, Pumpen, Trossen sind von Harms zu stellen.)

2. Die Arbeiten erfolgen auf dem Grundsatz „Kein Erfolg – keine Bezahlung". Der Erfolg ist eingetreten, wenn MS MAGDEBURG am Unfallort schwimmfähig gemacht worden ist oder wenn das Schiff längstens vier Tage nach Herstellung seiner Schwimmfähigkeit zur Übergabe an seinen Reeder bereitgestanden hat. Die Firma Harms hat sich selbst zu versichern. Beide Firmen übernehmen keine Verantwortung für Schäden und Verluste an Schiff und Ladung. Der Rücktritt beider Partner dürfe nur im gegenseitigen Einvernehmen geschehen. Die Zahlung sollte in DM West oder in frei konvertierbarer Währung erfolgen. Im Streitfall wollte man sich gütlich einigen, ansonsten das Internationale Schiedsgericht für See- und Binnenschiffahrt in Gdynia anrufen.

Der letzte Punkt war eine erstaunliche Übereinkunft, da westeuropäische Unternehmen im allgemeinen nicht bereit waren, im Streitfalle das Internationale Schiedsgericht in Gdynia in Anspruch zu nehmen. Sie zogen es gewöhnlich vor, das entsprechende Schiedssgericht in London heranzuziehen. Wenn dies trotz beharrlicher Verhandlungen nicht möglich erschien, dann versuchten sie zumindest, das Schiedsgericht in Stockholm vorzuschlagen.

Bei erfolgreicher Bergung sollte der VEB LBB einen Betrag in Höhe von 800000 DM drei Wochen nach Beendigung der Bergung bezahlen; weiterhin 15 Prozent des geborgenen Wertes drei Wochen nach dessen Festlegung durch Sachverständige und die Versicherungsprämie für den Abschluß einer Überführungsrisikoversicherung über 4 Millionen Mark. Alle Zahlungen sind DM West oder in frei konvertierbarer Währung zu tätigen. Die Firma Harms stellte zu Beginn ihrer Mitwirkung den 400-t-Schwimmkran MAGNUS I und diverses Bergungsmaterial zur Verfügung. Bevor nun endgültig mit der Bergung begonnen werden konnte, kam es noch darauf an, mit Ihrer Majestät Verwaltung für Zölle und Abgaben zu klären, ob es möglich sei, für die zeitweise zu Arbeitszwecken eingeführten Schiffe, Schuten, Kräne, Bergungsmaterialien und Hilfsmittel eine Befreiung von Zöllen und Abgaben zu erreichen, da die vorgenannten Arbeitsmittel nach Beendigung der Bergungsarbeiten nach Deutschland zurückgeführt werden würden.

Im Jahre 1964 war aber die DDR durch die Regierung Englands noch nicht diplomatisch anerkannt. Also konnte eine solche Anfrage durch die eigentlich zuständige Zollverwaltung der DDR an den englischen Zoll nicht gestellt werden. Die in London tätigen Mitarbeiter der Kammer für Außenhandel der DDR wurden offenbar in dieser Angelegenheit nicht bemüht. So übernahm es denn der Oberflußmeister und Chef des Hafenamtes der Londoner Hafenverwaltung, der an einer möglichst schnellen und reibungslosen Beseitigung des Wracks interessiert war, seinerseits bei der Zollverwaltung die entsprechenden Auskünfte einzuholen. Mit Schreiben vom 13. November 1964 wurde ihm von Ihrer Majestät Verwaltung für Zölle und Abgaben mitgeteilt, daß eine Zollbefreiung erteilt werden kann, da sich keine britischen Berger in der Lage sahen, einen entsprechenden Auftrag zu übernehmen. Der letzte Satz dieser schriftlichen Antwort ist es wert, wörtlich zitiert zu werden: „Should, however, no British firm tender for the work, the allowance of duty relief would be considered , in consultation in the Board of Trade, in the light of the availability on hire of similar salvage equipment from british suppliers."

I am, Sir, Your obedient Servant

gez. Unterschrift.

Dieser diskrete Wink wurde durch das Rostocker Bergungsunternehmen umgehend befolgt, und anstatt die zum Abtransport des Schlicks und der Ladung benötigten Schuten aus Rostock mit den Bergungsfahrzeugen an die Themse zu überführen, was ohne Schwierigkeiten möglich gewesen wäre, wurden von Londoner Firmen entsprechende Schuten und Hilfsmaterialien gemietet. Nachdem solchermaßen auch die Interessen der englischen Geschäftswelt zufriedengestellt waren, konnte die erste gemeinsame deutsch-deutsche Bergungsaktion in englischen Hoheitsgewässern ihren Anfang nehmen.

Die für die Bergung maßgeblichen Persönlichkeiten, deren Zusammenwirken Voraussetzung für eine erfolgreiche Bergung der MAGDEBURG war. Von links: Mr. Murray Taylor, Bergungssachverständiger der Firma Webster, London, Kapitän Harry Brumshagen, Bergungsinspektor des VEB Lotsen-, Bugsier- und Bergungsdienstes, Rostock, 3. von links ein englischer Bergungsfachmann, der die Interessen der japanischen Reederei vertrat, 4. von links Captain Rees, Port of London Authority, 5. Kurt Ströming, Direktor LBB Rostock, Kapitän Erich Borucki, Prokurist und Bergungsinspektor der Firma Ullrich Harms, Hamburg, sowie Kapitän Sven Behrmann, Sachverständiger und Besichtiger, tätig im Auftrage der DDR-Versicherungsgesellschaft DARAG.

Die Magnus-Kräne liegen längsseits der MAGDEBURG. Die Arbeiten zum Aufrichten des Wracks können beginnen.

DER BERGUNGSVERLAUF

Der Ablauf der Bergung war langwierig und kompliziert. Aus Platzgründen können die Einzelheiten hier nicht geschildert werden. Wer Details wünscht, sei auf das Literaturverzeichnis verwiesen.

Den Bergungsverlauf schildert in zusammengefaßter Darstellung Kapitän Hans-Erich Borucki, Bergungsinspektor und Prokurist der Firma Ulrich Harms, Hamburg, in seinem Erinnerungsbericht:

„Die Bergungsarbeiten begannen im Januar 1965 mit dem Bergungsschlepper EISVOGEL; dem Schwimmkran MAGNUS I, dem Bergungsschiff POLAR und Schleppern.

Als erstes wurden die an Deck gelaschten Busse geborgen. Wir mieteten zum Abtransport englische Schuten. Diese Schuten hatten eine hölzerne Lukenabdeckung. Zum Abdecken der Ladeluke waren englische Schauerleute an Bord. Um das Abdecken zu beschleunigen, schickte ich von uns Leute zur Hilfe. Sofort legten die Engländer die Arbeit nieder. (We are on strike!). Nach eingehender Taucheruntersuchung der MAGDEBURG begannen wir mit dem Vorbereiten zum Aufrichten des Schiffes.

Wassertiefe am Wrack bei Niedrigwasser 10 m, Tiedenhub 5 bis 7 m, Strömungsgeschwindigkeit bis 6 Knoten. Da die Themse sehr viel Schlick mit sich führt, hatte sich dieser in den Räumen abgelagert. Das Leck konnte nicht untersucht werden, weil das Schiff darauf lag.

Der Bergungsplan sah folgendermaßen aus:

Erstens die Kimm soweit wie möglich freizuspülen, um den Drehpunkt zu verlagern, zweitens mit Aufkantböcken das Schiff aufzurichten, drittens das Leck abdichten, viertens Löschen der Ladung, fünftens Schlick und Wasser aus dem Schiff pumpen, sechstens das Schiff nach Gravesand ins Dock verholen, nachdem es sicher schwimmt.

Der Schlepper EISVOGEL hatte die Aufgabe, mit seinem Schraubenwasser die Kimm freizuspülen. Dadurch wurde erreicht, daß der Schwerpunkt des Schiffes sich von 9 m über dem Kiel auf ca. 7 m verlagerte. Die Taucher begannen damit, Vorläufer unter dem Wrack durchzuspülen. MAGNUS I begann mit der Montage der Aufkantböcke.

Nachdem Fußlager und Seilböcke auf die Bordwand der MAGDEBURG geschweißt waren, wurden die Aufkantbeine montiert. Jedes Bein war 36 m lang, hatte einen Durchmesser von 1,2 m und wog 25 t. Anschließend wurden die Stroppen gezogen. An jedem Bein wurden vier Seile à 65 mm Durchmesser befestigt. Danach kam der Schwimmkran MAGNUS II hinzu. Verschiedene Räume wurden gelenzt, sämtliche Doppelbodentanks geflutet, und am 8. Juli 1965 wurde die MAGDEBURG aufgerichtet. Als die Aufkantbeine demontiert waren, begannen wir mit dem Abdichten des Lecks.

Wir benötigten einen Patch von 8 mal 12 m. Dazu benutzten wir die Mac-Gregor-Lukendeckel von Luke I. Beim Sinken des Schiffes waren die Lukendeckel durch den Wasserdruck nach innen gedrückt worden und hatten jetzt einen negativen Sprung. Die Lukendeckel wurden verschweißt, durch Scheerstücke verstärkt und dann als Abdichtung für das Leck benutzt. In Luke I und II befanden sich in der Ladung unter anderem 5500 Säcke mit Plastikbällen. Durch das aggressive Themsewasser hatten sich die Säcke aufgelöst, so daß sich in den Luken I und II eine ca. 5 m starke Schicht aus losen Plastikbällen befand. Bei Niedrigwasser trieben immer wieder Bälle aus dem Loch in der Bordwand. Die wurden von den Engländern natürlich aufgefischt und schließlich von Händlern in Gravesend auf dem Markt verkauft. Plötzlich erschienen englische Zollbeamte bei uns und verlangten Einfuhrzoll. Die Sache wurde später niedergeschlagen.

In einer Luke befanden sich auch noch zwei Busse. Einer davon war vollgepfropft mit Bällen und hob und senkte sich mit Ebbe und Flut jeweils auf und ab. Nachdem das Leck provisorisch mit der Patch gedichtet worden war, mußten die Taucher es von innen befestigen. Wir mußten einen Schacht bauen und diesen senkrecht durch die Beilschicht nach unten durchstoßen. Durch diesen Schacht gingen die Taucher in den Unterraum. Auf den unteren Teil der Abdichtung lastete ein Druck von 8 t pro Quadratmeter.

Nachdem das Schiff gelenzt war und schwamm, wurde es in flachem Wasser bei Hochwasser abgesetzt, so daß es bei Nordwestwind fast trocken fiel. Auf Verlangen der Londoner Hafenbehörde mußte die Abdichtung verschweißt werden, bevor das Schiff ins Dock nach Gravesend überführt werden konnte. Die MAGDEBURG wurde dann im Dock liegend an einen – wie es damals in der Presse hieß – „Londoner Griechen" verkauft. Dieser ließ eine Notreparatur durchführen, d.h. unsere provisorische Abdichtung wurde etwas verstärkt."

Soweit der Bericht von Kapitän Borucki.

Die Bergungsarbeiten waren ein komplizierter Vorgang, und die schließlich entstandenen Kosten lagen weit über den geplanten und vertraglich geregelten. Die Bergung war aber notwendig, da die DSR im Falle eines Mißlingens mit einer Forderung der Wrackbeseitigung durch die Londoner Hafenbehörde rechnen mußte. Diese Forderung ergab sich aus den Artikeln 28 und 431 des Londoner Hafengesetzes von 1920. Die Hafenbehörde hatte auch gefordert, die MAGDEBURG in eine gerade Schwimmlage zu bringen. Später wurde gefordert, einige tausend Tonnen Schlick aus dem Rumpf zu beseitigen, und die Berger mußten eine Garantie abgeben, das Schiff am Fahrwasserrand nach dem Aufrichten nicht zu sprengen.

Zur endgültigen Abdichtung des Lecks in der Außenhaut des Frachters und zum sicheren Schleppvorgang in ein Dock war es zunächst erforderlich, einen kräftigen, speziell angefertigten Flicken, eine sogenannte „Patch" als Versteifung und Abdichtung an der Bordwand anzubringen.

DER WEITERE VERBLEIB DER MAGDEBURG

Für die DSR und ihre Versicherung, die DARAG (Deutsche Auslands- und Rückversicherungsaktiengesellschaft Berlin), stellte sich nun die Frage, ob das gehobene Schiff wieder repariert, im beschädigten Zustand verkauft oder verschrottet werden sollte. Entscheidend für die weiteren Maßnahmen war der Standpunkt der Versicherung. So galt es zunächst zu prüfen, ob das Schiff im Sinne der Versicherungsbedingungen reparaturwürdig oder reparaturunwürdig war. Zur Beurteilung dieser Zusammenhänge ist es erforderlich, den Vericherungswert und die voraussichtlichen Reparaturkosten ins Verhältnis zu setzen.

Dazu sind Sachverständige erforderlich. Im Auftrage der DARAG und der DSR war Kapitän Sven Behrmann, Hamburg (für die DARAG), und Kapitän Claus Frommherz, Rostock (für den VEB DSR), tätig. Für den Fall, daß beide Sachverständige sich nicht einigen konnten, wurde Mr. J. K. Rolland, Direktor der Firma Dudjeon & Gray Ltd. aus London, als Obergutachter verpflichtet. Der Zeitwert der MAGDEBURG wurde von Kapitän Sven Behrmann ermittelt. Sie ist datiert vom 17. Juni 1966 und betrug die Summe von 8,75 Millionen DM. Dabei konnte sich der Gutachter auf eine Schätzung des Schwesterschiffes MS KARL-MARX-STADT stützen, die er zu einem früheren Zeitpunkt – damals ebenfalls Beauftragter der DARAG – angefertigt hatte. Der Betrag entsprach zu jener Zeit dem Gegenwert von 2182045 US $. Zwischenzeitlich wurden bereits von der DSR über die Maklerei Cory Brothers zwei englische, zwei schwedische, eine holländische, eine belgische und eine DDR-Werft aufgefordert, Offerten bezüglich der Reparaturkosten abzugeben. Alle angeschriebenen westlichen Werften bekundeten ihr Interesse an diesem Großauftrag. Die Warnowwerft Warnemünde konnte diesen Auftrag auf Grund anderweitiger volkswirtschaftlicher Verpflichtungen nicht annehmen. Die Reparatur hätte etwa 48 Prozent der für das Jahr 1965 geplanten Reparaturkapazität in Anspruch genommen. Außerdem hatte die Warnowwerft Garantiereparaturen an Exportschiffen durchzuführen. Eine Reparatur der MAGDEBURG wäre für sie mit einem Ausfall von Deviseneinnahmen verbunden gewesen. Die Kostenangebote der westlichen Werften betrugen durchschnittlich 8,5 Millionen DM. In einem Schreiben der Firma Dudjeon & Gray Ltd. geht hervor, daß der Schaden von ihr auf rund 9,5 Millionen DM geschätzt wurde. Da die Schadenssumme höher lag als die geschätzten Reparaturkosten, galt das Schiff für die Versicherung als reparaturunwürdig. Damit war klar, daß die Versicherungssumme an den VEB DSR auszuzahlen war und das Schiff als Totalverlust gelten konnte.

Angebote gingen von einer holländischen Firma und einem griechischen Käufer ein. Mit letzterem wurden in der Zeit vom 17. bis 20. November 1965 Verhandlungen geführt. Die DSR verlangte für das Schiff zunächst 80000 englische Pfund Sterling, nach zähen Verhandlungen einigte man sich auf einen Preis von 75000 englischen Pfund. Die zum Versicherungswert verbleibende Differenz hatte die DARAG an den VEB DSR auszuzahlen. Mit einer Urkunde wurden die Rechte des Versicherungsnehmers DSR an den Versicherer DARAG abgetreten.

Das verwüstete Hauptdeck der MAGDEBURG nach dem Aufrichten.

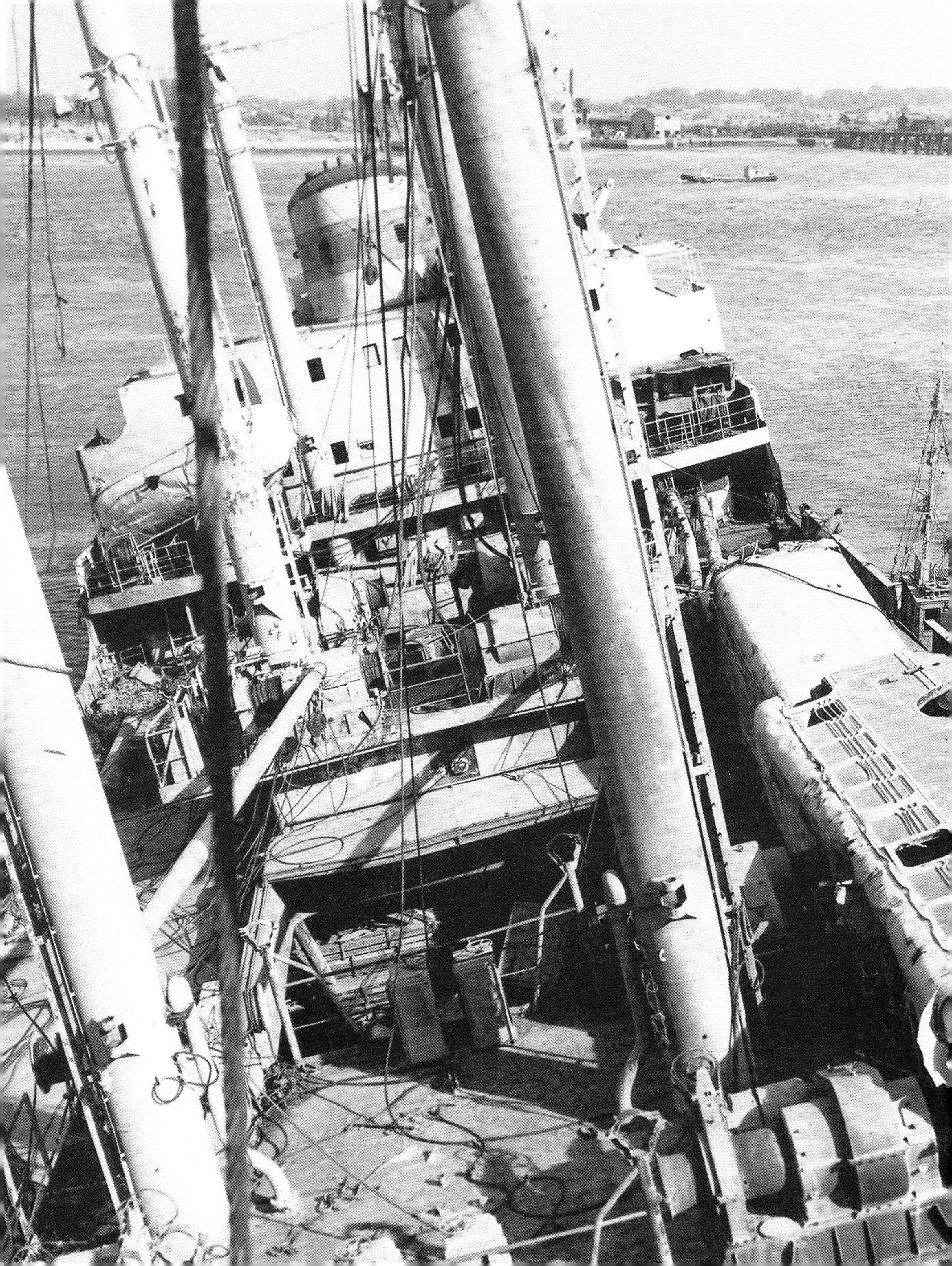

Es wurden von der DARAG erstattet:

1. Der Wert des Schiffes nach Abzug der erzielten Erlöse, 1979786,53 Dollar,
2 für Ausrüstungskosten 117509,41 Dollar,
3. für Bergungskosten 817497 Dollar,
4. für Rückbeförderungskosten der Besatzungen zuzüglich der Aufwendungen und Maklerkosten 7404,15 Dollar.

Vor dem Verkauf stellte die DSR beim Seefahrtsamt der DDR einen Antrag auf Streichung im Schiffsregister, „da es sich bei der MAGDEBURG um ein Wrack handelt, das nicht schwimmfähig und reparaturunwürdig war". Das Seefahrtsamt entsprach diesem Antrag und strich die MAGDEBURG am 25. November 1965 aus dem Schiffsregister der DDR. Der VEB LBB wurde so bezahlt, wie es dem abgeschlossenen Vertrag entsprach. Der Betrieb bekam neben den vorgesehenen 1,6 Millionen Mark eine zusätzliche Summe von ca. 340000 Mark, die 30 Prozent des geborgenen Wertes entsprach. Somit war die Bergung der MAGDEBURG für den VEB LBB auch gleichzeitig eine Wrackbergung. Nun darf der für eine Bergung zu zahlende Betrag den Wert der geretteten Gegenstände nicht überschreiten. Dieser Wert betrug 274688 US $, also etwa rund 1098752 Mark. Die Gesamtrechnung des Bergers umfaßte jedoch 3.199.224 Mark. Folglich bekam der Berger rund 2,1 Million Mark mehr, als es den geretteten Werten entsprach. Unter diesem Gesichtspunkt ist der Fall als Wrackbeseitigung zu betrachten, bei dem die anfallenden Kosten vergütet werden müssen.

Der Vollständigkeit halber sei noch erwähnt, daß die Rückversicherer in London an die DARAG die vertraglich vorgesehene Versicherungssumme selbstverständlich in frei konvertierbarer Währung überwiesen. Der Betrag wurde durch die Staatsbank der DDR aber zunächst einbehalten und später der DARAG nur anteilig zur Verfügung gestellt, um die für die DARAG entstandenen Devisenkosten im Zusammenhang mit dem Bergungsaufwand ordnungsgemäß begleichen zu können. Gleiches galt sinngemäß für LBB. Für den großen Rest der Gesamtsumme erhielten die DDR-Betriebe nur den Gegenwert in Mark der Notenbank der DDR. Insofern war der durch den Untergang des Schiffes eingetretene Schaden aus gesamtvolkswirtschaftlicher Sicht zu verschmerzen.

Für das Ansehen einer Reederei ist ein Schiffsuntergang allerdings stets nachteilig.

DAS ENDGÜLTIGE ENDE EINES UNGLÜCKSSCHIFFES

Im Dezember 1965 wurde das Wrack der MAGDEBURG an einen griechischen Interessenten verkauft. Dieser ließ das Schiff zur Überführungsfahrt nach dem griechischen Hafen Piräus klarmachen. Er bot der DARAG in Rostock offiziell an, wiederum als Versicherer des Schiffes für die Überführungsreise nach Griechenland tätig zu werden, d. h. das Schiff zu versichern. Der Rostocker Filialdirektor Schlottmann mußte die Offerte unter Hinweis auf das Statut der DARAG dankend ablehnen, das festlegte, daß nur Eigentum der DDR zu versichern sei. Vermutlich fand der griechische Eigner dann eine andere Versicherungsgesellschaft, die das Risiko zu übernehmen bereit war, denn das „Hamburger Abendblatt" meldete am 20. Dezember 1965: *„Der Zonenfrachter MAGDEBURG (6629 BRT), der 1964 auf der Themse gekentert war und dann geborgen werden konnte, ist vor der französischen Küste gesunken. Der Frachter befand sich im Schlepp des Zonenschleppers ALBATROS, der das Schiff von London nach dem griechischen Hafen Piräus bringen sollte. Der Schleppzug war im Golf von Biskaya in einen Sturm geraten. Dabei kenterte die MAGDEBURG und sank. Menschen befanden sich nicht an Bord. Der Frachter liegt in 90 m Tiefe. Fachleute erklärten, es werde nahezu unmöglich sein, das Schiff diesmal zu bergen ..."*

Abgesehen davon, daß es in beiden deutschen Staaten seit 16 Jahren keine „Zonen" mehr gab und der Seeschlepper ALBATROS weder ein Zonenschlepper noch ein DDR-Schiff war, ist die Meldung auch insofern unvollständig, weil sie nicht darüber informiert, daß der Untergangsort sich rund 30 Seemeilen südwestlich von Brest befand. Die genaue Position des Unterganges ist: 48° 13' nördl. Breite, 5° 10' westl. Länge.

Auch das „Hamburger Abendecho" meldet den Untergang des „Sowjetzonen-Frachters" MAGDEBURG auf einer Schleppfahrt vor der französischen Küste, erwähnt auch, daß die Besatzung des Schleppers rechtzeitig die Verbindungsleinen lösen konnte; aber die naheliegende Frage, wie es denn passieren könnte, daß in einem so gut mit Wettervorhersagen versorgten Seegebiet wie an der französischen Küste ein Schleppzug das Vorbeiziehen eines Sturmes nicht abwarten kann, scheint sich wohl niemand gestellt zu haben.

Als die Meldung vom Untergang des Wracks der MAGDEBURG 30 Seemeilen südwestlich von Brest bei der DARAG in Rostock ankam, drückten sich Direktor Schlottmann und sein zuständiger Mitarbeiter Dr. Kroh über die Schreibtische hinweg schweigend die Hand.

Erstmals hatten sie Grund, mit der einschränkenden Festlegung im Statut ihres Unternehmens, nur DDR-Eigentum versichern zu dürfen, voll einverstanden zu sein.

DIE SCHULDFRAGE

Noch bevor die Bergungsarbeiten aufgenommen wurden, beschäftigten sich die deutschen und englischen Experten mit den ersten Maßnahmen zur Beweissicherung der Ursachen und Auswirkungen der Kollision, damit für ggf. später erfolgende Schadensersatzprozesse und staatliche Untersuchungen die notwendigen Argumente, Materialien, Berichte, Gutachten und andere Papiere zusammengestellt werden konnten. Noch an Ort und Stelle hatte Kapitän Artur Maul einen Bericht über die Kollision angefertigt, dessen englische Übersetzung die Firma Webster & Co. bereits am 17. November 1964 nach Rostock schickte. Der Lotse G. G. Greenfield von der MAGDEBURG hatte seinen Collision Report am 29. Oktober

1964 vorgelegt. Der beratende Lotse der YAMASHIRO MARU, G. H. Johnson, benötigte zur Anfertigung seines Berichtes einige Tage länger, legte ihn dann aber am 4. November 1964 vor. Auch die Zeugenaussagen und Berichte weiterer an Bord anderer Schiffe tätig gewesener Lotsen, Schiffsoffiziere oder Kapitäne trafen in den folgenden Wochen ein. Der japanische Kollisionsgegner, die NYK, hüllte sich in ein bemerkenswertes Schweigen. Der Sachverständige der DARAG, der Hamburger Kapitän Sven Behrmann, versuchte mehrmals durch eindringliche Briefe wenigstens einen Schadensbericht der YAMASHIRO MARU oder einen Bericht über den Ablauf der in der Werft von Nagasaki vom 6. bis 29. Januar 1965 durchgeführten Reparaturen zu erhalten. Die NYK reagierte nicht. Am 4. Juni 1965 schrieb die Firma Webster an die DARAG, daß die Lotsenverwaltung Trinity House noch keine Entscheidung getroffen hat, ob eine Untersuchung der Tätigkeit der beiden beteiligten Lotsen erfolgen würde und ob die Frage eines Disziplinarverfahrens zur Debatte steht. Mit einem Schreiben der Firma Webster vom 1. März 1965 wurde die DARAG darüber informiert, daß eine lange Diskussion mit Kapitän Behrmann und Kapitän Brumshagen von LBB in London stattgefunden hätte. Dabei ging es um Maßnahmen gegen die YAMASHIRO MARU, um gegebenenfalls finanzielle Ansprüche gegen das Schiff als Verursacher der Kollision durchsetzen zu können. Die Firma Webster hatte in Erfahrung gebracht, daß das Schiff einige Wochen später auch Antwerpen und Hamburg anlaufen würde, und schlug vor, daß Kapitän Sven Behrmann sich in Hamburg darum bemühen solle, daß die YAMASHIRO MARU „in Arrest" genommen wird, das Schiff also im klassischen Sinne „an die Kette gelegt" werden sollte. Einige Zeit später ließ die DARAG Rostock ihre Geschäftspartner in London wissen, daß sie nicht beabsichtige, gerichtliche Schritte gegen die YAMASHIRO MARU einzuleiten. Offensichtlich deutete sich zu diesem Zeitpunkt für die DARAG bereits an, daß ihr Rückversicherer, Lloyd's of London, die Regulierung der finanziellen Fragen übernehmen würde. Damit entfiel für die DARAG die Notwendigkeit, einen langen, wahrscheinlich sehr kostenaufwendigen Prozeß anzustrengen, dessen Ausgang mit einem gewissen Risiko behaftet war, wenn auch die Tatsachenlage zugunsten der MAGDEBURG sprach. Bei einem zu erwartenden Prozeß hätte es überdies Jahre dauern können, bis sich die Anwälte der streitenden Parteien über den Gerichtsort verständigt hätten. Da die Rückversicherer der DARAG ebenfalls keinen Wert auf einen Prozeß legten, entfielen alle diesbezüglichen Bemühungen.

Für die DDR bestand nun gemäß Havarieverfahrensordnung und anderen geltenden Rechtsvorschriften die Notwendigkeit, die Angelegenheit der Kollision beider Schiffe und den Untergang der MAGDEBURG vor die Seekammer der DDR zu bringen. Diese tagte am 25. April 1966 in den Räumen des Seefahrtsamtes unter dem Vorsitz von Kapitän Friedjof Pielenz. Als Beisitzer waren anwesend Dipl.-Jurist Peine, Kapitän Schütt, Kapitän Holzapfel, Kapitän Preuß, das Protokoll führte die Angestellte Hinterschuster. Als Havariekommissar wirkte der damalige Kapitän zur See Dr. jur. Friedrich Elchlepp. Sie erkannte auf folgenden Spruch:

„Am 27. Oktober 1964 kollidierten auf der Themse in Höhe Broadness das MS MAGDEBURG vom VEB Deutsche Seereederei, geführt von Kapitän Maul, und das japanische MS YAMASHIRO MARU miteinander. MS MAGDEBURG wurde durch diese Kollision derartig beschädigt, daß es sank.

Beratender Lotse an Bord des MS MAGDEBURG war der englische Lotse Greenfield. Die Seekammer stellte auf Grund der Aussagen der Beteiligten und Zeugen und der vorliegenden Ergebnisse der Untersuchung fest, daß sich MS MAGDEBURG beim Befahren der Themse eindeutig auf der richtigen Fahrwasserseite befand. Von der Schiffsführung des MS MAGDEBURG wurden damit die Schiffahrtsvorschriften der Themse, die mit dem Artikel 25 der Seestraßenordnung übereinstimmen, erfüllt. Kapitän Maul und den Wachoffizier Griepentrog trifft aus den genannten Gründen kein Verschulden an dieser Havarie."

Die Beweisaufnahme hatte eine völlige Bestätigung dessen ergeben, was Kapitän Maul in seinem Havariebericht geschildert hatte. Die Zeugen aus der Besatzung der MAGDEBURG und die schriftlichen Zeugenaussagen anderer Kapitäne und Lotsen von Schiffen, die die Kollision beobachtet hatten, bestätigten dies. Lediglich im Bericht des Lotsen Johnson ist die Aussage enthalten, daß die YAMASHIRO MARU sich bei der Fahrt stromaufwärts an der Steuerbordseite des Fahrwassers befunden haben soll. Hätte diese Behauptung gestimmt, wäre es offensichtlich nicht zu einem Zusammenstoß gekommen. Denn der Kollisionsort, die Strandungsstelle und der später genau vermessene Punkt, an dem der Anker der MAGDEBURG fiel, beweisen, daß die Aussage im Havariebericht des Lotsen Johnson falsch sein mußte. Der Havariekommissar verzichtete auf das Stellen von Anträgen aus folgenden Gründen: Er schließe sich der von den Sachverständigen Kapitän Schilling, Dozent an der Seefahrtschule Wustrow, gegebenen Darstellung und Rekonstruktion des Herganges der Kollision im Prinzip an, weil sie durch die Beweisaufnahme voll bestätigt wurden. Kapitän zur See Dr. Elchlepp sah in der Tätigkeit der Schiffsführung der MAGDEBURG und des Lotsen Greenfield keinerlei kritikwürdige Punkte. Statt dessen stellte er fest:

„Die Schiffahrtsvorschriften auf der Themse sind festgelegt im ‚Port of London Act'. In bezug auf Befahren der rechten Fahrwasserseite stimmen die Themse-Vorschriften mit dem Artikel 25 der Seestraßenordnung überein. Die Schiffsleitung der YAMASHIRO MARU hat gegen diesen Artikel durch das Befahren der falschen Fahrwasserseite verstoßen. Die im „Port of London Act" verlangte besondere Vorsicht beim Passieren von Schiffen wurde seitens der YAMASHIRO MARU nicht eingehalten. Das Verschulden im Kollisionsfall des MS MAGDEBURG mit MS YAMASHIRO MARU liegt dabei nicht auf seiten der Schiffsführung des MS MAGDEBURG."

Der Vorsitzende Kapitän Pielenz erklärte in seiner Zusammenfassung: *„Die Ursache der entstehenden Kollision liegt eindeutig im Verhalten des japanischen MS YAMASHIRO MARU begrün-*

Der beschädigte Steven der YAMASHIRO MARU im Dock.

det. Ein Verschulden des Kapitän Maul und des Wachoffiziers Griepentrog oder anderer Personen der Besatzung des MS MAGDEBURG liegt nicht vor.“ Aus den genannten Gründen war daher – wie geschehen – zu entscheiden.

Man kann sich leicht vorstellen, daß Kapitän Artur Maul den Spruch der Seekammer mit Erleichterung zur Kenntnis nahm und am nächsten Tag in wesentlich besserer Stimmung an die Parteihochschule „Karl Marx“ des Zentralkomitees der SED nach Berlin zurückkehrte. Dort studierte er bereits seit dem 1. September 1965. Wer die Politik in der DDR kennt, weiß, daß die Verantwortlichen im Verkehrsministerium, in der Seereederei und in der Seekammer der DDR wesentlich früher als der Kapitän selbst von dessen Schuldlosigkeit überzeugt gewesen sein müssen. Andernfalls hätte man ihn nicht bereits acht Monate vor der Havarieverhandlung an die Parteihochschule delegiert.

Nach dreijährigem erfolgreichem Studium erwarb er am 30. Juni 1968 den akademischen Grad eines Diplomgesellschaftswissenschaftlers. Am 1. Oktober 1968 berief ihn der Minister für Verkehrswesen der DDR zum Leiter des Seefahrtsamtes der DDR. Damit war Kapitän Artur Maul Verantwortlicher in der DDR für die Schiffahrtsaufsicht, den Seenot- und Eisdienst und ab 1974 DDR-Vertreter bei der IMCO in London. Zum 1. Juni 1975 berief ihn der Minister für Verkehrswesen zum stellvertretenden Generaldirektor für operative Plandurchführung im Kombinat Seeverkehr und Hafenwirtschaft, Deutfracht/Seereederei Rostock.

Bereits wenige Monate später, am 1. Februar 1976, wurde er Generaldirektor des Kombinates als Nachfolger von Vizeadmiral a. D. Heinz Neukirchen, der im Zuge der Kombinatsbildung seinen zweiten Herzinfarkt erlitten hatte und sich aus gesundheitlichen Gründen gezwungen sah, in den Ruhestand zu gehen, was ihn jedoch nicht daran hinderte, sich in den Folgejahren als Schiffahrts- und Marineschriftsteller einen Namen zu machen und eine Reihe von gern gelesenen und viel beachteten Büchern zu schreiben.

Für Generaldirektor Artur Maul war die *„MAGDEBURG-Angelegenheit“* keineswegs er-

Am 13. Oktober 1974, dem Tag der Seeverkehrswirtschaft der DDR, erhält der Unterleutnant zur See d. R., Dipl.-Ges.-wiss. Kapitän Artur Maul für seine erfolgreiche Tätigkeit als Direktor des Seefahrtsamtes der DDR in Rostock die Verdienstmedaille der Seeverkehrswirtschaft der DDR in Gold. Das Seefahrtsamt unterstand dem Verkehrsministerium und war zuständig für Schiffahrtsaufsicht, Seeschiffsbesetzung, Seenotrettung, Eisdienst, maritimer Umweltschutz, Mitwirkung in internationalen Gremien. Alle Mitarbeiter des Seefahrtsamtes trugen auf dem linken Unterarm unter den Ärmelstreifen den goldgestickten Schriftzug: Seefahrtsamt der DDR.

ledigt. Bis zum Ende seines Lebens trug er schwer an dem Bewußtsein, daß unter seiner Führung ein großes Seeschiff der DDR verlorenging. Wenn er, was freilich selten vorkam, im Kreise seiner engsten Mitarbeiter auf den Untergang der MAGDEBURG zu sprechen kam, geschah dies stets in tiefer Nachdenklichkeit und sichtbarer innerer Bewegung. Er war sich sicher, daß er sich nichts vorzuwerfen hatte. Daheim in seinem privaten Arbeitszimmer hing jedenfalls ein Bild eines Typ-IV-Schiffes, das er sich von dem bekannten Rostocker Maler und Grafiker Karl-Heinz Kuhn hatte malen lassen. Es stellte ein Typ-IV-Schiff dar – der Name war jedoch nicht leserlich. Es muß daher offenbleiben, ob er sich die FREUNDSCHAFT oder die MAGDEBURG hatte malen lassen.

Eines Tages im Februar 1975 kam Artur Maul höchst aufgeräumt in die Dienstbesprechung und informierte – noch bevor er in die Tagesordnung eintrat – mit sichtlicher Erleichterung seinen Leitungskreis, die stellvertretenden Generaldirektoren und Direktoren des Kombinates über die neueste Information, die ihm der Hamburger Reedereivertreter zugeschickt hatte. Darin hieß es:

Das „Hamburger Abendblatt" meldete in seiner Ausgabe vom 17. Februar 1975 unter der Überschrift *„Von der CIA auf Grund geschickt?"*, daß Amerikas Starkolumnist Jack Anderson eine neue Sensation berichtet hat. In der Meldung hieß es: *„Der Geheimdienst soll im Jahre 1964 in der Themsemündung eine Schiffskollision herbeigeführt haben."* Das behauptet jedenfalls der Jack Anderson. Und Anderson, einer der bekanntesten „Enthüllungsspezialisten" unter den Journalisten der USA, hat schon oft recht gehabt. Die Kollision wurde damals als Unfall deklariert. Anderson behauptet nun unter Berufung auf Informanten in der CIA, der amerikanische Geheimdienst habe die Kollision sorgfältig vorbereitet und durch das japanische Schiff mit Vorsatz ausführen lassen. Die Regierung in Washington, so erklärte der Journalist, sei damals sehr erbittert darüber gewesen, daß die Firma Leyland das gegen Kuba verhängte Handelsembargo durchbrochen habe. Der britische Geheimdienst arbeitete in dem Komplott angeblich mit der CIA zusammen. Die Illustrierte „Quick" schrieb am 27. Februar 1975: „... *Die amtliche Untersuchung schloß, daß der Zusammenstoß ein unglücklicher Unfall war. Zuverlässige Quellen behaupten indessen, daß der Zusammenstoß vom amerikanischen Geheimdienst CIA arrangiert wurde ...*" Lange bevor das Geschäft bekannt wurde, bekam die US-Regierung Wind von den Verhandlungen und versuchte, den Kauf zu verhindern. Er würde, so befürchtete Washington, ein riesiges Loch in das Wirtschaftsembargo reißen. Trotzdem sagte die britische Firma Leyland zu, Kuba 400 Busse und Ersatzteile für 12,2 Millionen $ zu liefern. Nach unseren Quellen hielt der britische Geheimdienst Washington auf dem laufenden. Die Informationen stammten teilweise aus einem kubanischen Büro in London, in dem ein Spion war ... Sogar bei dickem Londoner Nebel sind Zusammenstöße auf der Themse höchst ungewöhn-

QUICK 27. 2. 75

Washington Vertraulich

Amerikas Starkolumnist Jack Anderson beschreibt für Deutschland exklusiv in QUICK jede Woche, was hinter den Kulissen der wichtigsten Hauptstadt der Welt gespielt wird.

Am frühen nebligen Morgen des 27. Oktober 1964 tuckerte der ostdeutsche Frachter „Magdeburg" langsam die Themse in Richtung Nordsee hinunter. Auf dem Deck waren Omnibusse für Kuba vertäut. Plötzlich tauchte aus dem Nebel der japanische Frachter „Yamashiro Maru" auf und

Foto: dpa

CIA-Opfer: die „Magdeburg" nach dem Zusammenstoß

bohrte sich in die „Magdeburg". Die Busse für Fidel Castro versanken in der Themse. Die amtliche Untersuchung schloß, daß der Zusammenstoß ein unglücklicher Unfall war. Zuverlässige Quellen behaupten indessen, daß der Zusammenstoß vom amerikanischen Geheimdienst CIA arrangiert wurde.

Die Geschichte begann mit dem Versuch Castros, den Wirtschaftsboykott der USA zu durchbrechen und Omnibusse in Großbritannien zu kaufen. Lange bevor das Geschäft bekannt wurde, bekam die US-Regierung Wind von den Verhandlungen und versuchte, den Kauf zu verhindern. Er würde, so befürchtete Washington, ein riesiges Loch in das Wirtschaftsembargo reißen. Trotzdem sagte die britische Firma Leyland zu, Kuba 400 Busse und Ersatzteile für 12,2 Millionen Dollar zu liefern. Nach unseren Quellen hielt der britische Geheimdienst Washington über die Verhandlungen auf dem laufenden. Die Informationen stammten teilweise aus einem kubanischen Büro in London, in dem ein „Spion" war.

Die erste Ladung von 16 Leyland-Bussen kam indessen am 15. Juli 1964 mit einem ostdeutschen Frachter sicher in Havanna an. Vielleicht war es auf der Themse nicht neblig genug für einen erfolgreichen Zusammenstoß. Aber der Nebel war gerade richtig, als die „Magdeburg" mit der zweiten Ladung abfuhr. Die „Yamashiro Maru" rammte das ostdeutsche Schiff. Von der „Magdeburg" retteten sich die 54 Mann Besatzung und zwei Passagiere in die Boote. Die „Yamashiro Maru" hatte nur geringen Schaden. Fidel Castros Busse waren natürlich mit Themsewasser getauft. Sogar bei dickem Londoner Nebel sind Zusammenstöße auf der Themse höchst ungewöhnlich. In den ganzen sechziger Jahren gab es nur vier große Unfälle auf dem Fluß. Daß dabei ausgerechnet Castros Busse versanken, war ein Zufall, der die Briten anscheinend nicht störte.

Fußnote: Ein Sprecher sagte, daß der CIA nichts mit dem Unfall auf der Themse zu tun hatte. Er nannte unseren Bericht „ganz und gar entstellt".

lich. In den ganzen 60 Jahren gab es nur vier große Unfälle auf dem Fluß. Daß dabei ausgerechnet „Castros Busse" versanken, war ein Zufall, der die Briten anscheinend nicht störte. Ein Sprecher sagte, daß der CIA nichts mit dem Unfall auf der Themse zu tun hatte. Er nannte unseren Bericht „ganz und gar entstellt". Man konnte es Artur Maul wohl nicht verargen, daß er an jenem Morgen bester Stimmung war. Durch diese überraschende Enthüllung, noch dazu aus einer US-amerikanischen Quelle, fühlte er sich wohl endgültig rehabilitiert.

Die CIA jedenfalls dementierte jede Beteiligung an diesem Geschehen; in London hielt man sich sehr bedeckt, und die Japaner schwiegen dazu mit der ihnen eigenen Konsequenz und Beharrlichkeit.

Aus heutiger Sicht, mit dem Abstand der inzwischen verstrichenen 33 Jahre, kann man bei Durchsicht der damaligen Unterlagen, Berichte, Aussagen, Stellungnahmen, Gutachten, Pressemeldungen und Fotos durchaus zu dem Schluß kommen: diese Kollision sei ein ganz gewöhnlicher Vorgang gewesen, wie er bedauerlicherweise in engen Gewässern immer wieder passiert, besonders bei Nacht und schlechter Sicht. Aber die Durchsicht aller erreichbarer Unterlagen fördert auch Unklarheiten und Ungereimtheiten zu Tage, die bis heute nicht geklärt sind.

1. Die Wahl des von der YAMASHIRO MARU gesteuerten Kurses schräg zum Hauptfahrwasser flußaufwärts in Verbindung mit dem Verlassen der ihr vorgeschriebenen Steuerbordseite auf der dichtbefahrenen Themse bei Dunkelheit und wechselnden Sichtverhältnissen stellt einen so groben Verstoß gegen das Schiffahrtsrecht, alle seemännischen Prinzipien und nautische Umsicht dar, daß das Verhalten der Schiffsführung der YAMASHIRO MARU nur als „nicht würdig einer so hoch angesehenen japanischen Reederei" eingeschätzt werden muß.
2. Das Desinteresse der Lotsenvereinigung Trinity House an einer eigenen Untersuchung der Handlungsweise ihrer Lotsen ist zumindest fragwürdig. Freilich kann es für dieses Verhalten mehrere Ursachen geben, aber denkbar ist immerhin auch, daß man von interessierter Seite einen Wink bekam, die Dinge auf sich beruhen zu lassen.
3. Die beharrliche Weigerung der japanischen Reederei, zu Aufklärung des Falles beizutragen und gewünschte Unterlagen nicht zur Verfügung zu stellen.

Man kann jedenfalls dem amerikanischen Journalisten Jack Anderson insofern folgen, als tatsächlich die amerikanische Regierung als einzig in Frage kommende Institution ein Motiv für die von ihm angeblich aufgedeckte Aktivität hatte. Der Kalte Krieg war in vollem Gange, das über Kuba verhängte Embargo sollte voll durchgesetzt werden. Aber dieser Liefervertrag über 400 Busse durch die englische Firma Leyland Motor Corporation im Werte von über 12 Millionen $ und die Vergabe des Seetransportauftrages an die DSR Rostock bedeutete ein klares und deutliches Unterlaufen des Embargos. Es bestand die realistische Gefahr, daß andere Firmen und Länder diesem Beispiel folgen könnten. Das konnte damals nicht im Interesse Washingtons liegen. Von daher ist es durchaus möglich, daß man sich zu einer verdeckten Operation entschloß.

Die schnelle Reaktion von Kapitän Artur Maul, mit der er sein sinkendes Schiff bei steigendem Wasser an das Themse-Ufer manövrierte und schnellstens Schlepper herbeirief, die ein Zurückrutschen des Schiffes ins Fahrwasser verhinderten, führte in gewisser Weise dazu, die Pläne – wenn sie denn vorhanden waren – zu durchkreuzen. Das Fahrwasser wurde kaum gestört, die Bergung verlief im Zusammenwirken der beiden deutschen Bergungsunternehmen nahezu reibungslos, verständnisvoll unterstützt durch die Londoner Hafenbehörde. Das Ganze wurde zu einem Versicherungsfall, so daß weder für Leyland noch für die DSR größere Verluste entstanden, die Bustransporte gingen genauso weiter wie die Seetransporte durch die DSR, deren Ansehen, wie die Zukunft zeigte, auch in England keineswegs gelitten hatte.

Was aber, wenn die MAGDEBURG quer zum Fahrwasser gesunken wäre und den Schiffsverkehr auf der Themse so gut wie vollständig gesperrt hätte? Hätte man dann vielleicht doch eine Sprengung riskiert, und welche Folgen und Kosten wären dann eingetreten? Was, wenn es beim Untergang der MAGDEBURG Tote gegeben hätte? Was, wenn beide Schiffe so schwer beschädigt worden wären und gesunken wären mit Personalverlusten? Es unterliegt wohl keinem Zweifel, zu wessen Lasten der sich daraus ergebende internationale Skandal dann gegangen wäre. Es bedarf auch keiner großen Phantasie, sich das entsprechende Medienecho in aller Welt vorzustellen. Aus heutiger Sicht darf als sicher angenommen werden, daß sich alle Medien mit Wonne auf dieses Ereignis gestürzt hätten, denn eine so schöne Gelegenheit, die DDR nach Strich und Faden zu diskriminieren und die Seeleute ihrer Staatsreederei als unfähig hinzustellen, hätte man sich wohl nicht entgehen lassen.

Jedenfalls sind bis heute noch Fragen offen, die erst zu beantworten sind, wenn die entsprechenden Archive der westlichen Länder geöffnet werden.

Kurzbiographie:

Kapitän Herbert Jark

Herbert Jark.

Geboren am 17.10.1922 in Stralsund, entstammt einer Seemannsfamilie, ein Großvater diente in der Kaiserlichen Marine, fuhr später als Kapitän auf kleiner Fahrt, Vater war Seemaschinist, ein Onkel Kapitän in der Fischerei, 1929 bis 1933 Volksschule auf Rügen, anschließend Mittelschule in Stralsund, Abschluß mittlere Reife, meldet sich 1940 mit $17^{1}/_{2}$ Jahren freiwillig zum Dienst in der Kriegsmarine, 1. 7. 1940: 5. Schiffsstammabteilung Eckernförde, danach kommandiert zur Motorbootsabteilung Neustadt, Übungen und Einsatz auf verschiedenen Schiffen, wie ELBE, RHEIN, ROTTERDAM und CALAIS für Landungsvorbereitung und Küstenschutz im Rahmen „Operation Seelöwe“, anschließend Hafenschutzabteilung Lorient, Januar bis Mai 1941 kommandiert zum Unteroffizierslehrgang nach Gotenhafen, Abschluß Beförderung zum Steuermannsmaat, kommandiert nach Norwegen zur 68. Vorpostenflottille Seegebiet Kap Stadtlandet-Drontheim, Dienst als Wachoffizier an Bord eines Torpedo-Transportschiffes, Beförderung zum Obermaat, Dienst als Kommandant des Transportschiffes, ab 1. 9. 1944 kommandiert zum Obersteuermannslehrgang in Gotenhafen, ab 6. 10. 1944 kurzzeitig Sonderurlaub, da Familie in Stralsund ausgebombt, anschließend Einsatz im Felddienst, in Ostpreußen, Einsatz im Graben- und Bunkersystem, wird verwundet, als seine Kompanie in einen Hinterhalt gerät, Transport im Lazarettschiff nach Swinemünde, Aufenthalt im Reservelazarett Heringsdorf, danach Reservelazarett Hiddensee, nach Genesung kommandiert zur Hafenschutzabteilung Stralsund-Dänholm, am 1. Mai 1945 zum Einsatz auf Rügen befohlen, nach Sprengung der Rügendammbrücke Rückzug nach Rambin, H. J. kehrt nach Hiddensee zurück, nach Einmarsch sowjetischer Truppen hatten sich alle ehemaligen Wehrmachtsangehörigen zu melden, H. J. in Gefangenschaft, zunächst Greifswald, später Unterbringung im ehemaligen KZ Neubrandenburg, aus dem Lager Stargard entlassen, Oktober 1945 Rückkehr nach Hiddensee unterernährt und mit Gelbsucht, nach Genesung Arbeit als Gutsarbeiter und Waldarbeiter bis 1. 12. 1946, ab 1946 tätig in der Seebaggerei bei Arbeiten an der Vierendehlrinne, Stundenlohn 60 Reichspfennig, Wechsel zum Wasserstraßenamt, Dienst an Bord eines Motorbootes und auf dem Seesaugbagger NOGAT, zunächst als Rudergänger, später als II. Steuermann ohne Patent, I. Steuermann war damals der spätere DSR-Kapitän Jochen Leidig. Bei dringenden Reparaturen mehrfach getaucht, beteiligt an der Hebung des früheren Passagierschiffes HANSA und der HAMBURG, ausgezeichnet als Aktivist und Delegierung zur Seefahrtsschule Wustrow ab 1. 9. 1949, nach sechs Monaten Abschluß mit dem Patent A 2, Steuermann auf Kleiner Fahrt, bestanden mit dem Prädikat „mit Auszeichnung“ am 25. 2. 1950, wird vom Wasserstraßenamt Stralsund wegen der guten Ausbildungsergebnisse mit einem Zuschuß zum Stipendium zum A 5-Lehrgang nach Wustrow delegiert, Lehrgangsende 1. 8. 1951, danach Einsatz als II. Offizier an Bord des Segelschulschiffes WILHELM PIECK, ab 1. 9. 1953 erneut Besuch der Seefahrtsschule Abschluß A 6 Kapitän auf Großer Fahrt, danach tätig zunächst als Lehrlingsausbilder für die DSR, ab 20. 5. 1955 III. Offizier D. ROSTOCK, 7. 6. 1956 II. Offizier D. ROSTOCK, 7. 9. 1957 I. Offizier D. ROSTOCK, danach I. Offizier MS FREUNDSCHAFT, ab 8. 5. 1959 Kapitän MS ERFURT, ab 1962 Nautischer Inspektor, danach Leiter des Büros des Generaldirektors der DSR, ab 1. 1. 1964 stellvertretender Leiter des Büros des Präsidenten der Direktion Seeverkehr und Hafenwirtschaft, ab 15. 8. 1966 Leiter des Büros des Präsidenten mit Gründung des VEB Deutfracht (Spezialschiffsreederei), ab 1. 11. 1972 dort Nautischer Inspektor und verantwortlich für die Tanker, ab 1. 1. 1974 Übernahme des Dienstverhältnisses durch das Kombinat Seeverkehr und Hafenwirtschaft, 18. 12. 1987 Verabschiedung in den Ruhestand.

Kriegsauszeichnungen: Kriegsabzeichen der U-Jagd- und Sicherungsverbände
Kriegsverdienstkreuz II. Klasse mit Schwertern

DDR-Auszeichnungen: Aktivist 1949, Aktivist 1965, Medaille für treue Dienste der Seeverkehrswirtschaft in Bronze 1965, Ernst-Schneller-Medaille in Bronze 2. 8. 1966, Verdienstmedaille der Seeverkehrswirtschaft in Bronze 1967, Ernst-Schneller-Medaille in Silber 1971, Medaille für treue Dienste der Seeverkehrswirtschaft in Silber 1972, Aktivist 1977, Medaille für treue Dienste der Seeverkehrswirtschaft in Gold 1977, Ehrenspange für 40 Jahre treue Dienste in der Seeverkehrswirtschaft 1987, H. J. besitzt die Ehrennadel, gestiftet von der DSR für die ersten 100 Angehörigen des Betriebes, verliehen 1962.

MIT ERHÖHTEM SCHORNSTEIN

Die Arbeiten an der Bau-Nr. 308 begannen auf der Warnowwerft am 25. Juni 1957, der Kiel wurde am 23. Dezember 1957 gelegt. Am 9. August 1958 lief das Schiff vom Stapel und wurde von Frau Book, der Ehefrau des Oberbürgermeisters der zukünftigen Patenstadt, auf den Namen ERFURT getauft.

Die bisherigen – teuer erkauften – Erfahrungen mit der Werft hatten in der DSR zu der Erkenntnis geführt, daß die neue Besatzung gar nicht früh genug auf die Werft entsandt werden kann, um sich im Rahmen der Baubelehrung mit dem Schiff, dem Fortschreiten der Bauarbeiten und der Vorbereitung der Übernahme zu beschäftigen. Deswegen wurde der zukünftige Kapitän Herbert Jark bereits am 6. Januar 1959 für diese Aufgabe abgestellt, obwohl er erst wenige Tage zuvor am 22. Dezember 1958 als

„Deine Leistung muß für alle Beispiel sein!“

In Anerkennung
besonderer Arbeitsleistung
beim Neuaufbau der Wirtschaft wird

Herrn / Frau Jark Herbert
in Stralsund

eine Prämie

in Form 1 Anzug zuerkannt.

Schwerin, den 6. Sept. 1948

Wasserstraßendirektion Mecklenburg

Der Gewerkschaftsdelegierte:

Nachdem Herbert Jark diese schwer verdiente Prämie entgegengenommen hatte, war er das, was der Küstenschnack im allgemeinen nur aus Ulk zu sagen pflegt, ein „Seemann mit eigenem Anzug“.

MS ERFURT auslaufend Warnemünde zur Probefahrt.

I. Nautischer Offizier mit der STUBBENKAMMER in den Heimathafen eingelaufen war. Dort erfuhr er, daß er auf Vorschlag von Kapitän Adolf Zinn als zukünftiger Kapitän für die ERFURT vorgesehen sei und möglichst bald an der Baubelehrung teilnehmen sollte. Demgemäß trat er nach wenigen Tagen Urlaub unverzüglich seine neue Funktion an, die offiziell als „Beauftragter der Investbauleitung des VEB DSR auf der Warnowwerft" bezeichnet wurde. Im Frühjahr 1959 gingen die Arbeiten an der ERFURT zügig voran, so daß die Probefahrt vom 9. bis 13. April erfolgreich durchgeführt werden konnte.

Kapitän Herbert Jark war damals sehr stolz auf sein neues Schiff. Das brachte er auch gegenüber einem Reporter der Bezirkszeitung Erfurt „Das Volk" zum Ausdruck. Der Reporter geriet zuerst an den Werftkapitän Paul Lass, dieser beantwortete die Fragen des Thüringer Journalisten mit dem ihm eigenen trockenen Humor. Das las sich später so: *„Kapitän Lass hat offenbar schon viele reichlich naiv klingende Fragen neugieriger Landratten beantworten müssen, denn seine Erklärungen begann er etwa so: ‚Das Schiff ist ein zur Frachtaufnahme bestimmter schwimmender Hohlkörper, von dem ein kleiner Teil die Antriebsanlage aufnimmt und auf dem die Unterkünfte für Besatzung und Passagiere aufgesetzt sind.'"* Danach führt er ihn durch das ganze Schiff, demzufolge auch durch die Bäckerei, in der – zum Erstaunen des Gastes – für die Seeleute täglich frische Brötchen gebacken werden. Dann übergab Paul Lass den Reporter an Kapitän Herbert Jark. Über die Begegnung hieß es dann in der Zeitung: Wir hatten Glück, Herbert Jark befand sich als Beauftragter der Investbauleitung des VEB Deutsche Seereederei auf der Werft, denn es ist ein guter Brauch, daß der Kapitän die Ausrüstung des Schiffes auf der Werft überwacht. Der schlanke hochgewachsene 37jährige ist Stralsunder und ein alter Fahrensmann, der uns über die Probefahrt sagte: *„Bei dieser Leistungsfahrt der Maschine wurden auch alle Hilfsmaschinen, Aggregate und Pumpen auf Herz und Nieren geprüft und sämtliche Boots- und Sicherheitsmanöver durchgeführt. Vertreter des Seefahrtsamtes, der Deutschen Schiffsrevisions- und Klassifikationsgesellschaft und der Deutschen Seereederei als Käufer nahmen daran teil."* Die Probefahrt ist sehr zufriedenstellend verlaufen. Das Schiff lief 16,5 sm/h. Kapitän Jark ist sichtlich stolz darauf, die ERFURT führen zu können. *„Sie ist sehr manövrierfähig, aber auch formschön und elegant. Aber vom letzteren haben Sie sich ja schon überzeugt."* Scherzend erwähnte Kapitän Jark noch, daß die Verkleidung der Abgasleitungen auf Grund der bisherigen Erfahrungen erhöht worden ist, um die Gase vom Schiff fernzuhalten. *„Wir werden also in unserer Handelsflotte auch das Schiff mit dem höchsten Schornstein fahren."* In einem zweiten Beitrag anläßlich der Übergabe des Schiffes an die DSR am 8. Mai 1959 schrieb „Das Volk", Erfurt, in der Ausgabe vom 13. Mai 1959: *„... Im Mannschaftsklubraum fand ich übrigens ein Gemälde vom Erfurter Dom. Doch nicht nur hier, auf dem ganzen Schiff wird man an die Patenstadt Erfurt erinnert: Überall in den Gängen wurden geschmackvolle Fotografien des alten und neuen Erfurt angebracht." „Unsere Männer sollen sich auf dem Schiff wohl fühlen, denn lange Zeit hindurch muß es für sie das Zuhause sein"*, meinte der Politoffizier.

Kapitän Jark, der sich selbst humorvoll als Bürgermeister eines Vorortes von Erfurt bezeichnet, fuhr lange Zeit als I. Offizier auf der FREUNDSCHAFT auf der Chinaroute. Vor allem die chinesischen Menschen haben es ihm angetan. *„Fünf bis sechs Tage dauert es, wenn unser Schiff beladen wird. Nur einmal wurde es in 50 Stunden geschafft, das war in China."*
Leider befindet sich unter der gesamten Besatzung der ERFURT von immerhin 65 Menschen nur ein Erfurter. Wir versprachen Kapitän Jark, daß sich das ändern würde. Die Verbundenheit der Patenstadt Erfurt mit ihrem Schiff fand rein äußerlich ihren Ausdruck im Abschluß eines Patenschaftsvertrages, der von Oberbürgermeister Book und von Kapitän Jark unterschrieben wurde. Danach wollen Kapitän und Besatzung nach Möglichkeit Andenken für das Pionierhaus „Otto Grotewohl", seltene Pflanzen für den dendrologischen Garten und kleinere Tiere für das Aquarium und den Stadtpark mitbringen. Der Rat der Stadt wird für die Kinder der Seeleute Ferienplätze in Ferienlagern der Stadt freihalten und jährlich eine Delegation der Besatzung zum Besuch in Erfurt einladen. Mit der vom Rat der Stadt geschenkten Schmalfilmkamera AK 8 werden Reiseaufnahmen gemacht, die für Vorträge zur Verfügung gestellt werden sollen. Selbstverständlich wird auch unsere Tageszeitung „Das Volk" auf den Fahrten der MS ERFURT dabei sein. Sie wird in die jeweiligen Anlegehäfen nachgeschickt. Kapitän und Politoffizier versprachen ihrerseits, „Das Volk" und seine Leser ebenfalls ständig „auf dem laufenden zu halten".
Mit der Ernennung eines I. Offiziers zum Kapitän machte man damals – wie auch in späteren Jahren – nicht sehr viel Aufwand. Herbert Jark erinnert sich: *Als ich mich vor dem Auslaufen zur ersten Reise noch einmal bei meinem nautischen Inspektor meldete, um mich zu erkundigen, ob es noch spezielle Hinweise gäbe, erhielt ich die klassische Antwort: „Ach was, Du warst doch schon mal in Ostasien, also dann fahr man los und alles Gute!"*

1. Mai 1959 in Rostock: Die Besatzungen der FRIEDEN und der ERFURT formieren sich zur Teilnahme an der Demonstration. 1. Reihe Mitte: Kapitän Herbert Jark, rechts II. Ingenieur Lothar Preussner, links I. Ingenieur Ernst Galatzki.

Am 11. Mai 1959 verließ die ERFURT Wismar und ging auf ihre Jungfernfahrt nach China. Die Indienststellungsbesatzung setzte sich wie folgt zusammen: Kapitän Herbert Jark, I. Offizier Helmut Klewe, II. Offizier Dieter Reipschläger, III. Offizier Claus Frommherz, IV. Offizier Jerzenbeck, Leitender Ingenieur war Karl Hamann, I. Ingenieur Lothar Preußner, II. Ingenieur Jochen Zelck, ein Hamburger, als Funkoffizier war Werner Lachs an Bord, der Politoffizier hieß Hillmann und als Verwaltungsoffizier war Heinz Deckert gemustert. Letzterer war ein ehemaliger Feuerwerker der Seestreitkräfte. Als Offiziersanwärter war Fregattenkapitän a. D. Andreas Scheib, ehemaliger Mitarbeiter des seehydrographischen Dienstes der DDR, an Bord.
Jahre später ist Lothar Preußner Direktor des Flottenbereiches Spezialschiffahrt, und Andreas Scheib ist in seinem Bereich Kapitän des Massengutschiffes CALBE. Lothar Preußner kann sich noch daran erinnern, daß zu guter Letzt der Auslauftermin in Gefahr war, weil – wie es nicht selten vorkam – nicht genügend Schmieröl zur Verfügung stand. Der Chief hätte zwar nichts dagegen gehabt, das nötige Schmieröl bei „Wisura" in Bremen oder bei „Mobil" in Hamburg zu kaufen, aber die dafür notwendige Einkaufsgenehmigung wurde nicht erteilt. Wie immer in ähnlichen Fällen half sich das Schiff selbst. Der I. Ingenieur Lothar Preußner ließ sich von Rolf Stück, damals Leiter des Betriebsstofflabors der DSR, die Anschrift vom Mineralölwerk Lützkendorf, Auslieferungslager Klaffenbach, geben. Der Technische Inspektor Fiete Beuß organisierte ein Dienstauto vom Typ BMW, und beide fuhren zunächst nach Berlin, wo es ihnen bei der Hauptverwaltung Seeschiffahrt des Verkehrsministeriums gelang, eine Freigabe für 20 t Schmieröl zu erwirken. Mit dem kostbaren Freigabeschein in der Tasche fuhren sie sogleich weiter zum Mineralölwerk, innerhalb von Stunden gelang es ihnen zu veranlassen, daß ein Kesselwagen beladen wurde. Sie blieben daneben stehen, bis er verplombt war und ihn die Rangierlokomotive abgeholt hatte. Dann setzten sie sich wieder in ihren BMW und fuhren

Dschunken in einem chinesischen Hafen.

die lange Strecke zurück nach Rostock. Auf der Rückfahrt stärkten sich beide aus einer überdimensionalen Kuchentüte, die sie als Marschverpflegung bei sich führten, anschließend sorgte Fiete Beuß im Auto für „dicke Luft", da bei ihm die Zigarre nicht ausging.

Wenige Stunden nach ihrer Ankunft in Wismar war auch der Kesselwagen eingetroffen, das Maschinenpersonal konnte sofort mit der Schmierölübernahme beginnen, und dem pünktlichen Auslaufen stand nichts mehr im Wege.

Die ERFURT verließ Wismar in Ballast und lief zunächst nach Bremerhaven. Dort nahm sie vom 12. bis 16. Mai 1959 am Schuppen 17 ihre erste Ladung an Bord, bestehend aus 8300 t Düngemittel für China.

Die Reise nach China verlief ohne große Besonderheiten. Wie immer kam es für den Kapitän darauf an, die Besatzung zu einer festen Gemeinschaft zu formen, die Besatzung ihrerseits mußte sich auf den Führungsstil des Kapitäns einstellen.

Allerdings gab es Ausnahmen, denn der Chief Karl Hamann und der Kapitän waren schon auf der FREUNDSCHAFT zusammen gefahren, und der II. Offizier und der Kapitän kannten sich auch schon längere Zeit. Als Herbert Jark die Information bekam, daß der II. Offizier Reipschläger für die ERFURT vorgesehen ist, sagte er spontan zu seinem I. Offizier: *„Na, den kenn' ich schon. Der war bei mir in der Matrosenklasse, die ich in Wustrow ausgebildet habe."* Der I. Offizier Kleve vermutete ganz richtig, daß der damalige Matrosenlehrling Reipschläger nicht ohne Grund im Gedächtnis des Ausbilders Jark haften geblieben ist.

Als der II. Offizier an Bord kam und sich beim I. Offizier zum Dienst meldete, sagte dieser: *„Übrigens, beim Kapitän brauchen Sie sich nicht mehr zu melden, der kennt Sie noch ganz genau von Wustrow her."* Diese vielsagende Bemerkung war für den II. Offizier Reipschläger jedenfalls Veranlassung, sich im Dienst ordentlich anzustrengen, um seinem Kapitän keinen Anlaß zur Kritik zu geben. Das scheint auch geglückt zu sein, denn wenn Herbert Jark sich heute an die damaligen Ereignisse erinnert, dann nur noch mit einem Lächeln.

Er weiß auch, daß er selbst auf der ersten Reise als Kapitän nicht alles richtig machte. Auf der Ausreise mußte das Schiff – wie meistens – auf dem Großen Bittersee vor Anker gehen, um den Gegenkonvoi zu erwarten. Als die Reise weitergehen sollte, ließ der Kapitän den Anker hieven, hatte aber vergessen, die Maschine darüber zu informieren, daß es weitergehen solle. Chief Karl Hamann rief auf der Kommandobrücke an und fragte seinen Herrn und Meister: *„Captain, ich höre, es geht weiter, brauchen Sie vielleicht auch die Maschine dazu?"* Herbert Jark entschuldigte sich schnellstens und sorgte dafür, daß das zum Chief bestehende gute Verhältnis auch im weiteren Verlauf der Reise nicht getrübt wurde.

Im chinesischen Hafen Whampoa löscht die ERFURT ihre Ladung, läuft dann weiter nach Dairen, um dort zu laden. Schließlich wird noch Tientsin angelaufen und dann die Heimreise angetreten. Am 30. August 1959 kehrte die ERFURT nach Wismar zurück.

Die nächste Reise der ERFURT sollte wieder nach China gehen. In der Besatzung gab es einige wenige Veränderungen, z. B. ging der Chief Karl Hamann in Urlaub und Lothar Preußner machte seine erste Reise als Leitender Ingenieur. Schon auf der letzten Heimreise hatte Kapitän Jark bei der Reederei beantragt, auf der nächsten Reise seine Frau mitnehmen zu dürfen. Das war ohne Schwierigkeiten genehmigt worden, und so fuhr dann Frau Margarete Jark die Reise mit. Für die Nachbarn und Bekannten auf der heimatlichen Insel Hiddensee war das damals die absolute Sensation. Herbert Jark erinnert sich, daß, immer wenn seine Frau im Dorfkonsum oder auf der Poststelle in Vitte erschien, von den anderen Damen gern gefragt wurde: *„Nu, Gretchen, is dat wohr, ick heff*

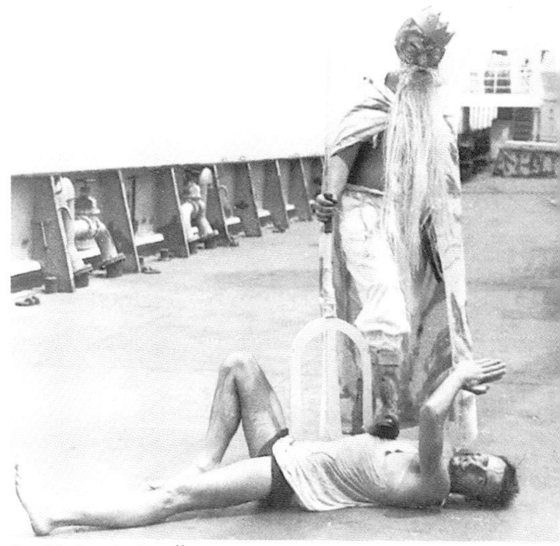

Im Verlaufe der Äquatortaufe weigerte sich der Funker, einen Kasten Bier auszugeben. Der Meeresgott demonstriert seine Unnachgiebigkeit.

hürt, du wist mit dinen Mann nah de Chinesen hen? Wird di da man nich en betten bang to mute?" Frau Margarete war keineswegs beunruhigt. Gewöhnlich antwortete sie dann: *„Nee, ick bün da gor nich bang, min Herbert is so'n lang' und kräftigen Kierl und die Chinesischen sind man bloß so ne Lütten. Da kann mi goar nix passiern."* Aber ein ganz anderes Problem machte ihr nicht wenig Kopfschmerzen. Herbert Jark war ja nun nicht bloß ihr Mann, sondern auch Kapitän, und so hatte er lange vorher schon zu ihr gesagt: *„Ja, weißt du, wenn du nun als Frau Kapitän mitfährst, dann mußt du nun auch ein bißchen repräsentieren, und wenn zu mir Gäste, also Makler oder Lotsen oder Schiffshändler, an Bord kommen, die sprechen ja denn alle bloß englisch und dann mußt du schon dich mit denen ein bißchen unterhalten können, also nimm man schon immer Englischunterricht."*

Und er kaufte ihr das notwendige Lehrbuch. Aber auf Hiddensee war es Ende der 50er Jahre man so eine Sache mit dem Englischunterricht, und das Ehepaar wurde sich dahingehend einig, daß man sich sagte, na ja, zunächst mal kommt ja erst der Englische Kanal und der Atlantik und das Mittelmeer, da ist dann ja noch Zeit zum Englischlernen, und später geht's ja erst dann so richtig los. Gesagt, getan. Nach Beginn der Reise, deren Daten nicht mehr genau rekonstruierbar sind, hat Herbert Jark mit seiner Frau nachmittags regelmäßig Englisch geübt. Und so nach und nach stellten sich dann auch die ersten Fortschritte ein. Als die ERFURT in Port Said einlief, machte das Schiff wie üblich mit Hilfe des Lotsen und der Festmacher an den im Hafen ausgelegten Tonnen vorn und achtern mit langen Leinen fest. Es dauerte also eine Weile, bis das Schiff ordnungsgemäß vertäut war und der Kapitän die Brücke verlassen konnte. Inzwischen war aber längst der Vertreter der DSR-Agentur in Port Said, Ali Achmed, an Bord gekommen und begab sich selbstverständlich zuerst in die Kapitänskabine. Frau Margarete Jark empfing ihn, begrüßte ihn freundlich und hatte Gelegenheit, ihre Englischkenntnisse an den Mann zu bringen. *„Good morning, take a sit please, may I offer you a cup of coffee?"* Ali Achmed lächelt dezent und antwortete dann: *„Tschä, Frau Jark, wenn se mi ne scheune Tass' Kaffee geben däden, dat wier wat godet!"* Natürlich bekam er seinen Kaffee und die überraschte Frau Jark wollte natürlich sofort wissen, woher er so gut Plattdeutsch könne. Er berichtete ihr im schönsten Fischländer Platt, daß er in Leipzig studiert hätte und dort eine Fischländerin kennengelernt hätte, die er als seine Frau mit nach Port Said nahm und von der er natürlich auch das Plattdeutsche gelernt hätte. Als der Gast von Bord war, sagte Frau Margarete Jark zu ihrem Mann: *„Also weißt du, Herbert, wenn die Kierls hier schon Plattdütsch reden, dann können wir das man mit dem Englischlernen en lütt betten nachlassen!"*

Größere Ereignisse sind von dieser Reise nicht notiert. Es scheint so, als hätte die ruhige und sichere Art von Herbert Jark auf den Dienst an Bord der ERFURT so ausgestrahlt, daß jedes Besatzungsmitglied seine Arbeit ordentlich versah und bemüht war, die Reise schnell und erfolgreich zu einem positiven Ende zu bringen. Vom 16. Dezember 1960 bis 4. Januar 1962, also über ein Jahr, war Willi Stock I. Offizier auf der ERFURT. Herbert Jark und Willi Stock fuhren eine Reise gemeinsam. Herbert Jark erinnert sich: *„Als man mich damals bat, Willi Stock als I. Offizier mitzunehmen, war ich von dieser Aussicht nicht erbaut. Es ist immer mißlich, einen zum I. Offizier zurückgestuften ehemaligen Kapitän an Bord zu haben. In diesem Fall zeigte sich sehr bald, daß der I. Offizier für mich keine Unterstützung, sondern eine stetige Quelle des Ärgers war. Wenn man einem I. Offizier noch erklären muß, daß von ihm eine korrekte Trageweise der Uniform verlangt wird und der Alkoholverbrauch sich in Grenzen zu halten hat, dann macht das keinen Spaß."*

Herbert Jark und Robert Dürrkopp, der ihn als Kapitän auf der ERFURT ablöste, müssen mit ihren pädagogischen Bemühungen einigermaßen erfolgreich gewesen sein, denn Willi Stock wurde ab 10. Januar 1962 an Bord der SCHWERIN wieder als Kapitän eingesetzt.

Die ERFURT muß im übrigen eines der ersten Schiffe der DSR in Burma gewesen sein, denn in den Unterlagen von Herbert Jark findet sich eine Einladungskarte zu einem Cocktail, gegeben an Bord der ERFURT vom Kapitän und der burmesischen Schiffahrtsagentur aus Anlaß des Erstanlaufs des MS ERFURT in Rangoon für Montag, den 16. Oktober 1960. Wenige Tage zuvor, am 17. September, hatte Kapitän Jark mit zwölf weiteren Besatzungsmitgliedern das Vergnügen, einer Einladung zum Abendessen ins Generalkonsulat der DDR in Shanghai beim Generalkonsul K. Ackermann Folge leisten zu können. Im März 1962 – das Kommando hat inzwischen seit dem 5. Januar 1962 Kapitän Harald Leistner, I. Offizier ist Klaus Pfafferott – lag die ERFURT in Bremerhaven, um 6500 t Kunstdünger für Indonesien zu übernehmen. 14 Tage lag das Schiff an der Pier. Am 28. März 1962 meldete das „Hamburger Abendblatt":

„Ein Sechstel der Mannschaft verließ das Zonenschiff ERFURT. ... Sechs von ihnen sollten nach Beendigung der Fahrt zur Volksarmee eingezogen werden ... In vier Nächten gingen diese Männer heimlich von Bord: am 12. März Schiffszimmermann Jürgen M., am 20. März I. Koch Lothar B. und Kochsmaat Raimund Sch., am 22. März Decksmann Ernst N., am 23. März I. Steward Klaus R., II. Koch Willi K., Messesteward Klaus-Dieter St. und Maschinengehilfe Klaus E."

Die Chronik der Bordflucht wird nicht als Ruhmesblatt ins Logbuch der ERFURT eingehen. Kapitän Leistner, auf seiner ersten Reise als Schiffsführer, mußte jedesmal sofort die Reederei in Rostock benachrichtigen. Unfaßlich bleibt den Flüchtlingen, daß die Sicherheitsmaßnahmen an Bord nicht verstärkt wurden. Offensichtlich verzichtete die Reederei an Bord der ERFURT auf irgendwelche spektakuläre Maßnahmen und tat sicher gut daran. Aber dieser und andere Beiträge wurden natürlich auch in Berlin gelesen und gaben der politischen Führung einen deutlichen Wink, wie man zukünftig solchen unliebsamen Ereignissen begegnen könnte.

Berlin reagierte in solchen Fällen prompt und meistens restriktiv, wie auch in diesem Fall. Die Reederei wurde angewiesen, in Zukunft nur noch Leute einzustellen, die ihrer Wehrdienstpflicht bereits nachgekommen waren. Zukünftig erhielten ungediente Bewerber ihre Personalunterlagen postwendend zurückgeschickt mit dem Hinweis, erst ihrer Wehrpflicht zu genügen und sich dann erneut zu bewerben.

Es dauert einige Zeit, bis die ERFURT wieder im Blickpunkt der Öffentlichkeit erscheint. Am

18. November 1963 kam der junge Nautiker Herbert Großklags als IV. Offizier auf die ERFURT. Im Verlaufe der nächsten zweieinhalb Jahre bewährte er sich in allen Fahrtgebieten. Als Oberleutnant zur See hatte er seine ersten seemännischen Erfahrungen an Bord kleiner Einheiten der Seestreitkräfte auf der Ostsee gesammelt. Nun galt es, sich in der Stückgutfahrt auf einem großen Frachter zurechtzufinden. Das gelingt ihm, denn er wurde an Bord der ERFURT kontinuierlich befördert. Als er am 20. Juni 1966 abmusterte, war er II. Offizier. Nach weiterem Einsatz als II. und I. Offizier auf anderen Schiffen kam er am 1. März 1971 als Kapitän auf die ERFURT zurück und übernahm das Schiff von Kapitän Rolf Permien.

Ende April 1973 meldet die Betriebszeitung der DSR: „Am Abend des 15. April 1973 gab der Vorsitzende des Rates der Stadt Haiphong, Le Than für die Vertreter der Schiffsleitung des MS ERFURT einen Empfang. Kapitän Herbert Großklags, Schiffsarzt Dr. H. P. Thomas, diplomatische Vertreter und Mitarbeiter der Hafenverwaltung und der Vietnam Ocean Shipping Agency waren anwesend. Kapitän Großklags überbrachte solidarische Grüße aus Rostock und kündigte Sonderschichten zur Unterstützung des Löschens der Ladung an."

Von der nächsten Südostasienreise kehrte die ERFURT am 21. Dezember 1973 mit Stückgut nach Rostock zurück.

Am 29. Dezember 1973 erschien über die ERFURT in der „Ostsee-Zeitung" folgende Meldung: *„Gestern berief der Minister für Verkehrswesen der DDR, Otto Arndt, den bisherigen Präsidenten der Direktion der Seeverkehrs- und Hafenwirtschaft, Heinz Neukirchen, zum Generaldirektor des neuen VEB Kombinat Seeverkehr und Hafenwirtschaft. Bei einem Hafenrundgang überzeugte sich Otto Arndt auch von der Leistungsfähigkeit der neuen Kranreparaturwerkstatt des Überseehafens. An Bord des 10000-Tonnen-Frachters ERFURT schilderte Kapitän Herbert Großklags Minister Arndt die tiefe Freundschaft der 43 Besatzungsmitglieder dieses Schiffes mit Hafenarbeitern aus Haiphong. Das Schiffskollektiv, das seit fast vier Jahren die Vietnam-Route befährt, war im Februar das erste, das mit seinem Frachter nach Unterzeichnung des Pariser Vietnam-Abkommens von Rostock aus Kurs auf die Demokratische Republik Vietnam nahm. Nach fünfmonatiger Abwesenheit erlebten Matrosen und Offiziere der ERFURT das Weihnachtsfest bei ihren Angehörigen. Auch den Jahreswechsel werden sie in der Heimat verbringen."*

Die Mannschaftsmesse im achteren Wohndeck, im Hintergrund der Mannschafts-Clubraum.

An diese Begegnung am 28. Dezember 1973 an Bord seines Schiffes erinnert sich Herbert Großklags heute noch: „Es war dies eine ausgesprochene Protokollveranstaltung, der man den offiziellen Charakter durchaus anmerkte. Otto Arndt, der Verkehrsminister, war sehr in Eile. Heinz Neukirchen, der sicher gern die Gelegenheit genutzt hätte, sich aus erster Hand beim Kapitän über die Situation in Vietnam zu informieren, mußte dem Minister wohl oder übel folgen, als dieser eilends wieder aufbrach, um seinen vorgesehenen Hafenrundgang fortzusetzen. Da aber an Bord der ERFURT an diesem Tag offiziell die Berufung Heinz Neukirchen zum neuen Generaldirektor verkündet wurde, machen sich hierzu nähere Angaben erforderlich.

DAS NEUE KOMBINAT

Die Direktion Seeverkehr und Hafenwirtschaft wurde per 1. Januar 1964 auf Beschluß des Ministerrates der DDR gebildet. Zunächst wurde mit der Wahrnehmung der Geschäfte des Präsidenten Dipl.-Ing. oec. Wolfgang Wirdel beauftragt. Der Direktion unterstanden als selbständige Betriebe die Seehäfen Rostock, Wismar und Stralsund, die Deutsche Seereederei, die Deutsche Schiffsmaklerei, der VEB Deutsche Seebaggerei und der zum Jahresbeginn neugebildete VEB Lotsen-, Bugsier- und Bergungsdienst. Offiziell sollte die neue Leitungs- und Verwaltungsstruktur die weitere Entwicklung der Handelsflotte, für die auf dem VI. Parteitag der SED eine annähernde Kapazitätsverdopplung beschlossen worden war, unterstützen.

Der Aufbau der Direktion entsprach im wesentlichen dem Vorbild der Reichsbahndirektion. Ein Präsident war Chef der Direktion, mehrere Vizepräsidenten standen ihm zur Seite, weiter gab es Abteilungsleiter und Mitarbeiter. In Wirklichkeit ging es jedoch um eine Entlastung des Verkehrsministeriums. Bis zum Jahresende 1963 waren die genannten Betriebe der Hauptverwaltung Seeverkehr des DDR-Verkehrsministeriums direkt unterstellt. Die zunehmenden Geschäftsfelder, insbesondere auch die internationalen Aktivitäten, überforderten die leitungstechnischen Möglichkeiten der wenigen Mitarbeiter in der Hauptverwaltung Seeverkehr. Das war bereits längere Zeit spürbar gewesen, deshalb gab es verschiedene Experimente.

Beispielsweise hatte man versucht, die drei Seehäfen Rostock, Wismar und Stralsund organisatorisch zu einer Vereinigung Volkseigener Betriebe Seehäfen (VVB Seehäfen) zusammenzufassen, damit Berlin nicht mit jedem einzelnen Hafen verhandeln mußte. Ähnliche Probleme gab es mit der Zuordnung der Lotsen, bis man sich entschloß, sie aus praktischen Gründen dem Bugsier- und Bergungsdienst zuzuordnen. Die Bildung der Direktion Seeverkehr und Hafenwirtschaft bedeutete zweifellos für die Hauptverwaltung Seeverkehr eine Entlastung dahingehend, daß sie zukünftig nur noch mit einer ihr unterstellten Dienststelle zu tun hatte. Damit war die Verantwortung grundsätzlich nach Rostock delegiert. Aber das Hauptproblem war nicht gelöst. Die Weisungsberechtigung der Direktion hörte an dem Punkt auf, wo die erteilten Weisungen direkten Einfluß auf die Planerfüllung der unterstellten Betriebe hatten. Das führte in der täglichen Praxis zu fortwährenden Reibungen und mancherlei Spannungen. Das mit Wirkung vom 1. Januar 1974 gebildete Kombinat Seeverkehr und Hafenwirtschaft sollte die leitungstechnischen Probleme und

Kurzbiographie:

Vizeadmiral a. D. Generaldirektor Heinz Neukirchen

Heinz Neukirchen als Präsident der Direktion Seeverkehrs- und Hafenwirtschaft Rostock, 1964 bis 1974.

Geboren am 13. 1. 1915 in Duisburg, als Sohn eines Gutsinspektors, Besuch der Volks- und Mittelschule, Abschluß mittlere Reife, Aufnahme einer Ausbildung als Verwaltungsanwärter, anschließend Angestellter ohne Vergütung, schrieb erstmals Kurzberichte für verschiedene Zeitungen, von April 1932 bis Juni 1935 arbeitslos, abgesehen von kurzen Reisen als Decksmann an Bord eines Rhein-See-Küstenschiffes, Juli 1935 freiwillige Meldung zur Kriegsmarine, Fahrtzeit an Bord des Segelschulschiffes GORCH FOCK, anschließend Dienst an Bord des Leichten Kreuzers KÖLN und Teilnahme am Spanienkrieg, 1938 Beförderung zum Steuermannsmaat, 1940 Beförderung zum Bootsmann, 1944 Leutnant zur See, bei Kriegsende Oberleutnant zur See und Kommandant eines U-Boot-Jägers, geriet im Mai 1945 im Infanterie-Einsatz bei Wittstock in sowjetische Gefangenschaft, Rückkehr aus der Gefangenschaft und Entlassung in die DDR am 7. 10. 1949, ab November 1949 Geschäftsführer des Landesverbandes Mecklenburg der Nationaldemokratischen Partei Deutschlands, August 1950 bis März 1951 stellvertretender Vorsitzender des Landesverbandes Groß-Berlin der Nationaldemokratischen Partei Deutschlands, ab 01.03.1951 Dienst in der Seepolizei der DDR, Dienstgrad Chefinspekteur, nach Umbenennung in Volkspolizei See 1952 neuer Dienstgrad Konteradmiral, Dienststellung seit 1951: Chef des Stabes, verbleibt in der Position des Chefs des Stabes bei Überführung der VP See in die Seestreitkräfte der NVA ab März 1956, amtiert zeitweise als Chef der Seestreitkräfte, organisiert als Chef des Stabes die Flottenparade auf dem Greifswalder Bodden im November 1960 anläßlich der Umbenennung der Seestreitkräfte in Volksmarine, besucht 1955 die Seekriegsakademie Leningrad der Sowjetflotte, Entlassung aus der Volksmarine am 31. 5. 1964 bei gleichzeitiger Beförderung zum Vizeadmiral der Reserve, wird am 1. 6. 1964 vom Minister für Verkehrswesen der DDR, Dipl.-Ing. Kramer, zum Präsidenten der Direktion Seeverkehrs- und Hafenwirtschaft berufen und am 3. 6. 1964 durch den Stellvertreter des Ministers für Verkehrswesen, Horst Schlimper, in Rostock in sein Amt eingeführt, ab 1. 1. 1974 Generaldirektor des Kombinates Seeverkehr und Hafenwirtschaft, Deutfracht/Seereederei. Der zweite Herzinfarkt 1975 zwingt zum Ausscheiden aus dem aktiven Dienst, einstweilige Vertretung durch den stellvertretenden Generaldirektor Artur Maul, offizieller Abschied aus dem Dienstverhältnis im Februar 1976, N. wendet sich der schriftstellerischen Tätigkeit zu und veröffentlicht in den Folgejahren eine Reihe maritimer Bücher, die auch im Ausland verlegt werden, wird nach kurzer Zeit Mitglied des Schriftstellerverbandes des DDR, verstarb am 8. 12. 1986.

Kriegsauszeichnungen:

Spanienkreuz, Eisernes Kreuz II. Klasse, Kriegsabzeichen der U-Jagd und Sicherungsverbände

DDR-Auszeichnungen:

Ehrenzeichen der Deutschen Volkspolizei, Medaille für treue Dienste der KVP, Medaille für treue Dienste der NVA in Bronze und Silber, Ernst-Moritz-Arndt-Medaille der Nationalen Front am 11. 7. 1959, Verdienstmedaille der DDR 1959, Verdienstmedaille der Deutschen Reichsbahn, 9. 6. 1968 Verdienstmedaille der Seeverkehrswirtschaft der DDR in Silber, 13.10.1966 Verdienstmedaille der Seeverkehrswirtschaft in Gold, 15. Oktober 1968 Medaille für treue Dienste der Seeverkehrswirtschaft in Bronze am 13. 10. 1965, Verdienter Seemann 13. Oktober 1969, Vaterländischen Verdienstorden in Silber 1959, Vaterländischen Verdienstorden in Gold 9. 12. 1974, Stern der Völkerfreundschaft in Silber 28. Februar 1985, Parteistrafe: Hat als Mitglied der SED eine Rüge 1971 erhalten, da er als Präsident der Direktion Seeverkehr und Hafenwirtschaft die Errichtung eines Schwarzbaues zugelassen hatte (dreiflügliges, vierstöckiges Gebäude am Haupttor zum Überseehafen als neues Leitungsgebäude der DSR, ab 1. 1. 1974 Sitz der Leitung des Kombinates Seeverkehr und Hafenwirtschaft sowie der Industriekreisleitung der SED Seeverkehr und Hafenwirtschaft)

Schwierigkeiten bei der Wahrnehmung der Verantwortlichkeit insofern beseitigen, indem der Generaldirektor die volle Verantwortung für die Planerfüllung des Kombinates bei gleichzeitigem Wegfall der bisherigen Direktion Seeverkehr und Hafenwirtschaft trug. Aber auch das blieb im Grunde nur Theorie, da die Verantwortlichen des Kombinates in Personalunion die gleiche Verantwortung für den Stammbetrieb VEB Deutfracht/Seereederei zu übernehmen hatten. Das führte zu einer Überlastung des Generaldirektors, der stellvertretenden Generaldirektoren und der Direktoren. Außerdem war eine Strukturänderung nicht geeignet, die Schwierigkeiten zu beseitigen. Der Generaldirektor mußte für dieses neue Kombinat mit 22000 Werktätigen einen entsprechenden persönlichen Stab bilden. Und da zur unmittelbaren Leitung der Flotte ein Bereich „Stellvertretender Generaldirektor für Flotte und Absatz" geschaffen werden mußte, ergaben sich keine personellen Rationalisierungseffekte.

Die langfristige Vorbereitung der Kombinatsbildung durch einen Organisationsstab, eine Hauptarbeitsgruppe und eine Reihe von Unterarbeitsgruppen, die bereits seit 1972 daran arbeiteten, absorbierte einen nicht unerheblichen Teil der Arbeitszeit dieser dafür zeitweise tätigen Mitarbeiter. Die schwierigsten Entscheidungen wurden natürlich – wie in einem normalen Ausleseprozeß – weiter nach oben delegiert und mußten letztlich mit allen Konsequenzen vom Präsidenten der Direktion Seeverkehr und Hafenwirtschaft entschieden werden.

Die Phase der Kombinatsvorbereitung bedeutete eine ständige physische und psychische Überbelastung von Präsident Heinz Neukirchen. So war es denn kein Wunder, daß er einen zweiten Herzinfarkt erlitt, der ihn zum Ausscheiden aus dem aktiven Berufsleben zwang.

Die vielfach auch heute noch anzutreffende Auffassung, daß Heinz Neukirchen aus dem Amt geschieden sei, weil er als Mitglied der SED-Industriekreisleitung Seeverkehr und Hafenwirtschaft Reibereien mit dem Sekretariat der Kreisleitung gehabt hätte, hält einer näheren Prüfung nicht stand. Aufgrund seiner herausragenden Verdienste beim Aufbau der

Stapellauf der LEIPZIG.

Zunächst wurde nach heimischer Sitte sowjetischer Sekt ausgeschenkt, später ging man zu sowjetischem Kognak über. Dem Kapitän fiel es natürlich zu, die Begrüßungsrede zu halten. Während er sich dieser Aufgabe freundlich und sachlich entledigte, flüsterte der neben der Gattin des Kapitäns sitzende Reeder Rickmers seiner Nachbarin zu: *„Wann kommt denn nun die politische Rede?“* Daß es eine politische Rede war, schien er nicht bemerkt zu haben, was dem rhetorischen Talent des Kapitäns ein gutes Zeugnis ausstellte. Während eines Schiffsrundgangs hatten die Gäste Gelegenheit, den Neubau von vorn bis achtern und von oben bis unten in Augenschein zu nehmen. Originalton Klaus Rickmers: *„Ein erstaunlich schönes Schiff, Luke V ist zu klein, der Maschinenraum ist zu groß.“* Am nächsten Tag lief die LEIPZIG elbabwärts, am 10. Juli wurde Dover passiert, am 12. Juli erreichte man Gibraltar, und am 19. Juli, 1.00 Uhr, fiel der Anker auf der Reede von Port Said. Am 20. Juli nachts um 3.00 Uhr wurde Suez passiert, und an diesem Tag erreichte die Temperatur gleich 35°, die Besatzung merkte, daß sie nun im Roten Meer war. Beim Erreichen des Indischen Ozeans am 24. Juli mußte Kapitän Leistner alles seefest stauen lassen, denn das Schiff arbeitete heftig in schlechtem Wetter. Am 28. Juli wurde morgens die Insel Minikoi passiert, am nächsten Tag traf das Order-Telegramm der Reederei ein mit dem Bestimmungshafen Whampoa. Kapitän Leistner ließ Kurs durch die Malakka-Straße nehmen, am 3. August passierte man Singapur. Am 8. August 1959 lief die LEIPZIG in Whampoa ein. Noch auf der Reede wurde das Stückgut gelöscht. Die Besatzung folgte bei einer Temperatur von 50° einer Einladung zur Besichtigung einer Maschinenfabrik. Die Begeisterung dürfte sich in Grenzen gehalten haben, aber Kommentare sind nicht überliefert.

Am 17. August setzte die LEIPZIG ihre Reise fort und ankerte am 19. August auf der Außenreede von Haiphong. Wie immer kam etwas später der Lotse und verholte das Schiff auf die Innenreede. Am Tage setzte der Kapitän Bootsmanöver an, abends empfing er eine Abordnung von Monteuren der Neptunwerft

Die Schiffsleitung der LEIPZIG, von rechts: Schiffsarzt, I. Ingenieur, Kapitän Harald Leistner, I. Offizier. Damals entsprach die Uniform in Schnitt, Farbe und Trageweise der Offiziersuniform der DDR-Seestreitkräfte, diese war wiederum angelehnt an die Uniform der Kriegsmarine. Über den Ärmelstreifen trugen die Offiziere goldgestickt mit Umrandung die Buchstaben DSR. Der Schiffsarzt, rechts im Bild, trägt zusätzlich über den Ärmelstreifen noch den Äskulapstab als Laufbahnabzeichen.

Rostock, die schon zwei Jahre in Vietnam tätig waren. Die Standfestigkeit der Männer wurde auf eine harte Probe gestellt, denn man trank „Tupinambas".

Frau Christa Leistner und links neben ihr die Ehefrau des Kochs der LEIPZIG an Deck eingerahmt von zwei Stauern vom Stamme der Fuzzi-Wuzzis. Ortskundige wissen zu erzählen, daß die Männer aus den Bergen sich nur so lange als Hafenarbeiter verdingen, bis sie genügend Geld gespart haben, um sich eine Frau kaufen zu können. (Port Sudan)

Bootsmann Bachmann (mit weißer Mütze) und die Decksgang der LEIPZIG.

Am 26. August wurde die LEIPZIG in den Hafen von Haiphong geholt, zur Begrüßung gab es für alle Mann Kokosnüsse. Dann kamen Abordnungen der Kinderorganisation „Junge Pioniere" an Bord und überreichten Frau Leistner ein buntes Halstuch. Neben den Landesprodukten, die das Schiff dort an Bord nahm, begannen am 31. August die Vorbereitungen zum Laden von Tieren. Es meldete sich ein vietnamesischer Tierpfleger an Bord. In Luke V sollten Warane untergebracht werden, und Stroh mußte eingelagert werden. Am nächsten Tag wurde ein Elefant mit dem eigenen Ladegeschirr an Bord genommen.

Am 1. September trat das Schiff die Heimreise an und erreichte am 17. September Port Sudan. In diesem Hafen wurde Kapitän Leistner von den Behörden aufgefordert, an einer Gerichtsverhandlung teilzunehmen. Man sagte: „Einer Ihrer Leute wurde beim Waffenschmuggel erwischt. Er wollte einen Trommelrevolver verkaufen." Die Verhandlung leitete ein englischer Richter. Zu Beginn der Verhandlung verwies er darauf, daß laut Gesetzbuch auf Waffenschmuggel dreieinhalb Jahre Gefängnis steht. Es gelang dem Delinquenten und dem Kapitän gemeinsam, dem Richter klarzumachen, daß es sich um einen ganz gewöhnlichen Startrevolver handelte, wie er bei Sportveranstaltungen benutzt wird, der im übrigen so verrostet war, daß er nicht mehr funktionierte. Der Richter ließ sich erweichen und verhängte eine Geldstrafe, die dem Sünder später vom Verwaltungsoffizier von seinem Devisensatz abgezogen wurde.

Löscharbeiten in Port Sudan.

Am 1. Oktober war die LEIPZIG in Rotterdam, ging am 4. durch den Nord-Ostsee-Kanal und ankerte am 5. Oktober 1959 auf der Reede von Wismar.

Verladen eines Elefanten in seinem hölzernen Transportkäfig mit dem Ladegeschirr der LEIPZIG, die Matrosen halten den Käfig möglichst ruhig. Damit das Tier nicht nervös wird, läßt sich der einheimische Tierpfleger auf dem Rücken des Elefanten mit an Deck absetzen.

ABERMALS NACH CHINA

Auf der zweiten Reise der LEIPZIG hatte Kapitän Leistner prominente Passagiere an Bord. Der Maler Theo Niemeyer-Holstein und seine Gattin machten die Reise mit. Wie üblich wurde als Basisladung Kali an Bord genommen und in Rostock Stückgut für Shanghai geladen. Außerdem wurden 500 Schafe mit dem entsprechenden Heuvorrat und den dazugehörigen sieben Tierpflegern an Bord genommen. Die Tiere waren als Zuchtschafe vorgesehen und ebenfalls nach Shanghai bestimmt. Sie waren im wahrsten Sinne des Wortes „Zwischendeckspassagiere“. Unterwegs krepierten elf Tiere; da aber zwölf Lämmer geboren wurden, konnte Kapitän Leistner ein Tier mehr ausliefern als in den Ladepapieren dokumentiert war. Wegen der großen Hitze mußten die Tiere geschoren werden. Da man zu Hause nicht wußte, wieviel Heu sicherheitshalber mitgenommen werden sollte, befand sich reichlich Heu an Bord, und als die LEIPZIG in Port Sudan 400 t Baumwolle für China laden sollte, mußte dafür ein Teil des Heus von Bord gegeben werden. Der Rest reichte dennoch für die Versorgung der Tiere.

Am 22. Januar 1960 wurde Tsingtao erreicht, und am 24. Januar lief die LEIPZIG in Shanghai ein. Für die Heimreise wurden Tee und Tabak in einer größeren Partie an Bord genommen, Ladung die eigentlich für ein englisches Schiff vorgesehen war, deren Kapitän sich aber aus irgendwelchen Gründen weigerte, Port Sudan anzulaufen, wohin die Partie bestimmt war. Ferner wurde Reis geladen, Obstkonserven und Palmfaser. Auf der Heimreise zwischen Okinawa und Luzon rutschte ein Matrose beim Arbeiten vom Ladebaum ab und stürzte in die Vermessungsluke. Der Schiffsarzt stellt einen Schädelbasisbruch fest und weist den Kapitän darauf hin, daß innerhalb von 24 Stunden ein Hafen erforderlich ist, damit in einem Hospital eine ordnungsgemäße Behandlung erfolgen kann. Aber alle Häfen waren mindestens drei Tagesreisen entfernt. Das nächste geeignete Hospital befand sich in Manila. Trotz des bestehenden Funkverbotes nahm der Funker eine Verbindung mit einem sowjetischen Tanker auf. Dieser war zwar nach Manila bestimmt, jedoch konnte der Schwerstverletzte auf See nicht im offenen Boot transportiert werden. Das bekam offenbar die Funkstelle des US-Oberkommandos auf den Philippinen mit, und die LEIPZIG wurde aufgefordert, eine gewisse unbewohnte Insel anzusteuern, dort würde man den verletzten Seemann mit einem Hubschrauber abholen und in die Klinik bringen. Diese Absicht zerschlug sich leider. Eine Taifunwarnung brachte den Flugverkehr zum Erliegen. In dieser Situation – als man sämtliche Seehandbücher durchgeblättert hatte – las man von einem Urwaldhospital in Apari in der Straße von Luzon. Man mußte versuchen, den Patienten hier abzugeben.

Kapitän Leistner lotete sich an die Küste heran und ging so dicht in die Nähe des Ufers, bis er

MS LEIPZIG: an der Vorkante der Kommandobrücke führt das Schiff das Wappen der Messestadt.

nur noch drei Meter Wasser unter dem Kiel hatte. Das ist nicht viel für ein großes Schiff. Dann wurde das Motorboot zu Wasser gelassen, der Seemann wurde mit einer Trage vorsichtig in das Motorboot gereicht. Der I. Offizier, begleitet vom Schiffsarzt und einigen Seeleuten, fuhr an Land. Es gelang ihnen, die Einfahrt zu finden und den Patienten im Hospital abzugeben. Aber nun gab es finanzielle Schwierigkeiten. Dort wollte man wissen, ob die DDR eine Vertretung auf den Philippinen hätte. Nein, die hatte man nicht. Ob man die Behandlungskosten in Dollars bar bezahlen wollte? Nein, das könne man nicht. Ob die DSR auf den Philippinen eine Agentur unter Vertrag hätte, nein, mußte man antworten, dies hätte sie nicht. Schließlich einigte man sich so: Der Seemann bleibt erst mal im Hospital. Wenn das Geld überwiesen ist, beginnt die Behandlung.

Es ist Sache des Schiffes, die Reederei über alles Notwendige zu informieren. Das geschah selbstverständlich. Sowie das Schiff wieder ankerauf gegangen war, schickte Kapitän Leistner ein dringendes Telegramm mit den entsprechenden Angaben nach Rostock. Selbstverständlich überwies die Reederei sofort die entsprechende Summe an das Hospital. Später erfuhr Kapitän Leistner, daß dort im Hospital zunächst nur eine leichte Behandlung durchgeführt wurde, bei erster Gelegenheit wurde der Patient nach Manila geflogen, dort wurde die Behandlung fortgesetzt. Als der Patient entsprechend genesen war, wurde er mit dem Flugzeug nach Hongkong transportiert. Da aber niemand daran gedacht hatte, ihm für Hongkong ein Visum zu besorgen, schickten die Behörden der englischen Kronkolonie den jungen Mann zurück nach Manila. Der in Manila ansässige Konsul der Bundesrepublik Deutschland sorgte dann für ein Visum für Hongkong, von da aus ging der Weiterflug nach Frankfurt am Main, und schließlich traf der Seemann über den Flugplatz Berlin-Tempelhof, den Checkpoint „Charlie" am Berliner Grenzübergang wieder in Rostock ein. Er war inzwischen genesen und durfte ohne gesundheitliche Einschränkungen weiter zur See fahren.

Bleibt noch nachzutragen, daß der junge Mann kaum Englisch sprach und als Verständigungsmittel lediglich das ihm mitgegebene deutsch-englische Wörterbuch des Kapitäns bei sich hatte.

Noch im Pazifik geriet die LEIPZIG in einen erheblichen Taifun, der Sturm kam von achtern und schob das Schiff mit rauschender Fahrt vor sich her. Bei dieser Gelegenheit stieg das Vertrauen des Kapitäns in die Seefähigkeit seines Schiffes erheblich an.

Als die LEIPZIG schließlich wieder in Wismar einläuft, wundern sich die Hafenarbeiter, daß als erstes die Polizei an Bord kommt. Sie konnten nicht wissen, daß das Schiff in Shanghai 10 t Silberbarren im Postraum unter der Back geladen hatte. Die sollten nun mit Polizeischutz abgeholt werden.

Wesentlich unangenehmer war für Kapitän und Besatzung, daß ein Mitarbeiter der Bezirksleitung der SED an Bord kam und den Kapitän fragte, ob ihm bekannt sei, daß an Bord seines Schiffes Rassenhetze betrieben würde? Natürlich war dem Kapitän diese Neuigkeit noch unbekannt. Es stellte sich heraus, daß irgendein schlechtgelaunter oder übermütiger – auf jeden Fall leichtfertiger – junger Mann des Maschinenpersonals in das Maschinentagebuch Bemerkungen eingetragen hatte, in denen es vor Schimpfworten wie Galgenvogel, Mongolenschuft und Nigger nur so wimmelte. Der Fall stellte sich wenig später als alberne Übertreibung heraus. Aber der Kapitän wurde doch sehr nachdenklich bei dem Gedanken, daß Eintragungen im Maschinentagebuch, die während der Reise vorgenommen werden, in Rostock schon bekannt sind, bevor das Schiff in den Heimathafen eingelaufen ist ...

Indessen waren zu Hause andere Leute nicht ganz so aufmerksam gewesen. Als das Schiff heimkehrend in Rotterdam einlief, sollte die gesetzlich neu geforderte Handelsflagge an Bord geliefert werden. Die entsprechende Lieferung traf auch pünktlich ein. Als die Verpackung geöffnet wurde, kam aber die Flagge der Seepolizei zum Vorschein. Daß es die schon seit 1952 nicht mehr gab, hatte man im Lager wohl übersehen.

Auch das Ehepaar Niemeyer-Holstein geht in Rostock wieder von Bord und begibt sich zurück in das heimatliche Domizil auf Usedom. Später äußert der bekannte Maler, befragt nach seinen Reiseeindrücken: „Der schönste Augenblick der Reise wäre es gewesen, als er in sein Häuschen am Ufer des Achterwassers wieder betreten konnte ..." Ob sich das Ergebnis dieser Reise um die halbe Welt in seinem künstlerischen Schaffen niedergeschlagen hat, erfuhr man in der Handelsflotte jedenfalls nicht.

Anderen Malern, die sich um die Entwicklung der Marinemalerei in der DDR jahrzehntelang bemüht hatten und darin künstlerisch sehr wirkungsvoll waren, wie Jochen Berthold, Karl-Heinz Kuhn, Hilmar Zill, Gerhard Geidel und anderen, blieb das Erlebnis Meer und Seefahrt bedauerlicherweise verwehrt. Lediglich der Berliner Maler und Grafiker Hans Räde durfte einmal eine Ostseereise auf der VÖLKERFREUNDSCHAFT mitmachen. Noch während der Reise konnte er an Bord in einer Ausstellung seine Aquarelle vorstellen.

Am 17. August 1960 ging Kapitän Leistner von Bord und trat einen längeren Urlaub an. Sein nächstes Schiff war ab November 1960 die GERA.

Die nächsten Reisen führte Kapitän Nützmann das Schiff. Unter seinem Kommando erfolgte am 6. Oktober 1960 der Erstanlauf eines DDR-Schiffes im Hafen von Massaua, Äthiopien. Die Begeisterung der Besatzung über dieses „Ereignis" dürfte sich in Grenzen gehalten haben, denn im geographischen Sinne ist Massaua als der heißeste Hafen der Welt bekannt. Tagestemperaturen von über 40° C sind keineswegs selten.

RENTABILITÄTSFRAGEN

Zu dieser Zeit gab es auf fast allen Schiffen der DSR eine rege Diskussion über Kosten, Einnahmen, Rentabilitätsprobleme und Rationalisierungsmaßnahmen. Diese Diskussion wurde durch die Betriebsleitung planmäßig gefördert, weil man fand, daß es an der Zeit sei, mit eini-

Kostentabelle für den Außenanstrich eines Typ-IV-Schiffes, aufgestellt vom Bootsmann Westphalen, MS LEIPZIG

MS LEIPZIG, Stand 1960	Matrosen-Std. à 1,79 M		Umschüler-Std. à 1,60 M		Lehrlings-Std. à 0,75 M		Material-	Gesamt-
	Stunde	Betrag	Stunde	Betrag	Stunde	Betrag	Kosten in M	Kosten in M
1. Überholung und Konservierung des Ladegeschirrs	105	187,45	150	240,00	307	230,25	692,32	1350,02
2. Anstrich Ladewinden	16	28,64	6	9,60	96	70,50	172,00	280,74
3. Hauptdeck rotbraun vorstreichen	23	41,17	7	11,20	79	59,25	348,90	460,52
4. Grüner Anstrich des Decks	61	109,19	78	128,80	197	147,75	167,40	553,14
5. Außenhautanstrich mit Namen, Wappen, Amings, Wasserpaß und 1 m Unterwasseranstrich	50	89,50	43	68,80	125	93,75	605,55	857,60
6. Masten, Kräne, Lüfter und Bäume	64,5	115,46	66	105,60	103,5	77,25	1.042,75	1.341,06
Gesamt	**319,5**	**571,41**	**350**	**564,00**	**907,5**	**678,75**	**3028,92**	**4843,08**

Lohnkosten insgesamt: **1814,16 M**
Gesamtkosten des Außenanstriches für das ganze Schiff: **4843,08 M**

gen liberalen Auffassungen auf diesem Gebiet, die noch aus den Anfangsjahren stammten, Schluß zu machen und zu einer konsequenten, betriebswirtschaftlich durchdachten Arbeitsweise überzugehen. Mit der Diskussion an Bord der Schiffe unter dem Stichwort „Eigentümerbewußtsein" wollte man den Besatzungen klarmachen, daß letzten Endes für die DSR die Rentabilität nur durch die planmäßige und verständnisvolle Mitwirkung jedes einzelnen zu erreichen ist.

Auf der Reise unter Führung von Kapitän Nützmann machte sich nun der Bootsmann Westfalen Gedanken darüber, welche Kosten in seinem Verantwortungsbereich auftraten. Im Verlaufe der Reise notierte er für alle Arbeitsvorgänge, die an Bord während einer Rundreise zur Erneuerung des gesamten Außenanstrichs erforderlich sind, die benötigten Arbeitsstunden der Matrosen, Umschüler und Lehrlinge, ermittelte die Materialmenge und Kosten, um schließlich die Gesamtkosten zu errechnen. Das Ergebnis seiner Berechnungen und Überlegungen ist in der oben stehenden Tabelle zusammengefaßt.

In einem Artikel in der Betriebszeitung schrieb er dazu: „*... es ist erforderlich, durch pedantisch genaue Kontrollen den wahren Verbrauch an Arbeitsmitteln, Arbeitsmaterialien und Verbrauchsmaterial für jeweils eine Reise der Typ-IV-Schiffe zu ermitteln. Ich bin der Ansicht, daß diese Arbeit sich nicht in einer Reise zum Abschluß bringen läßt. Ich veranschlage für mindestens drei Schiffe je drei Reisen, um aus den dann gewonnenen Erfahrungswerten die Arbeitsnorm, den Objektlohn und die Reiseverbrauchsnorm in Stunden und Mark zu erreichen.*"

Er wußte natürlich um die Problematik dieses Vorgehens, denn schließlich ging es auch um Arbeitsschutzbestimmungen, um die Ausführung von Qualitätsarbeit und die bei jedem Arbeitsgang erforderlichen Vorbereitungsarbeiten. Schließlich mußten auch die Stunden für den jeweils erforderlichen Sicherheitsmann mit einbezogen werden. Sein Ziel war die Ermittlung eines gültigen Normverbrauches pro Reise. Damit wollte er erreichen, daß der festgesetzte Verbrauch in allen Teilen als Standardbestellung beim VEB Schiffsversorgung, so hieß in der DDR die Schiffshändlerfirma, hinterlegt werden kann, gültig für jedes Ostasienschiff.

Das, so meinte er, ergibt für jede Reise die gleiche Bestellung, die routinemäßig geliefert wird. Es braucht dann von der Schiffsleitung nur noch angegeben zu werden, was die Schiffsversorgung auf Grund der Erfahrungen und Einsparungen auf der letzten Reise **nicht** zu liefern braucht.

Damit sollte nach seiner Auffassung eine verwaltungstechnisch leichtere Abwicklung erreicht werden. Das war für das Jahr 1960 aus der Sicht der Schiffsleitung und des Bootsmannes zwar eine erstrebenswerte Idee, sie beruhte aber auf der allzu optimistischen Annahme, daß die für die Schiffe benötigten Farben in Qualität und Menge stets in ausreichendem Maße zur Verfügung stehen würden. Das war nun keineswegs der Fall. Infolge von Lieferschwierigkeiten der Farbenindustrie kam es durchaus vor, daß Typ-IV-Schiffe ihre Reise antreten mußten, die während der Hafenliegezeit nur unvollständig – gelegentlich auch gar nicht – mit Farbe beliefert werden konnten. Dann mußte sich die Besatzung während der Reise mit den vorhandenen Restbeständen behelfen und konnte nur noch Ausbesserungsarbeiten vornehmen. Das Grundproblem lag bei der Farbenindustrie der DDR. Wenn sie die entsprechenden Zulieferungen aus dem westlichen Ausland bekam, war sie durchaus in der Lage, Qualitätsfarben herzustellen. Nicht immer waren für die erforderlichen Importe die notwendigen Devisen vorhanden. Es wurde viel herumexperimentiert, um mit weniger Zusätzen aus dem Westen dennoch eine brauchbare Farbzusammensetzung zu erreichen. Das blieb immer problematisch. Gelöst wurden diese Probleme jedenfalls nicht. Bis zum Ende der DDR blieben die Produkte der DDR-Farbenindustrie in Menge und Qualität an Bord der Handelsschiffe ein ständiges Gesprächsthema der Besatzung, die es an sarkastischen Bemerkungen und kritischen Berichten nicht fehlen ließ. In der Zentrale gab man sich gelassen. Das ging so weit, daß noch in späteren Jahren Harry Tisch, inzwischen Gewerkschaftsvorsitzender und Politbüromitglied, auf einer Delegiertenkonferenz in Rostock die Stirn hatte, zu erklären, man wisse ja in Berlin gar nichts von der schlechten Qualität der Farbenindustrie und warum man ihn denn nicht schon längst informiert hätte? Unter den im Saal sitzenden Seeleuten und dem anwesenden Führungspersonal der DSR erhob sich ein unwilliges Raunen und höhnisches Gelächter. Wußte doch jeder, daß die Probleme schon seit 20 Jahren existierten.

In einer Stellungnahme zu den Vorschlägen seines Bootsmannes schrieb Kapitän Nützmann von der LEIPZIG:

„... Um dieser Sache aber wirklich Erfolg und Bestand zu sichern, wird es die Hauptaufgabe der Reederei sein müssen, Stammbesatzungen bestehen zu lassen, vor allem Stammbootsleute für die Schiffe. ... Weiter wäre zu berücksichtigen, daß für den Bootsmann durch die Normierung der Arbeit eine gewisse Mehrbelastung entsteht. Er rückt dadurch mehr in den wirtschaftlichen Mittelpunkt. Es wird nicht zu umgehen sein, dieses irgendwie zu berücksichtigen.“

Ob die dezente Andeutung von Kapitän Nützmann einen Erfolg dahingehend hatte, daß Bootsmann Westfalen für seine Vorschläge und Initiative mit einer Prämie ausgezeichnet wurde, kann nicht mehr ermittelt werden. Aber die Auffassung des Kapitäns setzte sich langfristig in der DSR insoweit durch, daß es gegen Ende der 70er Jahre, nachdem der schnelle Wachstum der Flotte aufhörte, zunehmend möglich wurde, Stammbesatzungen zu bilden. Später ging man dazu über, für je zwei Schiffe einer Serie drei Besatzungen zusammenzustellen, so daß jeweils eine Besatzung in Urlaub sein konnte, während die anderen auf See waren. Für die Durchführung von Eigenleistungen bei Reparaturarbeiten, Einsparungen von Arbeitszeit und Arbeitsmitteln wurden ebenfalls später Prämien an die Seeleute gezahlt.

Das vorliegende Beispiel zeigt, daß viele Ideen, Vorschläge, Erfahrungen und Erkenntnisse, die später zu wesentlichen Verbesserungen in der Handelsflotte der DDR führten, sich bereits auf den Typ-IV-Schiffen herausbildeten und nicht selten nach langer, manchmal auch quälender Diskussion schließlich doch in der Praxis durchgesetzt werden konnten.

Auf der Reise 1/61 Wismar–Rotterdam–Port Said vom 22. Februar bis 20. März 1961 war Kapitän Nützmann noch immer an Bord der LEIPZIG. Leitender Ingenieur war Alfons Behrend. Seine Reiseberichte an die technische Inspektion – auch von den nächsten Reisen – sind erhalten geblieben und belegen, daß sowohl das Maschinenpersonal als auch die Besatzung im Jahre 1961 noch mit den gleichen Schwierigkeiten zu kämpfen hatte wie bereits 1957/1958.

Das zeigen schon die ersten beiden Sätze aus seinem Bericht:

„Die Reise wurde von Wismar aus am 21. Februar 1961 um 14.30 Uhr zum Ladehafen Rotterdam angetreten. Leider reichte die 19tägige Liegezeit (!) in Wismar nicht aus, um das Schiff mit den erforderlichen Stores auszurüsten, obwohl die letzten Bestellungen schon im Januar 1961 vom Ausland aus aufgegeben wurden. Diesbezügliche Anmahnungen bei der Schiffsversorgung und in der Materialverwaltung der DSR wurden mit dem Hinweis abgetan, daß das Schiff für sie restlos beliefert sei. Die daraufhin noch eine halbe Stunde vor dem Auslaufen des Schiffes vom Chief selbst durchgegebenen fehlenden Positionen sollten auf der Reede Warnemünde noch geliefert werden. Es handelte sich um Zinkschutz, Stickstoff, Regulierventile für die Ladekühlanlage, Kaliumchromat und Kabel für Sonnenbrenner. Von den fehlenden Positionen wurde jedoch kein Stück geliefert. Auf der Reede von Warnemünde wurde noch kompensiert, anschließend wurden Getränke übernommen und die Reise nach Rotterdam in Ballast um Skagen herum angetreten. Da auch in Rotterdam die benötigten Ersatzteile nicht eintrafen, obgleich sie nach Rotterdam hin avisiert worden waren, mußte der Chief dem Kapitän die Ladekühlanlage unklar melden.“

Auch die beiden Kräne machten dem Chief erhebliche Sorgen. Sie mußten pausenlos repariert werden, da sie unter Spritzwasser gelitten hatten. In Rotterdam hatte das Schiff 10 200 t Ladung an Bord genommen, die Art der Ladung ist nicht vermerkt. Auf der Überfahrt nach Port Said wurde eine Durchschnittsgeschwindigkeit von 14,0 Knoten erzielt. Der Treibstoffverbrauch in 24 Stunden betrug 21 t. Während der Überreise von Port Said nach China wurde die Ursache der seit Sommer 1960 bestehenden Probleme am Drehwerk des vorderen Kranes festgestellt. Das Kabel für das Nebenschlußfeld im Einführungsstutzen des Widerstandskastens war durchgefault. Dieser Mangel ist auf Undichtigkeiten und dauernde Feuchtigkeit im Widerstandskasten zurückzuführen. Der Schaden konnte mit Bordmitteln nicht behoben werden, da keine entsprechenden Kabel an Bord waren. Die Verkabelung muß in der Werft ausgewechselt werden. Da diese Probleme mit vorderen Kränen immer wieder auftraten, wurden sie bei den Schiffen im Laufe der Zeit abgebaut. Am 21. März ging das Schiff durch den Suezkanal.

Beim Passieren der Philippinen mußte das Schiff wegen schlechten Wetters zeitweilig mit halber Kraft laufen. Dadurch kam die Maschinenanlage in den Bereich der kritischen Drehzahlen, die zwischen 82 und 92 Wellenumdrehungen lagen. Beim Passieren der Philippinen wurden im Fahrstand zeitweise Temperaturen zwischen 44 und 46°C gemessen. Auf der Rückfahrt erreichten die Temperaturen im Fahrstand im Seegebiet Rotes Meer zwischen 48 bis 50°C.

Deswegen verkürzte der Chief die Wach- und Arbeitszeiten auf sechs Stunden pro Tag. Außerdem wurde die Arbeitszeit in den Häfen Aden und Port Sudan auf morgens von vier Uhr bis elf Uhr verlegt. Zum Frühstück gab es eine Stunde Unterbrechung. Für den Seetörn wurde das 4-Wachen-System eingeführt, damit eine weitestgehende Schonung des Maschinenpersonals bei sechs Stunden Wachzeit pro Tag gegeben war. Während dieser Zeit wurden nur die notwendigsten Arbeiten vorgenommen. *„Da das Maschinenpersonal ohnehin auf den Typ-IV-Schiffen über die Grenzen des Erträglichen hinaus beansprucht wird", so schreibt Alfons Behrend in seinem Bericht, „erscheint mir diese Regelung jederzeit gerechtfertigt und ausreichend begründet."*

Weiter schreibt er: *„Es muß jeden zum Nachdenken zwingen, wenn man sieht, daß beim Eintritt in wärmere Zonen die Decks auf dem Achterschiff wie ein Zigeunerlager aussehen, weil es in den Seitenkammern vor Hitze und Abgasen der Maschine einfach nicht auszuhalten ist. Von einer Erholung in der Freiwache kann dann keine Rede mehr sein."*

Am 14. April lief die LEIPZIG in Tsingtao ein. Ein Teil der Ladung wurde gelöscht und die Reise am 23. April nach Hsingkang fortgesetzt. Danach ging es nach Nampho (Nord-Korea). Dieser Hafen wurde am 24. April erreicht. Am 28. lief das Schiff aus und steuerte Osaka an, der Hafen wurde am 1. Mai erreicht. Von Japan aus lief das Schiff am 6. Mai nach Haiphong aus und war am 12. Mai in Haiphong fest.

In diesen Häfen wurde überall noch zugeladen. Am 16. Mai verließ das Schiff Haiphong mit Kurs auf Aden. Im Indischen Ozean wurde auf der Heimreise Windstärke sieben angetroffen. Zwischen dem 28. Mai und dem 30. Mai mußten wegen des Südwest-Monsuns die Drehzahlen der Hauptmaschinen auf ca. 80 Umdrehungen pro Minute zurückgenommen werden. Am 31. Mai wurde Aden erreicht. Am 8. Mai ankerte die LEIPZIG auf der Reede von Port Sudan und lag dort bis zum 11. Juni.

Wegen plötzlichem Einsetzen der Sandstürme und der ungünstigen Reedeverhältnisse mußten die Maschinen ständig klar bleiben; es konnten keine Wartungsarbeiten durchgeführt werden. Am 12. Juni lief das Schiff dann in den Hafen ein. Am 17. Juni ging die LEIPZIG auf der Außenreede von Suez vor Anker. 525 Rinder wurden von Bord gegeben. Es ist nicht verzeichnet, wo sie geladen worden waren. Anschließend nahm das Schiff Erdnüsse für Marseille an Bord. Marseille war für die Fernostschiffe keineswegs der normale Linienhafen, aber wenn eine günstige Ladungspartie angeboten wurde, die zu befördern einen kleinen Umweg lohnend machte, dann wich man schon mal vom üblichen Reiseweg ab. Marseille wurde am 26. Juni erreicht. Die Ladung wurde gelöscht, und am 28. 6. wurde die Reise fortgesetzt. Am 3. Juli passierte das Schiff morgens um 3.30 Uhr Dover und war um 20.00 Uhr in Rotterdam fest. Mitte Juli 1961 war die LEIPZIG wieder in Rostock.

Die nächste Reise vom 12. August bis 6. Oktober 1961 wurde unter dem Kommando von Kapitän Willi Beykirch angetreten. Zum Laden fuhr das Schiff zunächst nach Szczecin (Stettin). Reisebeginn war der 12. August. In Stettin wurde Ladung für Kuba an Bord genommen und die Weiterreise am 24. August angetreten. Aus Versorgungsgründen wurde noch einmal kurz auf der Reede von Wismar geankert, dann aber bald die Fahrt um Skagen herum fortgesetzt. Skagen wurde am 26. August passiert. Abends kam es um 20.18 Uhr zu einem technischen Zwischenfall. Es fiel die gesamte E-Anlage aus, weil beim Nachregulieren der Drehzahl eines Hilfsdiesels nicht auf die Spannung geachtet wurde. Hierbei ging die Maschine Steuerbord I kurzzeitig durch, weil der Drehzahlregler zu träge arbeitete. Am 31. August wurden die Azoren passiert, zwei Tage später mußte die gesamte Anlage von 12.33 Uhr bis 15.45 Uhr gestoppt werden, da an der Maschine Backbord II eine Bürstenbrücke der I-Kupplung übergeschlagen war und diese teilweise verschmorte. Auch dieser Schaden konnte wieder behoben werden. Am 3. September mußte ab 16.00 Uhr sehr langsam gefahren werden, da der tropische Wirbelsturm „Betsy" gemeldet wurde und der Kapitän diesen Wirbelsturm vor dem Schiff vorbeiziehen lassen wollte. Aber am nächsten Tage änderte der Sturm seine Zugbahn und lief direkt auf das Schiff zu, so daß wieder mit vier Maschinen voll voraus gefahren wurde. Um dem Hurrikan auszuweichen, wurde auf Anweisung des Kapitäns – wie es im Maschinentagebuch heißt – mit größter Geschwindigkeit gefahren. Bei einer Abgastemperatur von 420°C wurden 107 Umdrehungen pro Minute erreicht.

Am 5. September fiel gegen 11.30 Uhr die gesamte E-Anlage infolge Überlastung beim Zuschalten einer Lenzpumpe nochmals aus. Die Hauptmaschine Steuerbord I kam hierbei wieder auf Überdrehzahl, und es verstellten sich einige Nocken, die nachgestellt werden mußten. Nach dem Ausweichmanöver vor dem Sturm, das zwei Tage dauerte, wurde anschließend die Fahrt mit Drehzahlen zwischen 100 und 101 Umdrehungen pro Minute fortgesetzt. Am 12. September machte das Schiff in Havanna fest. Dort wurde die Ladung gelöscht, dann lief das Schiff weiter nach Matanzas. In Matanzas nahm das Schiff eine volle Ladung Zucker an Bord. Dabei wurden – wie der Chief schreibt – die Winden stark strapaziert, so daß es zu häufigen Ausfällen kam. An der Ladewinde 9 wurde durch unqualifizierte Bedienung die Verkleidung der Feststellbremse abgehievt. Außerdem kam es an fast allen Winden zu erheblichenÖlleckagen, die unbedingt beseitigt werden müßten. Reserve-Simmerringe waren nicht mehr an Bord!

Am Ende des Berichtes ist auch der Teil „Personelles" durchaus interessant und charakterisiert die Stimmungslage des Maschinenpersonals.

Es heißt hier:

„Nach dieser Reise ergeben sich wieder erhebliche Veränderungen der Besetzung. Folgende Besatzungsmitglieder wollen absteigen:

1. *Leitender Ing. Behrend, für MS LÜBBENAU vorgesehen.*
2. *I. Ingenieur Flügge will auf Urlaub, fährt unter Umständen noch eine Reise*
3. *II. Ingenieur Blosfeld will auf Urlaub*
4. *III. Ingenieur Serrin will auf Urlaub, fährt unter Umständen noch eine Reise*
5. *IV. Ing. Becking will kündigen*
6. *IV. Ingenieur Abermann soll auf C6/Sonderlehrgang*
7. *Maschinenassistent Rößler will auf Urlaub, hat Motorfahrzeit voll*

Die LEIPZIG mit einer vollen Decksladung LKWs für Vietnam.

allen internationalen Gepflogenheiten und Bestimmungen versuchte, das Wasser vor dem Bug der ankommenden LEIPZIG zu queren. Demgemäß fiel dann auch der Spruch der Seekammer aus, in dem es letzten Endes heißt: *„Ein Verschulden des Kapitäns des MS LEIPZIG lag nicht vor.*“ Das war die einzige Havarie, in die das MS LEIPZIG im Verlaufe seiner gesamten Dienstzeit verwickelt war. Im Verzeichnis der verhandelten Havarien der Seekammer taucht der Name der LEIPZIG nicht noch einmal auf. Nach Kapitän Hübscher übernahm am 23. April 1965 Kapitän Artur Friedrich die LEIPZIG für eine Werftliegezeit. Am 25. Mai 1965 ging Kapitän Hübscher mit der LEIPZIG auf eine Kubareise, die bis zum 19. September 1965 dauerte. Ab 3. Dezember 1965 machte die LEIPZIG dann wieder eine Indienreise. Kapitän Hübscher blieb bis zum 4. November 1966 an Bord. Dann sind einige Jahre ohne belegte Quellen. Erst 1974 ist wieder nachweisbar, daß Kapitän Willi Eckholz das Schiff vom 16. September bis zum 7. Januar 1975 führte. Unmittelbar anschließend, ab 7. Januar 1975, hatte Kapitän Heinrich Schröder das Kommando während einer Werftliegezeit in Sczcecin (Stettin), die bis Mitte April 1975 dauerte. Nach Beendigung der Werftzeit in Polen übernahm Kapitän Dietrich Frase wieder die LEIPZIG und verließ noch im April Rostock zu einer Vietnam-Reise. An Bord fuhr der Technische Offizier für E-Anlagen Hans-Jürgen Mathy. Heute ist er Vorsitzender des Typ-IV-Vereins. Er erinnert sich an diese Reise: *„Da der*

1974: Eine Reihe von DSR-Stückgutschiffen am Diestelkai im Hamburger Hafen, im Vordergrund MS LEIPZIG.

Suezkanal noch gesperrt war, liefen wir um das Kap der Guten Hoffnung. Kurz vor Erreichen des Kaps hatten wir an Bord 14 beschädigte Elektromotoren. Sie waren in die polnische Werft zur Reparatur gegeben worden. Dort hatte man grobe Fehler gemacht, die Wicklungen waren durchgebrannt. Damit waren alle Umformer ausgefallen, auch der Kreiselkompaß blieb stehen. Es konnte nur noch nach Magnetkompaß gesteuert werden. Die LEIPZIG mußte sich nach Kapstadt zur Reparatur einschleppen lassen. Dies wurde zunächst verweigert, denn DDR-Schiffe wurden boykottiert. Schließlich gelang es der dort ansässigen Vertretung der Fa. Decca, die Reparatur der E-Motoren über ihre Beziehungen zu organisieren. Der nächste Reinfall passierte auf der Reede von Singapur. Dort war das Schiff vor Anker gegangen. Als der Anker gehievt werden sollte, passierte nichts. Es stellte sich heraus, daß die Kupplungen im Spill nicht griffen. Die Kupplungsbelege waren in der Werft dick eingefettet worden (!). Nachdem auch noch diese Schlamperei der polnischen Werft in Ordnung gebracht worden war, wurde die Reise fortgesetzt."

Am 14. Mai 1975 lief die LEIPZIG als erstes DDR-Schiff in den ehemals südvietnamesischen Hafen Saigon ein. Im Oktober 1975 ist das Schiff wieder in Rostock.

Am 21. Juli 1980 wurde die LEIPZIG an die Ocean-Trade (Saudi Europe Line) Saudi-Arabien verkauft.

Das Schiff bekam den neuen Namen „Saudi Trader". Es lief am 25. November 1983 aus Jeddah aus, um in Indien abgewrackt zu werden.

Kurzbiographie:

Kapitän Karl-Heinz Seidler

Kapitän Karl-Heinz Seidler.

Geboren am 19. 6. 1928 in Berlin-Mitte, Besuch der Volksschule bis zur 7. Klasse, ab 1943 Lehrvertrag und Besuch der Schiffsjungenschule Ziegenort, anschließend Einsatz als Schiffsjunge an Bord des Motorseglers LUISE BERGMANN bis 1945, anschließend Heuer auf dem Yachtschoner WEGA von Schulau, Dampfer ERPEL der Argo-Reederei in der Norwegenfahrt zur Rückführung von Wehrmachtsangehörigen, danach an Bord des Motorseglers IRMGARD und der größten Tjalk Deutschlands, der Tjalk ANNA, Heimathafen Bracke, 1949 arbeitslos, Notquartier in einem ehemaligen Luftschutzbunker in Hamburg, Fahrt per Anhalter nach Berlin zur Pflegemutter, überschritt am 16. 7. 1949 die Grenze, am 21. 7 .1949 bei der Wasserschutzpolizei Berlin als Polizeianwärter eingestellt, wurde Mitglied der Jugendorganisation FDJ, durchlief verschiedene Qualifizierungsmaßnahmen, Ablauf der Verpflichtung 1951, ab 1. 10. 1951 zwei Jahre Studium an der Seefahrtschule Wustrow für das Patent A 5, dann Einsatz als II. Offizier an Bord des Segelschulschiffes WILHELM PIECK zur Ablösung von Herbert Jark. Für sechs Monate I. Steuermann an Bord eines Loggers beim Fischkombinat Rostock, danach IV. Offizier an Bord des Dampfers WISMAR ab Indienststellung, 1955 bis 1956 abermaliger Schulbesuch in Wustrow, Patent A 6, eingeteilt zur Bauaufsicht für Dampfer THÄLMANN-PIONIER, anschließend II. Offizier MS FRIEDEN, I. Offizier MS MAGDEBURG und 1959 Kapitän MS FREUNDSCHAFT, ab Indienststellung Kapitän MS HALLE, nach Abmusterung wegen Krankheit Einsatz als Mitarbeiter in der Hauptverwaltung Schiffahrt des Ministeriums für Verkehrswesen der DDR in Berlin, nach einem Jahr Wunsch nach Rückkehr in die Flottenpraxis, Oktober 1961 Kapitän MS SCHWERIN, Einsatz als Bauaufsicht und Kapitän des Massengutschiffes MS MANSFELD 1962 bis 1964, anschließend für ein Jahr stellvertretender Vorsitzender des Bezirksvorstandes der Gewerkschaft in Rostock, danach Springerkapitän, Einsatz auf wechselnden Schiffen bis 1965. Tätigkeit als Schiffahrtsattaché bei der Botschaft der DDR in Warschau von 1965 bis 1970, verfaßte während dieser Zeit das erste Kapitel des Fachbuches „Handbuch des Seeverkehrs". Anschließend Rückkehr nach Rostock Leiter der Abteilung Öffentlichkeitsarbeit bei der Direktion Seeverkehr und Hafenwirtschaft, Mitarbeit in der Geschichtskommission der DSR, Vorsitzender des wissenschaftlichen Beirates im Schiffahrtsmuseum Rostock, initiierte im Rahmen von sogenannten Kapitänsforen Aussprachen mit Kapitänen der Flotte und organisierte Vorträge für derartige Veranstaltungen, 1971 Übergabe des Wirkungsbereiches an Heinz Born, danach Einsatz als I. Offizier des MS NEUBRANDENBURG, Kapitän Hans Knauf, danach Kapitän an Bord MS GERA auf einer Reise nach Ostasien unterwegs, auf der Höhe von Sierra Leone Erkrankung, mußte nach Hause fliegen, weiterer Einsatz in Landbereichen, zwischenzeitlich Zusatzstudium an der Ingenieurhochschule Warnemünde Wustrow, akademischer Grad: Diplom-Ingenieur für Schiffsführung mit der Note 1,8 im Alter von 50 Jahren, Diplomthema „Das Auftreten extremer Kräfte an Rettungseinrichtungen bei schlechtem Wetter auf See", führte hierzu Messungen durch bei Windstärke 12.

Ruhestand ab 1. November 1989

Auszeichnungen:

Aktivist, Medaille für treue Dienste der Seeverkehrswirtschaft in Bronze, Silber und Gold, Verdienstmedaille der Seeverkehrswirtschaft in Silber.

DAS UNAUFFÄLLIGE SCHIFF

Mit der Arbeit an der Bau-Nr. 310 begann die Warnowwerft am 10. Juni 1958. Die Kiellegung erfolgte am 20. August 1958, und am 18. April 1959 war der Stapellauf. Frau Krüger, die Ehefrau des Oberbürgermeisters der zukünftigen Patenstadt, taufte das neue Schiff auf den Namen HALLE.

Am 25. November 1959 stellte Kapitän Karl-Heinz Seidler sein neues Schiff in Dienst.

Wie üblich war ein Teil der Besatzung bereits einige Wochen vorher zur Baubelehrung an Bord gekommen. Offiziell wurden die Besatzungsmitglieder zum Beginn der Probefahrten am 15. November 1959 gemustert. Als I. Offizier war Gottfried Heckel an Bord, II. Offizier war Hans Bettac, er fuhr bis 1969 bei der DSR, war zuletzt Kapitän auf dem MS BOIZENBURG, wurde im Januar 1969 aus persönlich von ihm zu verantwortenden Gründen aus der DSR entlassen und arbeitete anschließend als Lotse in Stralsund. Der III. Offizier Wichmann wurde später Kapitän auf verschiedenen Schiffen der technischen Flotte des VEB Bagger-, Bugsier- und Bergungsreederei Rostock, als IV. Offizier war Heinz Kruse gemustert, er kam direkt von der Seefahrtschule Wustrow. Als Matrose und Offiziersanwärter hatte er die ersten Reisen der FRIEDEN mitgemacht. Als Bootsmann war „Ali" Ahlburg an Bord. Leitender Ingenieur war Ernst Dedow. Er entstammte einer bekannten Rostocker Kapitäns- und Maklerfamilie, war ein erfahrener Schiffsingenieur, Kesselspezialist und überhaupt ein Mann der ersten Stunde. Er gab der DSR in den ersten schweren Jahren wertvolle technische Impulse und Anregungen. Zeitweise war er Technischer Leiter der DSR. Der I. Ingenieur, Ulrich Hermann, war ebenfalls ein erfahrener Mann. Einige Jahre später wurde er Betriebsleiter des VEB Weiße Flotte Stralsund, der DDR-Passagierschiffsreederei im Küstenbereich. Der II. und der III. Ingenieur hatten den gleichen

Indienststellung der HALLE: „Heiß Flagge!"

Namen: beide hießen Seidel, waren aber nicht miteinander verwandt, was zu allerhand Verwechslungen und Scherzen führte. Der Vollständigkeit halber sei der Politoffizier Witt erwähnt. Daß Kapitän Karl-Heinz Seidler die HALLE übernahm, war sein eigener Wunsch. Zuvor hatte er die FREUNDSCHAFT geführt. Das Schiff hätte er behalten können, die Reederei überließ ihm die Entscheidung, die FREUNDSCHAFT weiterzuführen oder ein neues Schiff mit einer neuen Besatzung in Dienst zu stellen. Er entschied sich für die letztere Möglichkeit und führte das Schiff bis zum 25. März 1960.

Die HALLE hatte eine Zuckerladung an Bord genommen, dazu etwas Stückgut; in London wurden dann noch PKWs geladen, das ging nicht ganz so flott, daher war Zeit für eine Stadtrundfahrt und eine Kranzniederlegung am Grabe von Karl Marx auf dem Friedhof Highgate. Einen weiteren Kranz legte die Besatzung am Grab des großen Sohnes der Stadt Halle, des Musikers und Komponisten Georg-Friedrich Händel, nieder. Zur Decksbesatzung der HALLE gehörten Unterleutnant z.S.d.R. Artur Maul und Unterleutnant z.S.d.R. Erhard Schönbeck. Beide hatten bis vor wenigen Wochen an der Seeoffizierslehranstalt der DDR-Seestreitkräfte in Stralsund studiert. Beide wurden aus ähnlichen personalpolitischen Gründen nicht in den aktiven Dienst übernommen. Da sie jedoch weiter zur See fahren wollten, hatten sie sich entschieden, zunächst als Matrosen und Offiziersanwärter in der Handelsflotte zu fahren und danach die Seefahrtschule Wustrow zu besuchen. Wie bereits beschrieben, machten sie in den Folgejahren eine erfolgreiche Karriere.

Erhard Schönbeck wurde später Werftkapitän auf der Rostocker Neptunwerft, Artur Maul brachte es bis zum Generaldirektor der Seereederei und des Kombinates Seeverkehr und Hafenwirtschaft. Näheres ist im Kapitel MS MAGDEBURG bereits ausgeführt.

Über den Reisebeginn an Bord der HALLE – es war gleichzeitig die erste Reise von Artur Maul in der Handelsschiffahrt – schrieb er später in seinen Erinnerungen:

Oberbürgermeister Krüger, Halle, überbringt zur Indienststellung die Grüße der Patenstadt. Bildmitte Kapitän Karl-Heinz Seidler, rechts Werftkapitän Paul Lass.

„Im November 1959 verließ ich mit dem neu in Dienst gestellten MS HALLE den Hafen von Wismar – zu dieser Zeit konnten 10 000-Tonner den Hafen von Rostock noch nicht anlaufen – in Richtung Ostafrika. Rotterdam, Antwerpen, London und Alexandria hatten wir als Zwischenhäfen. Das Schiff wurde von Karl-Heinz Seidler als Kapitän geführt. Der I. Offizier, Gottfried Heckel, kam aus Hamburg. Chief war der alterfahrene Seemann und Kesselspezialist Ernst Dedow, der bereits vor dem Kriege viele Reisen hinter sich brachte.

Es war teilweise eine stürmische Reise, und auslaufend Antwerpen hatten wir eine schwere Havarie auf der Schelde.

Ich teilte gemeinsam mit Erhard Schönbeck, der aus ähnlichen Gründen wie ich aus den Seestreitkräften verabschiedet worden war, eine Kammer. Wir hatten Freiwache. Plötzlich verspürten wir im Halbschlaf einen harten Aufprall. Der Kapitän befahl der Besatzung, Schwimmwesten anzulegen und auf Manöverstationen zu gehen. Ein Binnenschiff war uns quer vor den Steven gelaufen. Unser Schiff stand nahezu mittschiffs im Rumpf des Querläufers. Ein Poller des hochgeschlagenen Hauptdecks des Havariegegners hatte uns im Vorstevenbereich ein Leck geschlagen.

Das Binnenschiff begann zu sinken. Der Schiffer und eine junge Frau mit Kleinkind standen an Deck. Es wurde sofort ein Rettungsboot ausgebracht und Hilfe angeboten. Die Schiffbrüchigen gingen an Bord eines herbeigeeilten Schleppers. Wie so oft, war das Betreiben des Binnenschiffes ein Familienunternehmen. Der junge Schiffer stand am Steuer. Durch die Kollision wurde er außenbords geschleudert. Der starke Gezeitenstrom der Schelde und die Wassertemperatur ließen ihn nicht überleben.

Wir gingen vor Anker. Nachdem mit den belgischen Behörden die Formalitäten geklärt und mittels Betonkasten das Leck abgedichtet war, setzten wir unsere Reise ins Mittelmeer fort. In dieser Nacht wurde mir eins klar: Die moderne Schiffahrt hat trotz hohem technischen Standard, Navigationshilfssystem, Radar und Sicherheitsausrüstungen ihre Tücken."

Die in London geladenen PKWs vom Typ Ford Taunus wurden in Alexandria gelöscht. Dann ging es durch den Suezkanal weiter nach Port Sudan, dort wurde die Zuckerladung von Bord gegeben. Die dort ansässige für die DSR tätige Agentur, die Firma Tsagliroglu mit dem Hauptsitz in Khartoum, gab bei der Gelegenheit einen großen Empfang, an welchem auch etliche Scheichs teilnahmen. Die Agentur muß an der Abfertigung der DSR-Schiffe gut verdient haben, denn immerhin kostete die Veranstaltung 11 000 englische Pfund. In Port Sudan wurden anschließend Rinder geladen, die nach Port Said zu bringen waren. Dann wurde die Reise nach Antwerpen fortgesetzt.

Seeleute der HALLE legen auf der ersten Reise am Grabe von Karl Marx auf dem Londoner Friedhof Highgate einen Kranz nieder.

Beim Auslaufen aus Antwerpen am 4. Februar 1960 erfolgte die Kollision mit dem belgischen Motor-Binnenlastkahn EMERANCE, die Artur Maul in seinen Erinnerungen irrtümlich der Ausreise zugeordnet hatte. Das kann nach einem Zeitraum von 30 Jahren schon mal passieren.

Die zweite Reise der HALLE führte das Schiff nach China. Angelaufen wurden die Häfen Alexandria, Shanghai, Dairen, Tschungjin. Aber bereits in Alexandria mußte Kapitän Karl-Heinz Seidler sich ins Krankenhaus begeben, und es war klar, daß die Behandlung einige Zeit dauern würde, und anschließend flog er dann in die DDR zurück. Als Ablösung setzte die DSR schnellstens Kapitän Küther in Marsch, der noch in Alexandria das Kommando übernahm. Er schien eine schnelle Reise gemacht zu haben, denn es ist registriert, daß die HALLE auf dieser Reise nur 42 Tage unterwegs war. Auf der Heimreise läuft die HALLE am 27. Mai 1960 erstmals in Rangoon ein. Nach einer Reise von vier Monaten und 22 Tagen war die HALLE wieder zu Hause. Es gab im Heimathafen die üblichen Umbesetzungen, auch Heinz Kruse musterte ab. Die Chinareise hatte er bereits als III. Offizier absolviert. Nach dieser Reise und einer angemessenen Urlaubszeit stieg er um als II. Offizier auf das MS STUBBENKAMMER. Obgleich Heinz Kruse in den Folgejahren nicht wieder an Bord eines Typ-IV-Schiffes zur See fährt, soll sein beruflicher Werdegang doch näher betrachtet werden, da er typisch ist für die Kriegs- und Nachkriegsgeneration.

Kurzbiographie:

Kapitän Heinz Kruse

Heinz Kruse als IV. Offizier an Bord des MS HALLE.

Geboren 18. 8. 1920 in Stralsund, Schulbesuch 1927 bis 1937, gelernter Beruf Expedient, nach Ableistung der Dienstzeit im Jungvolk Dienst in der Marine-HJ ab Herbst 1935 bis September 1938, Dienst in der Marine-SA von Oktober 1938 bis 1940, Oktober 1938 Eintritt in die NSDAP, 1938 Mitglied im Stralsunder Yachtklub, 1939 Ablegen der Prüfung für den Segelschein „B“ Bereich ortsnahe Küstenfahrt, Einberufung zur Kriegsmarine, Einsatz an Bord von Minenräumbooten im Seegebiet Deutsche Bucht, auf dem Zwangsweg Brunsbüttel–Rotterdam, Räumeinsatz in der Elb- und Wesermündung, als Obergefreiter der Steuermannslaufbahn am 7. 4. 1944 zur Navigationsschule Adlerhorst kommandiert, Navigationslehrgang bis 6. 7. 1944, anschließend Beförderung zum Steuermannsmaat, danach Räumeinsätze an der holländischen Küste, abgeteilt zum Minensuchverband Cuxhaven von 1945 bis Juni 1946.
Entlassung und Rückkehr nach Stralsund, Beschäftigung als Holzfäller, Disponent, Sachbearbeiter, Dispatchertätigkeit Seehafen Stralsund für die DSU, ab 1. 3. 1957 Decksmann auf ROS 108 ERNST THÄLMANN, danach an Bord ROS 213 HALLE, verdiente als Decksmann in 28 Tagen 1800 Mark (!), Bewerbung bei der DSR, Einsatz als Matrose und Offiziersanwärter (s. Kap. „Indienststellung MS FRIEDEN“), nach drei Monaten und 23 Tagen Dienstzeit als II. Offizier, Einsatz als I. Offizier MS ALBATROS, Berufung zum Kapitän des MS FALKE am 12. 12. 1962, danach Kapitän auf den Schiffen ALBATROS, STOLTERAA, ZSCHOPAU, HELLERAU, bis dahin Mittelmeereinsatz mit Ausnahmegenehmigung, 1965 bis 1967 Besuch der Seefahrtschule Wustrow zum Erwerb des Patentes A 6, danach Einsatz als Kapitän der Schiffe PRIGNITZ, FLAMINGO, GERINGSWALDE, KÖLPINSEE, EICHSFELD, MITTENWALDE, LUCKENWALDE, FÜRSTENWALDE, WERBELLINSEE, INSELSEE, SCHÖNWALDE. Bordfahrtzeit bis 08.08.1985, Abberufung als Kapitän bei Übergang in den Ruhestand am 4. 6. 1986.

Kriegsauszeichnungen:
Kriegsabzeichen der Minensuch-, U-, Jagd- und Sicherungsverbände
Maßregelung: erhielt 1956 nach Eintritt in die SED eine Rüge als Parteistrafe wegen Nichteintragung der früheren NSDAP-Zugehörigkeit im Aufnahmefragebogen

DDR-Auszeichungen:
1951 Medaille für ausgezeichnete Leistungen, 1952 Medaille für ausgezeichnete Leistungen, 1970 Aktivist, 1970 Medaille für treue Dienste der Seeverkehrswirtschaft in Bronze, 1971 Verdienstmedaille der Seeverkehrswirtschaft in Bronze, 1972 Aktivist, 1978 Medaille für treue Dienste der Seeverkehrswirtschaft in Silber, 1979 Verdienstmedaille der Seeverkehrswirtschaft in Silber, 1981 Verdienstmedaille der Seeverkehrswirtschaft in Gold, 1984 Medaille für treue Dienste der Seeverkehrswirtschaft in Gold

Kapitän Heinz Kruse erhält am 7. Oktober 1984 die höchste Auszeichnung der DDR, den Karl-Marx-Orden.
In der vom Vorsitzenden des Staatsrates der DDR, Erich Honecker, unterschriebenen Begründung heißt es: „... für herausragende Leistungen im sozialistischen Wettbewerb zu Ehren des 35. Jahrestages der DDR“.
Heinz Kruse war besonders im Ruhestand ein aktives Mitglied der Schiffer-Compagnie zu Stralsund, leitete zur Vorbereitung ihrer 500-Jahr-Feier im Januar 1988 das Festkomitee.

EINE HERAUSRAGENDE PERSÖNLICHKEIT

Vom 18. Dezember 1961 bis 11. Januar 1962 hatte Kapitän Rudolf Porath das Kommando.
Er war vom 20. Juni 1961 bis 15. April 1962 ständiger Vertretungskapitän für die Typ-IV-Schiffe und war zeitweise an Bord der LEIPZIG, FREUNDSCHAFT, MAGDEBURG, KARL-MARX-STADT und DRESDEN in Werften, bei Hafenliegezeiten und Kurzreisen im Ost-Nordsee-Bereich tätig. Seine Arbeit wurde von anderen Kapitänen besonders geschätzt.
In der DSR wurde die Laufbahn dieses verdienstvollen Kapitäns aus politischen Gründen nie öffentlich erwähnt. Selbst seine Kollegen wußten nur andeutungsweise und in großen Zügen um seine Laufbahn.
Angesichts dieser unnötigen Geheimniskrämerei, die in der Personalpolitik der DDR so häufig war, soll der Werdegang dieses Seemanns hier erstmals geschildert werden.

Kurzbiographie:

Kapitän Rudolf Porath

Geboren am 22. 3. 1914 in Berlin. Volksschule in Cottbus 1920 bis 1924, danach Realgymnasium Königsberg, Abitur 1932, März 1932 bis Mai 1938 Ausbildung zum Schiffsoffizier durch den Norddeutschen Lloyd Bremen an Bord der PADUA. Juli 1937 bis August 1938 Seefahrtsschule Hamburg, Steuermannsexamen, Patent A 5, Dienst als III. Offizier des NdL-Dampfers MEMEL auf der Kuba–Mexiko-Route, 1936/37 Wehrdienst 10. Schiffsstammabteilung, mehrfache Reserveübungen in Wesermünde. September 1939 Einberufung zur Kriegsmarine, Leutnant zur See d. R., Kommandant des Vorpostenbootes VP 1806 der 18. Vorpostenflottille, erhielt am 8. 10. 1941 das Ritterkreuz des Eisernen Kreuzes als erster Leutnant und als Reserveoffizier der Kriegsmarine: „... weil er bisher 41 Geleitzüge sicher durch den Kanal gebracht". Bei zahlreichen Schnellboot- und Flugzeugangriffen hat er mit seinem Boot zwei Flugzeuge abgeschossen und fünf Schnellboote versenkt. „Er hat damit unter rücksichtslosem persönlichen Einsatz entscheidend dazu beigetragen, daß der Geleitverkehr im Ärmelkanal glatt durchgeführt werden konnte und lebensnotwendiger Nachschub gesichert wurde." Am 27. 10. 1941 erhielt er die „Goldene Plakette" der Stadt Wesermünde, verbunden mit einer Eintragung in das „Goldene Buch" der Stadt. In der Festansprache des Bürgermeisters hieß es: „Wenn auch jetzt, im Kriege, nur ein kleiner Teil der Schiffe auf Fang fährt, so liegt doch der überwiegend größte Teil nicht auf, sondern fährt im Dienste der Kriegsmarine ... und ihre Besatzungen sind zum größten Teil Wesermünder." 1944 bis 26. 11. 1946 Waldkrankenhaus Wesermünde nach schwerer Kriegsverwundung (Schädelverletzung). Deswegen lag er vom Sommer 1944 bis zum 26. 11. 1946 im Waldkrankenhaus Wesermünde. Aus dem Kriegsdienst war er mit Wirkung vom 8. Mai 1945 als Korvettenkapitän der Reserve entlassen worden. Nach Entlassung aus dem Krankenhaus bis Juli 1948 tätig als Mitarbeiter des Landratsamtes Bremerhaven. Danach bis Dezember 1949 Inspektor beim Taxi Lloyd in Bremerhaven. Zwischenzeitlich Spruchkammerverfahren gegen Rudolf Porath vor der Spruchkammer I Bremerhaven, Aktenzeichen BI1252/47. Gemäß Gesetz zur Befreiung von Nationalsozialismus und Militarismus vom 9. 5. 1947 erließ die Spruchkammer I Bremerhaven in ihrer Sitzung vom 28. 3. 1949 aufgrund der mündlichen Verhandlung folgenden Spruch: I. Das Verfahren wird eingestellt. II. Die Kosten trägt die Staatskasse. gez. usw. Unterschriften und Siegel

Februar 1950 Rückkehr nach Berlin, März 1950 bis Mai 1954 Tätigkeit als Absatzleiter im VEB ELMED-Hohen Neuendorf, Fabrik für elektromedizinische Apparate und Geräte, anschließend von Mai 1954 bis Januar 1955 arbeitslos, Januar 1955 bis Oktober 1955 Sachbearbeiter und Hauptsachbearbeiter, vertretungsweise gelegentlich Handelsbereichsleiter bei der HO-Lebensmittel (Fisch) in Berlin, ab Oktober 1955 Kapitän in der Deutschen Seereederei Rostock, 1955 Kapitän des Küstenmotorschiffes MS KÜHLUNGSBORN, ab 20. 4. 1956 Leiter der Bauaufsicht des VEB Deutsche Seereederei in VEB Elbewerft Boizenburg, 1957 Kapitän des Küstenmotorschiffes MS WOLGAST, Kapitän D. WISMAR 20. 3. 58 bis 21. 4. 58, anschließend – wie bereits geschildert – Vertretungskapitän als Nautischer Oberinspektor an Bord verschiedener Typ-IV-Schiffe, 18. Dezember 1961 Aushändigung des Patentes A 6, Kapitän auf großer Fahrt im Umtausch des am 15. 11. 1939 in Hamburg ausgestellten Patentes A 5 als Seesteuermann auf großer Fahrt an Bord der ERNST MORITZ ARNDT, MS LÜBBENAU, MS VOCKERODE und für zweieinhalb Jahre Kapitän des Motortankers SCHWARZHEIDE.

Erhielt während seiner Dienstzeit als Oberinspektor in der DSR für seinen Verbesserungsvorschlag Nr. 144/1958 „Wegfall der Getreideschotten und Füllschächte auf TYP-IV-Schiffen" eine Anerkennungsurkunde der Reederei. 1975 Invalidenrentner, gestorben am 9. 9. 1995 an den Spätfolgen der Kriegsverletzung.

Kriegsauszeichnungen:

1. 8. 1940 Abzeichen der Vorposten- und Minensuchverbände, 1. 11. 1940 Eisernes Kreuz II. Klasse, 1. 5. 1941 Eisernes Kreuz I. Klasse, 8. 10. 41 Ritterkreuz des Eisernen Kreuzes, 17. 6. 1944 Verwundetenabzeichen in Silber, 13. 8. 1944 Deutsches Kreuz in Gold

DDR-Auszeichnungen:

Medaille für treue Dienste der Seeverkehrswirtschaft in Bronze, Silber, Gold, Aktivist 1966, Mitglied von sozialistischen Kollektiven an Bord der Motorschiffe AUE und MT SCHWARZHEIDE, Inhaber der Ehrennadel des VEB Deutfracht seit dem 13. Oktober 1973.

Leutnant zur See d. R. Rudolf Porath erhält im Stützpunkt Wesermünde vor der Front der angetretenen Bootsbesatzungen der 18. Vorpostenflottille am 8. 10. 1941 das Ritterkreuz des Eisernen Kreuzes.

Der in Krieg und Frieden bewährte Seemann, Offizier und Kapitän hat im Verlauf seines Lebens einen weiten Weg zurückgelegt.

Der Sohn eines Kampffliegers aus dem Ersten Weltkrieg wurde national-konservativ erzogen. Sein Vater war mit dem späteren General der Flieger und Generalluftzeugmeister Ernst Udet eng befreundet.

Rudolf Porath, Schiffsoffizier der deutschen Handelsmarine und hochdekorierter Reserveoffizier der Kriegsmarine, fand seinen Weg bereits in den Aufbaujahren zur DSR und gehörte zu den Kapitänen, die ihre Liebe zum Beruf, große praktische Erfahrungen, persönliche Integrität und ein außergewöhnliches Maß an Einsatzbereitschaft an ihre Besatzungen weitergaben.

Bis zur Wendezeit 1990 wurde über den Werdegang von Kapitän Porath innerhalb der Reederei niemals ein offizielles Wort veröffentlicht. So entstand das Gerücht: Um zu vermeiden, daß seine früheren Kameraden von der Kriegsmarine mit ihm Kontakt aufnehmen,

Kapitän Rudolf Porath beim Einlaufen in Rio de Janeiro.

würde er nur auf Schiffen eingesetzt, die keine Häfen der Bundesrepublik anlaufen.

Dieses Gerücht hielt sich beharrlich, und erst eine Befragung der Familie brachte zu Tage, daß eine derartige Weisung oder Festlegung zu keiner Zeit erfolgt war. Kapitän Rudolf Porath hatte bei verschiedenen Reisen sehr schnell selbst festgestellt, daß er infolge seiner Schädelverletzung im Krieg tropisches bzw. subtropisches Klima nur schlecht vertrug.

Bei den Seetauglichkeitsuntersuchungen bestätigten ihm die Ärzte, daß es notwendig sei, auf einen Einsatz in diesen Gebieten zu verzichten. Das war der Grund dafür, daß er in seinen letzten Berufsjahren vorwiegend auf Massengutschiffen und Tankern zur See fuhr, das hieß, Reisen in das Schwarze Meer oder nach Murmansk.

IMMER NOCH NACH FERNOST

In der zweiten Märzhälfte 1969 lag die HALLE beladen und reiseklar im Rostocker Überseehafen. Es fehlte ein Kapitän. Der bisherige Kapitän Wadischat war schon einige Tage nicht mehr an Bord. Aus irgendwelchen Gründen hatte ihn die Reederei abgezogen. Als Kapitän Günter Rusch in diesen Tagen mit der SCHWERIN nach Hause kam, wurde er ersucht, sich unverzüglich beim Direktor des Flottenbereiches Asien/Amerika, Heinz Werner, zu melden. Dieser eröffnete ihm, daß er bereits am nächsten Tage auf die HALLE umsteigen muß, um mit diesem Schiff sofort zu einer Fernostreise auszulaufen. Da dies in jenen Tagen keine Seltenheit war, verzichtete Günter Rusch auf jede Diskussion, übergab die SCHWERIN seinem I. Offizier und zog am 25. März um auf die HALLE. Da sein Vorgänger nicht mehr an Bord war, übernahm er das Schiff vom I. Offizier und lief mit der HALLE noch am gleichen Tage aus.

Der I. Offizier war Ingo Hahn, damals ein tüchtiger, entwicklungsfähiger junger Mann, der einer Rostocker Seemannsfamilie entstammte. Seinem Onkel Paul Hahn gehörte viele Jahre das Rostocker Fahrgastschiff UNDINE. Nach der Wende erhielt sie ihren ursprünglichen Namen KRONPRINZ wieder zurück. Ingo Hahn machte später als Kapitän an Bord mehrerer großer Vollcontainerschiffe in der DSR eine erfolgreiche Karriere. Durch die plötzliche Übernahme des Schiffes und das sofortige Auslaufen hatte Kapitän Rusch nicht einmal Zeit, sich mit der Besatzung bzw. der Schiffsleitung bekanntzumachen, und so kam es, daß er erst nach dem Festmachen in Hamburg feststellte, daß der Leitende Ingenieur Patzschke an Bord war, den er schon seit einer Reihe von Jahren kannte. Als Politoffizier war Rudi Geetz auf dieser Reise an Bord. Bereits während der Ladearbeiten in Hamburg erwies es sich als notwendig, an einer Hauptmaschine ein Pleuellager reparieren zu lassen. Schon zu Beginn der Reise hatte Kapitän Rusch Gelegenheit, sich auf seine umfangreiche Typ-IV-Erfahrung zu besinnen. Als die HALLE die Schleuse Brunsbüttel des Nord-Ostsee-Kanals Richtung Elbe verließ, wehte ein Ostwind in Stärke 7 bis 8. Das Schiff war kaum beladen, fuhr praktisch in Ballast. Auf der Elbe herrschte eine starke auslaufende Strömung, der Lotse jedoch wollte mit dem Schiff nach dem Verlassen der Schleuse mit zügiger Fahrt nach Backbord elbaufwärts in das Fahrwasser eindrehen. Kapitän Rusch machte ihn auf die schwache Maschinenleistung des Schiffes, besonders bei der Ballastfahrt, aufmerksam und schlug vor, über den Backbordanker zu drehen, was der Lotse allerdings für nicht erforderlich hielt. Tatsächlich geschah das, was Kapitän Rusch schon vorausgesehen hatte: die HALLE drehte nicht an, das hoch aus dem Wasser liegende Schiff wurde vom Wind immer wieder seitwärts weggedrückt, so daß es in Gefahr geriet, auf dem westlichen Ufer der Elbe aufzulaufen. Also mußten die Maschinen wieder voll rückwärts angesetzt werden, um ins tiefe Fahrwasser zurückzulaufen und um einen neuen Anlauf zu fahren.

Auch der nächste Anlauf hatte das gleiche Ergebnis, so daß nach einigem Hin und Her tatsächlich der Backbordanker zu Wasser gelassen wurde. Es gelang dann auf engstem Raum, nach Backbord anzudrehen, denn nun unterstützte die auslaufende Strömung das Drehen des Schiffes mit dem Steven flußaufwärts. Nach dem Hieven des Ankers konnte man dann mit beiden Maschinen voll voraus das Schiff flußaufwärts wieder in Fahrt bringen und die Mitte des Fahrwassers halten.

Als die HALLE einige Tage später elbabwärts fuhr und vor Brunsbüttel den Seelotsen übernahm, wollte Kapitän Rusch diesem wie üblich die Manövriereigenschaften seines Schiffes erläutern. Aber der Lotse meinte: „Kapitän, Sie müssen mir nicht viel erklären. Ich habe neulich vom Lotsenturm hier beobachtet, wie die HALLE mehrfach versucht hat, flußaufwärts einzudrehen, und kann mir ganz gut vorstellen, wo die Schwierigkeiten gelegen haben. Ich glaube, ich weiß genug." Das Schiff kam ohne Probleme nach Singapur, allerdings mußten beim Anlegen in Keppelhaven die Maschinen mit „voll zurück" drehen, um die Fahrt aus dem Schiff zu nehmen. Außerdem mußte noch ein Anker fallen gelassen werden, damit das Schiff bei auflandigem Wind in einer kleinen Lücke zwischen zwei anderen Schiffen der DSR rechtzeitig zum Stehen kam, um dann die Leinen festzumachen. Eines der Nachbarschiffe war die NAUMBURG vom Typ XD unter Führung von Kapitän Roland Hafenrichter. Dieser hatte das Anlegemanöver der HALLE beobachtet: Nachdem die HALLE einklariert war, kam er sofort zu einem Besuch an Bord, denn beide Kapitäne kannten sich aus gemeinsamer Fahrtzeit an Bord der BERLIN, was freilich schon einige Jahre zurücklag.

Auf der Heimreise waren beim Einlaufen in Antwerpen nur noch zwei Maschinen klar, und auch diese drohten jeden Augenblick auszufallen, so daß der Kapitän sich entschließen mußte, im Geleit von vier angeforderten Schleppern die Schelde flußaufwärts zu fahren. Und richtig, kurz vor dem Einlaufen in die Schleuse meldet der Leitende Ingenieur: „Kapitän, es reicht nur noch für ein Manöver!" Also konnte der Kapitän an der Schleuse beide Motoren nur noch einmal kurz für Rückwärtsfahrt ansetzen, um die Geschwindigkeit aus dem Schiff zu nehmen und ordnungsgemäß in der Schleuse festzumachen. Für das Verholen zum eigentlichen Liegeplatz standen dann die Motoren nicht mehr zur Verfügung. Es stellte sich heraus, daß an allen vier Maschinen die Kupplungen verschmort waren und gründliche Reparaturarbeiten vorgenommen werden mußten. Mitte Oktober war die HALLE wieder in Rostock, und Kapitän Rusch musterte am 20. Oktober 1969 ab, um wohlverdiente freie Tage zu nehmen.

Am 18. März 1973, die HALLE lag in Haiphong, kam eine Partei- und Regierungsdelegation unter Leitung des Ministerpräsidenten Willi Stoph an Bord. Die Delegation hielt sich im Rahmen eines offiziellen Besuches in Vietnam auf und nutzte die Gelegenheit, sich über die Probleme des Seetransportes aus erster Hand zu informieren.

Das Schiff blieb noch drei weitere Jahre im Dienst und wurde am 23. Juli 1976 an die Firma Syphos Shipping Panama verkauft.

Da die HALLE auf ihrer letzten Reise noch am 7. Februar 1976 einen Zusammenstoß mit dem holländischen Flußtanker SCHELPENHOEK auf der Schelde hatte, was einen beträchtlichen Wassereinbruch in den Maschinenraum zur Folge hatte, konnte nach monatelangen Verhandlungen nur ein verhältnismäßig niedriger Verkaufserlös erzielt werden. Der neue Eigner setzte das Schiff unter dem Namen PROODOS C. unter griechischer Flagge bis Ende Dezember 1979 in Fahrt. Danach wurde es verschrottet.

Lebhafter Ladebetrieb an den Luken II, III und an Deck des MS HALLE, 1974 am Diestelkai des Hamburger Hafens, im Hintergrund zwei weitere DSR-Schiffe vom Typ X D.

Ein Matrose beim Entrosten der Unterzüge unter der Kommandobrücke.

Der Steven der GERA vor Anker.

Kleiner Plausch in der Brückennock, mit Mütze Kapitän Harald Leistner.

Die LEIPZIG am Kai.

Die LEIPZIG beim Laden aus längsseits liegenden Schuten auf einer Reede an der indischen Malabar-Küste.

MS FREUNDSCHAFT läuft heimkehrend von der ersten Reise nach China wieder in Wismar ein.

Kapitän Hans-Jürgen Fünning.

Kaum hat das Schiff in Port Said an den Bojen festgemacht, kommen die Händlerboote längsseits.

Auf Weisung der Kanalverwaltung muß der Konvoi im Suezkanal einige Zeit aufstoppen und warten. Solange machen die Schiffe mit ihren Leinen am Kanalufer fest.

Ein junger Mann aus Senftenberg in der großen weiten Welt ... Lehrling Gernoth Müller vom MS KARL-MARX-STADT.

Von der Kommandobrücke aus überwacht die Schiffsführung den Manöverablauf.

Arabische Händler finden schnell ein Plätzchen an Bord.

Eine Kollision vor Anker ist schon ein seltener Fall, aber daß dann noch jemand geistesgegenwärtig mit der Kamera zur Hand ist, kommt noch seltener vor.

Nach der Reparatur des Blechschadens durch die Werft bessern die Lehrlinge den Anstrich aus und restaurieren das Bug-Wappen.

Bootsmanöver, Kopfbedeckung ist Vorschrift. Wer keine leichte Mütze hat, muß seinen Pudel aufsetzen, auch in der Sonnenhitze.

Der ehemalige Funkraum des Traditionsschiffes arbeitete als Amateurfunkstation weiter. Hier eine sogenannte QTH-Karte, entworfen von Jochen Bertholdt, die bei Amateurfunkern zur nachträglichen Bestätigung der Funkverbindung gebräuchlich ist. DM 3 EA war der Rufname der Station im Jahre 1975, als diese Karte entstand. Das eingearbeitete Wappen mit dem Rostocker Greif war seit 1418 Stadtwappen und wurde als Bugwappen von allen Schiffen der Deutschen Seereederei gefahren.

Die Lehrlinge bei einer unbeliebten Arbeit: Auskratzen der Farbtöpfe.

Bei Gelegenheit des Bootsmanövers hat der Storekeeper einen Sonderauftrag erfüllt. Er entfernte Draht, Leinen, die der Steuerbordanker auf der Reede von Singapur vom Grunde mit nach oben brachte.

Alle Typ-IV-Schiffe bekamen zu Repräsentationszwecken ein komplettes Speise- und Kaffeeservice aus Meißner Porzellan für 12 Personen an Bord. Es wurde in der Kapitänskammer in einem speziellen Schrank aufbewahrt. Das Dekor war für jedes Schiff verschieden. Hier eine Zusammenstellung vom Service der FRIEDEN in Weiß und Gold.

Am 22.6.61 lief Kapitän Carl-Gustav Zieske mit der DRESDEN als erstes DDR-Schiff einen japanischen Hafen an. Traditionsgemäß übereichte man ihm als Willkommensgruß diese Puppe im Gewand einer Geisha.

Die GERA beim Laden von Zucker im kubanischen Hafen Cienfuegos, Farbzeichnung des Malers und Karikaturisten Gerhard Vontra.

Kurzbiographie:

Kapitän Arthur Friedrich

Geboren 8. 4. 1908, 1914 bis 1922 Volksschule, 1922 bis 1925 Schüler von „Professor Zanders höherer Privat-Knaben- und Mädchenschule", Halle/Saale, Abschluß: Reichsverbandsexamen, mit der Berechtigung zum einjährigen freiwilligen Militärdienst. In derselben Schule hatte der spätere Hilfskreuzerkommandant des Vollschiffes SEEADLER, Graf Felix von Luckner, seine Schulausbildung erhalten. A. F. hatte dessen Bücher gelesen und entschloß sich, zur See zu gehen, studierte zuvor den „Leitfaden in der Kriegs- und Handelsmarine", stellte sich eine Seemannsausrüstung zusammen und fuhr mit dem Erlaubnisschein seiner Mutter am 12. 4. 1925 nach Hamburg. Die Bahnhofsmission Hauptbahnhof wollte ihn wegen mangelnder Chancen sofort zurückschicken. Durch Vermittlung des Heuerbaas Hans Brandt in Altona (illegale Vermittlungsgebühr 20 RM) Musterung an Bord des holländischen Seglers NOOSTER als Schiffsjunge für 10 RM monatlich bei Kapitän R. Slootz. Der Kapitän hat seine Frau mit an Bord. Nach der ersten Reise bieten sie A. F. an, ihn zu adoptieren. Das Angebot wird dankend abgelehnt. Einsatz in der Nord-Ostsee-Fahrt. Nach Auflegen des Schiffes im Dezember 1925 erstmals Urlaub daheim, Januar 1926 durch Vermittlung des Altonaer Heuerbaas John Main (diesmal ohne Bestechung) Heuer als Koch und Schiffsjunge auf dem Ewer DOROTHEA, Heimathafen Krautsand (125 t), Tarifheuer 25 Reichsmark monatlich, Besatzung drei Mann, Fahrtgebiet Ostsee, bis Weihnachten 1926. Februar 1927 A. F. ist Leichtmatrose an Bord des Motorseglers RECHTENFLETH, Heimathafen Bremen, ein sogenannter Frachtlogger, Heuer 30 Reichsmark monatlich, Einsatz in der Nord- und Ostseefahrt, ab August 1927 Leichtmatrose auf dem Dreimast-Motorschoner A. H. BOTS bis Dezember 1927 Nord- und Ostseefahrt, ab 28. 12. 1927 Matrose an Bord der Viermast-Bark PARMA, Reederei Erich F. Laeisz, Hamburg, Tarifheuer 115 Reichsmark monatlich, Reisebeginn 1. 1. 1928, nach 91 Tagen wird der chilenische Hafen Talcahuano erreicht, weitere Häfen St. Antonio, Valparaiso, Iquique, Heimreise ab Juli 1928, Kap Horn-Umrundung bei angenehmem Wetter, nach 93 Tagen am 15. September 1928 Einlaufen in Delfzijl, Holland, damals war die PARMA das größte deutsche Segelschiff mit einer Ladefähigkeit von 5400 t, die Besatzung betrug 38 Mann, A. F. bekam 980 Reichsmark ausgezahlt, die er größtenteils zum Schulbesuch sparte und fuhr nach Hause, Oktober 1928 Matrose auf dem Dampfer PROVIDA Reederei Robert M. Slomann, jr., Mai 1929 Matrose Dampfer ARAGONIA Hamburg-Amerika-Linie, Oktober 1929 Matrose auf dem Dampfer SPEZIA, Reederei Slomann, wegen erheblicher Mißstände an Bord (schlechte Führung an Bord und unzureichende Verpflegung) gemeinsamer Beschwerdebrief der Matrosen und Heizer an den Hauptreeder, telegraphische Kündigung der Beschwerdeführenden im Englischen Kanal durch die Reederei, Arbeitslosigkeit von Mai 1930 bis Juli 1930, dann Matrose auf dem Dampfer BARCELONA, drei Mittelmeerreisen, Heuer 132 Reichsmark monatlich, Besuch der Steuermannschule Lübeck von Februar 1931 bis Februar 1932, April 1932 Matrose auf dem Dampfer CATANIA, Oktober 1932 Einsatz als III. Offizier an Bord des Dampfers SPEZIA, Dezember 1932 bis Februar 1933 III. Offizier Dampfer CAPRI, anschließend Funkerlehrgang an der Seefahrtschule Altona, erhielt am 12. Oktober 1933 das Funkzeugnis II. Klasse sowie die bestandene Zusatzprüfung für den Funksprechdienst, nach bestandenem Lehrgang Arbeitslosigkeit, ab 18. 1. 1934 III. Offizier und Funker auf Dampfer PROZIDA, Reederei Slomann, weitere Schiffe Dampfer MARSALA, TRAPANIEN, GENUA, BARCELONA, Besuch der Seefahrtschule Hamburg, Oktober 1935 bis Juli 1936, Abschluß: Patent A 6, Kapitän auf großer Fahrt, Eheschließung am 11. Oktober 1935, 5. 8. 1936 III. Offizier Dampfer CATANIA, Frühjahr 1937 Dampfer MARSALA, 1937 II. Offizier Dampfer CATANIA, bis Kriegsbeginn 1939 II. Offizier Dampfer MALAGA, 1939 II. Offizier Kühlschiff MS ALSTERUFER, Dienst als Versorgungsschiff, ab 31. 12. 1940 Werftliegezeit in Hamburg bei Blohm & Voss, ab 1. 2. 1941 Einsatz als Hilfsschiff der Kriegsmarine, Durchführung von Versorgungsaufgaben für das Panzerschiff ADMIRAL SCHEER, Versorgung von deutschen Hilfskreuzern im Südatlantik und Indischen Ozean sowie von U-Booten, nach 123 Tagen Einsatzzeit am 31. Mai 1941 Einlaufen in Bordeaux, A. F. erhielt das Eiserne Kreuz II. Klasse, im weiteren Kriegsverlauf Einsatz als Schiffsoffizier an Bord verschiedener Frachter und Hilfsschiffe in französischen Gewässern, A. F. geriet am 28. 8. 1944 in Marseille in französische Gefangenschaft, 7. 9. 1944 Verlegung an Bord eines Liberty-Schiffes nach Oran, Nordafrika, mehrfache Verlegungen in andere Lager, 5. 7. 1947 Rückkehr nach Deutschland, Entlassung 12. 7. 1947, Rückkehr nach Halle, 17. 7. Arbeitsbeginn als Hafenarbeiter bei der Mihag in Halle-Trotha, von Juli 1949 bis März 1953 Gehilfe des Silo-Meisters, dann kaufmännischer Angestellter in einer Erfassungsstelle für landwirtschaftliche Erzeugnisse in Halle-Trotha, 18. 4. 1953 bis 28. 2. 1955 I. Offizier des Segelschulschiffes WILHELM PIECK, 1. 3. 1955 bis 4. 1. 1959 Kapitän des Segelschulschiffes WILHELM PIECK, 5. 1. 59 bis 4. 6. 59 I. Offizier MS BERLIN, 4. 6. 59 bis 12. 11. 59 I. Offizier Fracht- und Lehrschiff MS THEODOR KÖRNER, 28. 11. 59 bis 26. 9. 61 Kapitän MS SCHWERIN, 16. 12. 61 bis 12. 1. 62 Kapitän MS HALBERSTADT, weitere Schiffe MS HEINRICH HEINE, MS ÜCKERMÜNDE, MS HIDDENSEE, MS GERA, MS LEIPZIG, MS BERNHARD BÄSTLEIN, MS HAVEL, MS DAHME, MS RECKNITZ, Fahrtzeit bis 16. 7. 1969. Ab 17. 7. 1969 Invalidenrentner, gestorben am 16. 10. 1970.

Kriegsauszeichnung: Eisernes Kreuz II. Klasse.

DDR-Auszeichnungen: Hochseeleistungsabzeichen in Gold, Ernst-Schneller-Medaille in Silber, Verdienstmedaille der Seeverkehrswirtschaft in Bronze am 13. 10. 1965.

RUHM UND EHRE

Die Arbeiten an der Bau-Nr. 311 begannen am 3. September 1958. Die Kiellegung wurde am 5. März 1959 vorgenommen. Am 15. August 1959 lief das Schiff vom Stapel. Frau Karsten, die Ehefrau des Oberbürgermeisters von Schwerin, taufte das Schiff auf den Namen ihrer Stadt. Die Indienststellung erfolgte am 23. Dezember 1959, einen Tag vor dem Weihnachtsfest. Damit war die SCHWERIN der vierte Typ-IV-Neubau des Jahres 1959. Das Kommando übernahm Kapitän Arthur Friedrich. Sein Seefahrtsbuch weist als Arbeitsantritt den 28. November 1959 aus. Viel eher hätte er auch nicht zur Verfügung stehen können, denn der bisherige I. Offizier des Fracht- und Lehrschiffes THEODOR KÖRNER konnte erst nach dem Einlaufen des Schiffes am 12. 11. 1959 abmustern. Offensichtlich traf er früh genug auf der SCHWERIN ein, um die letzten Probefahrten noch mitmachen zu können und die Fertigstellung des Schiffes auf der Warnowwerft zu überwachen. Für die junge Besatzung war der neue Kapitän der SCHWERIN schon so etwas wie eine legendäre Persönlichkeit. Natürlich kannten sie nicht die Einzelheiten seiner beruflichen Biographie, aber seine fast vierjährige Tätigkeit als Kapitän des Segelschulschiffes WILHELM PIECK hatten ihn in der DDR weithin bekannt gemacht. Insbesondere die erfolgreiche Absolvierung der 99-Tage-Reise mit dem Segelschulschiff durch den Atlantik, das Mittelmeer bis in das Schwarze Meer und zurück, worüber damals in der Presse und auch im Film sehr ausführlich berichtet wurde, hatte die ganze Bevölkerung interessiert verfolgt. Darüber hinaus wußte man, daß er schon als junger Mann an Bord von richtigen Großseglern gefahren war. Und seine lange Praxis als nautischer Offizier, praktisch seit 1937, hätte allein schon ausgereicht, ihm unbedingte Auto-

Bild oben: Arthur Friedrich als II. Offizier des Kühlschiffes ALSTERUFER nach der Rückkehr von einer Versorgungsfahrt auf dem Südatlantik und dem Indischen Ozean. Die ALSTERUFER hatte das Panzerschiff ADMIRAL SCHEER, einige Hilfskreuzer und U-Boote mit Proviant, Torpedos und Ausrüstung versorgt.

Die SCHWERIN mit Decksladung. Man beachte die Stellung des weggefierten Schwergutbaumes über Luke III. Wahrscheinlich sollte im nächsten Hafen noch Schwergut zugeladen werden.

rität gegenüber Offizieren und Besatzungsangehörigen zu sichern. Hinzu kam, daß Arthur Friedrich ein sehr gutes Englisch sprach, und – was in der Handelsschiffahrt nicht gerade sehr häufig war – er sprach auch ein exzellentes Französisch. Er liebte diese Sprache. Auch das Spanische war ihm geläufig, und Seeleute, die länger mit ihm zusammen gefahren waren, wußten zu berichten, daß ihr Kapitän auch perfekt türkisch fluchen konnte. Das mußte er sich wohl in den Jahren der Levantefahrt angeeignet haben. Diese Fähigkeit kam auf den großen Stückgutfrachtern der DSR zunächst noch nicht zur Wirkung. Aber später, als Arthur Friedrich wieder in die Mittelmeerfahrt zurückgegangen war, beeindruckte er damit nicht nur die Besatzung, sondern auch die türkischen Hafenarbeiter unten im Laderaum, wenn er ihnen mit Donnerstimme in ihrer eigenen Landessprache Grobheiten zuschrie und sie aufforderte, den Anweisungen des Ladungsoffiziers und ihres eigenen Oberstauers gefälligst ordnungsgemäß nachzukommen. Von solchen Möglichkeiten machte Arthur Friedrich aber nur selten Gebrauch. Normalerweise war er von freundlichem Wesen und ein Mann der leisen Töne. Humor war ein Teil seines Wesens. Auf vielen Bildern aus der damaligen Zeit sieht man ihn lachend inmitten seiner Besatzungen stehen. Und wenn man zuhört, wie die Männer über ihren damaligen Kapitän sprechen, dann spürt man noch heute, was er damals für sie bedeutete: ein unerreichbar scheinendes Vorbild, gleichermaßen geliebt, verehrt und in gewisser Weise bewundert. Am 28. November 1959 war Kapitän Arthur Friedrich an Bord gekommen. Am 23. Dezember 1959 stellte er die SCHWERIN in Dienst. Offenbar konnte die Besatzung das Weihnachtsfest noch im damaligen Heimathafen Wismar verleben, denn die Musterung der Besatzung ist für den 30. Dezember 1959 vermerkt.

Die erste Reise des Schiffes führte mit einer Ladung Kali nach China. Als Politoffizier ist Ernst Lansmann an Bord, Schiffsarzt ist Dr. Reichhardt. Der I. Offizier, Paul Eggert, besitzt noch nicht das vorgeschriebene Patent A 6, sondern fährt noch mit A 5 und einer Sondergenehmigung des Seefahrtsamtes. Als III. Offizier ist Rudolf Dräger angemustert. Auch er wird später Typ-IV-Schiffe als Kapitän führen. 1973 wird das Bild durch die Weltpresse gehen, das ihn im Januar 1973 als Kapitän des MS FERDINAND FREILIGRATH zeigt, wie er im chilenischen Hafen Valparaiso den Präsidenten der Republik, Salvador Allende, an Bord seines Schiffes empfängt. Als II. Ingenieur ist seit dem 26. Oktober 1959 Gerald Bergmann an Bord, die Maschinenanlage ist ihm einigermaßen vertraut, denn er fuhr bereits als IV. Ingenieur auf der BERLIN. Zur Besatzung gehören ebenfalls die Matrosen Dieter Ernst und Jürgen Müller. Beide werden später die Seefahrtschule besuchen und das Kapitänspatent auf großer Fahrt erwerben. Dieter Ernst überlebt als I. Offizier den Untergang des Typ-X-Frachters FIETE SCHULZE in der Biskaya und wird später DSR-Vertreter in Südostasien. Jürgen Müller ist später Kapitän an Bord von Typ-X-Schiffen. Auf der SCHWERIN fährt er zusammen mit seinem späteren Schwiegervater, dem Fregattenkapitän a. D. Wilhelm Schöppe, der wenige Wochen zuvor als bisheriger Lehrstuhlleiter für Artillerie an der Seeoffiziersschule der Seestreitkräfte in Stralsund ausgeschieden war, um nun praktische Kenntnisse zur Vorbereitung für einen Besuch der Seefahrtschule Wustrow zu erlangen. Dort wird er später das Patent als Kapitän auf großer Fahrt ablegen und weiter in der Handelsflotte zur See fahren. Mit ihm sind noch mehrere Kameraden an Bord. Unter ihnen der Korvettenkapitän a. D. Tiburski, der später eine verantwortliche Aufgabe im Seefahrtsamt übernehmen wird. Auf der ersten Reise der SCHWERIN ist demzufolge eine große und vielseitig zusammengesetzte Besatzung an Bord. Für Kapitän Friedrich und seine Offiziere neben der Beherrschung der technischen Anlagen des Schiffes ein weites Aufgabengebiet, die Besatzung mit dem Schiff und mit dem Dienst in der Handelsflotte vertraut zu machen, eine Tätigkeit, die Kapitän Friedrich sich im Verlaufe der nächsten Monate besonders angelegen sein läßt und wofür er als kriegs- und friedenserfahrener Offizier und bewährter Schulschiffkapitän auch alle Voraussetzungen mitbringt.

Im Hafen von Havanna kommt der kubanische Transportminister mit einem Begleiter an Bord.

Dennoch kommt es zwischen ihm und seinem I. Offizier Paul Eggert eines Tages zu einer gewissen Verstimmung. Paul Eggert erinnert sich: „Eines Nachmittags hatte ich dem Bootsmann und der Decksgang kurz vor Feierabend noch letzte Anweisungen für die Arbeiten des nächsten Tages erteilt. Danach ging ich duschen. Dabei bekam ich mit, daß Kapitän Friedrich mit dem Bootsmann an Deck über meine Anordnungen ‚herummeckerte'. Offenbar hat er schon beim Abendessen in der Messe meine Verstimmung darüber bemerkt, denn gegen 19.30 Uhr klopfte er bei mir an die Kammertür, blickte hinein ‚Komm'se doch mal zu mir rüber, Chiefmate'. Er bat mich, Platz zu nehmen, schenkte uns einen kräftigen Schluck Weinblattsiegel ein und fragte: ‚Was ist los?' Ich schilderte ihm die Gründe für meine Weisungen an den Bootsmann. Wir hatten ein langes, sehr vertrauensvolles Gespräch. Und von dieser Stunde ab hatten wir ein tolles Verhältnis zueinander. Wir gewöhnten es uns an, mal im kleineren, mal im größeren Kreise beim Kapitän nachmittags Tee zu trinken und seinen Erzählungen und Erinnerungen aus seiner langen Seefahrtszeit zu lauschen und mit ihm einen lebhaften Gedankenaustausch zu führen."

Die Reise nach China verläuft ohne besondere Ereignisse. Zunächst lief die SCHWERIN nach Tsingtau zum Löschen der Kaliladung sowie einer Partie Eisen. Anschließend war das Schiff in Shanghai, Hsingkang und nochmals in Tsingtau zum Laden. Die Ladung für die Heimreise betrug insgesamt 7261 t und bestand aus mehreren Partien Stückgütern, darunter Silber, Seide, Baumwolle, Häute, Därme, Fischmehl, Walnüsse, Reis, Fruchtkonserven und Schweinefleisch.

WARTEN AUF DER REEDE

Mitte April 1960, nach einer schnellen Chinareise von dreieinhalb Monaten, ist die SCHWERIN wieder in der Ostsee. Sehr zum Erstaunen des Kapitäns und der Besatzung teilt die Reederei mit, daß das Schiff nicht nach Wismar gehen soll, sondern auf der Reede von Warnemünde zu ankern habe. Nach dem Ankern

Von der ersten Reise zurückgekehrt, läuft die SCHWERIN am 30. 4. 1960 über den Toppen geflaggt zur offiziellen Einweihung in den neu erbauten Überseehafen Rostock ein und macht am Liegeplatz 33 fest. Man beachte den „glänzenden" Schornstein und den sorgfältig erneuerten Anstrich des Schiffes.

erfährt die Besatzung, daß die SCHWERIN vorgesehen ist, als erstes Frachtschiff der DDR den neu erbauten Rostocker Überseehafen offiziell einzuweihen. Den entsprechenden Anlaß dazu bietet der 1. Mai. Aber in der DDR werden die dazu vorgesehenen gesellschaftlichen Höhepunkte gern auf den Vorabend oder auf den Vortag gelegt. Daher soll das große Ereignis am 30. April gegen Mittag stattfinden. Kapitän und Besatzung gehen mit Eifer daran, das an sich in einem guten Zustand befindliche neue Schiff noch einmal „ordentlich in Farbe" zu bringen. Außenhaut, Aufbauten, Schornstein, Masten, alles erhält einen Anstrich. Und weil das Schiff auf der langen Reise viel Treibstoff verbraucht hat und ohnehin nicht voll abgeladen ist, ist es sogar möglich, auch den weißen Wasserpaß fein säuberlich neu zu malen. Einige Tage vor dem Einlaufen werden mit einer Barkasse einige Stauer des Hafens nebst einem Stapel von Holzpaletten an Bord gebracht. Sie entfalten im oberen Zwischendeck der mittleren Luken eine lebhafte Tätigkeit. Sie verteilen die Holzpaletten und beginnen sie mit Kisten und Kartons vollzupacken, so, als sollten sie jeden Augenblick als komplette Hieve aus dem Laderaum gehen. Die Besatzung staunt. Das haben sie noch nicht erlebt, daß Hafenarbeiter so eifrig sind und Ladungspartien schon auf der Reede fachgerecht auf Paletten stauen. Kapitän Friedrich staunt natürlich nicht. Er ist zwischenzeitlich in den Ablaufplan für den 30. April eingeweiht worden und weiß, daß unmittelbar nach der offiziellen Feierlichkeit das Löschen der Ladung demonstrativ beginnen soll.

EIN SCHIFF MACHT SCHLAGZEILEN

Schließlich kommt der festliche Tag. Am 30. April gegen 11.00 Uhr geht die SCHWERIN, über die Toppen geflaggt, ankerauf. Sie läuft von der Reede mit Kurs auf den Seekanal und nimmt den Lotsen an Bord. Kapitän Friedrich läßt beide Anker aushieven, das heißt so weit aus der Ankerklüse wegfieren, daß sie lose aus der Klüse hängen und im Bedarfsfalle mit Sicherheit zu Wasser gehen und nicht etwa in der Klüse festklemmen, wie es gelegentlich vorkommen kann. In einem zeitgenössischen Bericht heißt es dann: *„Rostock-Petersdorf. Überseehafen – 30. April 1960 – mittags 12.02 Uhr. Es ist soweit, in der Einfahrt des neuen Seekanals taucht der 10000-t-Frachter*

SCHWERIN auf, von drei Schleppern bugsiert. Über 70000 t Steine sind in der neuen Ostmole, die er passiert, verarbeitet worden. Viele tausend Tonnen davon haben die Bürger des Landes gesammelt.
12.35 Uhr: Gespannt verfolgen wir, wie die SCHWERIN im Wendebecken dreht. 13.06 Uhr: Beifall. Die Vorleine ist an Land. 13.15 Uhr: Das Typhonsignal der SCHWERIN „Schlepper los" wird von den Schleppern erwidert. Das Schiff liegt festgemacht am Kai.
Um 13.50 Uhr betritt der erste Stellvertreter des Ministerpräsidenten und erster Sekretär des Zentralkomitees der SED, Walter Ulbricht, das Schiff. Kapitän Arthur Friedrich tritt vor die angetretene Besatzung: ‚Genosse 1. Sekretär, im Namen der Besatzung melde ich das MS SCHWERIN entladebereit.' Der höchste Mann der DDR dankt, begrüßt Kapitän Arthur Friedrich und läßt sich vom Kapitän die gesamte Besatzung vorstellen, begrüßt jeden einzelnen Mann mit einem kräftigen Händedruck und einem leicht sächsisch eingefärbten ‚Freundschaft!'. Danach begibt er sich auf die Backbordnock der Kommandobrücke, dort ist zwischenzeitlich für ihn das Rednermikrofon aufgestellt worden, und Walter Ulbricht spricht zu den Hafenarbeitern und ihren Gästen. Unter ihnen sitzen auch die Familienangehörigen der Besatzung der SCHWERIN. In seinen Ausführungen übermittelt er allen Arbeitern, Technikern und Ingenieuren den Dank von Partei und Regierung für ihre hervorragenden Leistungen. Der Hafen Rostock, so sagt er, dient nicht nur der eigenen Flotte; der Ausbau des Hafens Rostock und die immer stärker werdende Ausweitung des DDR-Außenhandels, der das Land heute schon mit 100 anderen Ländern verbindet, wird dazu führen, daß die Zahl der fremden Flaggen, die diesen Hafen und diese Küste anlaufen, sich in den nächsten Jahren ebenfalls vervielfachen wird. Anschließend gibt der Ladungsoffizier der SCHWERIN das Kommando ‚Luken auf!', fast zur gleichen Zeit schwenken die Ausleger der Kräne zu den sich wie automatisch öffnenden Luken, greifen die Ladegeschirre die Paletten, hieven sie hoch und setzen sie auf die Rampe, wo schon die Gabelstapler warten. Der neue Überseehafen, das neue Tor der DDR zur Welt, hat seine erste Belastungsprobe bestanden.

Der damalige 1. Stellvertreter des Ministerpräsidenten und 1. Sekretär des Zentralkomitees der SED, Walter Ulbricht, kommt an Bord. Nach der Meldung von Kapitän Arthur Friedrich läßt er sich alle Besatzungsmitglieder vorstellen.

An Bord des am Nachbarliegeplatz festgemachten Passagierschiffes VÖLKERFREUNDSCHAFT ex. STOCKHOLM der DSR verfolgen Besatzungsmitglieder interessiert das Geschehen auf der SCHWERIN. Die VÖLKERFREUNDSCHAFT hatte vom Überseehafen aus bereits seit Februar 1960 ihre ersten Reisen mit Gewerkschaftsurlaubern an Bord angetreten, da der Passagierkai in Warnemünde nicht zur Verfügung stand. Somit war der Überseehafen praktisch bereits in Betrieb genommen worden, jedoch „inoffiziell".

Genau acht Monate früher als vorgesehen war, wurde der erste Abschnitt in Betrieb genommen. Die Bauarbeiter haben jedoch bereits die nächsten Ziele ins Auge gefaßt. Am 1. Juli werden sie den ersten Liegeplatz am Massengutkai und am 1. August den Ölhafen in Dienst stellen.
Während ringsum noch gebaut wird, hat im Hafenbecken B der Umschlag schon begonnen."
Soweit der damalige Pressebericht.
Was Walter Ulbricht in seiner Rede nicht erwähnt, sind die bisher entstandenen Baukosten. Erst am 26. Juni 1965 in seinem Schlußwort auf der 2. Ökonomischen Konferenz im Seehafen Rostock gibt der Sekretär für Wirtschaft der SED-Bezirksleitung, Dr. Gerhard Buchführer, bekannt, daß die erste Ausbaustufe des Überseehafens 750 Millionen Mark gekostet hat. Am gleichen Tag gibt Kapitän Friedrich einem Journalisten ein Interview. Darin heißt es unter anderem:
„Frage: Welche Eindrücke haben Sie, Genosse Kapitän, vom neuen Hochseehafen?
Antwort: Wir sind sehr erstaunt, daß in dieser kurzen Zeit ein solcher Hafen geschaffen wurde. Wir Seeleute freuen uns, endlich diesen Hafen zu haben, weil wir in Wismar wegen der Überlastung des dortigen Hafens oft lange warten mußten. Wir sind der Meinung, daß dieser Hafen für die DDR von großer Wichtigkeit, vor allem für tiefgehende Schiffe ist. Die technischen Einrichtungen und Umschlagsbedingungen entsprechen voll dem, was für einen modernen Hafen notwendig ist. Wir werden nach Fertigstellung einen schönen Hafen haben, der sich in der Welt sehen lassen kann.
Frage: Genosse Kapitän, Sie haben schon Seereisen in viele Länder der Welt gemacht. Uns würde die Aufnahme, die Sie im Ausland fanden, interessieren und die Stellung von Seeleuten und Reedereien anderer Länder zu unserer jungen Hochseeflotte.
Antwort: Ich war einige Male in den Mittelmeerländern und in China. Im Ausland pflegen wir ein gutes Verhältnis zu allen Seeleuten der Welt. Viele unserer Seeleute haben besonders zu den westdeutschen Seeleuten der Ostasien-Linie ein gutes Verhältnis. Das betrifft speziell die Schiffe der Reederei Rickmers. Wir treffen uns zu gegenseitigen Besuchen, Aussprachen, Besichtigungen und sportlichen Vergleichskämpfen. Die westdeutschen Seeleute sagen, daß unsere Schiffe, so jung wie unsere Werftindustrie, absolut schöne und gute Schiffe sind ...
Vielen Dank, Kapitän Friedrich, für das Gespräch, und wir wünschen Ihnen und der Besatzung der SCHWERIN allzeit gute Fahrt!"
Der Bau des Überseehafens Rostock war tatsächlich für die damalige Zeit eine außerordentliche Leistung. Am 26. Oktober 1957 war der erste Spatenstich erfolgt, ein knappes Jahr später, am 7. Oktober 1958, war der Durchstich des Seekanals zum Hafen mit einer symbolischen letzten Sprengung durchgeführt worden, und nach einer Gesamtbauzeit von zwei Jahren und sechs Monaten wurde der erste Bauabschnitt des Hafens in Betrieb genommen. Damit besaß die DDR einen Überseehafen, dessen Kapazität in den folgenden Jahren ständig erweitert wurde.

WIEDER AUF GROSSER FAHRT

Die nächste Reise führte die SCHWERIN nach Indonesien. Als erstes Schiff der DDR lief sie am 3. Juli 1960 in Surabaja ein und hatte nachmittags um 15.30 Uhr im Hafen festgemacht. Kapitän Arthur Friedrich und seine Besatzung wurden offiziell begrüßt, der Kapitän freute sich über die vielen Blumenkränze, die ihm von buntgekleideten Schönen in allen Farben und Größen um den Hals gehängt wurden. Am 24. Oktober 1960 war diese Reise beendet. Der II. Ingenieur Gerald Bergmann bekam nur wenige Tage Urlaub in Rostock. Er wurde bereits am nächsten Tage zum I. Ingenieur befördert. Die dritte Reise der SCHWERIN führte das Schiff nach Indien. Bei der Ankunft in Bombay am 20. November 1960 war auch dieses Ereignis ein Erstanlauf. Kapitän und Besatzung werden unmittelbar nach dem Festmachen vom neu ernannten Generalkonsul der DDR und seiner Gattin in Indien herzlich begrüßt. Es muß eine schnelle Rundreise gewesen sein, denn bereits am 24. Januar 1961 liegt die SCHWERIN auf der Heimreise im Hafen von London, dort wird ein Teil der Ladung gelöscht. Die Besatzung unternahm eine Stadtrundfahrt. Bei dieser Gelegenheit besucht eine Delegation der Besatzung unter Führung von Kapitän Friedrich das Grabmal von Karl Marx auf dem Highgate-Friedhof in London und legten einen Kranz nieder.
Auch auf der nächsten Reise, der vierten der SCHWERIN, gibt es einen schiffahrtspolitischen Höhepunkt. Zum ersten Mal geht die SCHWERIN nach Kuba. Als sie in Havanna einläuft, ist sie der erste DDR-Frachter, der in einem kubanischen Hafen festmacht. Entsprechend ist der Empfang. In diesem Fall muß der „Frachter" betont werden, denn bereits am 29. September 1960 war der Tanker LEUNA II unter Führung von Kapitän Heinz Nehmer in den kubanischen Hafen Matanzas eingelaufen. Nun deutet sich mit Einlaufen der SCHWERIN in Havanna an, daß die DSR Kuba in ihre Liniendienste aufnehmen wird.
Gleich nach dem Einlaufen in Rostock Ende Mai 1961 muß der bisherige I. Offizier Paul Eggert in großer Eile das Schiff verlassen, um als Kapitän die neu erbaute HALBERSTADT zu übernehmen. Nachdem dies geschehen ist, kommt er einige Tage später, kurz bevor er nach Kuba ausläuft, noch einmal an Bord der SCHWERIN zurück, um seine restlichen Sachen zu holen und sich von Kapitän Artur Friedrich zu verabschieden, von dem er später sagen wird, daß er bei ihm an Bord „die richtige Seefahrt erst gelernt hat". Als er nun, ebenfalls mit vier Ärmelstreifen, vor Artur Friedrich steht, lacht dieser und ruft ganz spontan aus: „Herr Collega, jetzt müssen wir endlich DU sagen!"
Als die Reise Ende Mai 1961 zu Ende geht, ist auch für Gerald Bergmann die Fahrtzeit als I. Ingenieur vorbei. Mit Wirkung vom 1. Juni 1961 fährt er immer noch auf der SCHWERIN, nunmehr als Leitender Ingenieur. Am 6. Juni läuft die SCHWERIN zu ihrer zweiten Kubareise aus, die bis zum 27. August 1961 dauern

wird. Zuerst geht es zum Laden nach Ventspils, als erster kubanischer Hafen wird Havanna angelaufen, dann folgten Nuevitas, schließlich geht es zurück nach Rostock, und eine kurze Zwischenreise nach Leningrad schließt sich an. Kapitän Friedrich wird auf dieser Reise erstmals von seiner Frau begleitet. Ein Telegramm von Frau Lucie Friedrich an eine bekannte Dame in Greifswald, aufgenommen am 22. Juni 1961, besagt: „gehen bei gutem Wetter zwischen Azoren und Bahamas – stop – sind wohlauf und werden voraussichtlich Havanna am 29. erreichen. Lucie“. Wieder gilt es, allerhand offizielle Besuche zu machen, so z.B. in einer Schule in Havanna, wo Kapitän Friedrich herzlich begrüßt wird. Am 26. Juli 1961 kann der Kapitän anläßlich eines nationalen Feiertages in unmittelbarer Nähe der Ehrentribüne in Havanna ein Foto schießen, auf dem gleichzeitig Fidel Castro, Staatspräsident Osvaldo Dorticos und der sowjetische Kosmonaut Juri Gagarin zu sehen sind. Auf der Heimreise nimmt die SCHWERIN kubanische Verwundete mit in die DDR, die bei der amerikanischen Invasion am Playa Liron bei den Kämpfen erhebliche Verletzungen davongetragen haben. I. Offizier auf dieser Reise ist Gerhard Prill, auch er wird später eine bekannte Persönlichkeit in der DSR sein. Am 30. Juni 1967 stellt er das erste Stückgutschiff vom Typ X D, das MS ROSTOCK in Dienst. Später wurde er Direktor des Flottenbereichs Afrika.

Ende September 1961 kommt die SCHWERIN wieder nach Rostock. Am 26. September 1961 mustert Arthur Friedrich ab und tritt zum erstenmal seit der Indienststellung des Schiffes einen längeren Urlaub an. Auf die SCHWERIN kehrt er nicht zurück. Ab 12. September 1961 übernimmt Kapitän Karl-Heinz Seidler das Schiff und geht damit bis zum 7. Januar 1962 auf die nächste Kubareise. Gerhard Prill bleibt I. Offizier und Gerald Bergmann ist weiterhin Chief an Bord. II. Offizier ist Hans Bettac. Der III. Offizier Schmitt wurde später Hafenkapitän in Wismar. Als Politoffizier ist Paul Hein neu an Bord gekommen. Er erinnert sich, daß auf der Ausreise außerordentlich viele Mähdrescher für die bevorstehende Zuckerrohrernte in Kuba geladen wurden. An Bord befinden sich eine Reihe von Passagieren, verwundete kubanische Milizangehörige, die zur Behandlung in der DDR waren und gut ausgestattet, teilweise mit neuen Prothesen, wieder auf die Heimreise gehen. In Havanna und Nuevitas, werden für die Heimreise insgesamt 10200 t Zucker, eine Partie Rum, Pampelmusen, Konserven, Tabak und Zigarren an Bord genommen. Es geht direkt nach Rostock zurück. Nach der Reise mustert Kapitän Seidler ab.

Die SCHWERIN als erster Frachter der DSR in Kuba. Nach dem Festmachen wird Kapitän Friedrich von Mitarbeitern der DDR-Botschaft herzlich begrüßt.

EIN KAPITEL FÜR SICH

Mit Wirkung vom 10. Januar 1962 übernimmt Kapitän Willi Stock das Kommando auf der SCHWERIN. Willi Stock kam von der ERFURT, auf der er zwölf Monate und neunzehn Tage als I. Offizier gefahren war. Das war für ihn eine Zurückstufung. Zuvor, als Kapitän der FRIEDEN, hatte er dazu eine gewisse Veranlassung gegeben. Offenbar war die Reederei nunmehr der Ansicht, daß er eine Chance zu einer weiteren positiven Entwicklung erhalten sollte. Als I. Offizier ist Claus Frommherz an Bord, Leitender Ingenieur ist immer noch Gerald Bergmann, und Verwaltungsoffizier Gildemeister leitet den Wirtschaftsbereich. Am 28. Januar 1962 läuft die SCHWERIN zu einer Westafrikareise aus. Vom 29. Januar bis 8. Februar 1962 liegt das Schiff in Stettin zum Laden, die Hafenliegezeiten auf dieser Rundreise lassen sich wie folgt zusammenfassen:

21. 2.–2. 3. 1962	Conacry
4. 3.–7. 3. 1962	Abidjan
9. 3.–16. 3. 1962	Lagos
18. 3.–23. 3. 1962	Port Gentil
24. 3.–25. 3. 1962	Rio Muni
25. 3.–26. 3. 1962	Ovendo
27. 3. (kurzzeitig)	Port Gentil
28. 3.–29. 3. 1962	Duala
30. 3.–8. 4. 1962	Port Harcourt
10. 4.–14. 4. 1962	Lagos
16. 4.–23. 4. 1962	Abidjan
24. 4.–25. 4. 1962	Las Palmas
6. 5.–8. 5. 1962	Dünkirchen
10. 5.–14. 5. 1962	Hull
15. 5.–18. 5. 1962	Kopenhagen
18. 5. abends	Ankunft in Rostock

Kapitän Willi Stock

Es war die erste Reise eines DSR-Frachters in das Fahrtgebiet Westafrika. An sich war die SCHWERIN für dieses Fahrtgebiet nicht geeignet. Es mußte schon für die Verkehrsdirektion eine dringende Veranlassung gegeben haben, ein 10000-t-Stückgutschiff in dieser Relation einzusetzen. Später kamen halb so große Alttonnage-Schiffe in dieser Linie zum Einsatz. Ende der 60er Jahre stellte die DSR dann schließlich eine Serie von Spezial-Westafrika-Frachtern in Dienst, den sogenannten Typ WISMAR. Aber das war noch Zukunftsmusik. Im Moment standen andere Schiffe nicht zur Verfügung. Es bedurfte der ganzen robusten und willensstarken Persönlichkeit von Willi Stock und seiner großen praktische Erfahrung, um diese Reise erfolgreich zu bestehen. Niemand kannte das Fahrtgebiet, niemand kannte die Hafenbedingungen, keiner hatte Praxis im Befahren von westafrikanischen Flüssen und keiner kannte die Besonderheiten der Holzfahrt. Das Verhältnis zwischen Kapitän und Politoffizier war zunächst schwierig. Bereits auf der Ausreise kam es zu einer Aussprache zwischen beiden.

Der Besatzung war aufgefallen, daß der Kapitän einer sächsischen Stewardeß des Schiffes mehr Interesse als das übliche Wohlwollen des Kapitäns für eine junge und fleißige Mitarbeiterin des Wirtschaftsbereiches entgegenbrachte. Als sich die entsprechenden Gerüchte verdichteten, sah sich der Politoffizier vor die Notwendigkeit gestellt, mit seinem Kapitän darüber zu sprechen. Nun war der Politoffizier Paul Hein der SCHWERIN keinesfalls ein kleinkarierter Moralapostel. Er kannte das Leben und die Seefahrt nicht erst seit gestern. Der 1925 geborene Hamburger hatte von 1940 bis 1942 bei der traditionsreichen Werft Blohm & Voss Schiffbauer gelernt und sich nach der Ableistung des Reichsarbeitsdienstes am 17. Januar 1943 freiwillig zur Kriegsmarine gemeldet. 1946 als Obersignalgefreiter aus englischer Kriegsgefangenschaft entlassen, hatte er zunächst auf dem Neubauernhof seiner Mutter ein Jahr gearbeitet, um dann in der Elbewerft in Boizenburg als Schiffbauer tätig zu sein. 1947 ging er zur Volkspolizei, ab 1949 zur Kasernierten Volkspolizei, wurde dort Offizier, 1956 in die Armee übernommen und beendete seine Dienstzeit in der NVA 1960 als Major und stellvertretender Kommandeur eines motorisierten Schützenregimentes. Anschließend wurde er in der Deutschen Seereederei Politoffizier. Paul Hein war ein ruhiger, erfahrener und besonnener Offizier, nicht ohne Humor, mit großer Lebenserfahrung, der auch in seiner weiteren Laufbahn in der DSR erfolgreich war, in den Landbereichen verschiedene wichtige Tätigkeiten ausübte und erst 1990 in den Ruhestand trat. Zu seiner letzten Tätigkeit in der DSR gehörte es, die im Frühjahr 1990 noch vorhandenen insgesamt 103 Politoffiziere zu entlassen und diesen Vorgang technisch und personalpolitisch abzuwickeln. Paul Hein war also kein engstirniger Funktionärstyp, aber er wußte natürlich, daß, wenn sich die Eskapade des Kapitäns bis Rostock herumsprechen würde – und daran war im allgemeinen nicht zu zweifeln – er letzten Endes mit dafür geradestehen mußte, was bei den Gepflogenheiten in der Reedereileitung und in der politischen Abteilung keineswegs ein reines Vergnügen war. Die Aussprache erschien zunächst auch erfolgreich gewesen zu sein, aber der nächste Zwischenfall ließ nicht lange auf sich warten.

An Deck der SCHWERIN begrüßt Kapitän Stock Neptun mit seinem Gefolge. Der Herrscher aller Meere, Teiche, Tümpel usw. trägt als äußeres Zeichen seiner Würde eine Krone. Unter der Verkleidung steckt der Leitende Ingenieur Gerald Bergmann.

DIE PARTY-NACHT

Im weiteren Verlauf der Reise lief das Schiff in den Golf von Guinea ein und nahm Kurs auf Port Harcourt. Es wurde an der Küste ein Lotse an Bord genommen, der das Schiff den langen afrikanischen, vielfach gewundenen Fluß hinauf nach Port Harcourt bringen sollte. Da die Entfernung ca. 40 Seemeilen betrug und das Schiff zeitweise mit mäßiger Geschwindigkeit laufen mußte, ging Kapitän Stock mit der SCHWERIN auf Anraten des Lotsen an einer geeigneten Stelle, kurz vor der in Afrika schnell hereinbrechenden Dunkelheit, vor Anker. Im Verlaufe des späteren Abends, nachdem Kapitän Stock und der Lotse noch längere Zeit in der Kapitänskammer beieinander gesessen hatten, entstand – möglicherweise auf Empfehlung des Lotsen – die Idee, noch einen ausgiebigen Landausflug in das nächstgelegene Dorf zu machen. Ein Motorboot wurde klargemacht, einige Besatzungsmitglieder fanden sich, die die Expedition mitmachen wollten. Der Verwaltungsoffizier wurde geweckt, um noch Bier und andere alkoholische Getränke, nicht zuletzt auch als Mitbringsel gedacht, herauszugeben. Und so fuhr man denn hinaus in die warme

Dunkelheit der afrikanischen Nacht, steuerte irgendwelche Nebenarme des Flusses an. Schließlich erreichte man ein Dorf. Nach übereinstimmenden Aussagen verschiedener Besatzungsangehöriger war das Erscheinen der Seeleute von der SCHWERIN für die Dorfbewohner der Anlaß zu einer allgemeinen Fidelitas. Die Seeleute wurden in die Hütte des Häuptlings eingeladen, die mitgebrachten Getränke machten die Runde. Da der Häuptling über zahlreiche Nebenfrauen und sonstige „weibliche Verwandte“ verfügte, die den Seeleuten mehr oder weniger bereitwillig schöne Augen machten, ging es im Verlaufe der Nacht hoch her ... Der Politoffizier Paul Hein, den man vorsichtshalber nicht eingeweiht hatte, und der Rest der Besatzung der SCHWERIN erfuhren von diesem Abenteuer erst am nächsten Morgen, als die mehr oder weniger verkaterte Ausflugsgesellschaft auf die SCHWERIN zurückkehrte. Darauf, was die Teilnehmer des Landausfluges sonst noch zu berichten wußten, und auf die blumenreichen und detaillierten Ausschmückungen der Abenteuer, die sich selbstverständlich in Windeseile an Bord herumsprachen, soll hier verzichtet werden. Das Ganze kam auch sehr schnell der Reederei zu Ohren, so daß es nach dem Einlaufen in Rostock beim Direktor der DSR in Anwesenheit des Leiters der Politabteilung, Heinz Stieler, mit Kapitän Willi Stock und Politoffizier Paul Hein zu einer Aussprache und Reiseauswertung kam, die für den Kapitän alles andere als schmeichelhaft verlief. Ökonomisch war die Reise aber ein Erfolg. Hoch beladen lief die SCHWERIN zur Heimreise aus, das war um so beachtlicher, als es immerhin die erste Westafrikareise eines DSR-Schiffes war. Daß das Schiff auch mit voller Decksladung nach Europa zurücklaufen konnte, soll, wie Besatzungsangehörige zu berichten wissen, nicht nur auf die Bemühungen der neu für die DSR tätigen Agentur zurückzuführen gewesen sein. Vielmehr, so wird erzählt, sei dies wiederum ein persönliches Verdienst von Kapitän Willi Stock gewesen, der, entgegen allen üblichen Gepflogenheiten, fremde Agenturen, Holzexporteure und andere Firmen und Niederlassungen, mit

Das „Schlachtfeld“ nach der Taufe.

denen die DSR keinerlei Verträge hatte, persönlich aufsuchte und sich um zusätzliche Ladungsanteile bemühte. In einigen Akquisitionsgesprächen hatte er offenbar so viel Erfolg, daß das Schiff voll ausgelastet auf die Heimreise ging. Die Routenführung, die keineswegs dem normalen Verlauf einer Westafrikareise entsprach, wie die Hafenfolge zeigt, scheint die entsprechenden Aussagen der Besatzung noch nachträglich zu bestätigen. Im Verlaufe dieser Reise wurde auch der Äquator passiert. Die obligatorische Äquatortaufe fand am 18. März 1962 um sieben Glasen statt, wie auf den Taufzeugnissen der Besatzung sorgfältig vermerkt wurde. Da Kapitän Willi Stock bereits auf einer Äquatortaufe im Jahre 1938 den Namen „Seeteufel“ erhielt, bekommt er diesmal sozusagen nur eine „Wiederholungsurkunde“ ausgehändigt mit der ausdrücklichen Auflage: „Er passiert nun wiederholt als Kapitän des Schiffes MS SCHWERIN den Äquator und ist mit dafür verantwortlich, daß ungetauft keiner die Linie passieren darf.“ Interessant sind die geleisteten Unterschriften auf der Taufurkunde. Als

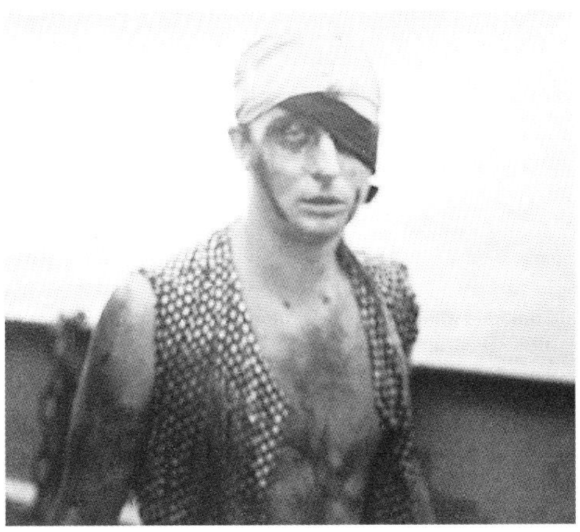

Der Matrose OA Roland Schwerd fungierte bei der Äquatortaufe als Bademeister. 1965 wurde er bereits erster Offizier des Fracht- und Lehrschiffes HEINRICH HEINE, heute führt er ein modernes Containerschiff.

Am 23.03.1962 lag die SCHWERIN vor Port Gentil, um Tropenholz zu laden. Am Ufer erfolgte die Zusammenstellung der sogenannten Logs, der einzelnen Partien.

Neptun hat der Leitende Ingenieur Gerald Bergmann unterschrieben, an der Stelle des Zeremonienmeisters findet sich die Unterschrift von Politoffizier Paul Hein, als Doktor zeichnete der II. Offizier Hans Bettac, als Friseur unterschrieb das Besatzungsmitglied Ackermann und als Bademeister unterschrieb der Matrose und Offiziersanwärter Roland Schwerd. Letzterer fuhr noch weit bis in die 90er Jahre als Kapitän von Vollcontainerschiffen der DSR in der weltweiten Fahrt. Die Aussprache, die man in Rostock mit Kapitän Willi Stock nach dem Ein-

Holzflöße warten im Hafen von Port Gentil auf die Verladung.

laufen am 18. Mai 1962 führte, wurde offenbar eindringlich, aber mit glimpflichem Ausgang geführt. Am Ende des Gespräches überreichte Generaldirektor Zimmermann Kapitän Stock die offizielle Berufungsurkunde zum Kapitän eines Schiffes der DSR. Aber den Text der Berufungsurkunde scheint der damalige Leiter des Sekretariats des Generaldirektors, Leutnant zur See d. R. Lutz Reimann, nicht ohne Bedacht gewählt zu haben, als er im Auftrage seines Chefs die Urkunde vorbereitete. Darin heißt es nämlich: *„... In Anerkennung Ihrer bisherigen Leistungen berufe ich Sie hiermit zum Kapitän.*
Ich verbinde mit dieser Auszeichnung die Erwartung, daß Sie sich auch weiterhin mit Ihrer ganzen Kraft für die hohen Ziele einsetzen, zum Wohle unserer Arbeiter- und Bauern-Macht. Seien Sie sich stets bewußt, daß das Ansehen unserer Republik im Ausland nicht zuletzt auch von Ihnen und Ihrer Besatzung abhängt. In dem Maße, wie Sie unsere Republik als Repräsentant verkörpern, werden Sie einen wichtigen Beitrag leisten zur Festigung des Weltfriedenslagers."
gez. Zimmermann, Generaldirektor
Beides, die Aussprache und die Berufungsurkunde, scheinen ihre Wirkung nicht verfehlt zu haben, denn Kapitän Stock blieb im Kommando der SCHWERIN bis zum 4. Februar 1966, also fast auf den Tag genau vier Jahre. Das war für die damalige Zeit mit ihrem ständigen Personalmangel und dem dadurch bedingten häufigen Wechsel aller Besatzungsangehörigen eine seltene Ausnahme.

Die nächste Reise der SCHWERIN ging wieder nach Westafrika. Wieder wurden verschiedene westafrikanische Häfen angelaufen, um tropisches Holz zu laden. Wieder gelang es Kapitän Stock, sein Schiff voll zu bekommen. Aber nicht genug damit. Inzwischen kannte man die örtlichen Umstände genauer, und so schafften es Kapitän und Besatzung, neben der regulären Ladung im Wasser treibende Stämme mit Hilfe der Barkasse aufzufischen und an Bord zu nehmen. Diese wurden dann im weiteren Verlauf der Reise entweder privat verwendet oder in einem geeigneten Hafen weiterverkauft. Eine Praxis, die in der Westafrikafahrt nicht eben selten war. Besatzungsangehörige wissen zu berichten, daß auf einer Reise der Kapitän drei Holzstämme mit nach Europa brachte, andere Besatzungsmitglieder bis zu zwei Stämme, und auch der Schiffszimmermann hat noch einen Stamm auf eigene Rechnung mit nach Westeuropa gebracht. Nach der zweiten Westafrikareise wurde die SCHWERIN aus diesem Fahrtgebiet herausgenommen und ab 22. Oktober 1962 nach dem Fernen Osten geschickt. Danach folgten Reisen nach Kuba, Mexiko und Südamerika.

TECHNISCHE GESAMT-BETRACHTUNG

Am 25. November 1964 mustert Gerald Bergmann als Leitender Ingenieur an Bord der SCHWERIN ab. Insgesamt sechs Jahre war er als Ingenieur auf verschiedenen Typ-IV-Schiffen gefahren. Die von ihm gesammelten Erfahrungen, die sich auch in seiner C6-Arbeit niedergeschlagen haben, lassen sich auch aus heutiger Sicht wie folgt zusammenfassen: Die Maschinenanlage der Typ-IV-Schiffe verlangte umfangreiche Schadensreparaturen und vorbeugende Maßnahmen mit einem beachtlichen Arbeitsaufwand der Besatzungen, der Hersteller und von Fremdfirmen, verbunden mit umfangreichen finanziellen Mitteln, zusätzlichen Devisenausgaben und Schiffsausfällen, oft über Monate.

Gleichzeitig standen zu diesem Zeitpunkt dem Maschinenbau der DDR nicht die Werkstoffe und die maschinenbaulichen Elemente, die damals den Weltstand in der Schiffsbetriebstechnik bestimmten, zur Verfügung.

Es wurden Ersatzlösungen gesucht und eingesetzt. Die unter großem Zeit- und Arbeitsaufwand, oft an der Grenze des physischen Leistungsvermögens, gewonnenen Betriebserfahrungen der Schiffsingenieure und der Maschinenbesatzungen wurden nur sehr langsam, vor allem aufgrund der Ressourcenknappheit, in eine Verbesserung der schiffstechnischen Anlagen umgesetzt. Eine Alternative zum Bau und Einsatz eines anderen Schiffsdieselmotors als Hauptmotor für dieses Schiff gab es damals nicht. An den Hauptmotoren zeigten sich hauptsächlich folgende Mängel:

1. Kolben

Die Herstellung erfolgte als Aluminiumguß ohne Verstärkung der Kolbenböden. Durch Einsatz weitgehend unlegierter Öle reichte die Leistungsfähigkeit der Schmierölseparatoren nicht aus. So kam es nicht selten zu Kolbenfressern.

2. Kolbenringe

Verwendung unzureichender, ungeeigneter Materialien und nicht sachgerechte Formgebung, unlegiertes Öl bewirkte frühzeitige Verkokung der Ringpartie. Es kam zu Ringbrüchen, in der Folge auch zu Kolbenbrüchen.

3. Grundwanne

Hier gab es eine unausgereifte Schweißkonstruktion. Die Folge war ein nicht beherrschbares Schwingungsverhalten bis in die Fundamente, es kam zu Rißbildungen der Lagerstühle, was zeitweise Drehzahlreduzierungen erforderlich machte.

4. Kurbelwellenlager

Verwendung veralteter Lagerschalen mit Weißmetall-Legierung. Der Einsatz unlegierter Öle führte häufig zu Motorenproblemen.

5. Kurbelwelle

Fehlende Oberflächenvergütung und nicht beherrschbares Schwingungsverhalten bewirkte Kurbelwellenbrüche und machte die Stillegung des Motors erforderlich.

6. Ein- und Auslaßventile

Verwendung von mangelhaftem Material und nicht ausreichender Seewasserkühlung, das führte zu hoher Abgastemperatur und verschmutzten Kühlwasserrohren. Die Folge war ein hoher Verschleiß der Dichtfläche bis zur Zerstörung der Ventilteller.

7. Regler

Anwendung einer veralteten Mechanik. Dies ergab ein unzuverlässiges Regelverhalten, dadurch erfolgte eine zeitweise Überlastung aller Motorenbauteile bis hin zum sogenannten „Durchgehen" der Maschine. Nockenwellenschäden waren nicht selten, häufig mußte während der Manöverfahrt die Handbedienung der Maschine eingesetzt werden.

Der Hersteller der Hauptmotoren hatte auf eine Konstruktion zurückgreifen müssen, die bereits vor dem Zweiten Weltkrieg entworfen wurde, aber damals nicht mehr zum Bau bzw. zur Erprobung kam. Dieses Konstruktionskonzept wurde den technologischen Fertigungsmöglichkeiten der DDR-Industrie, wie sie Mitte der 50er Jahre vorhanden waren, angepaßt. Außerdem mußte man in der Bauausführung eine Reihe von Kompromissen eingehen, die der ständige Material- und Devisenmangel des Landes erforderlich machte. Hinzu kamen Lieferausfälle in Westeuropa, die durch die Embargogesetzgebung verursacht waren. Die Folgen mußte die DDR-Industrie aus eigener Kraft überbrücken. Die im späteren Betrieb aufgetretenen geringeren Leistungsparameter und Störanfälligkeiten fanden darin häufig ihre Ursache.

Die vier Hauptmotoren brachten nicht die erwartete Gesamtleistung von 9600 PSE, sondern nur 7200 PSE. Dadurch fehlte die erforderliche Abwärme für die Abgaskessel. Die Abgasturbine erhielt nicht die benötigte Menge Dampf. Die vorausberechneten 400 kW zur alleinigen Stromerzeugung während der Marschfahrt der Schiffe blieb aus. Im günstigsten Fall wurde die Turbine während der Seereise mit Teillast betrieben. Infolgedessen war es erforderlich, weitere Hilfsdiesel zuzuschalten, um die für einen gesicherten Fahrbetrieb erforderlichen 260 bis 300 kW zu erreichen. Daher bleiben die Turbinen der Schiffe bis auf zeitweilige Ausnahmen ungenutzt. Das Bordnetz mußte unter erhöhtem Treibstoffaufwand mit den Dieselgeneratoren versorgt werden.

Als Kapitän Willi Stock am 4. Februar 1966 von der SCHWERIN abmusterte, hatte sich sein Ansehen in der Führung der Reederei offensichtlich stark gebessert. Das fand seinen Ausdruck darin, daß ihm der Minister für Verkehrswesen am 7. Oktober 1966 den Titel „Verdienter Aktivist" verlieh. Diese Auszeichnung wurde nicht allzu häufig verliehen, denn immerhin war sie mit einer Geldprämie von 1000,00 Mark verbunden. Ein Jahr zuvor hatte Kapitän Stock die Verdienstmedaille der Seeverkehrswirtschaft in Bronze erhalten.

FERNÖSTLICHES

Mit hoher Holzdecksladung rollt die SCHWERIN schwerfällig auf dem Atlantik mit Kurs auf die Biskaya. Um sicher von achtern nach vorne gehen zu können, hat der Zimmermann über die Holzdecksladung einen provisorischen Laufgang gebaut.

Am 2. Januar 1968 übernimmt Kapitän Günter Rusch das Kommando auf der SCHWERIN. Er löst Kapitän Helmut Kleve ab, der das Schiff einige Zeit gefahren hatte. Als I. Offizier war Bernd Jeske an Bord, als II. Offizier fuhr Ingolf Hahn. Die nächste Reise sollte nun nach Ostasien gehen. Der Reiseauftrag des Kapitäns sah folgende Routenführung vor: Rostock–Hamburg–Hongkong–Whampoa–Kobe–Yokohma–Tjungjin–Dairen–Shanghai–um das Kap der Guten Hoffnung wieder zurück–Rotterdam–Rostock. Auf der Ausreise von Hamburg, noch auf der Unterelbe, geriet die SCHWERIN im Nebel am Fahrwasserrand im Schlick kurzzeitig fest. Mit dem Hochwasser kam das Schiff wieder frei und konnte die Fahrt bis Cuxhaven fortsetzen, dort überprüfte ein Taucher das Unterwasserschiff und stellte keine Beschädigungen fest. Da kein Schaden eingetreten war und wegen der Geringfügigkeit des möglichen Verschuldens, hat die Seekammer der DDR auf der Grundlage des Havarieberichtes das Verfahren eingestellt und keine Verhandlung durchgeführt. Aufgrund der unberechenbaren Situation auf Taiwan mußte die SCHWERIN immer noch einen großen Bogen um die Insel machen bis auf 130° westliche Länge. In bezug auf die Ladung und die Hafenfolge mußte an Bord sehr sorgfältig kalkuliert werden, weil bereits in Wampoa begonnen wurde, Ladung für die Heimreise an Bord zu nehmen. Nach dem Verlassen von Yokohama steuerte die SCHWERIN durch die japanische Inlandsee den ersten koreanischen Hafen an. Es war die Zeit, in der die politischen Beziehungen zwischen Nordkorea und den USA und damit der NATO wieder mal auf einem Tiefpunkt der Entwicklung angekommen war. Wer sich noch an die Affäre PUEBLO erinnert, weiß, daß die amerikanische Marine dieses Funkaufklärungsschiff in der Nähe der nordkoreanischen Gewässern kreuzen ließ, um gewisse Informationen zu sammeln. Nordkorea behauptete seinerzeit, die PUEBLO wäre in ihre Hoheitsgewässer eingedrungen. Jedenfalls gelang es der Marine Nordkoreas, die PUEBLO überraschend zu entern, die Besatzung gefangenzusetzen und das Schiff in einen Kriegshafen Nordkoreas einzubringen. Es gab ein Gerichtsverfahren, in dem die verantwortlichen Offiziere der PUEBLO der Spionage angeklagt wurden. In dieser gespannten Atmosphäre nahm die SCHWERIN ihren Weg nach Nordkorea. Navigiert wurde nach japanischen Seekarten, da andere nicht zu haben waren. Wegen des durch die letzten Vorkommnisse stark angewachsenen Mißtrauens und der Sicherheitsbedürfnisse der Nordkoreaner hatte man, wie schon bei früheren Reisen üblich, dem Schiff nicht gestattet, den Hafen direkt anzulaufen, sondern gab dem Schiff eine weit auf See gelegene Position als Treffpunkt vor. Begründet wurde das damit, daß in der Nähe von der Küste Minenfelder vorhanden seien. Und wegen des politischen Spannungszustandes wäre die Küstenbatterie klar, um auf jedes nicht angemeldete Fahrzeug sofort das Feuer eröffnen zu können. Kapitän Rusch steuerte den vorgeschriebenen Punkt auf See an. Aber wegen des nebligen Wetters hatte er Schwierigkeiten, die Position seines Schiffes mit der notwendigen Genauigkeit zu bestimmen. Infolge der Wetterlage konnte keine astronomische Navigation vorgenommen werden, aber die japanische Loran-Kette gab brauchbare Werte, so daß die Position einigermaßen stimmte.

Im übrigen bemerkten die Wachoffiziere der SCHWERIN, daß auf dem Radargerät ständig Echos in der Nähe des eigenen Standortes angezeigt wurden, die betreffenden Schiffe blieben jedoch außerhalb des Sichtbereiches.

An Bord der SCHWERIN wurde daraus geschlossen, daß das Schiff hinter dem Horizont von anderen Fahrzeugen begleitet wurde, die sich aber nicht zu erkennen gaben. Da die DSR-Kapitäne die Erfahrung gemacht hatten, daß sie auf den angegebenen Treffpunkten häufig einige Zeit warten mußten, hatte Kapitän Rusch den Zeitpunkt seines Eintreffens diesmal so angegeben, daß dort bereits ein koreanisches Wachboot lag und auf die SCHWERIN wartete. Der Lotse konnte sofort übernommen werden. Es wurde im Hafen Kupfer, Zink und Blei geladen. Außerdem wurden 2 t Silber an Bord genommen und im Postraum gestaut. Im chinesischen Hafen Dairen tobte damals die Kulturrevolution Mao Tse-tungs. Das hatte eine lange Reedeliegezeit zur Folge, und im Hafen kam gelegentlich die Grenzpolizei an Bord, um das Schiff zu schützen, wenn es an Land gerade wieder mal zu einer Schießerei gekommen war. Nur der Kapitän und der Schiffsarzt durften dienstlich an Land gehen. Kapitän Rusch erinnert sich, daß dies keine reine Freude war. In allen Straßen schrien Lautsprecherbatterien Losungen heraus, im Foyer des Seemannsclubs stand eine sechs Meter hohe Mao-Figur, chinesische Delegationen traten von Zeit zu Zeit vor dieser Figur an, sangen Lieder und brachten ihre ehrfurchtsvolle Haltung zum Ausdruck. Für die Besatzung der SCHWERIN wurden von den Chinesen reichlich „Mao-Bibeln" ausgegeben, also das kleine Handbuch mit den Auszügen aus dem Werk Maos (Sprüche und Zitate). Schließlich wurde noch Shanghai angelaufen, um dort aus den Unterräumen von drei Luken Kali zu löschen. Danach wurde eine Ladung Reis für die CSSR an Bord genommen. Als die SCHWERIN beladen war, verließ sie schnellstens den Hafen von Shanghai, denn es hatte eine Taifunwarnung gegeben. Auf dem Fluß konnten gerade noch die Fluttore passiert werden. Hinter der SCHWERIN schlossen sie sich, aber draußen auf See wurde das Wetter nicht so schlecht wie erwartet, die SCHWERIN erlebte nur den Ausläufer des Sturmes. Als das Schiff am Ende der Reise in Rotterdam einlief, erhielten Kapitän und Besatzung morgens die Information, daß die Warschauer Vertragsstaaten in die CSSR einmarschiert wären. Da die Reisladung für die CSSR bestimmt war, wartete Kapitän Rusch stündlich auf Informationen aus der Reederei, was mit der Ladung geschehen sollte, aber es gab keine Hinweise aus Rostock. In Hamburg wurde der Reis ohne weitere Kommentare und Schwierigkeit in längsseits gekommene Schuten und Lastkähne gelöscht, um später elbaufwärts weitertransportiert zu werden. Durch die vielen Häfen und die langen Reedeliegezeiten in Nordkorea war man erst im September 1968 zu Hause.

Nach dem Löschen der restlichen Ladung ging die Schwerin für zweieinhalb Monate in die Warnowwerft. Neben anderen Reparaturarbeiten erhielt das Schiff bei dieser Gelegenheit zwei neue Propeller. Diese besaßen eine andere Steigung. Als das Schiff am Ende der Werftliegezeit auf einer Probefahrt einen Geschwindigkeitsvergleich mit der Fähre NILS HOLGERSON machte, stellte sich zur allgemeinen Überraschung heraus, daß das Schiff nunmehr 18 Knoten laufen konnte.

Die nächste Reise machte Kapitän Rusch mit der SCHWERIN nach Kuba. Es war eine ganz normale Reise im Rahmen des Liniendienstes Kuba–Mexiko mit der Hafenfolge Rostock–Hamburg–Antwerpen–Rotterdam–Vera Cruz–Tampico–Havanna und dann zurück nach Rostock, voll mit Zucker beladen. Kurz nach dem Einlaufen in Rostock mußte Kapitän Rusch, wie schon im Kapitel über das MS HALLE geschildert, kurzfristig die SCHWERIN verlassen und – gleichsam über nacht – auf die HALLE umsteigen. Damit enden die vorliegenden Berichte über den Einsatz der SCHWERIN.

In der Zeittafel zur Geschichte der DSR taucht das Schiff noch einmal mit einem Vermerk am 24. Juli 1975 auf. Darin heißt es: Seeleute von acht Schiffen des Flottenbereiches Asien/Amerika trafen sich an Bord des MS SCHWERIN zur Plandiskussion für 1976.

Der stellvertretende Generaldirektor der DSR, Artur Maul, begründete die Anforderungen, die zur Planerfüllung bei komplizierten Bedingungen auf dem Seefrachtmarkt an die Seeleute gestellt werden. Die SCHWERIN wurde am 30. Mai 1979 auf der Reede von Osaka außer Dienst gestellt. Anschließend wurde das Schiff an die Firma Nisho-Iwai Co. Ltd., Osaka, übergeben. Der Kaufpreis betrug 580 000 US $.

Im Jahre 1987 hat Kapitän Hans-Hermann Diestel eine Durchsicht der Reiseunterlagen des Schiffes vorgenommen und folgende Angaben zur Leistungsbilanz des Schiffes zusammengestellt:

Anzahl der Rundreisen: 43

Reise zum Überseehafen beim Verkauf des Schiffes: 1

Anzahl der Rundreisen nach Fahrtgebieten:

Kuba–Mexiko	18
Fernost	10
Indien	8
Westafrika	3
Südostasien	2
Ostsee	2
Ostafrika	1

Insgesamt beförderte die SCHWERIN 574 849 t Ladung, pro Reise folglich 6607,5 t im Durchschnitt.

Gesamte Hafenliegezeiten (extreme Beispiele):

Rostock oder Wismar	935 Tage
Havanna	439 Tage
Szczecin (Stettin)	158 Tage
Haiphong	104 Tage

laden wurde Flechtware, und eine Anzahl von Tieren wurde an Bord genommen. Darunter waren ein schwarzer Panther, Hirsche, Affen und eine Pythonschlange, für die lebende Kaninchen als Futter mitgeschickt wurden. Die Tiere waren für die zoologischen Gärten in Berlin und Rostock bestimmt. Die Matrosen hatten ihren besonderen Spaß daran, den Tierpflegern beim täglichen Spazierenführen der Affen an Deck behilflich zu sein. Am 2. April wurde Rangoon erreicht, dort wurde Reis für England geladen. In Liverpool lag das Schiff vom 8. Mai bis 12. Mai 1968, um den Reis zu löschen. Am 25. Mai 1961 war das Schiff in Bremen, am 28. Mai war in Rostock Reiseende. Unterwegs mußte einmal Alarm gegeben werden, denn der schwarze Panther war aus seinem Käfig ausgebrochen. Die Decksbesatzung und Tierpfleger wurden alarmiert. Es wurden bereits Waffen in Reserve gehalten, um für den äußersten Notfall gerüstet zu sein, aber mit Hilfe einiger Lukenpersennings und Netzbroken gelang es, das „wilde Tier“ einzufangen und wieder in den Käfig zurückzubugsieren.

EIN NEUES FAHRTGEBIET

Als der Politoffizier Hans Lamprecht vom MS HALBERSTADT, mit dem Schiff am 2. Oktober 1961 in Rostock eingelaufen, abends nach Hause in seine im Stadtteil Rostock-Reutershagen gelegene Wohnung kam, klebte bereits ein Zettel an der Tür mit der Aufschrift: Morgen auf MS KARL-MARX-STADT aufsteigen! Eine telefonische Nachfrage am nächsten Tage bestätigte diese lapidare Nachricht, und so wurde er am 10. November 1961 in Wismar als Politoffizier an Bord gemustert. Einen Tag später, am 11. November 1961, kam der neue Kapitän, Hans-Albert Wachtel, ebenfalls an Bord. Die KARL-MARX-STADT hatte bereits eine Zwischenreise nach Leningrad unter Führung von Kapitän Kurt Schütt hinter sich gebracht und dort 1600 t Stückgut für Kuba geladen. Die Schiffsführung setzte sich wie folgt zusammen: I. Offizier Horst Wenzel, II. Offizier Rudi Rössel, III. Offizier Eggebrecht, IV. Offizier Wolfgang Placht, Gerhard (Charlie) Marx war inzwischen Leitender Ingenieur, als Wirtschaftsoffizier fuhr Roland Morgenstern, Bootsmann war Günter Hartmann, als Zimmermann war Lothar Knoke gemustert, als I. Steward war Reiner Rolf an Bord, der später als Zahlmeister an Bord der FIETE SCHULTZE fuhr und den Untergang des Schiffes in der Biskaya nicht überlebte. Einer der Köche hieß tatsächlich Koch und war obendrein der Bruder des damals in der DDR bekannten Filmschauspielers Koch-Hooge. Als Schiffsarzt war Dr. Anton Wilhelm Kurtz, Halle, an Bord. Zuerst machte KARL-MARX-STADT eine Kubareise. Havanna wurde am 9. Dezember 1961 erreicht. An Bord befanden sich als Decksladung viele Fahrzeuge, speziell LKWs, Busse vom Typ H3A, darunter auch ein Filmwagen, eine Teilpartie der Ladung bestand aus Saatkartoffeln. Es handelte sich sowohl um kommerzielle Ladung als auch um sogenannte Solidaritätsladung. Viele Kisten bestanden aus Einzelspenden. Immerhin lief damals in Kuba die Alphabetisierungs-Kampagne, also der nichtschriftkundige Teil der Bevölkerung wurde zum Lesen- und Schreibenlernen aufgefordert, was von der DDR mit Spenden, insbesondere Schreibheften, Bleistiften und Lehrbüchern, unterstützt wurde. Danach hat das Schiff in verschiedenen Häfen eine Ladung Zucker übernommen. Hans Lamprecht erinnert sich, daß manchmal in den Häfen tagelang auf die nächste Zuckerpartie gewartet werden mußte, so daß mitunter nur 200 t pro Tag übernommen werden konnten. Für die Besatzung gab es viel Zeit, Arbeitseinsätze auf den Zuckerrohrfeldern als Hilfeleistung durchzuführen. Da die Besatzungsmitglieder die schwere Arbeit mit der Machete nicht gewöhnt waren, fielen die ersten nach zwei Stunden schon erschöpft aus.

Der Leitende Ingenieur Gerhard Marx hatte eine eigene Maschine zum Rostklopfen, also zum Entrosten der Decks und Aufbauten, entwickelt. Diese Maschine arbeitete ganz ordentlich, aber letzten Endes ging die Decksbesatzung doch lieber wieder dazu über, alte Flachfeilen zum Rostentfernen einzusetzen. Diese waren effektiver, leichter zu handhaben als die modernen Roststecher, die vielfach zu weich waren. Auf dieser und der nächsten Reise entstand auch auf der KARL-MARX-STADT die Idee einer sogenannten Komplexbrigade, also das gemeinsame Bemühen der Bereiche

Kapitän Hans-Albert Wachtel und Politoffizier Hans Lamprecht im Gespräch mit einem Mitarbeiter der kubanischen Schiffahrtsagentur Mambisas in Havanna. Das Bild entstand 1966 in der Verandabar des MS VÖLKERFREUNDSCHAFT, auf der beide inzwischen fuhren. Links im Hintergrund, halb verdeckt, der I. Funkoffizier der VÖLKERFREUNDSCHAFT, Alfred Schütt.

Die KARL-MARX-STADT im Dock von Montevideo.

Deck und Maschine um die Instandsetzung und Instandhaltung des Schiffes. Die Ansteuerung der kubanischen Häfen war schwierig. Nicht für alle Häfen waren Seekarten an Bord, außerdem hatten die Kubaner vielfach Seezeichen entfernt bzw. bei vertriebenen Seezeichen keine neuen ausgelegt. Auch für die Lotsen war die Arbeit schwierig. In vielen Hafeneinfahrten standen noch Geschützstellungen, jederzeit mußte damit gerechnet werden, daß die politisch-militärische Lage, das Spannungsverhältnis zwischen Kuba und den USA, eskalieren würde. Die Besatzung konnte auch beobachten, daß von Reise zu Reise mehr und mehr sowjetische Frachter in kubanischen Gewässern erschienen. Auf der nächsten Kubareise mußte die Besatzung allerdings feststellen, daß die auf der Vorreise in Havanna ausgeladenen LKWs und auch die speziellen Filmwagen immer noch im Hafengelände herumstanden, obwohl man sie eigentlich angeblich so dringend brauchte. Beim Landgang in Havanna konnte die Besatzung auch beobachten, daß die auf der vorhergehenden Reise nach Kuba gebrachten Saatkartoffeln in den Geschäften der Stadt als Speisekartoffeln verkauft wurden. Solche und ähnliche Feststellungen führten vielfach zu lebhaften Diskussionen an Bord und schärften den Blick der Seeleute für den Unterschied zwischen Agitation und Propaganda einerseits und der realen Wirklichkeit des Lebens andererseits. Die revolutionären Reden Fidel Castros konnten die in 500 Jahren der Kolonialzeit geprägte karibische Mentalität der Kubaner auch in den folgenden 30 Jahren nicht ändern. Nach einiger Zeit war die KARL-MARX-STADT in den Südamerikadienst gewechselt. Die erste Reise auf der neuen Route wurde im September 1962 angetreten. Noch immer war Hans-Albert

Die KARL-MARX-STADT vor Anker im Hafen von Havanna. Als Deckladung hatte sie LKWs vom Typ H3A an Bord.

Wachtel der Kapitän an Bord, und Hans Lamprecht fuhr bei ihm als Politoffizier. Gleich auf der ersten Reise am 5. Oktober 1962 kam die KARL-MARX-STADT infolge eines Lotsenfehlers auf einer Sandbank des Rio de la Plata fest. Da das Schiff zunächst aus eigener Kraft nicht freizubekommen war, wurde Schlepperhilfe angefordert. Diese leistete der panamesische Schlepper ATLANTICO am 6. Oktober 1962. Es gelang dem Schlepperkapitän, die KARL-MARX-STADT freizubekommen, er manövrierte jedoch so unsachgemäß, daß der Schlepper kenterte und sank. Die toten Seeleute trieben in der Strömung des Flusses an der KARL-MARX-STADT vorbei. Nach dem Festmachen im Hafen versuchte die Reederei des Schleppers, vor einem Gericht einen Prozeß gegen die Schiffsführung der KARL-MARX-STADT anzustrengen. Es gelang ihnen, das Schiff erst einmal „an die Kette legen zu lassen". Das heißt, zunächst durfte das Schiff nicht auslaufen. Es gelang aber Kapitän Wachtel sehr bald, den wirklichen Tatbestand deutlich zu machen und die Reise fortzusetzen. Bis zum 2. September 1964 blieb Hans Lamprecht auf der KARL-MARX-STADT, Kapitän Wachtel war schon kurze Zeit vorher abgestiegen. Ab 25. März 1963 war Heinrich Schröder I. Offizier auf der KARL-MARX-STADT. Zum 1. Oktober 1963 übernahm er die KARL-MARX-STADT als Kapitän. Mit seinen 30 Lebensjahren war er der älteste Mann an Bord, so daß der Spitzname der „Alte", wie die DSR-Besatzungen ihre Kapitäne grundsätzlich nannten, auch in diesem Fall zutraf. I. Offizier war Hartmut Fischer, der später sehr erfolgreich das Fracht- und Lehrschiff JOHANN GOTTFRIED FICHTE führen sollte, Rolf Gellert war Leitender Ingenieur. Heinrich Schröder erinnert sich, daß, wie so viele andere Kollegen, auch er keine spezielle Einweisung zur neuen Tätigkeit des Kapitäns erhielt, besondere Erfahrungen wurden ihm nicht vermittelt, man vertraute auf seine Typ-IV-Erfahrungen und war im übrigen froh, das Schiff ordnungsgemäß besetzt zu haben. Das war schon viel in jenen Jahren. Bis zum 5. August 1965 blieb Heinrich Schröder an Bord der KARL-MARX-STADT. Unter seiner Führung erhielt das Schiff am 7. Oktober 1964 als erstes Schiff der DSR den Orden „Banner der Arbeit".

DER LEHRLING

Im Frühjahr 1977 bewirbt sich ein junger Senftenberger, Gernoth Müller, geboren am 26. September 1960 in Dresden, bei der DSR in Rostock zur Ausbildung als Vollmatrose der Handelsschiffahrt mit Abitur, Spezialisierung Decksbetriebstechnik. Seine Bewerbung wird angenommen. Er unterschreibt einen Lehrvertrag, der vorsieht, daß die Ausbildung am 1. September 1977 beginnt. Grundlage seiner Bewerbung war eine Anzeige des Zentralen Werbebüros der Handelsflotte und Seehäfen, wie sie in jenen Jahren vielfach in der Bezirkspresse zu finden war. Von dieser ersten Anzeige an bis zum Ende der ersten Reise als Lehrling auf der KARL-MARX-STADT hat Gernoth Müller alles gesammelt, was einen Bezug zur Seefahrt und zu seinem künftigen Beruf hatte. Das erlaubte ihm, einige Jahre später daraus, vervollständigt durch unzählige Farbfotos, die er selbst geschossen hatte, zwei dicke Alben mit seinen Erlebnissen und Erinnerungen zu füllen. Graphisch gestaltet sind beide Alben kleine Kunstwerke, und da er seine Erlebnisse in Tagebuchform dazugeschrieben hat, geben sie einen lückenlosen Nachweis über alle wichtigen Ereignisse im Leben des jungen Seemanns und Matrosenlehrlings. Aus Platzgründen kann nicht alles hier wiedergegeben werden, aber im folgenden soll doch in großen Zügen der Reiseverlauf eines Typ-IV-Schiffes aus der Sicht eines Lehrlings mit seinen eigenen Worten geschildert werden.

Zunächst ist theoretische Ausbildung angesagt. Im Februar 1978 ist der junge Seemann mit seiner Klasse erstmals zu einem Bordpraktikum auf dem Eisenbahnfährschiff SASSNITZ der Deutschen Reichsbahn eingestiegen. Leider dauert die interessante Zeit nur 14 Tage, dann müssen die Jungs wieder von Bord. Das nächste Praktikum absolviert die Klasse vom 8. Mai bis 26. Mai 1978 an Bord des Segelschulschiffes WILHELM PIECK. Schließlich sollen die Vollmatrosen mit dem Abitur später zum

Schiffsoffizier bzw. Ingenieur weiterentwickelt werden, deswegen delegiert die Reederei nach wie vor ihre zukünftigen Offizier zu einer Ausbildung auf das Segelschulschiff. Eintragung G. M.:

Zur gleichen Zeit lief in Greifswald Wiek ein Lehrgang von Seesportmädchen. Sie verlangten ebenso wie die vielen „trockenen“ Segelmanöver unsere ganze Aufmerksamkeit. Sie waren uns Ansporn, besonders wenn sie uns beobachteten beim Kommando „enter auf!“.

Den Jungs wurde nichts geschenkt. Arbeiten in der Takelage zunächst als Trockentraining im Hafen, später auf See. Reinschiff, Kartoffeln schälen, spleißen und knoten, Backschafterdienste, alles wie auf einem Schulschiff üblich. Eines Tages muß Gernoth Müller mit einem Freund außenbords an der WILHELM PIECK im Schlauchboot hängen und Farbe waschen wegen „Überschreitung der Landgangszeit!“ *Beim Ankeraufgehen*, so G. M., *war meine Station der Kettenkasten, um die Ankerkette zu stauen. Danach endlich das Kommando enter auf. Den Segler beflügeln ... Wir lernen begreifen, was das alte Sailorwort bedeutet: Eine Hand fürs Schiff – eine Hand für dich! Erst recht in Nächten oder wenn Windseen hoch zu Masten und Rahen ihre Gischtfahnen schlagen. Kommt vom Brückendeck das Kommando „Klar zum Segelmanöver“, beginnen für die Kursanten Augenblicke der Wahrheit!*

Am 26. Mai 1978 unterschreibt der Leiter der GST-Sportschule, Kapitän zur See a. D. Riemer, für den Matrosenlehrling Gernoth Müller das Abschlußzeugnis mit dem Gesamtprädikat „Sehr gut“. Dann geht es zurück auf das stationäre Lehr- und Ausbildungsschiff GEORG BÜCHNER in Rostock-Schmarl, wo die Klassenlehrerin Doris Buthmann ihre Zöglinge wieder in ihre freundliche Obhut nimmt. Im November 1978 ist eine Besichtigung der Volkswerft als Klassenexkursion angesagt. Im Herbst 1978 kommt der Vater nach Warnemünde zu einem Besuch und überzeugt sich von Ausbildungsmöglichkeiten an Bord des Lehrschiffes und läßt sich über die Lernfortschritte seines Sohnes berichten. Am 3. Januar 1979 erfolgt die Anmusterung von G. M. auf der KARL-MARX-STADT.

AUF GROSSER FAHRT

„Am 3. Januar 1979 sollte ich auf MS KARL-MARX-STADT anheuern. Tagelang hatte es bis dahin geschneit. Auf dem Bahnhof Senftenberg die erste Überraschung – kein Strom. Der Bahnhof mit Kerzen beleuchtet, doch eine Diesellock brachte mich sicher nach Berlin. Nach acht Stunden Fahrzeit war der völlig überfüllte Zug in Rostock. Ich bekam die letzte S-Bahn zum Überseehafen, und dann war Schluß. Der Überseehafen war von der Außenwelt abgeschnitten, der Zugverkehr brach zusammen, mein Dampfer konnte nicht weiter beladen werden. Die Besatzung kam aus ihren Heimatorten nicht nach Rostock. 11. Januar 1979 – der Lotse geht von Bord. Die KARL-MARX-STADT macht sich auf den Weg Richtung Fernost. Anvisierte Zielhäfen: Malmö, Antwerpen, Singapur, Haiphong, Yokohama, Kobe, Rückreise mit Stopp in Malaysia und Rotterdam. Reisezeit ca. neun Monate. Anlegen Malmö-Hafen 13. Januar 1979, 9.00 Uhr. Sonntag 28. Januar 1979 Skagerrak. 29. Januar 1979, 6.00 bis 15.00 Uhr Einlaufen Antwerpen, 30. Januar 1979 unser Dampfer wird vollgeladen. 31. Januar 1979 zwei Uhr Auslaufen. 2. Februar 1979, Biskaya ... Ich werde mal wieder daran erinnert, daß ich noch nicht seefest bin, es wahrscheinlich auch nie sein werde. Die ganze Fahrt durch die Biskaya bin ich kein Mensch, kann mich nur unter Aufbietung aller Kräfte bewegen. Mir geht es sehr schlecht – bin seekrank. Es ist nicht mehr zu übersehen, wir sind auf dem Ozean. Unser Schiff wird zum Spielball. Mir geht es immer schlechter. Ich will nur noch schlafen. Seit null Uhr bin ich Wachgänger ... 4. Februar 1979: Ich habe gerade Wache von 12.00 bis 16.00 Uhr und kann mir aus der Backbordbrückennock den Felsen von Kap St. Vincent mit dem Fernglas anschauen. Der Chiefmate kennt gute Geschichten ... 9. Februar 1979: Über vier Tage durchfahren wir nun schon das Mittelmeer. Der Kapitän drängt auf Tempo, denn wir wollen möglichst am zeitigen Vormittag vor Port Said liegen, damit wir noch mit dem Konvoi am Mittag den Suezkanal passieren können. 10. Februar 1979: Vier Uhr Wachschluß, Dirk Herold und ich sitzen in der Mannschaftsmesse beim Wachbier. Herold erzählt mir, er habe Schmerzen im Unterleib. 12.05 Uhr Einlaufen in Port Said, 13.00 Uhr Herold wird mit einer Blinddarmentzündung vom Arzt abgeholt und nach Kairo ins Krankenhaus gefahren. Port Said: Wir haben Afrika erreicht, die Luftfeuchtigkeit ist hoch, der heiße Atem Afrikas schlägt uns entgegen. 11. Februar 1979, 01.30 Uhr: Auslaufen Port Said im Konvoi. Es geht los, der Bugscheinwerfer wird eingeschaltet. Der Kapitän hat selbst das Kommando übernommen, und neben dem wachhabenden II. Nautischen Offizier und dem Lotsen der Kanalbehörde sorgt auch der Chiefmate für sicheren Kurs. Kanaldurchfahrten stellen hohe Anforderungen an die Nautiker. Die Benutzung des Suezkanals kostet eine Menge Geld. Für einen 10000-Tonner müssen rund 50000 DM Gebühren entrichtet werden. Da sich aber die Fahrzeiten zwischen Europa und Ostafrika bzw. Ostasien durch diesen Kanal wesentlich verkürzen, wird noch die zwei- bis dreifache Summe gespart. 11. Februar 1979: Kurz nach 11.00 Uhr fährt der Konvoi in den Großen Bittersee. Wir sind 26 Schiffe, unser Schiff an siebenter Stelle. Es dauert einige Zeit, bis unsere Kolonne vor Anker liegt und der von Süden kommende Gegenkonvoi an uns vorüberziehen kann. Es wird immer heißer. Die Lufttemperatur beträgt jetzt schon 25 Grad. Wir mischen uns unter die an Bord gekommenen Händler. Wer kein Bargeld übrig hat, der kann seine Socken, Hemden, Hosen, Schuhe und überhaupt alles, was er hat, eintauschen. Das habe ich dann auch getan. Als erstes ging mein Ersatzarbeitsanzug, mein roter Anorak mit Fellkragen, ein Kasten Bier und eine Fellmütze mit Ohrenklappen weg. Zwei eingeklebte Postkarten sind die einzigen Überbleibsel meiner Tauschgeschäfte ... 11. Februar 1979, 16.00 Uhr Anker auf, Weiterfahrt nach Suez. 20.30 Uhr: wir passieren den Leuchtturm von Port Tewfik und befinden uns im Golf von Suez. 11. Februar 1979: Im Roten Meer sind die physischen Belastungen sehr groß. Der Kapitän ruft die Tropenarbeitszeit aus. Wir arbeiten nur noch sechs Stunden. 13. Februar 1979: Von der Tropenarbeitszeit habe ich nichts, denn ich bin noch Wachgänger und darf mir während der größten Hitze von 12.00 bis 16.00 Uhr die Zeit in der Brückennock als Ausguck vertreiben. Das Rote Meer hat nicht viel Abwechslung bereit. Lufttemperatur 34° C, Wassertemperatur 27° C, Luftfeuchtigkeit 95 Prozent, in der Kabine am Tage 28° C, in der Nacht 23° C – und wenn dann das Telegramm aus der Heimat

führung setzt sich wie folgt zusammen: Kapitän Hartwig Hosang, I. Offizier Peter Wiebcke, II. Nautischer Offizier Hans Ullrich Pilz, III. Nautischer Offizier Detlef Öhme, Funkoffizier ist Bertram Schneider. Der Leitende Technische Offizier, Adolf Bathke, ist ebenfalls ein alter Fahrensmann. Schon 1963 fuhr er mit seiner Frau zusammen auf der VÖLKERFREUNDSCHAFT, damals noch als III. Ingenieur. Als I. Ingenieur ist Michael Krompholz an Bord, II. Technischer Offizier ist Frank Müller, III. Technischer Offizier ist Bernd Fritsche, Offizier für E-Anlagen ist Wolfgang Steinke, als Wirtschaftsoffizier ist Frau Gudrun Fritsche an Bord. Da auf dieser Reise zahlreiche Lehrlinge auf der GERA sind, ist der Ausbildungsoffizier Joachim Ridder an Bord.
Auf der Ausreise gibt es die üblichen Belehrungen für die Besatzung. 1. Zollbelehrung für Mexiko und Kuba, 2. Tropenbelehrung durch den II. Nautischen Offizier, 3. Handhabung der Rettungsbootsstation durch den Funkoffizier, 4. Reiseinformation durch den Kapitän, überdies warnt der II. Nautische Offizier in seiner Eigenschaft als Gesundheitsoffizier noch vor mancherlei Krankheiten, die speziell in Mexiko, aber auch in Kuba verbreitet sind ... Die Liegezeit in Veracruz wird voraussichtlich zehn Tage betragen, für Tampico sind drei Tage vorgesehen. Klassisch ist der Vermerk für die Auswertung eines an Bord durchgeführten Lecksicherungsmanövers. Als Bewertung trug der Kapitän ein: „Es ging!" Dazu der Vermerk: „Mehr Disziplin und Einsatzbereitschaft zeigen!" Während der Liegezeit in Veracruz konnten 24 Besatzungsmitglieder, drei Passagiere, darunter auch Gerhard Vontra, und eine mitreisende Ehefrau eine zweitägige Busfahrt nach Mexiko City mitmachen. In der Schiffschronik findet sich ein begeisterter Bericht über diesen Ausflug, und auch Gerhard Vontra erinnert sich 17 Jahre später noch an jede Einzelheit dieses Ausfluges. Wenn auch die lange Busfahrt in der mexikanischen Tageshitze sehr anstrengend, der Stadtrundgang sowie die Besichtigung der Pyramiden und Tempel aus der Zeit Montezumas nicht leicht zu bewältigen war, war es natürlich für alle Beteiligten ein großes Erlebnis. Am 12. April 1980, das Schiff ist schon unterwegs nach Havanna, erhält es die Information, daß vor dem 13. kein Liegeplatz im Hafen frei sein wird, also heißt es, langsam fahren und Treibstoff sparen. In Cienfuegos wird es aus technischen Gründen erforderlich, 30 t Stückgut umzustauen. Aus guten Gründen verzichtet die Besatzung darauf, hierzu Hafenarbeiter in Anspruch zu nehmen, statt dessen machen die Seeleute die Arbeit selbst. Dafür werden eine Reihe von Seeleuten mit einer Sofortprämie ausgezeichnet. Beispielsweise erhalten Bootsmann Stenzel 100 Mark, Ausbildungsoffizier Ridder 100 Mark, zwei Vollmatrosen 75 Mark, zwei weitere Matrosen 50 Mark, ein Decksmann 75 Mark.
In Havanna kam es an Bord zu einer Kontrolle durch die kubanischen Behörden. Dabei wurden im Kombüsenkühlschrank zwei Stück geräucherter Schinken gefunden. Da aus Gründen des Seuchenschutzes die Besatzungsangehörigen nicht frei über Fleischwaren verfügen dürfen, kam es zu einer Anklage gegen MS GERA. Die DDR-Botschaft, informiert über den Prozeßverlauf, protestierte gegen die Gerichtsverhandlung. Vierzehn Besatzungsmitglieder und zwei Passagiere nahmen Anteil am Verlauf der Verhandlung. Das kubanische Gericht sprach aufgrund der Geringfügigkeit des Vergehens, das in Unkenntnis der gesetzlichen Bestimmungen erfolgte, eine Geldstrafe aus. Das Strafmaß für Vergehen gegen die kubanische Veterinärgesetzgebung liegt bei 100 bis 270 Peso oder drei bis neun Monate Haft (!). Der Kapitän erinnert noch mal daran, daß in den Kühlschränken, die der Besatzung zugänglich sind, keine Fleischwaren und keine Essensreste aufgehoben werden dürfen. Behörden gegenüber ist Höflichkeit zu wahren. Wenn Kontrollen an Bord kommen, sind diese zuerst zum Kapitän zu führen. Während der Hafenliegezeit gibt es an Bord vielerlei Aktivitäten. Am 8. März 1980 die übliche Frauentagsfeier in Form eines Grillabends, am 2. April ein Fußballspiel gegen die Auswahl der Belegschaft der Zementfabrik, am gleichen Abend ein Treffen mit DDR-Bürgern, die in der Zementfabrik und in der Zuckerfabrik von Cienfuegos tätig sind. Am nächsten Tag erfolgt eine Busfahrt zu einem Stausee ins Gebirge. Am 4. April ist Preisskat, am 6. April ein Barabend, einige Tage später veranstaltet Gerhard Vontra an Bord eine Ausstellung seiner Zeichnungen. Ein Fotozirkel stellt seine Bilder vor, weitere acht Besatzungsangehörige melden sich zur Mitarbeit. Noch während der Reise kommt eine vom stellvertretenden Leiter des Flottenbereiches Asien/Amerika, Dipl.-Ing. Alfred Strauch, unterzeichnete Mitteilung an Bord, die besagt, daß wegen hervorragender Schadensverhütungsmaßnahmen an Bord der GERA die DARAG, die Deutsche Auslands- und Rückversicherungs-Aktiengesellschaft, die Besatzung für besonders gute Arbeit mit einer Prämie von 1600 Mark auszeichnet. Weiter heißt es als Festlegung des Flottenbereiches: „Von dieser Summe wird gesondert prämiert: Kapitän Hosang mit 250 Mark. Den verbleibenden Rest wollen sie bitte an solche Besatzungsmitglieder aufteilen, die sich bei der vorbeugenden Schadensverhütung besonders bewährt haben. Eine entsprechende Prämienliste ist an den Flottenbereich zu geben. Wir wünschen ihnen bei ihrer Arbeit weiterhin viel Erfolg." Zum 1. Mai 1980 schickt Oberbürgermeister Pohl im Namen des Rates der Stadt ein Glückwunschtelegramm. Solange man noch in kubanischen Häfen ist, werden weiterhin Busfahrten, Badefahrten, Sportfeste, Stadtrundfahrten unternommen. Das ging natürlich nicht ohne Ausgaben, und so rechnete die Gewerkschaftsvorsitzende des Schiffes, Frau Fritsche, offiziell ab, daß von den zustehenden „Kulturdevisen", die die Reederei für Landausflüge zur Verfügung stellte, insgesamt 915,12 Valutamark ausgegeben wurden. In einem Reisebericht vom 11. Juni 1980 wird festgehalten, daß für die Ausreise in Rostock 3672 t Stückgüter an Bord genommen wurden. Darunter eine größere Partie Malz in Säcken für die Häfen Cienfuegos und Havanna. In Hamburg kamen 525 t Stückgut hinzu, überwiegend Chemikalien für Veracruz. Sinngemäß war es in Antwerpen genauso, wo 446 t Chemikalien an Bord geladen wurden. Für die Heimreise wurden in Cienfuegos 596 t Futterhefe, in Tampico 2550 t in Ballen geladen und eine kleine Partie Agavenfasern. In Havanna bestand

die Ladung aus 1327 t Stückgütern, bestehend u. a. aus Bienenhonig, Bonbons, Rum, Likör und Futterhefe. Es wird ausdrücklich erwähnt, daß die Heimreise mit 4505,4 t Stückgütern an Bord und einem fast vollem Schiff angetreten wurde. Die Heimreise wurde in Havanna am 31. Mai 1980 begonnen und in Rostock am 15. Juni beendet. Auf der Rundreise transportierte das Schiff insgesamt 9165 t und war drei Monate und 22 Tage unterwegs. Der Ladungsoffizier H.-U. Pilz notiert: „Dies war eine Schönwetter-Reise, was für die Ladung immer zum Vorteil ist!"

DIE LETZTE REISE

Anfang August 1980 hat die Gera den Heimathafen zu ihrer letzten Reise nach Kuba und Mexiko verlassen. Vor etwa 14 Tagen, als die GERA noch im Rostocker Überseehafen lag, erfuhr die Besatzung vom Verkauf der KARL-MARX-STADT. Jetzt ist sie die letzte Besatzung eines aktiven Typ-IV-Schiffes, sie beenden eine Ära in der Geschichte der DSR und sie sind stolz darauf. Nachdem das Schiff einige Tage unterwegs ist, setzt der Kapitän für den 11. August 1980 eine Schiffsratssitzung an. Wie üblich nehmen die Bereichsleiter, der Ausbildungsoffizier und die Vorsitzenden der gesellschaftlichen Organisation teil. Bisher steht zum Reiseverlauf folgendes fest: Am 17. August könnte Veracruz erreicht werden, da aber sonntags und nachts die Kosten sehr hoch sind, wird als Ankunftszeit Montag, der 18. August, 8.00 Uhr morgens, festgelegt. Es sollen in Veracruz 739 t Stückgut gelöscht werden, und 1000 t Kaffee sind zu laden. Die Weiterreise ist für den 29. August vorgesehen, danach sind in Tampico 1161 t zu löschen. Der nächste Hafen wäre Cienfuegos, dort werden 1014 t Malz erwartet. Die Liegezeit in Havanna ist vom 9. September bis zum 30. September geplant. 2567 t Stückgut sind dort zu entladen. Anschließend sind 1000 t Stückgut zu laden, weitere 1000 t Futterhefe kommen hinzu, im Gespräch ist Marmor. Nach Havanna sind noch zwei weitere Häfen vorgesehen, deren Namen aber noch nicht feststehen. Das Einlaufen in Rostock ist für den 31. Oktober 1980 geplant. Der Kapitän erläutert die wichtigsten Punkte des Reiseauftrages – Disziplin, Ordnung und Sicherheit stehen weiterhin im Vordergrund, auch auf der letzten Reise des Schiffes.

25. Mai 1980, Badefahrt nach Bacuranao, in der Nähe von Havanna, Kuba.

Die Besatzung ist zu informieren, daß in Rotterdam zur Zeit starke Zollkontrollen stattfinden,
– die Außerdienststellung ist vorzubereiten. Alle Bereiche haben Inventuren durchzuführen, Archivgut vorzubereiten, Wettbewerb abzurechnen, Hafenbesetzung und Urlaubsfragen zu regeln, für die jetzige Reise sind Arbeitspläne für die anfallenden Arbeiten aufzustellen. Die Lehrlingsausbildung ist zu forcieren, ein Absinken der Leistung in der praktischen Ausbildung ist nicht zuzulassen. Zum Punkt Besuche auf anderen Schiffen der DSR weist der Kapitän ausdrücklich darauf hin, daß es nicht angebracht ist, gegenüber den Besatzungen anderer Schiffe „herumzujammern", daß das eigene Schiff nun außer Dienst gestellt werden soll. Nicht alle Angehörigen der Besatzung können ihrem Kapitän da so ganz folgen. Sie denken gar nicht daran, herumzujammern, wissen sie doch ganz genau um die Probleme der Typ-IV-Schiffe und speziell auch ihres Schiffes. Jedenfalls sind sie stolz darauf, die letzten zu sein, die auf diesen Schiffen zur See fahren, aber sie sagen es nicht laut. Es ist nicht Seemannsart, das Gefühl auf der Zunge zu tragen und große Deklarationen abzugeben. Anschließend wird die Konfliktkommission gewählt. Niemand rechnet zwar damit, daß auf der letzten Reise noch Konflikte entstehen könnten, die verhandlungsbedürftig wären, aber Gesetz ist Gesetz. Und so werden denn gewählt: der I. Technische Offizier Günter Lorenz als Vorsitzender, Frau Gudrun Fritsche, Wirtschaftsoffizier, als Stellvertreter, Mitglieder sind: Eberhard Müller, Technischer Offizier für E-Anlagen, die Stewardeß Gabriele Herbrich, der Motorenwärter Holger Strübing und der Deckslehrling Wolfgang Schumann. Auch auf dieser Reise ist wieder eine Busfahrt nach Mexiko-City geplant. Interessenten können sich zeitig dafür eintragen. Am 24. September 1980 liegt das Schiff in Santa Maria, der Arbeitsanfall läßt es zu, daß 15 Besatzungsangehörige eine Badefahrt zum Strand machen. Am 26. September, das Schiff liegt in Havanna, gibt es eine kleine Sensation für die Besatzung. 15 Seeleute werden um 20.30 Uhr ab Hafentor von einem Bus abgeholt und in das berühmte Nacht-

PROVIANT

Proviantvorräte bei Reisebeginn eines Typ-IV-Schiffes für fünf Monate:

- 3500 kg Trockenproviant
- 3500 kg Kühlproviant
- 5000 kg Frischgemüse, Obst und Kartoffeln
- 18 000 kg Getränke, beinhaltend:
- 15 000 Flaschen Bier (Hafenbräu), dazu Radeberger Pilsner in kleinen Mengen 12 000 Flaschen Selters und Cola 1500 kg Transit- und Handelsware (Alkoholika, Tabakwaren, Kaffee, Schokoladen)
- 1800 Stück Obst und Gemüsekonserven ferner unter anderem:
- 5 kg Pfeffer
- 5 kg Kräutertee
- 4 kg Kümmel
- 50 kg Senf bzw. Ketchup Grundlage: Speiserolle, Vorgabe: 3900 kcal pro Person täglich, bemessen für einen schwer arbeitenden Mann in unterschiedlichen Klimagebieten. Täglicher Verbrauch pro Mann laut Speiserolle:
- Fleisch 250 g
- Wurst 70 g
- Fisch und Fischwaren 55 g
- Käse/Quark 50 g
- Milch bzw. Milchprodukte 150 g
- Fettwaren 100 g
- Eier 2 Stück
- Nährmittel 50 g
- Gemüse 200 g
- Obst 250 g
- Säfte und Marmeladen 55 g
- Kartoffeln 320 g
- Zucker 40 g
- Kaffee bzw. Tee 19 g
- Brot und Backwaren 300 g
- Back- und Küchenhilfsmittel 20 g
- Kochsalz und Gewürze 15 g

Gesamtwert der an Bord befindlichen Proviantvorräte ca. 60 000 Mark.

Diskussion in der Werkstatt (von links): Kommodore Yasani, Syrische Marine, Generaldirektor Ismail, Syriamar, Generaldirektor Günter Freiberg, DSR.

tenbereich Asien-Amerika, solche und ähnliche Erfahrungsberichte vorlagen, konnte der Flottenbereich Asien-Amerika zum 22. Oktober 1970 eine Vorlage für die Dienstbesprechung beim Generaldirektor der DSR einreichen zum Thema „Organisierung des komplexen Schiffsbetriebes“.

Ausgearbeitet hatte diese Vorlage Kapitän Heinrich Schröder, eingebracht in die Dienstberatung wurde sie durch den zuständigen Abteilungsleiter Schiffseinsatz, Dipl.-Ing. Alfred Strauch. Die Vorlage wurde beraten und bestätigt und war die weitere Grundlage für die Verfahrensweise an Bord der Schiffe des Flottenbereiches Asien-Amerika. Die lange Liegezeit des Schiffes in Kuba, die ungenügenden Versorgungsmöglichkeiten der HALBERSTADT mit Proviant und die für die Heimreise zu erwartende geringe Durchschnittsgeschwindigkeit von etwa 10 Knoten veranlaßten die Schiffsführung, den noch vorhandenen Proviant auf der Heimreise sorgfältig einzuteilen. Aber es zeichnete sich sehr bald ab, daß die Lebensmittelvorräte nur bis zur Höhe von Gibraltar reichen würden. Inzwischen hatte ein Telegramm der DSR die Schiffsführung darüber informiert, daß die Zuckerladung im syrischen Hafen Latakia gelöscht werden sollte. Gleichzeitig erhielt Kapitän Rusch die Genehmigung, in Gibraltar Proviant zu übernehmen. Auf die Rückfrage, wieviel er einkaufen dürfe, bekam er aus Rostock die Antwort: „Proviant-einkauf genehmigt entsprechend Verpflegungsrolle“. Das war eine etwas orakelhafte Antwort, denn nun wußte er immer noch nicht, wie die nächste Reise geplant ist und für welchen Zeitraum er sich bevorraten sollte. Aber er beschloß nun, keine weiteren Fragen zu stellen, sondern die nötigen Einkäufe nach eigenem Ermessen zu veranlassen. Als das Schiff auf der Reede von Gibraltar erschien, war gerade noch so viel Proviant an Bord, daß es

Im Hafen von Latakia bittet Generaldirektor Günter Freiberg seine syrischen Geschäftspartner, mit denen er gerade in Verhandlungen zum Abschluß des sogenannten „Syriamar-Vertrages“ steht, zu einem Empfang an Bord. Kapitän Günter Rusch führt seine Gäste durch das Schiff, hier im Maschinenraum. Von links: Kapitän Rusch, Herr Ismail, Generaldirektor von Syriamar, Generaldirektor Günter Freiberg der DSR, ein leitender Mitarbeiter der DDR-Handelsvertretung in Syrien und Kommodore Yasani von der Syrischen Marine.

zu einem Frühstück für die Besatzung reichte. Der erstaunte Schiffshändler erhielt zwei Bestellisten. Die erste war die sogenannte Sofortbestellung. Da stand alles drauf, was er schnellstens an Bord zu bringen hatte, damit die Kombüse das nächste Mittagessen kochen kann. Alle übrigen Bestellungen hätten einige Stunden länger Zeit. In der Annahme, daß beim Anlaufen von Latakia auch mit Empfängen zu rechnen ist, gab Kapitän Rusch der Zahlmeisterin die Weisung, bei den Einkäufen nicht übertrieben sparsam zu sein. Diese Weitsicht hat sich in Latakia prompt bewährt. Kurz nach dem Einlaufen erfuhr der Kapitän vom dortigen DSR-Vertreter, Dr. Konrad, daß Generaldirektor Günter Freiberg zur Zeit in Latakia ist. Es gäbe Verhandlungen mit syrischen Partnern über die weitere Zusammenarbeit, dabei wäre ein Essen an Land vorgesehen, zu dem Kapitän Rusch eingeladen ist. Am nächsten Tag sollte an Bord ein Empfang für die syrischen Geschäftspartner stattfinden, den der Generaldirektor geben würde. Dazu seien alle notwendigen Vorbereitungen zu treffen. Der Empfang wurde ein großer Erfolg. Noch heute erinnert sich Generaldirektor a. D. Günter Freiberg sehr gern an die Tage in Latakia, insbesondere an den hervorragenden Einsatz der Besatzung und an die großartigen Leistungen des Wirtschaftspersonals der HALBERSTADT.

Die Stammbesatzung der HALBERSTADT zu einem Gruppenbild zusammengestellt.

Die Zuckerladung wurde gelöscht, Ölkuchen und Baumwolle geladen. Dann ging die Reise weiter nach Bremen und Hamburg. Am 5. Februar 1971 lief die HALBERSTADT nach 14monatiger Abwesenheit wieder in Rostock ein. Kapitän Rusch erinnert sich, daß es an Bord trotz der großen Reiselänge keine nennenswerten Probleme gegeben hat. Die Besatzung hätte eine sehr gute Arbeitsmoral gezeigt, das Schiff war hervorragend gepflegt worden, man hatte Zeit für alle Instandhaltungsmaßnahmen. Der einzige, der im Heimathafen noch Ärger bekam, war Kapitän Rusch. Ihm warf man vor, bei den Provianteinkäufen in Gibraltar etwas zu großzügig verfahren zu haben. Erst seine Nachweise über die Unterstützung der geschäftlichen Aktivitäten des Generaldirektors in Latakia ließen die Kritik im Sande verlaufen. Kapitän Rusch verließ nach der Reise die HALBERSTADT und ging mit der WERNER SELENBINDER in die Linie Adria–Persischer Golf. Er beendete am 3. Januar 1974 seine aktive Fahrtzeit und wurde nach dreijährigem Einsatz an Land 1977 Vertreter der DSR in Kuala Lumpur, Republik Malaysia.

In Erwartung der Gäste freut sich die Zahlmeisterin der HALBERSTADT (Bildmitte) zusammen mit ihren Stewardessen und Köchen über das gelungene kalte Büfett.

DER ERNSTFALL

Im April 1972 liegt die HALBERSTADT unter Führung von Kapitän Albert Neutschel im vietnamesischen Hafen Haiphong. Der Vietnam-Krieg befindet sich wieder einmal auf einem Höhepunkt, nahezu täglich gibt es Fliegeralarm. Am 16. April 1972 gibt es einen langen Alarm. Von 2.15 Uhr bis 5.30 Uhr werden Industrieanlagen bombardiert. Ein im Nordwesten gelegenes Tanklager stand in Flammen. Von 9.00 Uhr bis 11.00 Uhr folgt ein direkter Angriff auf den Hafen. Neben der HALBERSTADT liegen ein vietnamesischer Schwimmkran und vier weitere vietnamesische Schiffe. Bomben schlagen im Abstand von

30 bis 100 Metern neben der HALBERSTADT ein. Das Schiff wird stark erschüttert, Splitter, Steine und Teile der zerstörten Hafenanlage gingen auf das MS HALBERSTADT nieder und verursachten Schäden. Von 14.15 Uhr bis gegen 16.00 Uhr ist abermals Fliegeralarm, ein weiterer Angriff auf den Hafen. Durch Druckwellen der nahen Bombeneinschläge wird die HALBERSTADT laufend erschüttert. Um 15.15 Uhr erfaßt ein so starker Stoß das Schiff, daß es nach Backbord krängte. Eine Flugzeugrakete hatte die HALBERSTADT an Backbord zwischen Spant 63 und 64 getroffen. Die Rakete durchschlug unter einem Winkel von 80 Grad von Steuerbord kommend den Backbordschergang, trat wieder aus und explodierte unmittelbar neben der Backbordaußenhaut. Die Detonation riß ein Leck von ca. zwei Meter Höhe und zehn Meter Breite. Die im Leckbereich installierten Treiböl-, Luft-, Kühlwasser- und Oberlaufleitungen wurden zerstört. Ein ca. 1 Quadratmeter großer Teil der Außenhaut wurde nach Steuerbord geschleudert und zerschlug dort Brennstoffleitungen. Andere zerfetzte Außenhautteile durchschlugen Lukendeckel und beschädigten Zwischendecks. Die Außenhaut wurde an zehn Stellen durchlöchert und an diversen weiteren Stellen verbeult. Auf dem gesamten Schiff wurden ca. 100 Splitterdurchschläge und Einschüsse von Bordwaffen gezählt, die unter anderem Masten, Bäume, Rettungsboote, Besatzungskammern und weitere Schiffsausrüstungen und Anlagen beschädigten. Die Crew der HALBERSTADT leistete Erste Hilfe, löschte Brände an Bord des eigenen Schiffes sowie auf dem längsseits liegenden Schwimmkran und im Hafengelände. Kurz vor der angekündigten Verminung des Hafens Haiphong konnte das Schiff nach Singapur auslaufen und ging dort zur Reparatur in die Werft. Am 3. August 1972 lief das Schiff in Rostock ein, die Besatzung erhielt den Orden „Banner der Arbeit“. Damit wurde die hohe Einsatzbereitschaft der Seeleute während des Bombardements durch die US-Flugzeuge in Haiphong gewürdigt. Der Bundesvorstand der Gewerkschaft verlieh der Besatzung der HALBERSTADT die „Pablo-Neruda-Medaille“.

Im Oktober 1977 ausgelaufen, kommt im Dezember die HALBERSTADT von ihrer Reise nach Rostock zurück. An Bord fuhr auf dieser Reise Hans-Jürgen Mathy als Elektroingenieur, der heutige Vorsitzende des Vereins der Typ-IV-Fahrer. Er erinnert sich, daß das Schiff von dieser Reise nur noch mit zwei einsatzklaren Motoren zurückkam. Immerhin blieb das Schiff noch weitere zwei Jahre im Dienst und wurde erst am 9. Januar 1980 endgültig aus der Fahrt genommen und in Shimonoseki an die Firma Nissho-Iwai Co. Ltd., Osaka, übergeben. Es wird berichtet, daß es anschließend am 10. Januar 1980 zum Verschrotten ausgelaufen ist. Der Kaufpreis betrug 770.000 US-Dollar.

Die Restbesatzung fuhr von Shimonoseki mit der Schnellbahn nach Tokio und kehrte auf dem Luftwege zurück.

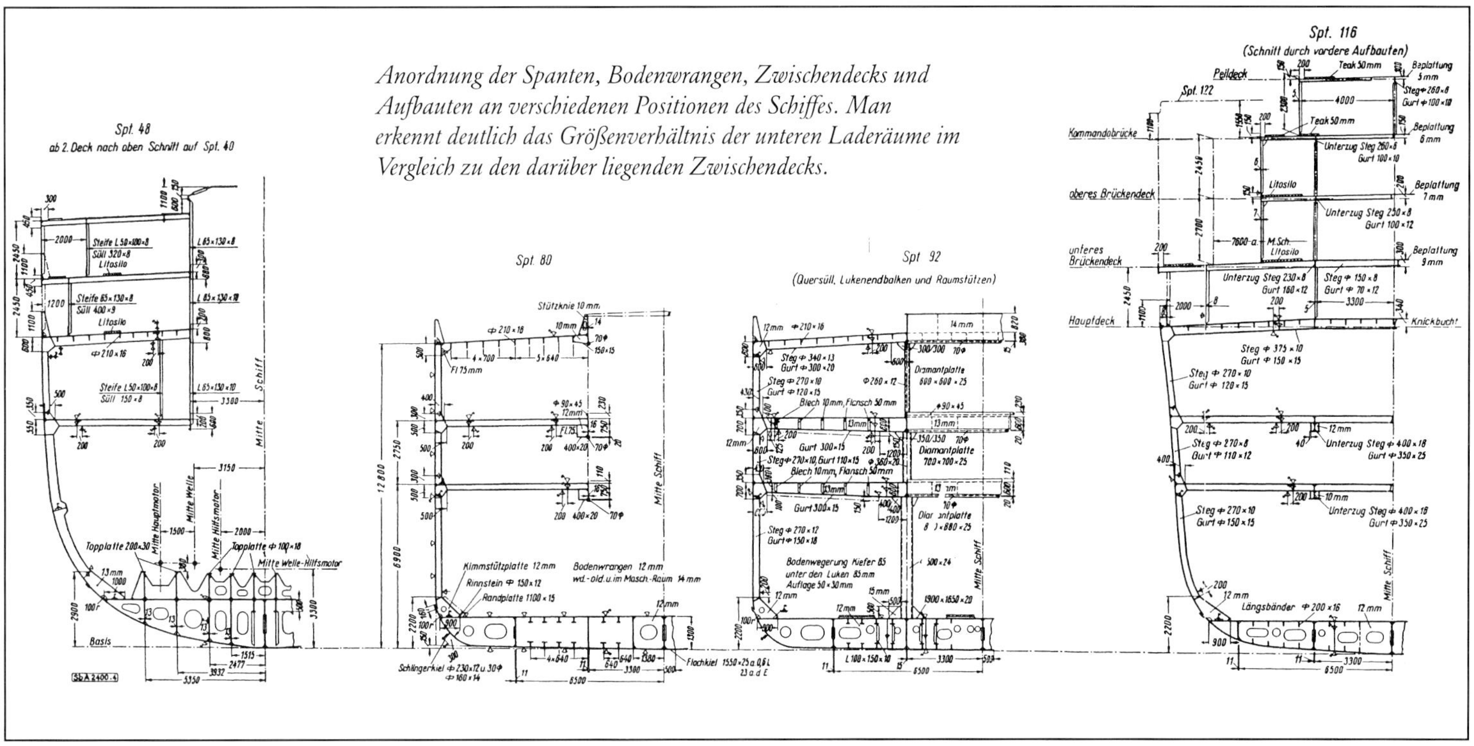

Anordnung der Spanten, Bodenwrangen, Zwischendecks und Aufbauten an verschiedenen Positionen des Schiffes. Man erkennt deutlich das Größenverhältnis der unteren Laderäume im Vergleich zu den darüber liegenden Zwischendecks.

Bild links: Heimgekehrt von langer Reise bugsieren zwei Schlepper die HALBERSTADT achteraus durch das Hafenbecken B an ihren Liegeplatz.

Das für Kuba bestimmte Typ-IV-Schiff SIERRA MAESTRA läuft vom Stapel.

Die Bau-Nr. 315 wurde ab 26. September 1960 vorbereitet, die Kiellegung erfolgte am 11. März 1961 und das letzte Schiff der Typ-IV-Serie lief am 26. August 1961, vom Stapel. Die Witwe eines gefallenen kubanischen Kämpfers, Frau Gledis Planas Masot, taufte das Schiff auf den Namen SIERRA MAESTRA. Die Übergabe an den neuen Eigner, die kubanische Reederei Empresa Consolidada de Navigacion Mambisa, La Habana, erfolgte am 20. Dezember 1961. Damit war der Jahresplan für die Werft erfüllt.

Auch eine Kurbelwannenexplosion auf der Probefahrt am 30. November 1961 konnte die Übergabe nicht verzögern. Offenbar waren die auf diesem Schiff eingebauten zwei 6-Zylinder-Zweitakt-Dieselmotoren (MAN-Lizenz) zu je 4000 PS bei 225 min^{-1}, gebaut vom Dieselmotorenwerk Rostock, so robust, daß der Auslieferungstermin eingehalten werden konnte.

Die SIERRA MAESTRA fuhr bis 1981 für die kubanische Staatsreederei. Dann hatte sie beim Einlaufen in Havanna eine Grundberührung. Die Ursache war ein Maschinenausfall. Vorpiek und Laderaum I wurden aufgerissen. Nach längerer Liegezeit in Havanna wurde sie 1982 nach Cabanas geschleppt und dort aufgelegt.

Mit der SIERRA MAESTRA bekamen die Kubaner ein Typ-IV-Schiff, wie es sich die DSR-Seeleute oft gewünscht haben. „Typ IV wäre der ideale Dampfer“, so hieß es damals an Bord, „wenn er zwei MAN-Hauptmotoren und eine gute Klimaanlage hätte. Dann würden wir nie absteigen!“ Eine Klimaanlage für die Offiziers- und Mannschaftsmesse wurde auf den DSR-Typ-IV-Schiffen im Laufe der Zeit nachgerüstet. Die Umrü-

Schiffschronik der WW/KWW GmbH, Auszug Typ IV

Nr.	Typ	Ship	Land	Name	Baustart	Kiellegung	Stapellauf	HM-Erprob.	Probefahrt	Übergabe	Ablegen
1	IV	301	DDR	FRIEDEN	01.03.1954	13.10.1954	14.01.1956	01.05.1957	23.06.–26.06.57	23.06.1957	26.06.1957
2	IV	302	China	ZEROMSKI (ORAVA)	01.01.1955	30.04.1955	17.03.1957	13.08.1957	21.08.–29.09.57	12.10.1957	12.10.1957
3	IV	303	DDR	FREUND-SCHAFT	01.09.1955	07.11.1955	01.08.1956	18.10.1957	21.11.–02.12.57	10.12.1957	10.12.1957
4	IV	304	China	DUKLA	10.12.1955	01.02.1956	17.11.1956	13.02.1958	16.03.–19.03.58	15.03.1958	16.03.1958
5	IV	305	DDR	DRESDEN	01.04.1956	04.08.1956	18.04.1957	25.06.1958	26.07.–27.07.58	27.07.1958	30.07.1958
6	IV	306	DDR	BERLIN	01.06.1956	22.09.1956	22.06.1957	30.07.1958	29.08.–29.08.59	03.09.1958	05.09.1958
7	IV	307	DDR	MAGDEBURG	01.02.1957	30.04.1957	22.12.1957	11.10.1958	28.10.–29.10.58	31.10.1958	31.10.1958
13	IV	308	DDR	ERFURT	25.06.1957	24.12.1957	09.08.1958	09.04.1959	07.05.–08.05.59	08.05.1959	08.05.1959
14	IV	309	DDR	LEIPZIG	10.01.1958	29.03.1958	30.10.1958	07.06.1959	29.06.–30.06.59	28.06.1959	29.06.1959
18	IV	310	DDR	HALLE	10.06.1958	20.08.1958	18.04.1959	07.11.1959	22.11.–25.11.59	25.11.1959	27.11.1959
19	IV	311	DDR	SCHWERIN	01.01.1959	05.03.1959	15.08.1959	12.12.1959	11.12.–23.12.59	23.12.1959	28.12.1959
21	IV	312	DDR	KARL-MARX-STADT	06.03.1959	01.06.1959	05.12.1959	30.04.1960	26.05.–27.05.60	28.05.1960	28.05.1960
28	IV	313	DDR	GERA	13.10.1959	31.03.1960	24.09.1960	11.12.1960	23.12.–24.12.60	30.12.1960	04.01.1961
30	IV	314	DDR	HALBERSTADT	15.05.1960	07.09.1960	25.02.1961	10.05.1961	27.05.–28.05.61	31.05.1961	01.06.1961
34	IV	315	Kuba	SIERRA MAESTRA	26.09.1960	11.03.1961	26.08.1961	26.11.1961	16.12.–17.12.61	20.12.1961	25.12.1961

stung auf zwei MAN-Hauptmotoren wurde um 1968 ernsthaft untersucht. An diesem Projekt arbeitete u. a. der ehemalige Chief und nunmehrige Technische Inspektor Horst Eisermann. Es gab auch bereits Verhandlungen mit Werften. Allerdings wäre ein völliger Umbau des Achterschiffes einschließlich des Maschinenraums erforderlich gewesen. Die hierbei zu erwartenden Kosten entsprachen einem Neubau. Daher wurde angesichts der noch verbleibenden Resteinsatzzeit der Schiffe auf diese Umbaupläne verzichtet.

Verzeichnis der Rufzeichen und Unterscheidungssignale

FRIEDEN:	DHWT	LEIPZIG:	DAYE
FREUNDSCHAFT:	DHZT	HALLE	DAYF
DRESDEN:	DAVK	SCHWERIN:	DAYG
BERLIN:	DAVL	KARL-MARX-STADT:	DAYH
MAGDEBURG:	DAVM	GERA:	DAYI
ERFURT:	DAYC	HALBERSTADT:	DAYJ

Am Abend des 5. Juni 1969 sitzt der inzwischen 69jährige ehemalige Chefkonstrukteur der Typ-IV-Schiffe, Dipl.-Ing. Kurt Heinrich, in seiner schönen Wohnung in der Warnemünder Parkstraße und genießt den Frühsommerabend. Plötzlich klingelt es, zwei frühere Kollegen von ihm erscheinen, um den längst im Ruhestand Befindlichen für eine außergewöhnliche Aufgabe zu begeistern. Die DRESDEN, ein Schiff jener Serie, die er vor vielen Jahren konstruierte, soll auf der Warnowwerft in Warnemünde zu einem Traditionsschiff umgebaut werden. Das bedeutet, der ehemalige Stückgutfrachter soll in wesentlichen Teilen erhalten bleiben, dabei aber zu einem schwimmenden Museum umgestaltet werden. Eine Sporthalle, ein Restaurant und ein Hotel sowie mehrere Gaststätten sollen ebenfalls geschaffen werden. Da aber die Werft durch die laufenden Neubauaufträge mehr als ausgelastet ist, muß das Projekt so entworfen werden, daß es den Wünschen des Auftraggebers entspricht, aber auch in Feierabendarbeit und mit Zusatzschichten umgebaut werden kann. Kurt Heinrich besinnt sich nicht lange. Später sagt er, wenn man 20 Jahre im Schiffbau tätig war und bekommt dann eine derartige Aufgabe gestellt, macht es einfach Freude, dafür seine Freizeit zur Verfügung zu stellen. Wenige Tage später, am 10. Juni 1969, wurden in der damaligen „Vereinigung volkseigener Betriebe“ des Schiffbaus die entsprechenden Vorbesprechungen durchgeführt, noch am gleichen Tag wird mit der Ausarbeitung des Projektes begonnen. Eine Reihe erfahrener Konstrukteure erklärt sich bereit, Kurt Heinrich zu unterstützen. Sie beginnen am 15. Oktober mit der Arbeit. Es sind eine ganze Reihe von Veränderungen erforderlich, denn wenn das ursprüngliche Aussehen des Schiffes gewahrt bleiben soll, so müssen doch für die große Turnhalle Teile eines Zwischendecks entfernt werden, tragende Schotten ihren Platz wechseln. Dazu sind wiederum neue statische Berechnungen erforderlich. Für die Ausarbeitung des Projektes standen nur 90 Tage zur Verfügung, und alle künftigen Nutzer des Schiffes hatten bestimmte Vorstellungen und Wünsche,

Die letzten großen Schiffsmodelle werden in die Ausstellungsräume des Schiffbaumuseums gebracht.

die möglichst unter einen Hut zu bringen waren. Am 17. Dezember war auf der Warnowwerft mit dem Umbau des Schiffes begonnen worden. Das war auch deswegen nicht so leicht, weil der eisige Winter 1969/70 zusätzliche Schwierigkeiten verursachte. Kommandobrücke, Kartenraum, Funkraum, der Maschinenraum sowie die meisten Wohnräume der Besatzung blieben im wesentlichen im Originalzustand erhalten. So wurde beispielsweise die Kapitänskabine das Arbeitszimmer des Museumsdirektors. Der Maschinenraum wurde für Besucher begehbar gemacht.

Die damaligen Umstände gestatteten es jedoch nicht, den Umbau so vorzunehmen, daß der Maschinenbetrieb simuliert werden konnte. Im Frühjahr erhielt das Schiff im Dock einen gründlichen neuen Unterwasseranstrich. Zuvor hatte man die nunmehr überflüssigen Propeller entfernt. Die Laderäume, die vorher durch Schotten voneinander getrennt waren und durch verschiedene Decks gleichsam in verschiedene Stockwerke eingeteilt waren, wurden zu großen, durchgehend begehbaren Museumsräumen umgebaut. Parallel zu den Umbauarbeiten mußte am zukünftigen Liegeplatz des Schiffes in Rostock-Schmarl die Uferbefestigung völlig neu hergerichtet werden. Dalben waren zu rammen, zwei Landungsstege mußten gebaut werden, Poller für die Festmacherleinen waren im Erdreich zu verankern, auch an die Versorgungsleitungen für Kraftstrom, Wasser- und Schmutzwasserleitungen war zu denken. Eine Zufahrtsstraße einschließlich eines Parkplatzes mußte projektiert werden, die Freifläche vor dem Schiff war repräsentativ zu gestalten und für Ausbaumöglichkeiten vorzusehen. Da an dem zukünftigen Liegeplatz nur eine geringe Wassertiefe existierte, mußte dieser nicht nur entsprechend ausgebaggert werden, es war auch notwendig, vom Hauptfahrwasser der Warnow einen neuen Stichkanal anzulegen, um das Schiff nach Fertigstellung an diesen Liegeplatz bugsieren zu können. Am 5. Juni 1970 war es dann soweit. Zwei Schlepper der Bagger-, Bugsier- und Bergungsreederei Rostock machten in der Werft an der ehemaligen DRESDEN fest und bugsierten das große Schiff unter Führung des Werftkapitäns mit Unterstützung eines Lotsen geschickt und sorgfältig an seinen neuen Liegeplatz. Dort wurde sie für immer vertäut. Während in einigen Innenräumen die Werftarbeiter nicht nur der Warnowwerft, sondern auch Angehörige der Neptunwerft, der Peenewerft und der Volkswerft Stralsund mit den letzten Umbauarbeiten und Fertigstellung der neuen Einbauteile beschäftigt sind, beginnen die Mitarbeiter des Schiffahrtsmuseums Rostock bereits mit den Vorbereitungen für die erste Ausstellung des neuen Schiffbaumuseums der DDR. Bis zum letzten Augenblick hatte man an der inhaltlichen Konzeption gearbeitet, Exponate besorgt,

Am 5. 6. 1970 bugsieren vier Schlepper die umgebaute DRESDEN zu ihrem neuen Liegeplatz am Ufer der Warnow, nahe des Rostocker Stadtteiles Schmarl. Während sich das Schiff auf der eigens dafür ausgebaggerten Fahrrinne dem Liegeplatz nähert, werden an den Pollern die letzten Bolzen und Muttern angezogen, damit das Schiff an seinem neuen Liegeplatz ordnungsgemäß festgemacht werden kann.

Schiffsmodelle zusammengetragen: Nun gilt es, die Geschichte des Schiffbaus in Mecklenburg-Vorpommern vom ersten ausgehöhlten Baumstamm durch die Jahrhunderte bis zum neuesten Entwicklungsstand des DDR-Schiffbaus umfassend darzustellen. Die Vorbereitungsarbeiten stehen zunächst unter Leitung von Frau Ingrid Schmidt, Mitarbeiterin des Schiffahrtsmuseums Rostock. Sie hat an Bord bereits eine kleine Kammer bezogen, und von diesem „Arbeitszimmerchen" aus koordiniert sie die komplizierte Aufbauphase. Schließlich war der Eröffnungstag herangerückt. Die Reederei-Zeitung „Voll voraus" schrieb in ihrer Ausgabe 9/1970: *„Zu einem Höhepunkt der 12. Arbeiterfestspiele gestaltete sich am 13. Juli 1970 die Übergabe des Traditionsschiffes DRESDEN an die Rostocker Bevölkerung. Tausende Mädchen und Jungen, Einwohner und Gäste der Ostsee-Metropole hatten sich auf dem Platz vor dem Schiff in Schmarl versammelt, um die feierliche Einweihung mitzuerleben. Nach einem großen Meeting der Jugend, an der eine Delegation des Politbüros der SED unter Leitung von Professor Kurt Hager sowie eine Delegation des*

Ministerrates, geleitet von Dr. h.c. Alexander Abusch, teilgenommen hatte, begaben sich die Ehrengäste an Bord des Schiffes, wo sie vom Präsidenten der Direktion Seeverkehr und Hafenwirtschaft, Vizeadmiral a. D. Heinz Neukirchen, herzlich begrüßt wurden. ‚Mit diesen Schiffen vom Typ FRIEDEN, von den Werftarbeitern der Warnowwerft erbaut', so sagte Heinz Neukirchen in seiner Begrüßungsansprache unter anderem, wurde Anfang der 60er Jahre eine bedeutende Etappe in der Entwicklung der Seeschiffahrt der DDR eingeleitet. Vom ersten 1000-Tonnen-Dampfer VORWÄRTS bis zum 10 000-Tonnen-Motorschiff Typ FRIEDEN, dem jetzigen Traditionsschiff, war es ein weiter und auch schwerer Weg. Bis zum heutigen Tage', so sagte Heinz Neukirchen weiter, ‚haben wir eine Handelsflotte bis 1,3 Millionen tdw entwickelt, deren 173 Schiffe unsere Flagge über alle Weltmeere und in alle Welthäfen tragen ...'" Als die Ehrengäste und ihre Begleitung sich an Deck eingefunden hatten, gab um 10.30 Uhr der mit der Übergabe des Schiffes beauftragte Kapitän Gerd Peters das Kommando: „Hol nieder, Reederei-Flagge!" Nachdem dies geschehen war, gab der neue Objektleiter des Schiffes, Heinz Wittkowski, das Kommando: „Heiß Flagge der Stadt Rostock!" Damit war der offizielle Flaggenwechsel vollzogen, und die Ehrengäste und ihre Begleitung begaben sich auf einen Rundgang durch das ganze Schiff, geführt vom neu berufenen Direktor des Schiffbaumuseums, Dr. Martin Heyne. Zum Abschluß der offiziellen Feierlichkeiten gab es ein festliches Essen, gleichsam zur Einweihung des im ehemaligen Laderaum I eingebauten Restaurants, das vom ersten Tage an über mangelnde Besucher nicht klagen konnte. Wenige Wochen später schrieb der Schiffahrtsredakteur G. D. Schneider in der in Bremerhaven erscheinenden „Nordsee-Zeitung" nach einer Besichtigung des Traditionsschiffes folgenden, aus Platzgründen leicht gekürzten Bericht:

Am neuen Liegeplatz erfolgen kurz vor der Wiederindienststellung letzte Ausbesserungsarbeiten am Außenanstrich.

Unter großer Anteilnahme der Bevölkerung erfolgt am 13. 6. 1970 die Eröffnung des TRADITIONSSCHIFFES TYP FRIEDEN. Im Vordergrund die offiziellen Ehrengäste: vorn, etwa Bildmitte: in Uniform: zwei Admirale, rechts Vizeadmiral Wilhelm Ehm, Chef der Volksmarine, an seiner rechten Seite Admiral Waldemar Verner, Stellvertreter des Ministers für Nationale Verteidigung der DDR und Chef der Politischen Verwaltung der NVA, vor ihnen im dunklen Anzug Willi Marlow, Vorsitzender des Rates des Bezirkes Rostock, an dessen rechter Seite Harry Tisch, 1. Sekretär der SED-Bezirksleitung Rostock, rechter Hand von Harry Tisch: der Minister für Kultur Dr. h. c. Alexander Abusch, dann folgt im grauen Anzug Kurt Hager, Mitglied des Politbüros der SED, an diesem Tag Ranghöchster, und an dessen rechter Seite ebenfalls im grauen Anzug und mit Brille Werner Lamberz, Sekretär des Zentralkomitees der SED.

SCHIFFBAUMUSEUM IN ZÜNFTIGER UMGEBUNG

„Auf dem schwimmenden DDR-Schiffbaumuseum zwischen Rostock und Warnemünde wurde dieser Tage der 140 000. Besucher seit der Eröffnung Mitte Juni gezählt. Anläßlich der ‚Ostsee-Woche' hatte auch unser Schiffahrtsredakteur den entsprechend umgebauten früheren 10 000-Tonnen-Linienfrachter DRESDEN besucht und kurz beschrieben. Diesen ersten Bericht können wir heute ... ergänzen und so einen besseren Eindruck von der Einrichtung vermitteln, die gerade in Bremerhaven im Hinblick auf das im Aufbau befindliche „Deutsche Schiffahrtsmuseum" interessieren. Das Traditionsschiff Typ FRIEDEN, wie seine offizielle Bezeichnung lautet, ist als ein Zentrum der Kultur, Bildung sowie Erholung gedacht und mit einem nicht unerheblichen finanziellen Aufwand neben vielen freiwilligen Helfern und Sonderschichten in relativ kurzer Zeit entstanden. ... Gegenwärtig wird bereits eine Erweiterung – besonders des historischen Teils – vorbereitet, und weitere Pläne sehen einen modernen Yachthafen mit zwei Boots-

Zur Ostseewoche 1970, am 14. 7., besucht der 1. Sekretär des Zentralkomitees der SED und Vorsitzende des Staatsrates, Walter Ulbricht, in Begleitung weiterer Persönlichkeiten das Traditionsschiff und das Schiffbaumuseum. Im Vordergrund rechts Walter Ulbricht, hinter ihm Frau Lotte Ulbricht, hinter ihr Dr. Günter Mittag, Mitglied des Politbüros. Dr. Martin Heyne, Direktor des Schiffbaumuseums, führt die Gäste durch die Ausstellung.

hallen für die Segelsportausbildung in unmittelbarer Nachbarschaft vor. Auch von einem zweiten Schiff war schon die Rede. ... Im Kernstück, dem Schiffbaumuseum, wird verständlicherweise besonders die Entwicklung dieses Industriezweiges innerhalb der DDR herausgestellt. Der historische Teil ist demgegenüber noch recht bescheiden und weist z. B. auf die bis in die Zeit der Hanse mit ihren Koggen zurückreichenden Anfänge des Schiffbaus hin. Außerdem kann man im Modell den ersten in Deutschland erbauten eisernen seegehenden Schraubendampfer, den 1851 auf der Werft von Zeltz und Tischbein in Rostock entstandenen ERBGROSSHERZOG FRIEDRICH FRANZ sehen. Nicht zu übersehen ist bei der Darstellung der Zeit nach 1945 der starke sowjetische Einfluß als Hauptauftraggeber für die mehr oder weniger ganz neu aufzubauende Werftindustrie moderner Auslegung. Sehr wichtig für die Heranbildung der dazu benötigten Facharbeiter waren dabei die ersten Reparaturprogramme mit der Wiederherstellung kriegsbeschädigter deutscher Fracht- und Passagierschiffe für die Sowjets. Überhaupt muß sich der Besucher aus dem Westen an die enge Verknüpfung von Politik und Wirtschaft gewöhnen, die aber ja generell in der DDR üblich ist. Im Hinblick auf die auch werbende Aufgabenstellung werden sehr ausführlich die Aus- und Weiterbildungsstätten sowie die Verbesserung der Techniken und die Anpassung an ausländische Erzeugnisentwicklungen dargestellt und in einigen Bereiche sogar übertroffen ...“

Besucher interessieren sich für die original erhaltene Kommandobrücke des Schiffes.

Die Attraktivität dieses neuen Museums sprach sich im Lande herum. Am 25. August 1974 konnte Frau Karin Süring aus Potsdam-Golm als millionster Gast an Bord einen Rosenstrauß und einen Wandteller als Souvenir entgegennehmen. Am 14. Mai 1975 war die Familie Lippke – der Familienvater arbeitete bei den Berliner Verkehrsbetrieben – die 1 111 111. Besucher. Im Jahre 1976 besuchte der Chefredakteur der amerikanischen Zeitschrift „Political Affairs“, Barry Cohen, das Traditionsschiff. Im September des Jahres sah das Schiff an Bord Dreharbeiten für den DEFA-Film „Ein Schneemann für Afrika“. Am 15. September 1976 wurde das Jugendtouristhotel eröffnet. Und nachdem am 12. August 1978 über zwei Millionen Besucher das Schiff besichtigt hatten, erfolgte 1979 die Eintragung in die zentrale DDR-Denkmalsliste. In der Folgezeit wurde besonders das Vorgelände zu einem richtigen Freilichtmuseum weiter ausgestaltet. Ein echter Holzfischkutter

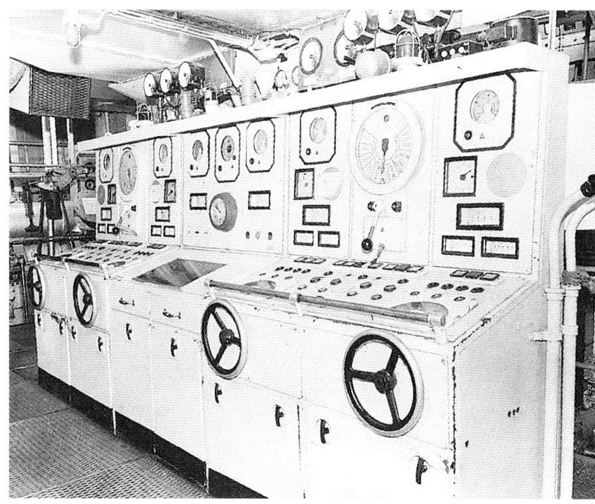

Der Maschinenraum der DRESDEN ist ebenfalls original erhalten. Der Maschinenleitstand ist immer ein besonderer Anziehungspunkt. Von hier aus wurden die vier Hauptmotoren angelassen bzw. umgesteuert.

aus der Anfangszeit des DDR-Schiffbaus, der Schwimmkran LANGER HEINRICH, der Schlepper SATURN und eine original erhaltene alte Slipanlage einer Rostocker Werft wurden nach und nach auf dem Freigelände aufgestellt. Auch ein Seezeichenlehrpfad wurde angelegt. Originalseetonnen führen den Besucher, der mit dem Auto zum Traditionsschiff kommt, wie auf einer „Seestraße“ zum Parkplatz, der mit Reedetonnen bezeichnet ist. Unübersehbar wurde am Parkplatz als Ansteuerungsmarke noch ein echter Leuchtturm stationiert, der vorher auf der Warnemünder Mole stand. 1980 wurde im Jugendtouristhotel eine Hochzeitskammer eingerichtet. Nach wenigen Tagen war sie bis zum Jahresende ausgebucht. 1982 gab es wieder Dreharbeiten an Bord des Traditionsschiffes und auf dem benachbarten MS GEORG BÜCHNER, dem stationären Schulschiff der DSR. Die DEFA drehte den Film „Der Mann von der Kap Arkona" mit dem bekannten Schauspieler Erwin Geschonnek in der Hauptrolle.

Seit dem 22. Juli 1982 ist der Schwimmkran LANGER HEINRICH museal erschlossen und begehbar für die Besucher. Er liegt längsseits des Traditionsschiffes in Höhe des Maschinenraumes. Um an Bord des Krans zu gelangen, wurde die Bordwand des Traditionsschiffes in Höhe des Maschinenraumes durchbrochen, damit die Besucher den Kran in ihren Rundgang einbeziehen können. Am 27. Juli 1982 gab es an Bord einen Rekordbesuch. 4000 Gäste besichtigten das Schiff und das Museum. 1983 erfuhr die Freifläche vor dem Schiff durch die Anlage einer Ankerausstellung eine neue Bereicherung. Seit Januar 1985 befindet sich ein ehemaliges leichtes Torpedoschnellboot der DDR-Volksmarine auf dem Freigelände. Im Sommer des Jahres erhält das Schiffbaumuseum den Kulturpreis der Stadt Rostock. Wenige Monate später erscheint in zweiter Auflage der speziell für Kinder gedachte Museumsführer „Bordgewisper", zusammengestellt vom bekannten Rostocker Maler und Grafiker Jochen Bertholdt. Es ist nahezu unmöglich, die vielen Veränderungen und Ereignisse an Bord des Schiffes ausführlich zu schildern, die sich seit der Eröffnung zugetragen haben. 1987 war bei-

Von der Steuerbordbrückenock haben die Besucher einen weiten Blick bis hinüber zum Warnowkai des Überseehafens.

Blick auf die ehemalige DRESDEN, das jetzige Traditionsschiff, vom Hauptfahrwasser der Warnow aus gesehen.

Blick in eine Vitrine des Schiffbaumuseums mit dem Modell des ersten eisernen Schraubendampfers Deutschlands D. GROSSHERZOG FRIEDRICH FRANZ, gebaut auf der Neptunwerft in Rostock im Jahre 1854.

stättenverwaltung der Stadt der offizielle Rechtsträger. Alle anderen Institutionen an Bord, wie das Jugendtouristhotel und die Gaststättenverwaltung der HO (Handelsorganisation), waren nur Nutzer der ihnen zugesprochenen Räumlichkeiten. Das ist bis heute im wesentlichen so geblieben. Am 18. Juli 1991 stellt der Deutsche Fernsehfunk im Vortragssaal des Museums im Rahmen einer Pressekonferenz einige Folgen der neuen Fernsehspielfilmserie „Der Lotse" vor. Regie: Hans Joachim Hildebrandt. 9. Juli 1991: Beide Rostocker maritime Museen – das Schiffahrtsmuseum und das Schiffbaumuseum – sind Besuchermagneten für die Stadt. Im Verlaufe einer größeren Diskussionsveranstaltung unterstützt der bekannte Hamburger Fachmann und Vorstandsmitglied der Deutschen

spielsweise die Besucherzahl auf insgesamt vier Millionen Gäste angestiegen. Das Traditionsschiff hatte somit die Besucherzahlen der anderen Rostocker Museen weit überflügelt. Das war zweifellos auch der Grund dafür, daß im Mai 1988 eine Tagung der Denkmalpflege an Bord des Traditionsschiffes stattfand. Auf dieser Tagung gab es übrigens eine breite Diskussion zur Erhaltung des Dampfers VORWÄRTS, die allerdings letztlich wirkungslos blieb. 1988 erhält das Museum vom VEB Bagger-, Bugsier- und Bergungsreederei als neuesten Zugang ein Betonschiff. Die Übernahmeakte wird am 25. Oktober 1988 unterschrieben. Am 1. September 1989 ist Andreas Irmer, Kraftfahrer aus den Barkaswerken in Frankenberg, mit seiner Familie der fünfmillionste Besucher an Bord. Er erhält eine Mappe mit „neuen" Kapitänsbildern. Im Mai 1990 kommt es zu einem Kooperationsvertrag mit dem Deutschen Schiffahrtsmuseum in Bremerhaven. Wenige Tage später, am 15. Mai 1990, wird die Gaststätte wegen technischem Verschleiß geschlossen. Leider ist sie bis heute nicht wieder eröffnet worden. Die Ursachen für diese und ähnliche Probleme liegen in der komplizierten Eigentümerstruktur des Schiffes. Eigentümer des Traditionsschiffes ist von Anfang an die Stadt Rostock. Bei der Einweihung 1970 war die Sport-

25. 9. 81: Auf Initiative des ehemaligen Wirtschaftsoffiziers Martin Schwincke findet 23 Jahre nach der Indienststellung erstmals ein Treffen der ehemaligen DRESDEN-Fahrer an Bord ihres Schiffes statt, an dem 41 frühere Besatzungsmitglieder teilnahmen, unter ihnen die einstigen Kapitäne Herbert Schickedanz, Carl-Gustav Zieske, Kurt Schütt, Willy Jühlke, Gerd Peters, Leitende Ingenieure und weitere Offiziere. Das Foto zeigt das Anbordgehen der Eingeladenen. Lehrlinge des am Nachbarliegeplatz festgemachten Fracht- und Lehrschiffes GEORG BÜCHNER der DSR hatten die Gäste mit einem Spalier empfangen.

Die Schiffe fuhren im Sturm und bei Regen, Eis, Schnee und Hagel, unter glühender Sonne und grauem Himmel. Sie legten viele tausend Seemeilen auf Ozeanen und Randmeeren zurück und viele Hunderte Meilen auf engen Revieren, Flüssen, Kanälen und Hafenansteuerungen. Sie transportierten Waren, Passagiere, Post und Tiere.

An Bord wurde gearbeitet, gegessen und geschlafen. Man ging Wache auf der Brücke, im Funkraum, in der Maschine, an der Gangway oder in den Luken.

Die Schiffe wurden repariert, in Farbe gehalten, Bordanlagen wurden durchgesehen, gepflegt, gewartet, ausgewechselt.

Man hatte Dienst oder Freizeit, Bereitschaft oder Landgang, Urlaub oder freie Tage.

Man erlebte Seetage, Hafentage, Werftzeiten und Feiertage.

An Bord wurde gearbeitet und gefeiert, gelacht und geweint, gelebt und gestorben, es gab Erfolge und Niederlagen, es wurde geliebt und gehaßt, gefühlt und analysiert, diskutiert und beschlossen, zugestimmt und abgelehnt, kommandiert, angewiesen, orientiert, beraten, belehrt, besprochen, überzeugt oder verworfen.

An Bord dieser Schiffe wurden Laufbahnen begonnen und Karrieren beendet, gab es Triumphe und Tragödien, Alltag und Feiertag, Begegnungen und Trennungen, den einzelnen und die Gemeinschaft, **also: Seefahrt**.

Sie erfolgte in Übereinstimmung mit den besten Traditionen der Deutschen Handelsmarine.

LITERATURVERZEICHNIS

Akte „Komplexbrigaden“	Sekretariat des Generaldirektors des VEB DSR Rostock Enthalten: Strukturpläne, Stellungnahmen und Vorschläge leitender Mitarbeiter der DSR und von Kapitänen aus der Flotte der DSR (Sammlung) diverse Schriftstücke, Maschinenschrift, unveröffentlicht
Akte „Komplexbrigaden“	Berichte der Schiffe Inhalt: Vorschläge der Schiffsbesatzungen des Flottenbereiches Asien-Amerika zur Diskussion über die Komplexbesatzungen und den Stand ihrer Einführung Rostock 1969/1970 Arbeitsgruppen „Komplexbesatzung, Maschinenschrift, unveröffentlicht
Ausführungsbestimmungen	zur Zahlung einer „Bordzulage“ ab 1. 7. 1973 und Erläuterungen zum Rahmenkollektivvertrag für Beschäftigte der Handelsflotte, gültig ab 1. 7. 1973. Erläuterungen zum Gehaltsgruppenkatalog Verkehrswesen – Teil Handelsflotte – gültig ab 1. 6. 1973 Broschüre in Schreibmaschinenschrift, herausgegeben durch die Direktion Seeverkehr und Hafenwirtschaft Rostock
Ausguck Nr. 1	Herausgeber: Kreisvorstand IG Transport und Nachrichtenwesen Seeverkehr und Hafenwirtschaft Zirkel „Schreibende Seeleute“ Rostock 1980
Dr. Gerhard Buchführer u. a.:	Die Seewirtschaft der DDR Band 1: 1945–1960, Berlin 1963 Band 2: 1961–1970, Berlin 1969 Band 3: 1971–1980, Berlin 1984 Das Autorenkollektiv für Band 3 stand unter Leitung von K.-H. Gustmann, Transpress VEB Verlag für Verkehrswesen
Dampfer „Vorwärts“ 30 Jahre alt	Beiträge zur Geschichte der Seeverkehrswirtschaft der DDR, Heft 13, Rostock 1980
Peter Köppen u. a.:	Schiffbauer, Seeleute und Hafenarbeiter machen Geschichte, Berlin 1979
Peter Köppen u. a.:	Über die Meere, durch die Jahre Geschichte des VEB Deutfracht/Seereederei Rostock, Berlin 1982
Peter Köppen u. a.:	Hafenarbeiter, Seeleute machen Geschichte, hrsg. von der SED-Bezirksleitung Rostock, Rostock 1977
Bergmann, Gerald:	Die Schiffsbetriebstechnik der Typ-IV-Schiffe Beitrag aus „Das Nordlicht“, 5. Jahrgang, Heft Nr. 17, herausgegeben von der Schiffahrtsgeschichtlichen Gesellschaft OSTSEE e. V., Rostock 1997
Behrend, Alfons Schiffsingenieur:	Technische Reiseberichte des Leitenden Ingenieurs als Anlage zum Kapitänsreisebericht des MS MAGDEBURG 1959 und 1960 sowie des MS LEIPZIG 1961, Maschinenschrift, unveröffentlicht, Privatarchiv A.B.
Beiträge zur Geschichte der Stadt Rostock, Heft 10	Im Auftrag des Rates der Stadt Rostock herausgegeben vom Stadtarchiv Rostock und vom kulturhistorischen Museum Rostock, 1990
Bleicken, Berthold:	Betriebserfahrungen auf Seeschiffen, Hamburg 1953 Berlin, 1953
Bönisch, Otto: Direktor der Kombinatsakademie „Rudolf Hladitsch“, Leiter des Pionierschiffes VORWÄRTS	Urania Maritim Mitgliedsgruppe der „Urania“ des VE Kombinates Seeverkehr und Hafenwirtschaft Dampfer VORWÄRTS, Geschichte eines Schiffes, Rostock 1979
Bönisch, Otto/ Wenzel, Harry/ Stübner, Joachim:	DSR-Lines Die Deutsche Seereederei Rostock, Hamburg 1996
Bönisch, Werner:	Leinen los zu großer Fahrt Sein und Werden der Handelsflotte der Deutschen Demokratischen Republik Rostock 1957
Bolling, Sigfrid:	Was ist das für ein Schiff? Leipzig-Jena 1956
Brennecke, Jochen:	Schwarze Schiffe, weite See. Das Schicksal der deutschen Blockadebrecher, 2. Auflage, Herford 1989
Brigadetagebuch Deck des MS BERLIN:	geführt vom 21. 1. 1966 bis 14. 5. 1970, handschriftliche Aufzeichnungen mit Ergänzungen und Zusätzen in Maschinenschrift, unveröffentlicht
Brigadetagebuch Deck MS GERA:	geführt vom 23. 1. 1980 bis 8. 11. 1980 an Bord als Schiffschronik, handschriftliche Aufzeichnungen mit Ergänzungen und Zusätzen in Maschinenschrift, unveröffentlicht

Statistische Reiseauswertung MS DRESDEN

Transportierte Ladung, unterteilt nach Gutarten

Reise	Stückgut	Bulk	Sackgut	Süßöl	Holz	Tonnen/Gesamt
1/58	1830	6200	–	–	–	8030
2/58	5361	–	–	–	2282	7643
1/59	882	7500	–	–	–	8382
2/59	2924	–	5506	–	–	8430
3/59	–	2051	–	–	–	2051
4/59	–	8436	–	–	–	8436
5/59	3674	1509	2421	989	–	8593
6/59	–	8820	–	–	–	8820
1/60	5368	1222	–	975	–	7565
2/60	5287	6954	–	–	–	12241
1/61	4653	2729	–	–	–	7382
2/61	1004	9600	–	–	–	10604
3/61	3830	7659	--	–	–	11489
4/61	–	9600	–	–	–	9600
1/62	9006	400	–	–	–	9406
2+3/62	2485	9954	–	–	–	12439
4/62	–	–	7658	–	–	7658
5/62	5372	4777	–	–	–	10149
1/63	–	–	7279	–	–	7279
2/63	–	–	7245	–	–	7245
3/63	2617	3000	–	–	–	5617
4/63	–	–	10095	–	–	10095
5/63	5538	–	–	–	–	5538
6/63	–	–	8995	–	–	8995
1/64	1711	–	2000	–	–	3711
2/64	1001	–	8468	–	–	6469
3/64	1591	–	–	–	–	1591
4/64	93	–	10825	–	–	10918
5/64	450	2930	1597	–	–	4977
6/64	13	7876	–	–	–	7889
7/64	1721	4756	3191	–	–	9663
1/65	–	6567	–	–	–	6567
2/65	8079	–	–	–	–	8079
3/65	530	3345	4126	–	–	8001
4/65	9226	700	–	–	–	9926
1/66	1130	5625	1606	–	57	8361
2/66	5425	–	1174	–	–	6599
3/66	2653	–	4211	–	–	6864
1/67	6619	849	–	–	231 (Kork)	7699
2/67	1258	–	1295	–	–	2553
3/67	–	–	7903	–	–	7903
4/67	–	–	4960	–	–	4960
1/68	3626	4843	–	–	–	8469
2/68	787	–	6485	–	–	7272
3/68	3996	4000	1166	–	–	9162
4/68	–	–	10483	–	–	10483
1/69	3110	–	–	–	–	3110
2/69	–	–	9908	–	–	9908
3/69	4051	–	–	–	–	4051
4/69	–	–	6931	–	–	6931
5/69	10024	–	–	–	–	10024
Gesamt	**126.930**	**123.866**	**142.939**	**1.964**	**2.270**	**398.832**

Nautische Angaben: zurückgelegte Seemeilen, Seezeiten und Revierzeiten, Durchschnittsgeschwindigjkeit in sm/h

Reise	Seemeilen	Reviermeilen	Seezeit	Revierzeit	V = sm/h
1/58	107843	236	–	–	–
2/58	11116	114	–	–	–
1/59	11096	96	–	–	–
2/59	11108	102	–	–	–
3/59	11214	131	–	–	–
4/59	648	39	–	–	–
5/59	11314	109	–	–	–
6/59	11418	176	–	–	–
1/60	11171	107	–	–	–
2/60	11088	227	–	–	–
1/61	10814	37	–	–	–
2/61	11138	114	–	–	–
3/61	11244	88	–	–	–
4/61	10896	63	–	–	–
1/62	11328	129	–	–	–
2/62	5393	218	14Tg.22,8 Std.	4Tg. 4,4 Std.	15,0
3/62	5151	172	15Tg.17,9 Std.	20,2 Std.	13,6
4/62	6912	259	19Tg.19,4 Std.	1Tg.15,4 Std.	14,6
5/62	8174	532	24Tg.4,5 Std.	4Tg.16,6 Std.	14,0
1/63	11667	450	32Tg.3,0 Std.	6Tg.14,3 Std.	14,6
2/63	9023	264	27Tg.6,0 Std.	7Tg.6,6 Std.	13,7
Versegelung	136	21	2Tg.19.7 Std.	–	–
Probefahrt	43	20	13,5 Std.	–	–
3/63	5953	19	17Tg.2,0 Std.	7,4 Std.	14,5

Reise	Seemeilen	Reviermeilen	Seezeit	Revierzeit	V = sm/h
Versegelung	157	–	–	–	–
Versegelung	111	–	–	–	–
Ausweichen von Hurricanen	1098	12	3Tg.23,0 Std.	3,0 Std.	–
4/63	5349	214	15Tg.7,3 Std.	1,0 Std.	14,6
4/63	6076	358	15Tg.22,5 Std.	1Tg.12,0 Std.	14,1
6/63	10637	1323	30Tg.20,0 Std.	6,0 Std.	12,9
1/64	6272	80	15Tg.3,4 Std.	16,0 Std.	14,4
2/64	6085	360	18Tg.4,0 Std.	2Tg.18,0 Std.	13,9
3/64	4464	433	14Tg.7,0 Std.	18,0 Std.	14,5
4/64	5005	267	17Tg.1Tg.	7,0 Std.	13,0
5/64	6332	231	17Tg.14,0 Std.	20,0 Std.	14,1
Versegelung nach Kanada	1874	654	8Tg.2,0 Std.	24,0 Std.	15,8
6/64	2954	827	10Tg.1,0 Std.	3Tg.1,0 Std.	12,0
7/64	11229	691	34Tg.2,0 Std.	5Tg.21,0 Std.	13,7
1/65	8580	1055	30Tg.1,0 Std.	4Tg.10,0 Std.	11,8
Versegelung nach Aalborg	247	–	-16,0 Std.	–	–
2/65	10486	822	29Tg.4,0 Std.	4Tg.14,0 Std.	15,0
3/65	8101	1253	22Tg.7,0 Std.	8Tg.12,0 Std.	15,1
4/65	9467	972	29Tg.20,0 Std.	6Tg.1,0 Std.	13,2
1/66	8871	1440	24Tg.3,0Std.	7Tg.1,0 Std.	15,3
Probefahrt	226	–	1Tg.4,0 Std.	–	–
2/66	8707	926	23Tg.11,0 Std.	4Tg.17,0 Std.	15,4
3/66	9113	942	26Tg.8,0 Std.	4Tg.9,0 Std.	14,4
1+2/67	10023	1488	54Tg.17,0 Std.	9Tg.22,0 Std.	14,5
3/67	14113	928	41Tg.9,0 Std.	4Tg.12,0 Std.	14,2
4/67	13907	748	48Tg.5,0 Std.	4Tg.12,0 Std.	12,1
1/68	12904	844	43Tg.12,0 Std.	3Tg.20,0 Std.	12,3
2/68	12252	1712	37Tg.14,0 Std.	6 Tg.	13,6
3+4/68	12282	2266	35Tg.22,0 Std.	8Tg.2,0 Std.	14,2
1+2/69	6860	301	25Tg.6,0 Std.	2Tg.5,0 Std.	11,31
3/69	5373	611	22Tg.8,0 Std.	3Tg.12,0 Std.	10,01
4/69	5958	13	32Tg.15,0 Std.	10,0 Std.	7,62
5/69	–	1008	–	6Tg.5,0 Std.	6,57
Gesamt	**448.531**	**26.526**	**908 Tage**	**133 Tage**	**12,96**

\+ 26.526 sm
475.057 sm
= 879.805 sm

Das entspricht 22mal dem Erdumfang am Äquator.

Abkürzungen

Bimco	Baltic and Maritime Conference, Kopenhagen
CIA	Central Intelligence Agency
CSSR	Czechoslowakische Sozialistische Republik
DARAG	Deutsche Auslands- und Rückversicherungs-Aktiengesellschaft Berlin (Filiale Rostock)
DDR	Deutsche Demokratische Republik
DHZ	Deutsche Handelszentrale Lebensmittel (Großhandelsunternehmen)
DSR	Deutsche Seereederei Rostock, VEB
DSRK	Deutsche Schiffsrevisions- und Klassifikationsgesellschaft (DDR-Gegenstück zum Germanischen Lloyd)
DSU	Deutsche Schiffahrts- und Umschlagsbetriebszentrale (später VEB Binnenreederei Berlin)
ETA	Estimated Time of Arrival (voraussichtliche Ankunft)
ETS	Estimated Time of Sailing (voraussichtliche Abfahrt)
FDJ	Freie Deutsche Jugend (DDR-Jugendverband)
FINSKA	Finska Angfartygs Aktiebolaget, Helsinki
GMSA	German Mine Sweeping Administration
HAPAG	Hamburg Amerikanische Paketfahrt Aktien Gesellschaft
IMCO	International Maritime Commission, London
KdT	Kammer der Technik (DDR-Ingenieurverband, vergleichbar mit VDI)
KPdSU	Kommunistische Partei der Sowjetunion
KPP	Grenzkontrollpersonal (Kontrollboote)
Lloyd	Germanischer Lloyd, Hamburg (Klassifikationsgesellschaft)
RGW	Rat für Gegenseitige Wirtschaftshilfe
SED	Sozialistische Einheitspartei Deutschlands
SU	Sowjetunion
TÜ	Technische Überwachung (DDR-Gegenstück zum TÜV)
UdSSR	Union der Sozialistischen Sowjetrepubliken
VEB	Volkseigener Betrieb
VEB LBB	Lotsen-, Bugsier- und Bergungsdienst Rostock
ZK	Zentralkomitee

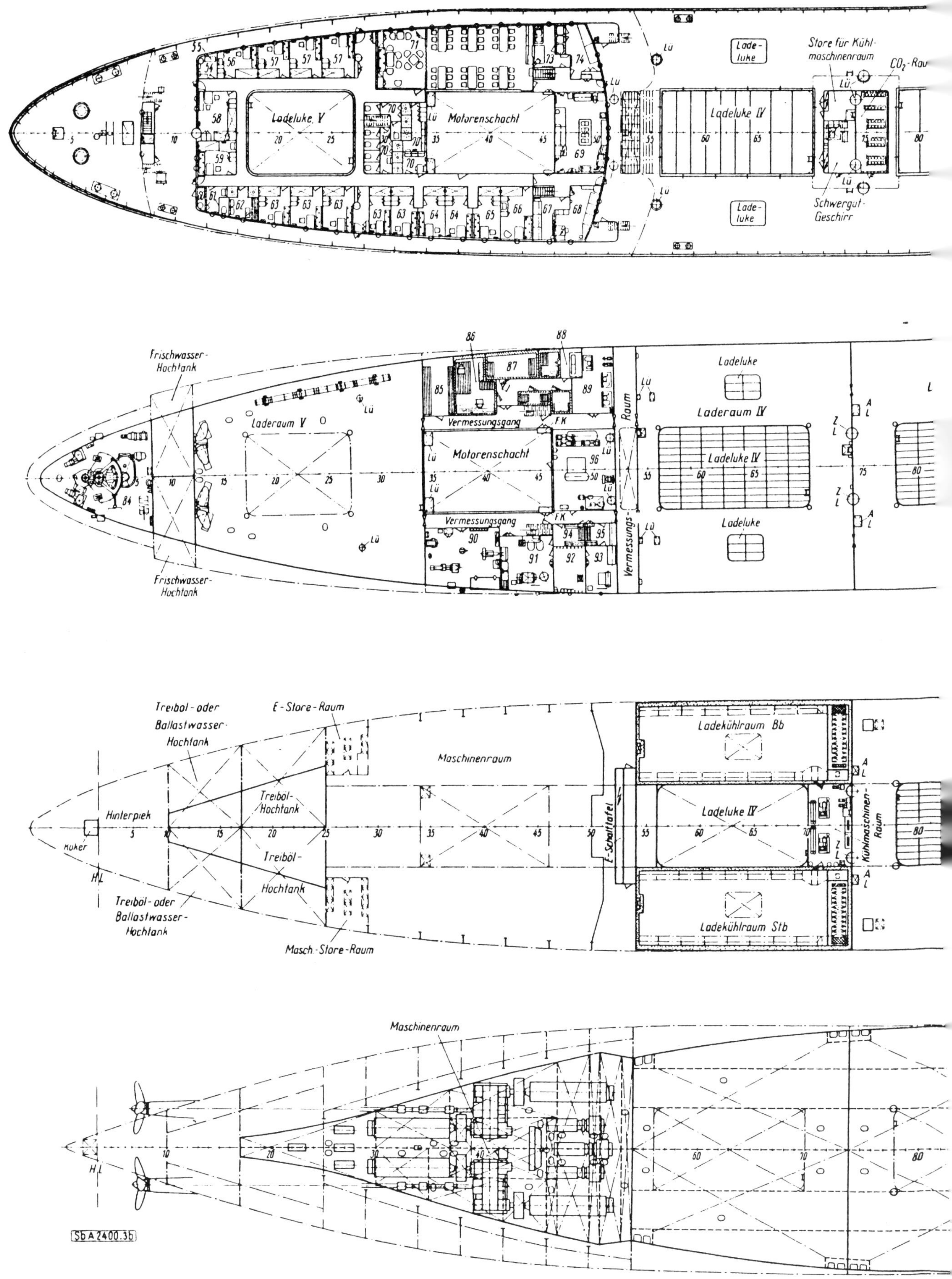

Lade-luke
Store für Kühlmaschinenraum
CO_2-Rau
Lü
Ladeluke V
Motorenschacht
Ladeluke IV
Schwergut-Geschirr
Frischwasser-Hochtank
Laderaum V
Vermessungsgang
FK
Raum
Vermessungs-
Ladeluke
Laderaum IV
Treiböl-oder Ballastwasser-Hochtank
E-Store-Raum
Maschinenraum
Hinterpiek
Koker
HL
Treiböl-Hochtank
E-Schalttafel
Ladekühlraum Bb
Ladekühlraum Stb
Kühlmaschinen-Raum
Masch.-Store-Raum
SbA 2400.3b